近現代日本の法華運動

西山茂

春秋社

はしがき

本書で取り扱っている分野は私がこれまでに最も力を入れてきた分野であり、また、今日でも変わらずに強い関心をもっている分野でもある。

本書には、一四本の私の旧稿が収録されている。これらは、大学院生時代に書いたもの（第九章）から今年（二〇一六年）の春に刊行された研究誌に収載されたもの（第一四章）にいたるまでの四十余年にわたる拙論である。内容的にいえば、本書には、本格的な研究論文もあれば啓蒙的な短文も含まれている。どの拙稿も、私にとってはかけがえのない、そして、おそらく、教団関係者にも役立つであろうと思われる論文である。

本書のⅠ～Ⅴは、テーマの近似性にしたがって一四本の拙稿（初出論文の出所は「あとがき」に記載）を五つの分野（部）にまとめたもので、それぞれの部に二つから四つの章論が配されている。

Ⅰの「日蓮主義と近代天皇制」には、まず、第一章（近代天皇制と日蓮主義の構造連関）で、日蓮主義と日本の国体論の構造連関の問題を取り上げた拙論が配されている。その内容は、日本近代の国体概念の「顕密変動」（哲学者・久野収の表現）の諸段階に即して、同時代の日蓮主義の運動等を歴史社会学的に総括したものである。

続いて、第二章（「賢王」信仰の系譜）では、田中智学―山川智応―里見岸雄―石原莞爾にいたる国柱会系の「賢王」（＝世界統一者としての日本天皇＝二度目に地上に応現すると信じられている上行菩薩）の信仰の系譜がたどられ、最後に、第三章（石原莞爾の日蓮主義）では、「上行のアドヴェンティスト」（切迫した「賢王」の到来を待望する者）としての石原莞爾像が浮き彫りにされている。

Ⅱの「法華系在家教団の成立と変容」では本門佛立講が取り上げられ、第四章（佛立開導・長松清風の周辺体験と思想形成）で長松清風（日扇）の在家主義的な宗教思想が日蓮宗八品派における彼の「周辺体験」の一つの帰結であることが論じられた後に、第五章（本門佛立講の成立と展開）で佛立教団が在家中心の「講」から有僧有寺院の「宗」へと発展・変貌していく日本近現代における宗教史上の諸過程が通覧されている。

承知のように、長松清風を開導と仰ぐ本門佛立講（今日の本門佛立宗）は、既成化が進んでいるとはいえ、日本で最初の法華系新宗教（在家教団）と目され、その布教方法と組織形態は後続の新宗教教団に大きな影響を与えた。しかし、このⅡでは、あくまでも内棲宗教（既成宗団に所属してその影響を強く受けつつ、それとは違った独自性をもつ教団内の教団としての新宗教）の成立（第四章）と展開（第五章）という視点から、同講（宗）が取り上げられている。

Ⅲの「法華系在家教団の展開」では、まず第六章（仏教感化救済会の創立者・杉山辰子とその教団）で、明治から大正にかけて杉山辰子によって創られた仏教感化救済会（宗教団体兼社会事業団体、明治四二年創立説と大正三年創立説がある）が、主要には太平洋戦争の終わりまでにたどった教団史的な展開過程が明らかにされる。

杉山辰子の創った教団は、宗教団体の側面と社会事業団体の側面を併せもっていたために、戦時下では、社会事業団体を隠れ蓑にして違法な宗教行為をしている「類似宗教」ではないかと警察に怪しまれて、実質的に教団を率いていた鈴木修学が投獄され、組織の解体再編（脱宗教化）を余儀なくされるなどの苦い経験をもっている。

次いで第七章（法音寺開山・鈴木修学とその教団）では、同教団が戦時中の苦い経験を踏まえて、戦後に、鈴木修学が主導して日蓮宗法音寺となり、日本福祉大学や社会福祉法人・昭徳会を外郭に置きつつ、日蓮宗の内棲宗教として再定位されていく歴史的な過程とその在家主義的な特徴が詳しく描かれている。

そして、第八章（戦後における立正佼成会と創価学会の「立正安国」）では、太平洋戦争後に立正佼成会と創価学会が採用した相異なった「二つの戦略」（協力と独一）が紹介された後に、それぞれの運動の特色等が分析されている。

Ⅳの「正当化の危機と内棲教団の自立化」では、同じ日蓮正宗の内棲宗教としての創価学会と妙信講（いまの冨士大石寺顕正会）が取り上げられ、両者がともに日蓮正宗との対立・葛藤を契機に教学的な自立をはかり、やがて母教団から「解散」や「破門」の処分を受けつつも、結局は在家教団として組織的独立に至るまでの過程を解明している。まず、第九章（戦後創価学会運動における「本門戒壇」論の変遷）では、創価学会が一九六九年から一九七〇年にかけて起きた「言論出版妨害事件」に直面して、これまで政治進出の教学的根拠とされてきた国立戒壇論（国立の本門戒壇論）を放棄した結果、日蓮正宗内に起きた激しい葛藤の過程を、社会学的なチャーチ／セクト類型（移行）論の立場から描写・分析している。

今日の創価学会は、国立戒壇論を捨てただけではなく、日蓮が出世の本懐として弘安二年に顕したと伝えられてきた大石寺の板本尊（戒壇本尊、偽作説もある）も、同寺に信承されてきた日蓮―日興―歴代法主という大石寺の法主血脈も、もはや信仰の対象にしていない。今日の創価学会は、今のところ日蓮本仏論まで否定していないので日蓮正宗の伝統を丸ごと捨てたとはいえないにしても、かなりの程度、日蓮正宗からの教学的な自立を遂げたとはいえよう。

後続の二つの章（第一〇章と第一一章）は、内棲宗教としての創価学会が母教団の日蓮正宗と激しく争い、やがて教学的な自立と組織的な独立を果たしていく細かな過程を追っている。

そのうちの第一〇章（正当化の危機と教学革新）では、創価学会が「昭和五二年路線」（詳細は本文にゆずる）以来、日蓮正宗とは異なる著しく在家主義色の強い教学的自立をはかったが、若手の日蓮正宗僧侶の「正信覚醒運動」に阻まれ、結局、数年で頓挫に追い込まれた過程を克明に描いている。

なお、ここでは、創価学会の「昭和五二年路線」の問題とともに、「正信覚醒運動」の一翼を担った在勤教師会（興風談所）の教学革新の営為についても触れている。その後の興風談所は実証的な日蓮遺文研究を地道に続けて、今日では、この分野の研究のフロントを行く研究者集団として門流を超えて高く評価されている。

もう一つの第一一章（内棲宗教の自立化と宗教様式の革新）は、その後の創価学会が再度の在家主義的な教学的自立に挑んで、今度は日蓮正宗からの「破門」（一九九一年一一月）を代償にはしたものの、結局、それに成功した過程について詳しく紹介している。なお、この論文では、創価学会の教学的な自立が、なぜ前回は失敗して、今回はそれに成功したのかについても触れている。

第一二章（冨士大石寺顕正会の誕生）は、国立戒壇論を捨てなかったために一九七四年に日蓮正宗から「講中解散」の処分を受けた妙信講（今日の冨士大石寺顕正会）が、内棲セクト（この用語を今の私は使用していないが、私の内棲宗教概念のルーツであるので、そのままにした）として成立してから分派セクトになった直後までの教団組織の全過程を、同講が宗内の「少数派」であったという視点から描写・分析している。

冨士大石寺顕正会と改名後の同講は、暴力的な布教を進めるカルトではないかといった世評にもかかわらず、教勢の著しい発展をみせ、現在（二〇一六年四月）では一八〇万の公称信者数を示すにいたっている。

Ⅴの「日蓮仏教と法華系新宗教の特徴」では、まず第一三章（法華系新宗教への日蓮仏教の影響）で、創価学会や立正佼成会、新日本宗教団体連合会（新宗連）傘下のその他の教団などに分散している法華系新宗教に対する多岐にわたる日蓮仏教の影響が八点ほどあげられている。

最後の第一四章（日蓮仏教と法華系新宗教の現証起信論）では、日蓮仏教や法華系新宗教にみられる現世利益（現証利益）の強調とその起信作用がとりあげられ、エリアーデのいう「ヒエロファニー」の概念との関連が吟味されている。

以上が本書の内容のあらましの紹介であるが、ここで本書を貫いている筆者の視点について触れておこう。

その第一のものは、本書の各章が「運動」の視点から書かれているということである。「運動」とは、自らの主張に沿って既存の制度のどこかを変えようとする運動体の言動のことである。本書では「法華運動」を取りあげる。なお、「命限り有り惜しむ可からず、遂に願ふ可きは佛国也」（富木入道殿御返事）という日蓮遺文（真跡なし）があるが、この「佛国」を創るために実践にいそしむ日蓮仏教は、優れて「運動」的なものであるといえよう。

二つ目の共通の視点は、本書の各章のすべてに先行する調査研究と関連資料を踏まえた文献実証主義の方法が適用されているということである。なお、筆者の場合、資料の採否は、実証的で構造的な当該論文の基調に矛盾していないかどうかによって決められる。

三つ目の共通の視点は、本書の各章がたんなる「どぶさらい」の実証主義の結果ではなく、たとえば、第一章での近代天皇制と日蓮主義の「顕密性」への着目などにみられるような、一定の「構想力」（ライト・ミルズ）に導かれたものであることである。実際、「どぶさらい」だけやっていれば良い論文が書けるという口吻は、「実証主義者」を騙る者の根拠のない空想でしかないであろう。

四つ目の共通の視点は、本書の各章で取りあげられている運動や教団が、どれも既成宗団と在家教団ないし在家運動の双方に関与していることである。Ⅰの日蓮主義と既成宗団との関連やⅤの法華系新宗教に対する日蓮仏教の影響などがその好例であるが、Ⅱ〜Ⅳで取りあげられている教団の内棲宗教性も、定義上、当然、その範疇に含まれよう。ただし、私の独創としての内棲宗教論は、これとは別に、第五の共通の視点にあげられるべきものなのかもしれない。本書の出版を準備してみて、Ⅱ〜Ⅳのほとんどの教団が内棲宗教時代を経験しているか、現在も内棲宗教であるかのどちらかであることに気づいて、今さらながら、内棲宗教概念の射程の広さに筆者自身も驚いている。逆言すれば、私の興味と関心が、それだけ既成宗団と在家教団の「あいだ」にあったのであろう。

六つ目の共通の視点は、「正当化の危機」に晒されやすい少数派も含む「周辺性」の創造的な思想形成力や教学革新力への着目ということである。この着想は、W・リップらの「中心―周辺理論」や一般的なマージナルマン理論に負うところが大きい。本書のコンテキストでいえば、くじけずに「周辺体験」を経た者は、途中で母教団からのネガティブ・サンクションを伴いながらも、最終的には教学的自立を遂げるようである。最後の第七の共通の視点は、「周辺」の創造性がたとえば自らが「正当化の危機」にでも晒されない限り、つまり自らが劣悪な利害状況にでも置かれない限り、容易には発揮されないであろうというマックス・ウェーバー的な視点の存在である。

H・H・ガースはウェーバーの宗教社会学のことを「理念と利害状況」の社会学といったが、大塚久雄はこの視点のことを「複眼的視点」といった。何事も「理念」と「利害状況」の複雑な相互影響関係の視点で見なさい、ということであろう。もし、そうだとすれば、教義・教学の違いといわれているものの実態が、じつは利害状況の反映に過ぎないと巷間でいわれている事情も、容易に理解できるようになる。なお、この「複眼的視点」は、宗教運動が特定の社会層を共鳴盤として獲得する際の説明にも使える。

本書に収載された一四本の旧稿は、書かれた時期も下敷にした理論的な枠組も提示した概念も異なっているので、一見するとまったく異なっているように思えるが、それらをよく読み込めば、前記のような共通の視点で結ばれていることがわかる。

また、各章がもともと独立した論文であったために、単行本にまとめてみると章ごとに本文や注の重複した言及がないわけではない。だが、これは各章にとって欠かせないところもあって、重複箇所を削除すればすむほど簡単なことではない。そこで、筆者は、削除可能な箇所は削除したが、それが無理な箇所はそのままにすることにした。

関係諸氏に、本書の一読を乞うものである。

近現代日本の法華運動　目次

近現代日本の法華運動

I

日蓮主義と近代天皇制

第一章　近代天皇制と日蓮主義の構造連関——国体をめぐる「顕密」変動

一　はじめに

この論文は、近代の日本仏教の動向の中から日蓮主義と日蓮宗諸派の動向を中心的に取り上げ、日本近代の天皇制と日蓮主義的国体論の軌跡をいくつかの段階に区分し、その顕密変動の過程にみられる両者の構造連関に迫ろうとするものである。

日本の宗教史研究の世界で顕密論といえば、誰でも、黒田俊雄（一九二六—一九九三）が日本中世の宗教体制を「顕密体制」と命名したことを連想するであろうが、ここでは久野収（一九一〇—一九九九）が鶴見俊輔とともに著した『現代日本の思想』の第Ⅳ章「日本の超国家主義——昭和維新の思想」[1]の中で言及している近代天皇制の顕密性（天皇の神聖性を表裏二面の意味で解釈して使い分ける手法の性格）、つまり、伊藤博文らが近代天皇制をつくった際の設計意図の顕密性に注目してみたい。

そこで、久野は、国民教化用のタテマエとしての天皇制を「顕教」、伊藤博文をはじめとする為政者・官僚たちの内々の「申しあわせ」（ホンネ）としての天皇制を「密教」と呼んでいる。

本章は、久野のいうこの意味で顕教・密教という言葉を使い、近代天皇制と日蓮主義的国体論の顕密変動（歴史段階ごとの顕教・密教間の強調点の変化）の過程にみられる両者の構造連関に迫ろうとするものである。

さらに、本章では、明治初年（一八六八年）の神道国教化政策期と昭和一〇年代（一九三五〜一九四四年）の「国体明徴」の国会決議のころの時期は、近代天皇制の真正顕教期であったのではなかったかと想定する。この場合の真正顕教は、顕密天皇制のタテマエ性（顕教性）が未確立である（明治初年）か、あるいはホンネ化した（昭和一〇年代）ものを意味するが、このホンネの意味は「本気」に近く、密教という意味はない。また、真正顕教という場合の顕教にも、もはやタテマエという含意はない。

同様にして、本章は、その他の中間の長い時期は、明治憲法（服部之総のいう折衷的な立憲制絶対主義）の立憲制が曲がりなりにも維持された顕密（国民教化用のタテマエとしての顕教と為政者・官僚たちの内々の「申し合わせ」としての密教の使い分け的並存）期ではなかったかと想定した段階区分を行う。

次に、本章は、法華経＝日本国体のように法国相関はいうものの、他方で、法華経の開顕を受けない神道流の国体は真の国体ではないとか、国柱会の国体運動は「世界悉檀」（世に応じ国に応じて法を説き、聞く者をして歓喜せしめて利益を与える仏教の化導法の一つ）であるとかいう田中智学（一八六一—一九三九）の国体論は、顕密天皇制と相似の顕密国体論であったのではなかったかと想定する。(2)

さらに、本章は、インドの法華経は日本の国体を明かすために説かれたとか、大正天皇に奉献された「大日本国衛護の大曼荼羅」のなかの「聖天子金輪大王」は日蓮仏教の本尊である（天皇本尊論）とかいう清水梁山（一八六四—一九二八）の神本仏迹的な国体論（王仏一乗論）は、明治初年と昭和一〇年代の真正顕教的な天皇制と同様に、タテマエ性のない真正顕教的なものであったのではなかったかとも想定する。

田中の法国相関論は一九〇三（明治三六）年に、清水の王仏一乗論は一九一一（明治四四）年に、それぞれ、はじめて公表された。

本章の第七節（顕密天皇制の死滅と攻撃される日蓮仏教）で詳述しているが、近代天皇制が真正顕教化した昭和一〇年代になると、清水の影響を受けた天皇本尊論が幅を利かすようになるだけでなく、日蓮遺文や妙法曼荼羅の中の文言や神名が不敬であるとして削除等を求められるようになるほか、田中の法国相関的な日蓮主義的国体論までもが法華経中心の本地垂迹的なものであるとして、政府の思想取締りや民間の日本原理主義者らの指摘を受けるようになる。久野のいう「（真正）顕教による密教征伐」(3)がはじまったのである。

では、以下に、近代天皇制と日蓮主義的国体論の顕密変動の段階区分を示し、段階ごとにその顕教・密教的な特徴と顕密変動を明らかにするとともに、それを通して、日本近代における両者の構造連関も探ってみたい。

二　神道国教化政策と在家教団の出現（一八五七―一八七二）

この時期は法華系の在家教団（本門佛立講）が出現し、大教院の神仏合同の国民教化がはじまる時期（一八五七―一八七二年）にあたる。

江戸後期には、江戸や上方に身延派や八品派、大石寺派（富士派）の在家講が複数存在し、活発な布教を展開していたが、これらはみな所属宗派の教えに忠実な宗派講の段階にとどまるものであった。しかし、一八五七（安政四）年には宗派からの独立性が高い本門佛立講（長松清風〈一八一七―一八九〇〉が京都で開講、現在の本門佛立宗）が出現した。開講当時の本門佛立講は無僧侶無寺院の純粋在家講であったが、やがて、京都の宥清寺（妙蓮寺末）を本山とする有僧有寺院の八品派の内棲宗教（教団のなかの教団）になった。

本門佛立講は、天理・金光・黒住の三教（教派神道）とともに幕末期に生まれて近代天皇制下で発展した新宗教であるが、廃仏毀釈と神仏分離の影響で布教環境が劣悪な時代に現証利益（現世利益）を掲げて発展した日本で最初の仏教（日蓮）系の新宗教として注目されるものである。

神道国教化政策は、明治維新の直後からはじまった。政府は、維新（一八六八年）とともに祭政一致・神祇官再興・神仏分離を一挙に断行した。そして、一八七〇（明治三）年には大教宣布の詔を発し、翌年には神社等を「国家の宗祀」と位置付け、戸籍法を公布して宗門人別改の代わりに氏子調べ（神官と神社の力不足で結果的に失敗）を行ったうえに寺院領の上知も行って、仏教勢力の既得権益を奪った。また、この時期には、富山などで激しい廃合寺が行われ、真宗諸派が最も大きな影響を受けた。

だが、神道国教化政策期の明治政府は、欧米列強国では一般化していた信教自由の制度に暗かったばかりか、彼らのキリスト教解禁の圧力の強さを理解しなかった等の対外認識の誤りのほか、国内の神社勢力の実力を過大視するあまり仏教寺院の力を軽視し、加えて、政府内部に排仏に消極的な姿勢をとる長州系の有力者を抱えていたなどの事情もあって、この政策はわずか五年の短時日で頓挫した。

この裏には、政府内部の長州閥に通じた西本願寺勢力らの激しい巻き返しの動きがあった。以後、西本願寺は、神道を非宗教として俗諦に数える島地黙雷（一八三八―一九一一）らを介して、日本型政教関係の樹立に影響を与え、一八八九（明治二二）年に成立する明治憲法体制＝顕密天皇制の成立に大きく寄与することになる。

西本願寺の島地と赤松連城（一八四一―一九一九）らは、宗内的には維新の年（一八六八年）に人材育成策などの宗門改革案をまとめた後、一八七一（明治四）年から欧米視察の旅に出た政府の岩倉使節団に部分的に合流し、西欧諸国の宗教事情を視察してきた。

島地らは、渡航前の一八七一年に、神祇官（この年の途中から神祇省）とは別に教法（神道とは区別された宗教）を所轄する官庁の必要性を政府に提言していたが、それがかなって、翌年に教部省が設けられた。しかし、同年四月に教部省が教導職制を布告して「三条教則」を定め、大教院を拠点として仏教僧侶まで巻き込んだ神仏合同の国民教化運動を開始したため、同年末に視察先から教部省宛に「三条教則批判建白書」を提出している。

この時期の徹底した廃合寺に対しては、被害が最も大きかった真宗諸派の、教団をあげての反対と嘆願が続き、これもまた政府の宗教政策の転換を生む契機となった。しかし、日蓮宗を含めた仏教諸宗の時局対策の組織としては、興正寺の華園摂信（一八〇八—一八七七、西本願寺とそりが合わない親神道派）などの奔走で一八六八（明治元）年にできた諸宗同徳会盟の名をあげなければならない。この同徳会盟は、護法・護国・防邪（防耶）のために、神道を政体の基本に据えて儒教と仏教が神道を翼賛すべきことを説いている。

この時期の日蓮宗諸派についていえば、維新直後の神仏判然令によって三十番神や妙法曼荼羅に天照・八幡等の神号を勧請することが禁じられたが、次の時代になると日蓮宗諸派は仏教復興と耶蘇教退治の風潮に乗って国神の勧請をなし崩し的に再開した。

ここで日蓮教学の傾向について触れると、当時の日蓮宗（身延派）は、優陀那日輝（一八〇〇—一八五九）のつくった充治園学派の教学が主流を占めていた。充治園学派の教学は折伏主義（他宗や他宗を擁護する権力者の立場を謗法として批判する厳格主義）を捨てて王法為本と神儒仏の三教を容認する摂受主義（他宗や他宗を擁護する権力者の立場をひとまず容認する寛容主義）の立場であったから、逆縁（法華経の宣布にとっての悪環境）の神道国教化政策期に適合する教学であったといえよう。

ちなみに、この充治園学派の逸材で維新期を代表する身延派の人物であった新居日薩（一八三一—一八八八）は、一八六九（明治二）年に『日蓮宗建言』を著して政府の廃合寺政策を歓迎し、僧侶の官度制と僧侶数の削減等を主張した。これは、政府の廃合寺政策に激しく抵抗した真宗諸派とは対照的な主張であった。だが、この時期の日蓮宗各派の立ち位置は、総じて、諸宗同徳会盟と同様であったといえる。

三　顕密天皇制の成立と真宗各派の対応（一八七二―一八八九）

この時期は、大教院の神仏合同の国民教化がはじまった一八七二（明治五）年から、明治憲法が成立して曲がりなりにも立憲的な近代天皇制の基礎が確立する一八八九（明治二二）年までの時期である。

この時期に、近代天皇制の顕密的性格が形成された。その過程における日蓮宗諸派の役割はほとんどなかったが、西本願寺の島地黙雷らの貢献には刮目すべきものがあった。

では、次に、島地らの動向を中心にして、この時期に顕密天皇制として明治憲法体制が成立するまでの過程をみてみよう。

明治政府は神道国教化政策のもとで、幕藩時代と同様のキリシタン（キリスト教）禁制を続けていたが、禁制に抗議してキリスト教の解禁を求める欧米列強の強い圧力に直面するに及んで、一八七三（明治六）年にキリシタン禁制の高札を撤去して実質的なキリスト教の解禁に踏み切った。

また、政府は、一八七二年に大教院を設け、新たに仏教勢力をも取り込んだ国民教化政策を打ち出した。だが、島地黙雷らは、これに反対した。

島地の反対にもかかわらず、神仏合同の国民教化が続いたので、島地は帰国後の一八七三年に大教院からの仏教勢力の分離を教部省に建白した。ちなみに、島地とともに西欧を視察してきた政府の伊藤博文（一八四一―一九〇九、当時は参議兼工部卿）も分離に賛成であった。続いて、すでに浄土真宗の宗名を公許されていた真宗四派が大教院からの分離伺書を教部省に提出した。

これに対して、西本願寺の足下から強力な分離反対の狼火があがった。それは、諸宗同徳会盟の旗振り役を務めた興正寺の華園摂信の、真宗四派に対する大教院分離反対という意見表明であった。その後、四派の分離意思が固いのをみた興正寺の華園は末寺を引きつれて本山から独立しようとし、この年のうちに別派届を西本願寺に提出した。

多くの末寺を引き連れての興正寺の別派は、西本願寺にとって大きな問題であった。そこで、西本願寺は、この際中間的な寺院本末関係を廃止し、新たに本山中心の集権的な教団体制を確立しようと考え、一八七六（明治九）年に、真宗四派の協同で「宗規綱領」をまとめ、教部省の認可を得て施行した。これによって寺院はすべて本山の直末と規定された。興正寺の別派独立は同年中に教部省から認可されたが、「興正寺の末寺は雪崩をうって本願寺に付いた」[4]といわれている。

集権化した本山中心体制の構築は宗教界の廃藩置県にあたる教団組織の改革であったが、日蓮宗の場合でいえば、佐野前励が一八八八（明治二一）年の宗門総会で主張した日蓮宗の全末寺を身延山に帰属させるという提案は、結局、陽の目をみなかった。

なお、一八八〇（明治一三）年には、田中智学が在家団体の蓮華会（一八八五年には立正安国会に、一九一四年には国柱会へと改名）を結成した。

話を元に戻すが、真宗四派の大教院離脱の表明は大教院中の最大勢力の表明であったから、その表明によって大教院は存亡の淵に立った。そして、一八七四（明治七）年、真宗四派は正式に大教院を離脱した。なお、この時、日蓮宗を含む真宗四派以外の仏教各宗は、華園と同様に、大教院分離に反対の立場をとった。

しかし、真宗四派の協力を失った大教院は今後の活動の維持が困難と考え、翌年には解散せざるをえなかった。なお、政府は、この年の一一月に、「信教自由の口達」を出している。

続いて、一八七七（明治一〇）には教部省が廃止され、一八八四（明治一七）年には教導職制も廃止されて、以後、仏教各宗等は管長制による教団自治権を入手した。こうして、仏教の各宗各派は、島地ら真宗各派の運動に助けられて、ようやく自宗の宣教が自由にできるようになった。

ところで、神道国教化と神仏合同の国民教化は、信教の自由の問題であるとともに政教分離の問題でもあった。神道を国教として破耶や排仏を行い、大教宣布のために仏教勢力を動員する時代はすでに過去のものとなったが、それでは、「国家の宗祀」はどのように位置づけられたのであろうか。

島地黙雷や西本願寺の「三条教則」批判や大教院批判は、真宗に伝統的な「真俗二諦論」に基づくものであった。要するに、政治（俗諦）と宗教（真諦）は別物で混同すべきものではないので、政治に宗教が口を出したり宗教に政治が介入したりしてはいけないというものであった。ただ、島地は、「純粋ノ神道ハ即チ朝政」として解釈して神社神道を政治の領域に属する非宗教として扱っている。この点は、その後の政府の神道政策に一つの論拠を与えるものであった。

大教院分離問題で苦慮していた政府は、島地らの意見も論拠にしながら、日本型の政教関係（日本的政教分離）を模索し、結果的には、神道を、非宗教の神道（のちの国家神道）と宗教的な神道（のちの教派神道）とに分け、非宗教とされた前者（神社等）のみを「国家の宗祀」とした。一八七五年に大教院が解散されると、後者は神道事務局に移った。この神道事務局からは、一九〇八（明治四一）年に最後の独立を果たした天理教を含めて、最終的には一三の教派神道が誕生している。

こうして非宗教化された「国家の宗祀」のなかには、神社神道と皇室神道が中心的な要素として含まれるが、本章では、国民教化という視点から、それ以上に重要な要素として、学校という近代の装置を使って天皇統治の神聖性を国民の中に広く深く浸透させた祝祭日儀礼[5]をあげておきたい。

本章では、これをミカドカルトと呼ぶことにする。ミカドカルトは、W・P・ウッダートが「国体のカルト」[6]と呼んだものの学校版である。このミカドカルトの国民への浸透・定着は、次の時期以降に起こる顕密天皇制の真正顕教化と、それを前提とした日蓮主義的国体論の登場に大きく影響することになる。

いずれにせよ、このようにしてできた日本型の政教関係は、西本願寺の島地らの活躍がなかったならありえなかった話で、本章としてはこの時期における真宗、とりわけ、西本願寺の役割の大きさにあらためて注目するものである。

ところで、非宗教としての「国家の宗祀」の最大の眼目は天皇統治の神聖性を国民に周知させるところにあったが、その目的の明文化は明治憲法での条文化をまたなければならなかった。

立憲主義に基づく憲法の制定と議会の設置は明治一〇年代に高揚期を迎えた民権派の強い要求であったが、こうした立憲主義と天皇統治の神聖性をどのように接合させるかということもまた、政府要人の頭の痛い問題であった。「明治一四年の政変」で勝者となった伊藤博文は、この問題の解決のために一八八二（明治一五）年に西欧諸国を視察したが、結局、絶対主義的な立憲制をもつプロイセン方式を採用し、具体的には「我が国に在りて基軸となすべきは、独り皇室あるのみ」（一八八八年の第一回枢密院会議での発言）という結論に達した。

こうして、「万世一系ノ天皇」の統治の神聖不可侵性が明治憲法の第一条に規定された。一方、明治憲法の第四条には、天皇は「此ノ憲法ノ条規ニ依リ之（統治）ヲ行フ」とも記されている。ここには、絶対君主制と立憲君主制の矛盾した両側面がみられ、このことから、明治憲法体制がこの二つの折衷された立憲制絶対主義（服部之総）＝顕密天皇制であったことがわかる。

つまり、伊藤博文らが知識を総動員して日本近代の国民国家の象徴的中心を設計した結果、ここに、顕教（タテマエ）としての絶対君主制と密教（為政者・官僚たちのホンネとしての内々の「申し合わせ」）としての立憲君主制の二重構造を使い分ける体制＝顕密天皇制という「新しい伝統」（安丸良夫）が成立したのであった。

だが、やがて、これが、のちに天皇機関説問題や軍の統帥権干犯問題、あるいは、日蓮主義的な天皇本尊論等を生みだす原因ともなるのである。

四　ミカドカルトの浸透・定着と日蓮主義的国体論の登場（一八八九―一九〇五）

さて、このようにして成立した顕密天皇制であったが、以後、近代日本はこの体制下で、しばらく近代化を推し進めることになった。

政治制度的な近代化は議会と憲法を設けたことでひとまず達成されたが、重化学工業を中心とした経済の本格的な近代化は日清戦争（一八九四―一八九五年）と日露戦争（一九〇四―一九〇五年）という二つの戦争をまたなければならなかった。

だが、すべての近代化の基礎は国民教育にあった。明治初年にはじまった日本の義務教育は予想外に進展し、その就学率は一九〇三（明治三六）年の段階で早くも九〇パーセントを超えている[7]。だが、政府は義務教育に、秀れた勤労国民（労働力）を育てるためのリテラシー教育だけではなく、皇国の民としての忠良性を涵養することを望んでいた。

そのために、政府は、明治憲法発布の翌一八九〇（明治二三）年に教育勅語を発し、続けて、一八九一（明治二四）年には小学校祝日大祭日儀式規定を発布して、天皇統治の神聖性（天皇制の顕教部分）の国民への浸透・定着に着手した。

この教育には教科としての修身教育も役立ったが、何よりも教育勅語の奉読と君が代の斉唱と御真影への拝礼という三位一体的な全身教育の効果が抜群であった。こうして天皇統治の神聖性は着実に国民の中に浸透・定着し、日露戦争後までには「（日清・日露の）戦争を、それぞれ、スプリングボードとして、祝祭日儀式は整合化された国体観のなかで定着化していく[8]」。

いま、国民の中に浸透・定着し、すでに信憑構造を確立した国体神話を「一次的国体神話」と呼ぶならば、この「一次的国体神話」を日蓮主義の中に摂取して自家薬籠中のものとした田中智学や清水梁山らの説いた国体論は「二次的国体神話」とでもいうべきものであろう。

田中や清水の国体論の内容については後述するが、大本の出口王仁三郎（一八七一―一九四八）や神政龍神会（大本の分派）の矢野祐太郎（一八八一―一九三八）などの非公認新宗教の指導者の天皇観・国体観も「二次的国体神話」であった。ちなみに、出口や矢野の「二次的国体神話」性については、對馬路人氏の「立て替え立て直し神話の二面性(9)」が参考になる。

さて、この時期の宗教的な重要事項には、内務省の社寺局が神社局（非宗教的な「国家の宗祀」を担当）と宗教局（教派神道、仏教、キリスト教の三教を担当）の二つに分かれたこと（一九〇〇年。これ以降、「国家の宗祀」を国家神道と呼称する風潮が一般化）に加えて、仏教公認教運動（一八九八年から）と、これに続く宗教法案反対運動（一八九九年から）、及び日蓮宗各派に関わる四箇格言問題（一八九六年）があった。

仏教公認教運動とは、真宗大谷派の教誨師に代わってキリスト教徒の留岡幸助（一八六四―一九三四）が任用された巣鴨監獄教誨師問題に端を発したもので、神仏合同の国民教化運動の際に回復した勢力の公的地位をさらに高め、キリスト教などとの差異化（公認教化）をはかろうとした仏教各宗の運動であった。だが、政府の方針は、キリスト教を除外して仏教にだけ公認教の地位を与えようとするものではなかった。

この政府方針は、一八九九（明治三二）年に政府が帝国議会に提出した第一次宗教法案として具体化した。この法案はキリスト教を含めた全宗教を対象とし、加えて、教会や寺院には法人格を与えるが教派や宗派には与えないというものであった。真宗大谷派や日蓮宗などの仏教勢力はこれに反対し、翌年に全国仏教徒大会を開いて第一次宗教法案反対を決議した。

第一次宗教法案への仏教勢力の強硬な反対姿勢をみて、この翌月に政府は妥協案（教派・宗派にも法人格を認め、特に仏教宗派には公益法人格を与えるというもの）を貴族院の本会議に提出したが、今度は、議会によって否決された。こうして、仏教にだけ特権的地位を与えよという仏教勢力の運動は、成功せずに終わった。なお、西本願寺は、この宗教法案反対の運動に参加しなかった。

この時、姉崎嘲風（一八七三—一九四九）は、「今の世に、国教だとか公認教だとか云って……済度の法輪を地上の国家、利害競争の国家に託しようとする者[10]」の愚を激しく批判している。

次の問題に話を移そう。四箇格言問題とは、一八九六（明治二九）年に、島地黙雷を編集委員長として仏教各宗協会が出版しようとした『仏教各宗綱要』の中から、「四箇格言」と「謗法厳戒」の二項目を「協会の趣旨に悖るもの」として削除したことに端を発した問題であった。

これに対して、折伏主義の立場に立つ日蓮主義の田中智学や本多日生（一八六七—一九三一）から強い抗議の表明があった。とりわけ、本多は東京・神田の錦輝会館で削除反対の演説会を開き、妙満寺派の管長に働きかけて『各宗綱要』から削除された項目を旧に復するように求めた訴訟（最終結果は一八九七年に控訴棄却）を起こした。

さて、この時期の急速な経済的近代化は、二つの戦勝と相まって、一躍、日本を「世界の一等国」にしたが、同時にさまざまな社会問題を生み出し、国民に多様な苦悩をもたらした。その結果、宗派を単位とする教団仏教の制度や宗政などだけでは人々の救済欲求に応えられないようになった。

ここに、教団仏教の枠を超えた自発的で新しい仏教運動への期待が生まれてくる。実際に起きた新しい運動には新仏教運動等さまざまなものがあったが、ここでは清沢満之（一八六三—一九〇三）の精神主義の運動と田中智学らの日蓮主義の運動の二つを取り上げてみたい。

清沢満之は、当初、一八九七（明治三〇）年に大谷派革新全国同盟会を組織して井上円了（一八五八—一九一九）や村上専精（一八五一―一九二九）、南条文雄（一八四九―一九二七）などと組んで、東本願寺の宗門革新運動に従事していたが挫折（白川党事件）し、その後、一九〇〇（明治三三）年に東京の本郷に浩々洞を開き、翌年には雑誌『精神界』を発刊して精神主義の運動をはじめた。清沢の門下からは暁烏敏（一八七七―一九五四）や佐々木月樵（一八七五―一九二六）、金子大栄（一八八一―一九七六）らが出て、その影響は太平洋戦争後の大谷派の同朋会運動や宗門改革にまで及んだ。

精神主義とは「自己と絶対的無限者との対峙による内面的充足の世界」を重視する「主観的事実」[11]であるから、形式化した信仰の覚醒とはなっても社会的矛盾の客観的解決には役立たないという側面があった。しかし、従来の訓古宗学から抜け出し、如来と向き合う自己の探求という個人主義的な内面世界の重要性を提示したという意味で、清沢の精神主義の運動はあきらかに日本仏教の近代的な革新の一つであった。

これに対して、田中智学の日蓮主義は、清沢の精神主義とは対照的に、外面的な客観世界（天下国家の仕組）とその革新（立正安国）を志向するものであった。田中の日蓮主義は、精神主義のような内面的な深さの点で劣っていたかもしれないが、近代の現世主義的性格を考えると、外向きの田中らの日蓮主義もまた、間違いなく近代的な仏教運動であったといえよう。

ちなみに、精神主義という言葉も日蓮主義という言葉も、ともに一九〇〇年代の初頭に生まれている。両者の運動には、出家と在家の区別よりもビリーフ（信仰）の内実を重視するという特徴がみられる。

ところで、晩年（一九三四年）の田中は、日蓮主義とは、「政治であれ、経済であれ、社会でも人事でも、凡そ人間世界のすべての事に正しい原理となッて、実際の益を興す」「指導原理」であると述べて[12]、寺院や仏壇には収まり切らない（抹香臭くない）日蓮主義の性格をうまく表現している。

田中は、この日蓮主義の立場から、当時、国民のなかに信憑構造を樹立しつつあった日本国体の問題（島地黙雷のいう俗諦＝政の領域）に挑み、神道的な国体論の独壇場を破って新たに日蓮主義的国体論を成立させたのであった。

田中は日蓮の立教開宗六五〇年にあたる一九〇二（明治三五）年に本化妙宗（日蓮仏教）の組織宗学（本化妙宗式目）を完成させたが、翌年には、以後一年間にわたって、これを教材とした本化宗学研究大会を大阪で開催して参加者一〇〇余名の僧俗を集め、日蓮宗諸派や日蓮教徒に大きな影響を与えた。

田中が日蓮主義的国体論にはじめて触れたのは、研究大会の修学旅行で参加者とともに畝傍山の神武天皇陵を訪れたときであった。田中は、この時、傍らのホテルで「皇宗の建国と本化の大教」と題した講演を行った。田中は、その中で、日本書紀の中から「積慶」（道義仁愛を以て人を憐み恵むこと）と「重暉」（智慧の光を崇び世を照らすこと）、及び「養正」（正義を養い護り実行すること）の三語を取り出し、これが神武天皇の日本建国の三つの道義的理想（のちの建国三綱）であり日本国体の中身でもあることや、これを実行することによって世界統一を推し進めることが日本国家の「天業」であることなどを主張した。

この時、田中が日本国体と「本化の大教」（日蓮仏教）の内容との一致を強調したのはいうまでもないが、この段階ではまだ「国体学」の名称は使っていない。彼がこの名を使いはじめたのは一九一一（明治四四）年であり、さらに、その完成版である「日本国体の研究」を国柱会の機関紙上に連載しはじめたのは一九二一（大正一〇）年であった。この連載論文は、翌年に『日本国体の研究』（天業民報社）という一著にまとめられたが、彼の日蓮主義的国体論の内容は、ほぼこれに尽きているといっていい。

『日本国体の研究』は、神武天皇の建国三綱と日蓮仏教の三大秘法（本門の本尊・題目・戒壇）の契応関係（法国相関）を論ずることからはじめている。この法国相関論にはいささか牽強付会のところもあるが、これは教義の問題としてではなく「世界悉檀」上の因縁の問題として、田中が立論しているからでもある。以下、参照頁を示しながら、『日本国体の研究』の要点を紹介しておきたい。

まず、そこで、日本国体は、「(神武天皇が建国)三綱を以て(日本を)立て」、「やがて(日蓮聖人が)三秘を以て(建国三綱に)入眼された」(三一七頁)ものとして説明されている。また、田中は、ここで、日蓮の講義を弟子の日向が記録したものだとされている「日向記」にある「本有の霊山とは此娑婆世界也、中にも日本国也、法華経の本国土娑婆世界也」という一文を引いて、本国土妙(本仏内証の仏国土)を日本の実相(日本国体)であると説いている。

田中が同書で「法華経を形にした国としての日本と、日本を精神化した法華経」(二九七―二九八頁)という時、彼の念頭にあったものはこの本国土妙の思想であった。この思想は、妙法曼荼羅の中尊(南無妙法蓮華経)直下の天照・八幡の二神が勧請されていることの説明にまで及んでいる。彼によれば、二神が勧請されているゆえんは、実相が本国土妙である日本がやがて世界を道義的に統一することを表現しているのだという。

このように、田中の法国相関論においては法華経＝日本国体なのであるが、日本国体の中身は万世一系の天皇の神聖性ではなく、歴代の天皇ですら拳々服膺すべき神武天皇の建国三綱(理想的道義)なのであって、しかも、それは法華経による開顕を受けなければ何もはじまらない「ただの国体」なのであった。だが、彼の立場は、「ただの国体」が「たとひ浅いつまらないものにしても」、日蓮仏教の開顕によって、「之を深くし之を大にすれば」(三一二頁)いいのではないか、というものであった。

要するに、田中の日蓮主義的国体論は日本の現実と実相の間にあるギャップを運動によって克服しようという特色をもち、しかも、著しく法華経や日蓮仏教に従属したものであった。一九四一(昭和一六)年の段階の司法省刑事局の見方によれば、田中の日蓮主義的国体論は「国体それ自らの国体闡明」を狙ったものではなく、本地垂迹的な「法華経至上主義下の日本国体論[13]」であった。

五　大正天皇の即位と日蓮主義の全盛（一九〇五—一九二六）

日本は一九〇五（明治三八）年に日露戦争には勝ったもののロシアからの賠償金が取れず、戦争後の日本社会は二〇億円の戦争債務の償却のための増税によって農村が疲弊し、都市でも労働争議が頻発するなどの社会的矛盾が噴出した。当時の日本にはすでにマルクス主義等の社会主義思想が一定の影響力をもつようになっていた。そして、山縣有朋（一八三八—一九二二）をはじめとして、これに対する為政者たちの警戒心も深まった。

こうして、政府は、農村で地方改良を展開するとともに都市では「思想善導」を行って、この危機に対処しようとした。一九〇八（明治四一）年に発布された戊申詔書も、人心を引き締めることによって緩みかけた近代天皇制の統治力の回復を狙ったものであった。

だが、この詔書の内容がいかにも学校教師の説教調で帝王の威厳を感じさせるものではなく、「明治国家の活力の衰え」(14)を実感させられるものであった。日露戦争後の近代天皇制の支配は、あきらかな衰えをみせていた。

一九一〇（明治四三）年には刑法が改正され、不敬罪の取締りを強化して新たに大逆罪を設け、一九二五（大正一四）年には治安維持法が成立している。なお、この時期には非公認の新宗教（類似宗教）の大本とほんみちが不敬罪で取り締まられている。付言すれば、政府は、一九一二（大正元）年に三教会同を行って、キリスト教にまで国民の風紀引き締めのために一役買わせようとした。このことも、日露戦争後の近代天皇制の危機を反映しているといえる。

一九一〇年の刑法改正直後に、幸徳秋水（一八七一—一九一一）らが検挙された「大逆事件」が起こった。大正になると、一九一七（大正六）年に、ロシアで社会主義革命が起こっている。また、一九一八（大正七）年には米騒動が、そして、一九二三（大正一二）年には関東大震災が起きている。こうしたことで、国民の生活困窮と社会不安は、ますます増大した。

ところで、この時期の最初の一九〇六（明治三九）年に、北一輝（一八八三―一九三七）は、日本の国体論に社会主義思想を接木した『国体論及び純正社会主義』（自費出版）を著している。このころの社会的矛盾の激化が近代天皇制のほころびを人々に気づかせ、新しい思想と実践を生み出しつつあったのである。

一九一四（大正三）年、山田三良（一八六九―一九六五）らは、日蓮仏教に触れて発心して法華会を設立し、知識人層を中心とした信者と共鳴者の獲得に努めた。

また、この時期に生まれた日蓮系の在家教団（新宗教）としては、杉山辰子（一八六七―一九三二）が一九一四年（異説もある）に結成した仏教感化救済会（現在の日蓮宗法音寺と大乗教・法公会・真生会などの原組織）の名をあげることができる。

話は変わるが、一九二一（大正一〇）年に安田善次郎を暗殺した朝日平吾の遺書に、「真正ノ日本人ハ陛下ノ赤子」であるが実際の国民は「名ノミ赤子ナリトオダテラレ」て「生キナガラノ亡者[15]」の生活を余儀なくさせられていると記されているが、この時期に近代天皇制の理想と現実のギャップがあらわになり、このギャップが昭和期になると国家改造のための急進的な直接行動につながっていく。

いっぽう、この時期には、ヨーロッパが主戦場だった第一次世界大戦（一九一四―一九一八）の影響で日本が一時的に好況になり、言論界ではデモクラシー（民本主義）が語られたりもした。

さて、一九一二（明治四五）年に明治天皇が崩御し、時代は大正となった。一九一五（大正四）年には、大正天皇の即位の大典が行われた。その時、大典を祝して日蓮仏教関係者から、一幅の妙法曼荼羅が大正天皇に奉献された。これは、日蓮主義の全盛期の幕開けを意味していたが、同時に、日蓮仏教界に大きな問題をもたらした。

大正天皇に贈られた妙法曼荼羅は一九一二年に京都府相楽郡賀茂村の燈明寺の三重塔の主柱の下から川合芳次郎に

よって発見されたといわれるもので、日蓮宗の墨跡鑑定家の稲田海素（一八六九―一九五六）から「全是後世野心家之所偽造無相違者也」[16]と鑑定された代物であった。その曼荼羅の中尊（南無妙法蓮華経）の真下には「聖天子金輪大王」と書かれていたが、これは世界統一の暁に理想の仏土をつくる日本の天皇であると解釈された。なお、この曼荼羅は、「大日本国衛護の大曼荼羅」（別名、蒙古調伏護国曼荼羅、奉献曼荼羅あるいは奉献本尊ともいう）と命名された。

稲田の鑑定結果を受けた日蓮宗の清水龍山（一八七〇―一九四三）は、日蓮宗の宗務総監に奉献の非なることを訴えたが、聞き入れてもらえなかった。日蓮宗はこれを真筆と判定し、紺地金泥の豪華な模本をつくり、その開光式（開光文の執筆は清水梁山）を行なって即位の大典の記念に、大正天皇に奉献してしまった。

この時、国柱会系の日蓮主義者の田中智学と弟子の山川智応（一八七九―一九五六）は少なくともこの曼荼羅の真筆がありうることを述べ、とくに田中は、一九三二（昭和七）年に、満州事変の立役者で国柱会員であった石原莞爾（一八八九―一九四九）にこの曼荼羅の写しを授与している。石原は、この曼荼羅によって「聖天子金輪大王」（天皇）による世界統一を確信したといわれている。

だが、前述した日蓮宗の清水龍山や田中・山川と同じ日蓮主義者の本多日生は、稲田の偽造説を支持し、このうち、清水龍山は翌年の一九一六（大正五）年に『偽日蓮義真日蓮義』（臥龍窟）を発行し、その中で関係者の主張が含まれている書簡等を公開して、その是非を日蓮仏教界に問いかけた。

問題は、奉献曼荼羅の真偽と天皇への奉献のほかにもあった。それは、奉献にあたって添えられる奉献曼荼羅の解釈・説明文（「曼荼羅大要」といい、没後の一九三五年に弟子たちが出版した清水梁山『日蓮聖人 世界統一の本尊』〈慈龍閣〉に附録として収載されている）の作成を、日蓮宗が神本仏迹論者の清水梁山に依頼したことであった。

清水梁山は新居日薩の弟子で、一時、日蓮宗から離れていたが、神道家の大石凝真素美（一八三二―一九一三）らと交流して神秘的な古神道も学び、これが法華経の神道的な解釈につながって、神本仏迹的な王仏一乗論を生みだしたものと考えられる。

清水梁山は、一九一一（明治四四）年に、『日本国体と日蓮聖人――一名、王仏一乗論』（慈龍窟）を上梓し、持論の王仏一乗論を世に問うている。この書は、「日蓮上人の我が国体に対する主張の根拠を世に示さむとするの微意に由りて作」（一頁）ったものであるが、それにしては本書の紙幅の過半が神道偽典（超古代文献）の『竹内文書』並みの神秘神道的な言説に割かれていることが気がかりである。たとえば、「我国の天日嗣の大君を遠く印度の国にて金輪王とこそは頌ひ崇めけめ」、「神代の御事の印度にまで伝はりし証は正に立つべし」（三九―四〇頁）といった調子である。

「第弐編」からは日蓮仏教の解説になるが、最初に目につくのが「（神力品で）王仏一乗の妙法蓮華経を上行に付属するが故に」、「（上行の「再誕」である）日蓮聖人の立教開宗は寧日本の国礎を立るに在り」（二二九頁）の一文である。また、その中の「教義関係」の項目に目を移すと、「仏の本地は転輪聖王にて、すなはち日本国の大君にて坐す」（三一五頁）という文言が目に飛び込んでくる。

さらに、彼は、「曼荼羅界は亦日本国の体相」であり、「『塔中妙法蓮華経』とは一神一皇の本主正体なり。久遠劫来天心動かずして常に高天原に在り。之を天御中主と称し奉る。……皇祖天照大神は天御中主の御位に坐して善く六合を治し給ふ。実に天地の中軸なり」（三七七―三七八頁）といい、最後に「中央七字の本尊は必（ず）我が一神一皇たらざる可からず」（四〇五頁）といって、持論の天皇本尊論で結んでいる。「天御中主」が神々の中心であると考える清水梁山が、なぜ天照大神の末裔とされる天皇を妙法曼荼羅の中尊と解釈するようになったのかについての論理は、よくわからない。

清水梁山は「我国の人として天皇を崇めざらむには何に仏法を行ずとも未来の成仏はあるべからず」（二三九頁）といっているが、彼には天皇や日本の宗教的な位置づけは壮大であるにしても理想と現実のギャップを埋める方法論がなかったから、そこから、田中智学や本多日生らがしたような国体運動は出てこなかった。

清水梁山は奉献曼荼羅の解釈・説明文を書いたあと、大正天皇即位の大典を記念する『日宗新報』の特別号紙上に持論の王仏一乗論についての一文（「奉献本尊玄釈」）を書き、奉献曼荼羅の中尊が本尊の正体で、その直下に書かれた「聖天子金輪大王」はすなわちやがて世界を統一する日本の天皇を意味していると述べた。これは、彼の真正顕教説を開陳したものであったといえよう。

大正天皇への妙法曼荼羅奉献は、奉献曼荼羅の真偽や解釈の適否にかかわらず、日蓮宗諸派と日蓮主義の評価の向上に役立ち、この時期から昭和初期にかけて、その全盛期を迎えた。

一九一四（大正三）年には田中智学があらためて国柱会を結成し、以後、日蓮主義の流行の波に乗って、さまざまな運動を起こし、多くの書物を著した。この運動は、日蓮宗諸派も巻き込み、多様な人々が参加した。一九二〇（大正九）年には宮沢賢治（一八九六―一九三三）と石原莞爾が国柱会に入会したほか、文学者の高山樗牛（一八七一―一九〇二）や宗教学者の姉崎嘲風らにも大きな影響を与えた。

また、本多日生が一八九六（明治二九）に結成した統一団もよく人を集め、「現代の日蓮主義者の少なくとも七、八分は上人（本多）の講演の聴聞に感動したるものなり（法華会の山田三良の言）[17]」といわれるようになった。小笠原長生（一八六七―一九五八）、佐藤鉄太郎（一八六六―一九四二）、井上一次（一八七三―没年不詳）などの軍人や、やがて新興仏教青年同盟を結成（一九三一年）する妹尾義郎なども、本多が育てた人材であった。

このような日蓮主義や日蓮仏教の流行は日蓮を「立正大師」に押し上げ（一九二二年）、日蓮の六五〇遠忌には日蓮宗に「立正」の勅額が下賜される（一九三一年）等の結果を招いた。だが、こうしたことの評価は、人によってさまざまであった。

六　国家的な危機の到来と急進日蓮主義（一九二六―一九三八）

一九二五（大正一四）年には普通選挙法が公布されたが、まもなく、病気がちの大正天皇が崩御して昭和の世になった。そして、一九二八（昭和三）年には昭和天皇の即位の大典が行われた。だが、日露戦後に顕著になった「明治国家の活力の衰え」は収まらず、経済は一向に上向かず、世情も雨模様のままであった。

第一次世界大戦の勃発で一息ついたかに見えた日本経済は、戦後不況を乗り切れないまま、一九三〇（昭和五）年の昭和恐慌に直面した。そして、こうした劣悪な経済社会状況がマルクス主義等の社会主義思想の流行を生み、農民の小作争議や労働者のストライキが頻発するようになった。

この時期にはマルクス主義の立場からの宗教批判も三木清（一八九七―一九四五）や服部之総（一九〇一―一九五六）、小林多喜二（一九〇三―一九三三）らによって行われ、一九三一（昭和六）年には日本戦闘的無神論者同盟が生まれている。

こうした思想界の風潮は、日蓮主義にも微妙な影響を与えずにはおかなかった。一九二八年、田中智学の三男の里見岸雄（一八九七―一九七四）がマルクス主義（社会科学）に対抗して国体科学連盟の結成を宣言し、翌年には『天皇とプロレタリア』（アルス）を刊行した。また、本多日生の傘下で大日本日蓮主義青年団の機関誌『若人』の編集をしていた妹尾義郎は、山梨等で農村疲弊や小作争議を間近にみて次第に社会主義に共鳴するようになり、一九三一（昭和六）年には日蓮主義をひとまず離れて、超宗派の新興仏教青年同盟をつくり、理想的な共同社会づくりをはじめた。

里見の『天皇とプロレタリア』に対しては、一九二九年に、原理日本社の蓑田胸喜（一八九四―一九四六）が日本原理主義の立場から激しくこれを攻撃した。蓑田の日蓮仏教に対する攻撃はこれにとどまらずに次の時期まで続き、やがて、一九四一(昭和一六)年に起きた法華宗(八品派)の曼荼羅国神不敬事件(後述)の起爆剤ともなる。

ところで、マルクス主義の思想や運動の流行とこれに与同する者らに対して、政府は、一九二八年に治安維持法を強化し、特別高等警察(特高)を設けるなどして、思想統制を強めた。以後、共産党等への取締りが激しくなっていくが、同時に、非公認の新宗教(類似宗教)や仏教の各宗各派、さらには日蓮主義の進める国体運動であっても、政府の取締りを免れられなくなった。

政府の取締りの強化の理由には、上記のような客観状況のほかにも、日本原理主義の台頭や近代天皇制を支持する世論やマスコミの声援もあった。これには、学校の祝祭日儀礼などを通した国民へのミカドカルトの浸透・定着＝顕密天皇制の真正顕教化が大きく影を落としているが、これと同じ傾向が日蓮主義についてもみられる。つまり、この時期になると、当初は穏やかな顕密国体論であったものが受容者の中で次第に密教色を薄めて真正顕教化し、これが理想の国体と悲惨な現実のギャップの激しい感覚を刺激して、日蓮信奉者の中にテロや事件、クーデターに関わる人々を生み出すようになったのである。

たとえば、血盟団事件の首謀者で五・一五事件(ともに一九三二年)にも関与した井上日召(一八八六—一九六七)は日連主義の影響を受けた(中島岳志によれば彼は国柱会の講習会や著書を通して田中智学から影響を受けただけだったというが、戸頃重基によれば彼はもと国柱会員であったという)が、やがて悲惨な現状をテロで打開することを説く急進日蓮主義に逢着した。血盟団事件と井上日召については、二〇一三年に上梓された中島岳志の『血盟団事件』(文藝春秋社)に詳しい。

寺内大吉(一九二一—二〇〇八)は、一九八八(昭和六三)年に出版した『化城の昭和史』(毎日新聞社)の中で、こうした急進日蓮主義や満州事変を起こした石原莞爾などを生みだした日蓮仏教を危険な宗教として描いているが、たしかに、そうした要素が日蓮仏教や日蓮主義にまったくなかったわけではなかった。

だが、国柱会の山川智応は、五・一五事件後に、『力』をもって一切を解決せんとすることは、法華経でもなければ、王道でもない[18]」と、テロを激しく批判した。この段階になると、折伏主義を掲げて一時は戦勝祈願の「国禱」をするなど威勢のよかった日蓮主義も、自己防衛に回らざるをえなかったのである。

しかし、「諸悪の根源」は、真にありがたいはずの近代天皇制と惨めな社会的現実の間にある、覆いがたい矛盾（ギャップ）にあった。これは、タテマエばかりの顕密天皇制の鍍金が剝がれてきた現象であるとも考えられる。いずれにしても、日蓮主義的国体論を含む既存の国体論やミカドカルトではこの矛盾を整合的に説明できなかったから、この矛盾を強く感じた人々が急進日蓮主義や革新的な直接行動などに走るようになったのである。

一方、この危機を顕教天皇制の強化・徹底によって乗り切ろうとする人々もいた。彼らは、マスコミでは日本原理主義の人々であり、また、こうした人々と意を一にする政府の思想取締り当局の人々であった。

こうして、大正期に全盛期を迎えた日蓮主義的国体論は、昭和を迎える時期になると、一方では世論や政府から急進日蓮主義との差異化を余儀なくされるとともに、他方では日本原理主義や近代天皇制を護るべき立場の政府（顕教天皇制の側）から、法華経至上主義だとしてその顕密性を攻撃されるようになる。

おりしも、日蓮の六五〇遠忌当年にあたる一九三一（昭和六）年に、政府は日蓮宗に「立正」の勅額を下賜した。だが、こうした日蓮仏教の佳節は長続きしなかった。この年は、日中戦争から太平洋戦争の敗北まで続く「一五年戦争」の端緒となった満州事変が勃発した年でもあった。「満州国」はその翌年に成立するが、その直前に行われた満州建国会議（四巨頭会談）の会場には大きく墨書された「南無妙法蓮華経」の七字が掲げられていた。

これが満州事変の立役者だった石原莞爾の意思によるものであったかどうかについては諸説があるが、石原が満州事変を日本の世界統一（理想の仏国土成就）のための緒戦（世界最終戦の緒戦）として位置づけていたことは確かであった。熱心な日蓮主義者であった石原は、将来における日本天皇による世界統一を確信し、その前に世界最終戦争（王道の代表の日本と覇権の代表のアメリカとの戦い）が起こると考えていた。

石原は、その戦争に備えるためにも日本は東亜の団結をはかる必要があり、まず、満州の地に「五族協和」の「王道楽土」を築くことが重要だと考えたが、結局、この理想は国益を重視する日本の政府と陸軍首脳たちには受け入れられなかった。この観点から、石原は満州事変に続く日中戦争と時機未熟の日米戦争に反対したが受け入れられず、最後には、左遷されて退役した。

この時期にテロや抗議死に走った急進日蓮主義には、井上日召がらみの血盟団事件（一九三二年に起こった井上準之助蔵相と三井合名会社の団琢磨理事長の暗殺）と五・一五事件（同年に起こった犬養毅首相の射殺）のほかに、一九三六（昭和一一）に起こった二・二六事件（首相官邸などが襲われて高橋是清蔵相・斎藤実内大臣・渡辺錠太郎陸軍教育総監などが青年将校らによって射殺）と、一九三七（昭和一二）年に起こった「死なう団事件」（江川櫻堂〈一九〇五―一九三八〉の弟子たちがつくった日蓮会殉教衆青年党の五人が国会議事堂や皇居前などで世情に抗議して割腹自殺をはかった事件）などがあるが、ここでは二・二六事件の黒幕とされている北一輝についてだけ詳述する。

北の思想は、日露戦争後の一九〇六（明治三九）年に出版した『国体論及び純正社会主義』に論じ尽くされているが、それを北が国家改造のために綱領化したものが『日本改造法案原理大綱』（日本改造法案）であった。

これは、一九二〇（大正九）年に北が上海から持ち帰って謄写版刷りしたものを、一九二三（大正一二）年と一九二六（大正一五）年に、多くの字句の削除をともなって公刊されたもので、以後、予備役になっていた西田税（一九〇一―一九三七）や磯部浅一（一九〇五―一九三七）をはじめとする陸軍の青年将校や陸軍士官学校生たち（いわゆる皇道派の若者たち）に熱心に読まれ、やがて彼らの昭和維新運動のバイブルとなっていったものである。

だが、北が考えている日本改造のやり方は、彼が「彼れも是れも天皇帰一だってところへ持って行く。そうすると帰一の結果は、天皇がデクノボーだということになる。それからさ、ガラガラッと崩れるのは[19]」という奇抜な天皇観に根差しており、これは当時の反国体的な不敬発言ともいうべきもので、まったく皇道派の青年たちの心情とは違ったものであった。

北にとって天皇は、神でも絶対君主でもなく、ただの「デクノボー」で、政治的には立憲制下で決められている役割をこなす一機関でしかなかった。しかし、この天皇機関説というホンネは「改造法案」には伏せられていた。つまり、彼の天皇論も表裏二面の意味をもつ顕密天皇論であったから、その顕教の部分では皇道派の青年たちと国家改造の運動を共にすることができたのであろう。

しかし、彼らが国家改造に立ち上がるより根本的な動機は、「天皇を雲の上にまつりあげて、雲の下では勝手な真似をしている現状[20]」とその結果としての惨めな政治・社会状況があった。

では、北のこうした天皇論と日蓮主義的国体論との接点は、どこにあったのであろうか。井上日召の場合と違って、北と日蓮主義との直接的な思想関連は、今のところ見つかっていない。佐渡にある北の生家が日蓮宗であったからだという説もあるが、その影響も詳らかではない。現在のところ最も確かなのは、北は法華経や日蓮仏教から何か思想的な影響を受けたのではなく、法華経の独特な読誦法や唱題法によって霊界と通信ができる彼の妻・すず子の霊媒的な霊能（霊告）に頼って、事件の重要な行動を決めていたことである（北一輝『霊告日記』、第三文明社、一九八七年）。

つまり、事件等の日取りや手順、参加者の決定、相談相手などについてのすず子の霊告などが大きな働きをしていたようである。なお、井上日召は神憑りや天の声を聞く神秘体験を何度もしているし、石原莞爾が満州に赴任する際には伊勢神宮で満州の方向に飛んだ光物を見たという神秘譚があったことが知られている。その意味で、北や井上・石原らは、「霊的日蓮主義者」であったといえるかもしれない。

結局、二・二六事件は失敗に終わったが、この時に鎮圧にあたった戒厳司令部の参謀は皮肉にも満州事変の首謀者で日蓮主義者であった石原であった。

いずれにしても、顕密論的な日蓮主義的国体論は、この時期に、一方では急進日蓮主義との差異化を迫られ、他方では政府や日本原理主義者から不敬で反国体的であると攻撃されはじめるが、その背景には近代天皇制と日蓮主義の真正顕教化（タテマエのホンネ化）の現象が看取されるのである。

ここで、この時期に生まれた日蓮系の新宗教に触れておくと、一九三〇（昭和五）年には霊友会（発会式）と創価教育学会（いまの創価学会）が、一九三八（昭和一三）年には立正佼成会が、それぞれ、生まれている。また、この時期には、非仏教系の非公認新宗教（類似宗教）の大本が一九三五（昭和一〇）年に、ほんみちが一九三八年に、それぞれ、不敬罪と治安維持法違反の容疑で二度目の取締りを受けている。

なお、一九二九（昭和四）年に内務省内にできた神社制度調査会が発足直後に神社非宗教論を再確認したが、これに対して、真宗一〇派は国民道徳としての神社崇敬以外の「宗教的な神社崇敬」はできないと表明した。また、日本基督教連盟も、神社が宗教でないならば、神社は宗教活動をやめ、神社参拝を国民に強制しないように要望した。しかし、このような強気の正論を宗教界がいえるのは、この時期までのことであった。

七　顕密天皇制の死滅と攻撃される日蓮仏教（一九三八―一九四五）

この時期は、国会の「国体明徴」決議の後のころから太平洋戦争の敗北までの短い時期である。この時期の日本は戦時下の非常時であったため、近代天皇制の真正顕教化が極限まで進み、一八八九（明治二二）年に成立した顕密天皇制がほぼ消滅する事態を迎えた。これは、「（真正）顕教による密教征伐」（久野収）の結果であった。

政府やマスコミの天皇言説は明治初年の神道国教化政策の時期のものに近く、神道的な国体論以外の言説は政府の思想取締り当局や日本原理主義者たちによって異端視されただけでなく、仏教諸宗の祖師や派祖・再興者たちの天皇言説や曼荼羅内の国神名なども不敬とされて削除等の対象となった。このほか、一九四一（昭和一六）年から翌年には日蓮主義佛立講（本門佛立講の分派）が、そして一九四三（昭和一八）年には創価教育学会が、それぞれ、治安維持法違反の容疑で取り締まられた。

「（真正）顕教による密教征伐」は、政府の思想取締り当局や民間の日本原理主義者たちの手に限るものではなく、日蓮主義や日蓮宗各派の内部からも行われた。この時期に相次いだ天皇本尊論の登場や内部の天皇言説の密告などがこれであるが、これに対して、日蓮主義や日蓮宗各派に、日蓮仏教の正統主義の立場から、これらを「偽日蓮義」（清水龍山）として糾弾する余裕は当事者にもはやなかった。

一九三九（昭和一四）年、「祭政一致」を標榜する平沼内閣のもとで、日本で初めての宗教法である宗教団体法が成立し、ようやく全宗教の宗派や教派・教団に法人格が認められた。だが、これと同時に、政府は宗派や教派・教団の整理統合（合同）政策を打ち出した。もちろん、この合同政策の対象は、仏教各宗に限られなかった。

これによって、一三宗五六派の日本仏教は一三宗二八派となったが、この時、日蓮宗諸派は本門宗（北山本門寺系の富士派）・顕本法華宗（什門派）・日蓮宗（身延派）が合同して新たな日蓮宗になったほか、本門法華宗（本門流）・本妙法華宗（真門流）・法華宗（陣門流）が合同して新たな法華宗になるなどして、結局、一宗四派に統合された。

翌一九四〇（昭和一五）年には皇居前広場で盛大な紀元二六〇〇年記念式典が行われたが、これとほぼ同時に、政府は神社制度調査会の建議を受けて内務省の神社局を神祇院に昇格させた。これは、一八七一（明治四）年に神祇官が神祇省に格下げされて以来の昇格であるから、ある意味では神道国教化政策期の再現とも考えられる。

そして、一九四一年の暮に、日本は太平洋戦争に突入した。戦時体制に備える法律としては一九三八（昭和一三）年に成立した国家総動員法があったが、太平洋戦争の始まる前年の一九四〇年には政党が解散して大政翼賛会が結成され、宗教界を含む各界の翼賛体制の手本を示した。

こうした流れを受けて、一九四一年には、東京小石川の伝通院で大政翼賛会等の後援で第一回の大日本宗教報国会が開かれ、一九四二（昭和一七）年には興亜宗教連盟の総裁（林銑十郎陸軍大将）が「反皇道思想の撲滅」を訴えた。また、一九四三（昭和一八）年には、神仏基三教が連合して財団法人・大日本戦時宗教報国会をつくった。

日蓮遺文の削除問題や曼荼羅の国神不敬問題、さらには天皇本尊問題などは、このような風潮の中で起こった。では、以下、それらについて述べよう。

宗祖等の遺文や宗門出版物の不敬箇所に対する政府や外部者からの削除・訂正の要求とこれへの対処の措置は、日蓮宗各派にとどまらず真宗各派にもあった。柏原祐泉（一九一六―二〇〇二）によれば、西本願寺が「国家総動員法下での教典改訂については、……もっとも積極的であった[21]」という。

日蓮仏教関係でいえば、日蓮宗は一九三二（昭和七）年以来、日蓮遺文集の出版のたびごとに、遺文の内容が不敬だとする内務省警保局の指摘を受けて削除や伏字化を繰り返してきたが、一九四一年には合同後の宗綱審議会で重要遺文七〇余篇中から二〇八箇所の削除を決めた。だが、これでは不十分だと文部省にいわれ、結局、日蓮宗は、時局に抵触しないと思われる遺文のみを集めた宗定の遺文集を出版することにした。

これに対して、合同後の新たな法華宗は、一九四二年の教学審議会で遺文の削除に反対する決議を行ったため、法華宗を除く日蓮宗各派は一九四四（昭和一九）年に遺文三五篇中、削除・訂正・替字一三五箇所を決めた。一九四一年に曼荼羅国神不敬事件で取り締まられた宗派は合同の対象になった本門法華宗（以下、八品派という）であったが、遺文削除に反対した合同後の新たな法華宗が取締り当局の心証を悪くしていたということも、事件の起こった背景にあったのかもしれない。

八品派の曼荼羅国神不敬事件には一九三七（昭和一二）年からの前史があった。それは、宗門発行の『本門法華宗教義綱要』の中に不敬な部分があるので焼却せよという北田透達なる八品派僧侶の要求からはじまった。北田が不敬とする箇所は、『教義綱要』の著者の苅谷日任が引用した門祖日隆の『私新抄』の中の「天照太神ノ諸神ハ内証ニ従ヘバ、仏菩薩ノ二界ニ摂スベク、現相ヲ以テ之ヲ云ハバ鬼畜ニ摂スベシ」という一節であった。

宗門が対応を渋っていると、今度は、北田が原理日本社の蓑田胸喜にその解決を依頼した。これを受けて、蓑田は一方で八品派に『教義綱要』の焚書を求めるとともに、他方で、このような不敬を放置している文部省にも抗議した。文部省が八品派に善処を求めたため、この年の暮に八品派は件の『教義綱要』を焚書に付すとともに、関係者の多数を解雇か罷免にした。また、翌一九三八（昭和一三）年には、苅谷の疎陳上申書を添えた八品派管長の始末書が文部省に出された。事件は、これで一件落着したかにみえた。

しかし、この年の夏に、蓑田胸喜は、苅谷の疎陳上申書にも不敬の箇所があると八品派の神祇観を再び問題視して騒ぎはじめた。八品派は、この年のうちに、株橋諦秀（日涌、一九〇九―一九八四）を著者とする修正版の『本門法華宗綱要草案』を謄写印刷して出版を検討していたが、これが外部に漏れて、修正版にも不敬な箇所があるとして蓑田や政府の思想取締り当局の怒りを買った。

一九三九（昭和一四）年、山川智応がこの問題で八品派の支援に立ち上がって同派で講演し、その講演録を『御本尊御遺文問題明弁』として著したが、反面、これで大塚圭八等の反撃にもあった。

一九四一（昭和一六）年を迎えると、八品派は最大の激震に見舞われた。これが、曼荼羅国神不敬事件といわれるものであった。この時、修正版『綱要草案』の著者の株橋諦秀はもちろん、旧『教義綱要』の著者の苅谷日任や、学林教授の泉日恒（敗戦後に本門佛立宗に転籍）、それに、八品派首脳の三吉日照・小笠原日堂・松井正純（日宏、一八九三―一九八五）らが検挙され、この時、主に曼荼羅に勧請されている国神（天照・八幡）の教学上の位置付けについて、激しく司直から訊問された。

一九四四年、大阪控訴院は起訴された苅谷・株橋の二人に対して無罪の判決を下した。検察側は上告し、その結果、大審院の判決では原審破棄・控訴院に差戻しというものであったが、最終的には、日本の敗戦で免訴ということになった。

このように、八品派の曼荼羅国神不敬事件の背後には原理日本社の蓑田胸喜の暗躍があった。この事件との関係はないがほかに見逃せないのは、皇道日報社の福田狂二（泰顕、一八八七―一九七一）の動きであった。

彼は、一九四一年に政府と国会の要人たちに送った建白書の中で、「世人は日蓮を以て蒙古来を叫び、国難を預言せし愛国者と思ひしに、何ぞ計らむや、畏れ多くも天照大神を始め、応神天皇、崇峻天皇、安徳天皇、後鳥羽上皇に対し奉りて不敬を極めしとは」とか、「畏れ多くも、皇大神宮を初め奉り日本国の尊き諸神を……法華経の番神たらしむる、……大不敬大逆賊あらむや(22)」といって日蓮と日蓮宗を痛烈に批判し、要人たちに「適切なる決断」を求めた。

このほか、彼は、山川の前述の講演録（『御本尊御遺文問題明弁』）を、「此の書は日蓮の大逆思想を擁護するものなれば又大逆徒也(23)」として、山川を刑法第七四条違反の容疑で告発したり、石原莞爾が東アジアの同志と連携して一九三九（昭和一四）年に結成した東亜連盟協会は「会員も国柱会の落武者や共産党や社大党員の世を忍ぶ偽装転向者の群(24)」だと攻撃したりした。

このような蓑田や福田の従来の日蓮主義および日蓮宗諸派への攻撃は、当今の「御本尊御遺文問題」への関係者の取り組みに微妙な影を投げかけざるをえなかった。

まとめていえば、この時期における従来の顕密的な日蓮主義に対する攻撃と真正顕教的な天皇本尊論の主張は、もう一つの「（真正）顕教による密教征伐」ともいうべきものであった。では、この時期に大手を振って出てきた天皇本尊論とは、いったい、いかなるものであったのだろうか。

この時期の天皇本尊論には高佐貫長（日煌、一八九六―一九六六）と高橋善中のものがあったが、興味深いことに、これらは一九四〇（昭和一五）年前後と、ほぼ同時に出現している。まず、高佐のつくった皇道仏教行道会から紹介しよう。

高佐貫長は、一九三八（昭和一三）年に身延山久遠寺で皇道仏教行道会を結成している。高佐は、その翌年の四月に『中外日報』紙上に「皇道仏教成立の概要」を三回にわたって連載し、時宜に適った日蓮仏教のあり方について語った。

その後の皇道仏教行道会は、一九四〇年に日蓮遺文問題等に関わる日蓮宗内の不敬についての上申書を文部省に提出したり、翌年には浅井要麟と山川智応を不敬罪で告発したりした。

自らの宗門よりも政府当局や外部の日本原理主義者たちを信頼する高佐らのやり方は、まさに「獅子身中の虫」で、八品派の北田透達に相当する人物であった。前述したように、この年のうちに日蓮宗の宗綱審議会は日蓮遺文の大幅な削除を決めたが、その裏には、上記のような皇道仏教行道会の動きがあったのである。

次に、高佐の天皇本尊論の説明に入ろう。高佐の天皇本尊論は、一九三九年に出版された『聖衆読本』（行道会仮本部）と一九四二（昭和一七）年に上梓された『皇道仏教読本』（皇道仏教会）に紹介されているが、後者には「国体」という言葉は出てくるものの皇道仏教の本尊が「天皇」であるという言葉はまったく出てこない[25]。したがって、高佐の天皇本尊論を紹介するには、前者を中心とせざるをえない。

『聖衆読本』は、「皇道仏教とは（日蓮聖人の）王仏冥合の三大秘法を、現代の詞に要約して銘じた名称であり」、日蓮仏教の「曼荼羅は本仏果海の十界当相ではなくて、日本国民が、天皇陛下の稜威を奉戴して分担精勤する諸職業で」あるから、「皇道仏教の御本尊とは、印度応現の釈迦牟尼仏ではなくて、万世一系の、天皇陛下で在らせられます[26]」と端的に述べている。

これは、そこに勧請されている十界の諸尊（聖衆）が中尊に光被されて本有の尊形となるという妙法曼荼羅の世界と、さまざまな職業に従事している国民が天皇の「御稜威」のもとで職業に勤しむ現実の日本の姿とを重ね合わせて解釈したものにほかならなかったが、天皇本尊論を職業分担（分業）で説明しているところに新しさがあるといえる。

しかし、皇道仏教行道会の対境の本尊は「大日本国衛護の大曼荼羅」であったから、高佐の天皇本尊論の構造は、清水梁山のそれと基本的には変わっていないといえる。

最後に、高橋善中の天皇本尊論を簡単に紹介する。高橋の天皇本尊論は、彼が一九四〇（昭和一五）年に出版した『天皇本尊建立』（唯一佛団本部）に示されているが、その論旨は恩師の清水梁山の天皇本尊論とあまり変わらず、独自性に乏しい。

『天皇本尊建立』の主旨を抜きだすと、「本尊はかくして我が天皇で在しまし」、「それゆえ聖人の『国体擁護の大曼荼羅』には、その図現の中央に南無妙法蓮華経――聖天子金輪大王と認められて、ここに我が天皇（が）――聖天子の妙法蓮華経の本尊であり、吾々その妙法蓮華経を天皇に見奉って行かねばならぬことを示されてゐるのである」(27)の文言に尽きる。

それよりも、高橋が日蓮正宗僧侶の小笠原慈聞らとともに、一九四一（昭和一六）年の段階で日宗顕正会をつくって神本仏迹的な国体運動をしたことのほうが時局の厳しさを表現していて興味深い。なお、太平洋戦争後の一九五二（昭和二七）年に、小笠原は、創価学会から、このことを糾弾されている（狸祭り事件）。

これらの記述からもわかるように、一九一五（大正四）年に大正天皇の即位の大典の際に日蓮宗から天皇に奉献された「大日本国衛護の大曼荼羅」（稲田海素が「後世野心家之所偽造無相違者也」といったもの）が、以後、満州事変の首謀者であった石原にも、天皇本尊論を唱えた高佐や高橋にも、予想外の大きな影響を与えていたのであった。

八　結びにかえて

本章は、久野収による近代天皇制の顕密論に触発されて、一八五七（安政四）年から一九四五（昭和二〇）年までの八八年間の日本近代史の段階を六段階に分け、段階ごとに天皇制の顕密変動を追って近代天皇制の構造変化を確認するとともに、それに伴って同じように顕密変動してきた日蓮主義的国体論の構造変化をも突き止めようとしたものである。

近代天皇制の顕密変動に伴った日蓮主義的国体論の顕密変動について体系的に論じた研究は、今のところ、本章が嚆矢である。その意味で、この着想から新たにみえてくるものも大きいのではあるまいか。

欧米に遅れて近代を迎えた日本の為政者は、諸般にわたる近代化を急いで進めるとともに、新しい国民国家の統合に腐心し、その結果、伊藤博文らが顕密天皇制を設計した。為政者はホンネとしての密教天皇制を内部で「申し合わせ」たが、国民に対してはタテマエとしての顕教天皇制を教えた。

ミカドカルト等を通した顕密天皇制の真正顕教化の流れは日露戦争後にはじまり、「国体明徴」の国会決議がなされたころ以降の昭和一〇年代には急流化して、ついには「（真正）顕教による密教征伐」が行われるようになった。

一方、日蓮主義的国体論はミカドカルト等の影響で国民のなかに顕教天皇制が浸透・定着化した日露戦争後に生まれて、一時期、大正期に全盛期を味わうにいたったが、昭和になると、社会矛盾の激化とともに、この一部が真正顕教化して急進日蓮主義となった。しかし、北一輝の天皇論・国体論には、天皇機関説的な顕密論がみられた。

他方、既成の日蓮主義や日蓮宗諸派は、まもなく、政府や日本原理主義者、さらには内部の天皇本尊論者から、「密教征伐」を受けるようになる。しかし、これは昭和一〇年代になってからのことであった。

顕教天皇制は日本近代史の初めと終わりの時期にだけ（合わせても十数年）にみられた限られた現象であり、その間の長い時期は曲がりながらも顕密体制を維持できた時期であった。こうして、伊藤博文らによって設計され、順調に国民の間に浸透・定着した近代天皇制は、以後の社会矛盾の激化と「うまくいき過ぎたミカドカルト」等による国民教化に足をすくわれ、自らの密教性を削り落として真正顕教化し、やがて太平洋戦争の敗戦とともにＧＨＱの手で解体されるにいたる。

日蓮主義的国体論も、基本的に、この歩みに沿った足跡をたどって一部が真正顕教化して天皇本尊論を生み出したが、それも太平洋戦争後には信憑性を喪失して「無力化」された。

太平洋戦争の後になると、顕教的な天皇本尊論だけでなく顕密論的な法国相関論も説得力を失い、日蓮宗各派は真正顕教に屈従した戦前期の自らの行動の総括をせず、日蓮教徒の誰もそれについて語ろうとしなくなった。こうして、戦後期には、日蓮仏教の「没歴史化」がはじまった。

しかし、新たに「社会参加仏教」（一九五〇年代にベトナム僧のティク・ナット・ハンが社会に積極的に関与する入世仏教の意味で使い出した用語で英語の Engaged Buddhism の訳[28]）が喧伝されている今日では、日本近代の日蓮主義や日蓮仏教の長短を総括して、それを現代的に「再歴史化」（信憑性を失った宗教思想をいったん普遍的地平に戻した後に再び特定の歴史的地平に入れ戻して信憑性を奪回すること）しようという本化ネットワーク研究会（西山茂が主宰。二〇一六年四月からは法華コモンズ仏教学林。事務局は八王子の日蓮宗善龍寺）のような試みも起きている。

本章が純粋な研究のためだけではなく、日蓮仏教の「再歴史化」のためにも役立つならば幸いである。

（注）

（1）久野収「日本の超国家主義——昭和維新の思想」（久野収・鶴見俊輔『現代日本の思想』岩波書店、一九五六年、第Ⅳ

章）一一七—一八二頁。

（2）田中智学は、一般人でも読めるように書いた『日本国体の研究』（師子王文庫、一九二二年）の中でも「世界悉檀三重釈」を論じて「日本国体の開顕が真の世界悉檀である」（三〇四頁）といっているが、日蓮宗の布教専門家のために「純宗教的考察から」（一頁）一九一九年に講演した「本化宗学より観たる日本国体——一名、日蓮主義日本国体論」（『師子王教義篇』師子王全集刊行会、一九三一年、一—四〇二頁）の中では、より明確に「吾々の所謂国体運動は世界悉檀である」（三九三頁）と断言している。筆者が田中智学の国体論を伊藤博文らが設計した顕密天皇制と相似の顕密国体論と称するゆえんの一端である。

（3）久野・鶴見、前掲書、一九五六年（一三三頁）で久野収が用いている表現。

（4）森岡清美『真宗教団における「家」の構造』（増補版、御茶の水書房、二〇〇五年）二七八頁。

（5）学校教育における祝祭日儀礼の成立と普及については、山本信良・今野敏彦『近代教育の天皇制イデオロギー——明治期学校行事の考察』（新泉社、一九八七年）を参照されたい。

（6）Woodard, W.P., *The Allied Occupation of Japan 1945-1952 and Japanese Religions*, E.J.Brill, Netherlands,1972.（邦訳：ウイリアム・P・ウッダード著、阿部美哉訳『天皇と神道』サイマル出版会、一九八八年）。

（7）山住正巳『日本教育小史——近・現代』（岩波書店、一九八七年）の付属年表二九頁を参照。なお、明治憲法発布以降の義務教育就学率と資本金一〇〇〇万円以上の工場数・職工数の推移（近代化の進展）と天理教や蓮門教などの発展・当局の取締り等については、拙稿「新宗教の展開」（井上順行孝ほか編著『新宗教事典』弘文堂、一九九〇年）二二一—三九頁を参照されたい。

（8）山本・今野、前掲書、一〇七頁。

（9）國學院大學日本文化研究所編『近代天皇制と宗教的権威』（同朋舎、一九九二年）一八九—二一二頁。

（10）姉崎正治『復活の曙光』（有朋社、一九〇三年）一五八頁。

（11）柏原祐泉『日本仏教史・近代』（吉川弘文館、一九九〇年）一一六頁。

（12）田中智学『日蓮主義新講座』（師子王文庫）のなかの第六号（一九三四年、『日蓮主義概論』第一講）二七—二八頁。

（13）司法省刑事局『思想月報』（第八六号、一九四一年）二七頁。

（14）橋川文三『昭和維新試論』（朝日新聞社、一九九三年）一〇九頁。

(15) 朝日平吾「死の叫声」(橋川、前掲書、一二頁より重引)。
(16) 清水龍山『偽日蓮義真日蓮義』(臥龍窟、一九一六年)一二七頁。
(17) 司法省刑事局、前掲書、二二頁。
(18) 山川智応「痛恨なる不祥事」(月刊誌『大日本』一九三二年五月号)、戸頃重基『近代社会と日蓮主義』(評論社、一九七二年、一八二頁より重引)。
(19) 寺田稲次郎「革命児・北一輝の逆先方」(橋川、前掲書、二四三頁より重引)。
(20) 大蔵英一『二・二六事件への挽歌』(読売新聞社、一九七一年)、(橋川、前掲書、二四〇頁より重引)。
(21) 柏原、前掲書、二四七頁。
(22) 司法省刑事局、前掲書、五八頁。
(23) 同前、六〇頁。
(24) 同前、六八頁。
(25) 澁澤光紀「高佐日煌の教学(二)」(『法華仏教研究』第一六号、法華仏教研究会、二〇一三年九月)九九―一三八頁を参照されたい。
(26) 高佐貫長『聖衆読本』(行道会仮本部、一九三九年)一―二頁(澁澤、前掲論文、一〇四頁より重引)。
(27) 高橋善中『天皇本尊建立』(唯一佛団本部、一九四〇年)二五六頁。
(28) 詳しくは、阿満利麿『社会をつくる仏教』(人文書院、二〇〇三年)や、ランジャナ・ムコパディヤーヤ『日本の社会参加仏教――法音寺と立正佼成会の社会活動と社会倫理』(東信堂、二〇〇五年)、さらに、金子昭『驚異の仏教ボランティア――台湾の社会参画仏教「慈済会」』(白馬社、二〇〇五年)、などを参照されたい。

第二章　「賢王」信仰の系譜——国柱会信仰から東亜連盟運動へ

一　はじめに

日本近代の日蓮主義の創始者は田中智学（一八六一—一九三九）である。彼は、独自の在家仏教論の基盤の上に、社会志向的（智学の表現によれば侵略主義的）な日蓮教学とそれに基づく日本国体学を構築することによって膨張期にあった近代日本の宗教的正当化を行い、高山樗牛や宮沢賢治のような文学者をはじめ、姉崎正治（嘲風）のような宗教学者や石原莞爾のような軍人、さらには井上日召のようなテロリストにまで、幅広く影響を与えた人物である。

智学のいう日蓮主義とは、寺院や仏壇の中に封じ込められた月並みの日蓮仏教とは違って、「政治であれ、経済であれ、社会でも人事でも、凡そ人間世界のすべての事に正しい動力となッて、実際の益を興す」「指導原理」[1]のことである。なお、その後、彼の造語した日蓮主義は流行語となって多義的に使われだしたため、それらと区別して純正日蓮主義ともいわれる。

田中智学の日蓮主義は、良くも悪くも民族主義的である。民族主義的であるという意味は、彼の日蓮主義が日本を強烈に意識したものであるという意味である。ようするに、田中智学とその門下は、愛国的なキリスト者・内村鑑三が常に「二つのJ」（Jesus と Japan）を愛したように、「二つの日」（日蓮と日本）を常に意識し、両者の関係性についての論理化を怠らなかったのである。彼の日蓮主義はその帰結であるが、しかし、それはまた世界に開かれ世界へと膨張しつつあった近代日本の世界性と結びついたものでもあった。

また、彼の日蓮主義は、彼独自の在家仏教論の上に築かれている。彼は、まず、末法の法滅尽を僧滅尽ととらえ、近代の仏教はよろしく優婆塞（在家）仏教たるべきであるとして、「在家による」仏教（私流にいえばBYの在家主義）を提唱した。これは立正安国会（のちの国柱会）という在家教会同盟の創設に結実するが、彼の在家仏教論はそれにとどまっていない。それは、同時に、在家の人々が構成している社会（娑婆）に実際の利益をもたらす「在家のための」仏教（私流にいえばFORの在家主義）でなければならなかった。そして、この側面こそ、社会志向的な彼の日蓮主義の土台となっているのである。(2)

そこで、以下、本章では、まず、智学の在家仏教論に触れた後で彼と彼の門下の日蓮主義を紹介することにするが、その際、彼らの中で「二つの日」を結びつけていた観念的結合子としての賢王信仰（上行再臨信仰）の系譜に注目してみたい。

二　運動への助走

田中智学（巴之助）は、明治維新の七年前の一八六一（文久元）年一一月に江戸日本橋の医師・多田玄竜の三男として生まれ、日米開戦の二年前の一九三九（昭和一四）年一一月に七八歳で死去している。(3) 彼の生涯は、近代天皇制国家の誕生から死滅までの期間にほぼ相当しており、その意味で、彼は近代日本の日蓮主義者の自己認識の営みとしての日本国体学の創始者にふさわしかったといえる。

父の玄竜が当時の江戸で門下三千といわれていた寿講（日蓮宗身延派の在家講）の先達・駿河屋七兵衛の高弟であったために、幼少期の智学は、自然に日蓮の教えを信ずるようになっただけでなく、折伏主義（法華最勝の観点から他宗や国家を積極的に批判する立場）的な法華気質をも身につけるにいたった。しかし、智学は、一八六九（明治二）年秋から翌年の春（満八歳、以下同）にかけて一挙に両親を失い、同年七月に得度して日蓮宗の寺（東京府南葛飾郡一之江妙覚寺）の小僧となった。「智学」は、得度に際して師僧（河瀬日進）から貰った法名である。

その後、彼は、下総の飯高檀林を経て、一八七五（明治八）年一一月に東京芝二本榎に新設された日蓮宗大教院（立正大学の前身）に入学して院長の新居日薩の薫陶を受けたが、当時の大教院を支配していた優陀那日輝（充洽園教学の大成者）流の摂受主義教学（他宗批判や国家諫暁を認めない教学）が肌に合わず、一八七六年の夏には新居院長と衝突して寺に帰り、まもなく復学した。

しかし、同年一二月に重い肺炎を患った智学は、翌一八七七（明治一〇）年の二月に卒業試験をまたずに退学して再び寺に戻った。優陀那日輝の教学に疑問をもっていた彼は、病気療養の傍ら日蓮遺文の研究に打ち込み、一年半後の一八七八（明治一一）年の秋までに日蓮の教えの大綱をつかんだという。

一八七九（明治一二）年一月、それまで快方に向かっていた病気が再発の兆しをみせたので、智学は横浜の兄の家で療養することになった。同年二月（一七歳）、智学は病気療養を理由に還俗し、翌月には日蓮宗に教導職試補の辞任届を出したが、その背景には日蓮宗の現状に対する彼の深い失望があった。一八八〇（明治一三）年四月（一八歳）、病気も小康を得たので、智学は兄の家の縁類にあたる家に入婿した。しかし、彼は間もなく養家を飛び出し、同年中に兄など数名とともに横浜で蓮華会を起こして在家仏教運動をはじめた。

智学の横浜生活は五年に及んだが、その間、一八八一（明治一四）年の一一月に結婚して翌年には長男を得たが、生来の虚弱体質のため、まもなく失っている。また、彼は、自活のために写真職人をはじめ、氷屋、紙鳶（たこ）屋、道具屋などを遍歴している。さらに、蓮華会としては、法華経や日蓮遺文の地道な研鑽とともに宗義宣揚のための公開演説会や大石寺派信徒らとの書面による法論などを行っているが、その活動はいまだ小規模なものであった。しかし、こうした横浜時代の経験は、その後の智学の活動の隠れた土台石となった。

一八八四（明治一七）年に東京に移った智学は、同年を立正安国会の創業の年とし、翌年の一月（二三歳）に立正安国会の創立を宣言した。創立直後の智学は、神田・本郷・日本橋・両国などの貸席で公開演説会を主催したり、仏教青年会など他団体の耶蘇教排撃演説会に割り込んで演説したりして共鳴者を増やし、半年の間に、はやくも鷲塚清次郎（智英）や保坂麗山（智宙）など、のちに運動の中心として活躍する人材を会員に獲得している。

立正安国会は、一八八四年の創業から一九一四（大正三）年に国柱会へと改称・発展するまでの三〇年の間に、東京・関西・鎌倉・三保と活動拠点を変えつつも着実に発展し、後に会の主要メンバーとなる人々を次々と獲得した。具体的には、高安太左衛門（智円）が一八八六（明治一九）年に、長瀧泰昇（智大）が一八八八（明治二一）年に、そして山川伝之助（智応）が一八九三（明治二六）年に、それぞれ入会している。

この間の智学の活動は、日蓮の開宗六五〇年にあたる一九〇二（明治三五）年から日露戦争が勃発した一九〇四（明治三七）年ころを分水嶺にして前後二つに分かれる[4]。すなわち、それ以前の活動が在家仏教論と折伏主義に立つ日蓮教学（本化妙宗式目）の完成と普及に重点が置かれていたのに対して、その後の活動は日蓮主義に立脚した日本国体学の構築とその啓蒙宣伝に力が注がれるようになった。

三　智学の在家仏教論

立正安国会を創立して二年目の一八八六年には、日本橋蠣殻町に立正閣（立正安国会の本部施設）が建てられ、同年の一二月（二五歳）にはそこで「仏教夫婦論」[5]と題した智学の講演が行われた。また、それから二年一か月後の一八八九（明治二二）年一月（二七歳）に、智学は「仏教僧侶肉妻論」[6]の論案を完成させている。これらは、いずれも、仏教における戒律の本義を見直し、近代仏教が在家仏教（優婆塞仏教）でなくてはならないゆえんを、通仏教的立場から説いた仏教改良案であった。

「仏教夫婦論」は、日本の仏教諸宗派が「葬式請負ヲ以テ生活スル」「葬式屋の大株」（以下の引用文はすべて「仏教夫婦論」からのもの）に堕している現状や「仏教ハ夫婦ノ倫道ニ関スベキモノニアラズ」という世人の先入主に抗して、「仏教ハ死物ニアラズ、活キテ働クモノナリ」、「社会ニ向テ利益ヲ談ズルガ宗教ノ目的ナリ」という立場から、「社会ノ基本實ニ男女ニアリ。社会ノ活動夫婦ニ在リ」として、「夫婦ノ倫道」を宣揚したものである。

この中で智学は、仏教とキリスト教の教理比較を行い、キリスト教のように「女ハ男ノタメニ作ラレタリ」などという男性中心主義を説かない仏教のほうが「却テ真實ナル女権ヲ発顕シ得ルモノナリ」と述べているが、実際には、「有名ナル一夫一婦教」のキリスト教に対して仏教が遁世教ないし葬式請負業に堕している現実を認め、これからの仏教は「死人ヲ取扱フ事ヲ止メテ、今日ヨリ結婚上、人間ノ取締ヲ為スベシ」と仏教諸宗に檄を飛ばしている。

また、智学は、断淫練行（不妻帯）の僧侶（出家）の自行は「世界普通の人」（在家）の仏道修行ではなく、「五戒即チ普通道徳」（とりわけ不邪淫戒）こそ在家の持ちうる戒律で「婦人ヲ玩弄視シタル宿弊」の打破にも役立つと述べた後に、「宗教ハ信徒ノ宗教ニシテ、僧侶ノ宗教ニアラズ。信徒ハ宗教ノ信徒ニシテ、僧侶ノ信徒ニアラズ」といっている。「仏教夫婦論」が同時に在家仏教論であるゆえんが、ここにある。

なお、これに似た表現が、のちに彼が著した『宗門の維新』[7]（一九〇一年）の「序論」にもある。それは「夫レ本化ノ妙宗ハ、宗門ノ為メノ宗門ニ非ズシテ、天下国家ノ為メノ宗門也」というものであるが、これもまた彼の在家仏教論を別のかたちで表したものである。ようするに、智学のとらえた仏教は、僧侶や宗門によって私的に独占されるようなものではなく、現実社会を生活の舞台としている在家信者（信徒）によって担われ、かつ、「社会ヲ念ヒ、社会ヲ愛シ、社会ヲ利シ、社会ヲ護ルヲ以テ其目的トシタ」（仏教夫婦論）社会志向的仏教なのであった。

「仏教夫婦論」が総じて在家信者の「夫婦ノ倫道」に焦点づけされているのに対して「仏教僧侶肉妻論」（以下「肉妻論」と省略）は肉食妻帯公許（一八七二年）後の僧侶のあり方に焦点が当てられているが、社会志向的仏教をめざしているという点では基調は同じである。ただ、「仏教夫婦論」では自行としての僧侶の断淫練行（不妻帯）の意義は否定されていないが、「肉妻論」ではそれが末法難持の「時機不適当の制」としてとらえられ、強いて僧侶を「其ノ法囲ニ入レントスルハ、害アリテ益ナシ」（以下の引用文はすべて「仏教僧侶肉妻論」からのもの）と断言されている。

俗籍に編入され「家居シテ妻子ヲ蓄フ（ル）」にいたった僧侶は「既ニ一箇ノ在家」（優婆塞）であるが、智学によれば、それは私欲に基づくものであってはならず、あくまでも「護法護国ノ為」であるべきものであった。彼は、「今時教門ノ急務ハ、持戒練行ニ非ズシテ、只護法ノ一大事」であり、その護法とは「言語アル者ハ弁論ヲ以テシ、学術アル者ハ技能ヲ以テシ、財産アル者ハ金力ヲ以テシ、筋骨アル者ハ労働ヲ以テス」ることだと述べている。

このように、智学にあっては、護法も在家主義的ないし社会志向的に広く解釈されている点が興味深いが、要するに、「肉妻論」は、「今ヤ肉妻ノ事満天下ニ実行セラレ」ているにもかかわらず曖昧にされてきた僧侶の妻帯問題に在家主義の立場から取り組み、その宗教的正当化を試みた著作であるといえる。

四　法華経と日本

智学の在家主義的で社会志向的な仏教理解は、次第に彼を「日本国体学」の研究へと向かわせることになる。智学の日本国体への関心は一八七七（明治一〇）年に勃発した西南戦争のころに芽生え、近代天皇制国家が確立し国権が海外へと拡大しつつあった明治二〇年代末（日清戦争後）から三〇年代末（日露戦争後）にいたる一〇年間に成熟発展し、やがて独自な日本国体学として結晶化する。

智学が本格的に日本国体の研究に向かうのは、日蓮の立教開宗六五〇年にあたる一九〇二年（明治三五年、四〇歳）以後のことである。一九〇三（明治三六）年の四月から一年間、智学は大阪で本化宗学研究大会を開催し、前年一〇月に完成していた「本化妙宗式目」の公開講義（一九〇四年から一九一〇年にかけて『妙宗式目講義録』として刊行）を行ったが、その第一年目の一一月に、彼は大会参加者を連れて畝傍山の神武天皇陵を訪ね、傍らのホテルで「皇宗の建国と本化の大教」と題した日本国体に関する講演を行った。[8]

彼は、その中で、日本書紀の神武紀の中から、「積慶」（道義仁愛をもって人を憐み恵むこと）と「重暉」（知慧の光りを崇び世を照らすこと）及び「養正」（正義を養い護り実行すること）の三語を取り出し、これが神武天皇による日本建国の三つの道義理想（のちの建国三綱）であり、これを護り行うことによって世界統一を推し進めることこそ日本国家の天業である、と初めて主張した。

彼は、この段階では、まだ「国体学」の名称を用いてはいないが、実質的にはこれが彼の日本国体学の旗揚げであった。彼が自説を日本国体学の名で呼ぶようになったのは一九一一年（明治四四年、四九歳）であり、さらに、その完成版である「日本国体の研究」を「天業民報」紙上に連載しはじめたのは一九二一（大正一〇）年の正月（五九歳）であった。この連載論文は、翌年四月（六〇歳）に『日本国体の研究』という一著にまとめられた。[9]

『日本国体の研究』は、それ自体としては日蓮仏教と関係のない神武天皇の建国三綱から説き出し、それを日蓮仏教の三大秘法（本門の本尊・題目・戒壇）と関係づけ、両者の因縁的契応関係（法国相関）を論ずるという方法をとっている。両者の契応関係とは、「養正」が「本門の本尊」に、「重暉」が「本門の題目」に、「積慶」が「本門の戒壇」に、それぞれ契応しているということであるが、多少とも牽強付会的である。だが、それは、ここで智学が、法華経と日本の関係を、世界悉檀（世に応じ国に応じて法を説き、聞く者をして歓喜せしめて利益を与える化導法）に基づく因縁の問題として取り上げているからである。

つまり、ここで彼は、法華経は万法を捌いて活かす根源法であるとする立場から、日本国体を自在に「開顕」（潜んでいるところの妙を顕わして役立たせしめること）しているのである。なお、彼は、「本化宗学より見たる日本国体」[10]と題した講義（一九一九年）の中で、法華経は万教を統一し日本は世界を統一するという先天的因縁をもっているが、それだけではなく「養正」の「正」の内容を日蓮が満たした（『日本国体の研究』の表現によれば「神武天皇が仏造って日蓮聖人が魂を入れた」）という後天的因縁をも合わせもっているともいっている。

以上のような世界悉檀上の法国相関論を踏まえて、智学は、本書の中で、より本質的な日本国体の理解に触れている。それは、「本国土妙としての日本」の発見である。その意味で本書は、智学門下では「本国土妙開顕の書」といわれている。

本国土妙は、一般に、現実の日本をはるかに超えた本仏内証の超越的な国土を意味している。しかし、彼は、日蓮の講義録とされている「日向記」（御講聞書）の「本有の霊山とは此娑婆世界也、中にも日本国也、法華経の本国土妙娑婆世界也」という本国土妙の解釈を引いて、本国土妙を現実の日本の実相（日本国体）であるとみる。また、智学は、妙法曼荼羅の中央部に縦に並んでいる中尊（南無妙法蓮華経）と日蓮花押の間に天照・八幡の二神が勧請されているのは、本国土妙としての日本が皇室の「養正」によって世界を照らし、世界を道義的に統一することを意味している、とも述べている。

そして、そのように確信したからこそ、智学は、「釈迦仏は印度に在って、『日本国体』を仏教として説かれた」（以下の引用文はすべて『日本国体の研究』のもの）とか、「法華経を形にした国としての日本と、日本を精神化した法華経」ともいうのである。もちろん、この場合の「日本国体」は、法華経（日蓮仏教）によってその本質が開顕され、その中に包摂された後のものである。

これに対して、彼が、本書の中で、「『日本国体』が妙法と離れて居るうちは、日本だけの国体に過ぎない。それは『国体』と言っても、本当の『体』ではない」というときの国体は、法華経による開顕を経る以前のただの国体である。要するに、智学にとって意味のある日本国体は、徹頭徹尾、日蓮主義的に解釈し直された国体であって、国学者流のただの国体は、「何もならぬ」(「本化宗学より見たる日本国体」)ものでしかなかったのである。

『日本国体の研究』を完成させた後の智学は、布教や講演のほかに、外郭団体として立憲養正会を組織して国体主義の政治運動を開始し、一九二四年(大正一三年、六二歳)には自ら養正会を代表して衆議院議員選挙に立候補(次点で落選)したほか、昭和時代になっても明治会(一九二六年に発足)に依拠して、国体主義の新たな国民運動を展開した。また、大正年間には、石原莞爾や宮沢賢治(ともに一九二〇年入会、ただし石原は国柱会以外の影響で一九一九年にすでに日蓮仏教に入信ずみ)、それに井上日召(一九二四年入会)などが、国柱会に入会し、それぞれ、智学から影響を受けている。

五 天皇の開顕

ところで、智学の日本国体学では、本国土妙として日本を開顕するだけでなく、当然のことながら、その中枢にある天皇のもつ法華経的な含意をも開顕している。

まず、天皇は、日本一国が法華経(日蓮仏教)に同帰した際に建立される「本門の戒壇」(国立戒壇)の願主(有徳王)として開顕される。これは、日蓮の遺文とされている「三大秘法抄」による開顕であるが、彼によれば、国立戒壇の建立は、日本国中の法華経への同帰を前提にして「国立戒壇案」が衆参両院で満場一致で可決され、しかる後に天皇の大詔を拝してなされるという。

次に、天皇は、古来よりインドで理想的な帝王と伝説されてきた転輪聖王ないし金輪大王として開顕される。インドでは、この王出現の時は須弥四州を統一し正法をもって世を治めるとされていたから、開顕後の天皇は、将来、道義をもって世界を統一する理想の帝王ということになる。彼は日清戦争の際（一八九四年八月）に敵国調伏の国禱を行っているが、この時の願文の中で、すでに天皇の本地を転輪聖王と規定している。

爾来、彼は、機会あるごとに、天皇の本地を転輪聖王とも金輪大王とも語ってきたが、一九一二（大正元）年一〇月に、中尊の下に「聖天子金輪大王」と書かれた「大日本国衛護の本尊」（蒙古調伏曼荼羅ともいい、日蓮が一二八一〈弘安四〉年五月に蒙古調伏のために書いたとされる真偽未詳の妙法曼荼羅）が京都府相楽郡加茂村にある燈明寺境内の三重宝塔の中から発見されるに及んで、かねてより日本帝王金輪説を唱えていた智学の確信は、いよいよ確かなものとなった。

最後に、天皇は、「賢王」として地上に応現する上行菩薩（四菩薩）として開顕される。賢王とは、日蓮が「観心本尊抄」の中で「当に知るべし此の四菩薩、折伏を現ずる時は賢王と成って愚王を誡責し、摂受を行ずる時は僧と成って正法を弘持す」（摂折現行段）と述べている賢王である。

智学によれば、この賢王こそ、やがて「閻浮同帰の戒壇建設の願主となり、世界諸国の帰依妙法を宣布し、あらゆる不義無道の世間欲と、未究竟の宗教の勢力を摧破して、彼等をこの道に降伏せしめる」「勢力化導」(11)の帝王であり、具体的には世界同帰の暁における日本の天皇である。

なお、観心本尊抄の摂折現行段について、智学の弟子の山川智応は、

「上行菩薩といふ永遠の求道者、永遠の修行者、その霊的救済の常住の大人格が人間に出て来る時が二度あるといふ。一度は『折伏を現ずる時』……、それから一度は『摂受を行ずる時』、この時は僧と成って正法を弘持する。此の方

は日蓮聖人のはたらきである」[12]と解説している。

こうした智学と山川智応の見解によれば、上行菩薩は、鎌倉期（三大秘法の建立期）の日蓮と未来（三大秘法の成就期）における天皇の、二度の地上応現を遂げることになり、日蓮と未来の天皇は、本地において同格であるということになる。ただし、摂折現行段の「僧」を鎌倉期の日蓮と解し、上行菩薩が三大秘法の建立期と成就期に二度の出現をみると考えることに対しては、智学門下にも異論がある。[13]

智学門下のなかで、上行菩薩の二度の出現、中でも成就期における天皇としての二度目の出現を強調した賢王信仰の系譜は、田中芳谷から田中香浦へと続く国柱会の主流とは別の、山川智応や里見岸雄（智学の三男）、石原莞爾らの人脈によって引き継がれた。中でも、石原は、山川や里見の賢王信仰をさらに発展させて、後述するような独自の「末法二重説」（五五百歳二重説）を打ち立てた。

石原の賢王信仰が山川や里見のそれと違う点は、この末法二重説と賢王の出現を待望する切迫感の程度の違いである。切迫感の程度の違いとは、山川が「百年・二百年または三百年の暁」[14]、里見が「二三百年位（あと）」[15]と、それぞれ悠長に構えているのに対して、石原だけはベルリン留学時代（一九二三年）から晩年にいたるまで「二、三十年後」[16]ないし「数十年後」[17]と、かなり切迫したものとしてとらえているという違いのことである。

石原に、賢王出現が間近だと直感せしめたものは、意外にも、彼がベルリンで知った関東大震災（一九二三年）のニュースであった。彼は、かつて日蓮が正嘉の大地震に「時の徴」を見、「天の御気色」から蒙古来襲を予言したように、突如として、賢王の出現と世界最終戦争（日蓮が「撰時抄」のなかで予言したハルマゲドン＝「前代未聞の大闘諍」）の勃発の間近いことを直感したのであろう。

その後、石原は、一九二三（大正一二）年にドイツから帰国し、陸軍大学の教官時代を経て、一九二八（昭和三）年に関東軍作戦主任参謀として満州に赴任した。そして、一九三一（昭和六）年九月には、ついに、満州事変が起き、その翌年には早くも満州国が建国されている。

これらの歴史的事件の評価については、否定的な評価を中心に種々の意見があることは周知のことに属する。しかし、石原の主観においては、満州国の建国もやがて来たるべき賢王出現時の最終戦争に備える東亜大同の態勢整備の一環であり、その後に実現するであろう仏国土建設の準備段階でもあった。

満州国建国の翌月（一九三二年四月）、凱旋将軍の扱いで帰国した彼は、田中智学から「大日本国衛護の本尊」を贈られた。その後、石原は、この本尊をことのほか大切にし、やがて本尊中に書かれた「聖天子金輪大王」（すなわち賢王）を末法二重説で解釈するにいたる。

石原が末法二重説に到達したのは一九三九（昭和一四）年であったが、それは観心本尊抄の摂折現行段の「僧」（山川・里見・石原の見解では鎌倉期の日蓮）出現の時を北伝仏教の仏滅年代（紀元前九四九年）から数え、「賢王」（世界同帰の時の天皇）出現の時を南伝仏教の仏滅年代（紀元前四八五年）から数えることによって、両者（本地は本化四菩薩）とも、仏の予言どおり、末法のはじめの第五の五百歳（五五百歳）に出現することになるという説である。[18]

彼によれば、こうした二重の仏滅年代の存在こそ、仏の神通力によって用意されたものであり、「日蓮聖人出現当時は観念上の闘諍堅固時代、現代は現実上の闘諍堅固時代である」[19]ということになるが、それでは、「現実上の」末法に出現する賢王（天皇）を重視するあまり「観念上の」末法に生まれた日蓮を下すことになるのではないかという、他の智学門下の批判もある。[20]

なお、南伝仏教の仏滅年代を起点とした末法（五五百歳）の満期は二〇一四（平成二六）年に訪れる。すでに時期が過ぎているが、それをまたずに一九九五（平成七）年にはオウム真理教のサリン事件（「ハルマゲドン」の自作自演）が起こり、同事件と石原のいう「世界最終戦争」の関係についての書物が刊行されるなど、[21]世紀末から今日までの日本社会において石原の思想が再び注目されるにいたっている。

六　おわりに

以上、田中智学とその門下の思想を中心に近代の日蓮主義について考察してきたが、ここで彼らの日蓮主義の特徴をまとめてみよう。

第一の特徴は、彼らの日蓮主義が近代天皇制国家の自己認識の学としての日本国体論と不可分の関係にあったことである。このことは、彼らの日蓮主義が天皇中心主義や日本中心主義を前提としたものであることを意味している。

第二の特徴は、彼らの日蓮主義が日蓮仏教（成僧行摂受）と日本天皇（成賢王現折伏）による政教両面の「世界統一」をめざした世界主義的なものであったことである。このことは、彼らの日蓮主義が世界に開かれ世界に膨張しようとしていた近代天皇制国家の世界性を反映したものであったことを意味している。

第三の特徴は、彼らの日蓮主義が「あるべき日本」（日蓮仏教によって開顕された日本国体）と「現実の日本」（ただの日本）の間に深い溝を設け、その溝を埋めるための実践を常に促すような仕組みになっていたことである。田中智学の国体運動や石原莞爾の東亜連盟運動、さらには宮沢賢治による羅須地人協会の運動なども、こうした溝を埋めるための実践であったと理解することができるのであって、こうした観点からいえば、彼らの日蓮主義は国家迎合的な国主法従説であるという従来の批判[22]は必ずしも当たっていないといえよう。

（注）

（1）田中智学『日蓮主義新講座』（師子王文庫、一九三四年）の中の「日蓮主義概論」（第一講、二七―二八頁）。

（2）田中智学の日蓮主義的な在家仏教論の特徴については、拙稿『在家仏教運動における伝統と革新（平成六年度東洋大学国内特別研究成果報告書）』（東洋大学社会学部、一九九五年三月）を参照のこと。

（3）智学の生涯については、田中巴之助『田中智學自伝（わが経しあと）』全一〇巻（師子王文庫、一九三六年）、田中芳谷『田中智學先生略伝』（師子王文庫、一九五三年）、田中香浦編『田中智学先生の思い出』（真世界社、一九八八年）などを参照されたい。

（4）智学の活動を一九〇三（明治三六）年を境として、前半の宗教運動と後半の国体運動に分け、「法国冥合のパースペクティヴ」によって両者を統一的に把握した論文に、大谷栄一「一九二〇年代における田中智学の日蓮主義運動をめぐって」（『日本近代仏教史研究』第二号、一九九五年、六九—七八頁）がある。

（5）田中智学「仏教夫婦論」（『日蓮主義研究』第一七号、一九九四年）一五—六三頁。

（6）田中智学「仏教僧侶肉妻論」（『日蓮主義研究』第一号、一九六八年）一〇—五九頁。

（7）田中智学『宗門之維新』（師子王文庫、一八九七年）。

（8）田中智学『妙宗式目講義録』（師子王文庫、一九〇四—一九一〇年）。

（9）田中巴之助『日本国体の研究』（天業民報社、一九二二年）。

（10）田中智学「本化宗学より見たる日本国体」（田中智学『師子王全集・師子王教義篇』、師子王全集刊行会、一九三一年）。

（11）田中智学『妙宗式目講義録』第四巻宗要門第三、二六四六頁（出版社・出版年未記入、通巻連続頁）。

（12）山川智応『本門戒壇思想の復活』（一九三四年に講述、一九七一年発行の浄妙全集刊行会版）四三—四四頁。

（13）国柱会の主流を継ぐ田中芳谷（二代総裁）と田中香浦（三代会長）などは、本化菩薩が三大秘法の建立期と成就期と、二度の地上応現をするという考え方は智学のものではなく、山川智応以後のものだとしている。この問題に関する田中芳谷と山川智応の問答については、山川智応『高問答釈並再釈』（一九五〇年に問答、一九八九年に出版、浄妙全集刊行会）を参照のこと。また、この問題に関する田中香浦の見解については、田中香浦『日蓮主義の研究』（真世界社、一九八一年）の中の「末法二重説をめぐる問題」（一九三—二二七頁）を参照のこと。

（14）山川智応『日蓮聖人伝十講』下巻（初版は一九二一年、一九七五年発行の浄妙全集刊行会版）七四五頁。

（15）石原莞爾『石原莞爾選集』第二巻（たまいらぼ、一九八五年）一九七頁。

（16）同前、一七三頁。

（17）同前、一六四頁。

(18)石原莞爾『最終戦争論』(一九四〇年に講述、一九七二年発行の経済往来社版)一三六頁を参照。
(19)石原莞爾『石原莞爾全集』第七巻(石原莞爾全集刊行会、一九七七年)五六六頁。引用文は同巻に収載されている「日蓮教入門」(四七七—六〇六頁)の中にある。
(20)田中香浦、前掲論文、「末法二重説をめぐる問題」の二〇四頁を参照。
(21)玉井禮一郎ほか『「オウムの乱」と最終戦争』(たまいらぼ、一九九五年)。
(22)たとえば、戸頃重基は、智学らの日蓮主義を「国家至上主義的な日蓮解釈」とか「御用日蓮主義」などと決めつけている。戸頃重基『近代社会と日蓮主義』(評論社、一九七二年)六六頁及び一二一頁を参照のこと。

第三章　石原莞爾の日蓮主義

『石原莞爾選集』（以下、『選集』と略す）の第八巻（たまいらぼ、一九八六年、以下、同巻と略す）には、石原莞爾（一八八九―一九四九）の『日蓮聖人伝覚え書』（一九四六年秋―一九四七年夏に筆録、以下、『覚え書』と略す）と、ベルリン留学時代（一九二二―一九二五）から没年までに彼が信仰の先輩・里見岸雄（一八九七―一九七四）に出した書簡が収載され、また、巻末には彼の「五五百歳二重説」（後述）に対する山川智応（一八七九―一九五六）や田中芳谷（一八八四―一九七三）、それに田中香浦（一九二二―）らの所説も参考資料として添付されている。これらは、過去に国柱会系の雑誌や関係者の自伝（里見岸雄の『闘魂風雪七十年』等）に一部紹介されたことはあっても、『石原莞爾全集』（以下、『全集』と略す）に収載されなかったために、従来、広く知られてはいなかった。

だが、これらは、たんに石原の日蓮信仰の特質を把握する上で欠かすことのできない資料であるばかりでなく、ハルマゲドン（神的勢力と悪魔的勢力の間の決戦）とユートピアの近未来的到来を確信するアドヴェンティズム（切迫したメシア再臨の信仰）一般を研究する上での貴重なデータでもある。そこで、ここでは、これらを踏まえ、さらには石原の信仰関係の他の著作にも目を配りつつ、彼の日蓮信仰を上行菩薩の再臨を待望するアドヴェンティズムととらえる立場から、その信仰の特質と軌跡を画き出すことにしたい。

一　「私の日蓮聖人信仰の根底」

石原の日蓮信仰は、基本的には日蓮の予言に対する信仰であった。彼は、本書の『覚え書』の冒頭で、「予言は宗教の尤も重大なる条件なり」（『選集』第八巻、四五頁）といっている。また、没年に死の床で記した『日蓮教入門起草に関する愚見』（一九四九年六月上旬筆録）の中でも、彼は、「（予言の）的中ガムシロ宗教ノタメ尤モ重大ナ生命デアル」（『全集』第七巻、六二〇頁）と述べている。さらに、その少し前の四月に、石原は、「日蓮聖人の予言があたらなかったら、われわれは大聖人を、偉大な思想家と尊敬しても、霊格者として信仰することはやめましょう。」（『全集』第七巻、四七四頁）とまでいっている。

「又未だ顕れざる後を知るを聖人と申すか。日蓮は聖人の一分に当れり」（『法門可被申様事』）とは確かに日蓮の言葉であるが、石原は、何故、こうした予言を重視する宗教観をもつにいたったのであろうか。それは、おそらく、軍人としての彼が、打ち続く戦争の中で、激動する国際情勢を誤りなく読み取り、世界統一と人類協和を一刻も速く来たらせる「見通し」を得たかったからではなかろうか。ちなみに、石原は、一九四〇（昭和一五）年五月に行った『最終戦争論』の講演の中で、「人間は科学的判断、つまり理性のみを以てしては満足安心のできないものがあって、そこに予言や見通しに対する強いあこがれがあるのであります。今の日本国民は、この時局をどういう風にして解決するか、見通しが欲しいのです。予言が欲しいのです。」（『選集』第三巻、五二頁）といっているが、この心境は誰よりもまず彼自身のものであったであろう。

さて、こうした予言重視の彼の宗教観は、いつごろ形成されたものなのであろうか。結論から言えば、それは、一九二〇（大正九）年四月の国柱会入会以来不変のものであった、ということができる。すなわち、彼は、入会数か月後の同年七月八日に漢口から夫人に出した書簡のなかで、既に、「此頃非常ナ勢デアルアノ大本教、アンナモノヲ深ク信ズルノハ間違デスガ、之ヲ一笑ニ付スルノモ軽率デセウ。多クノ智（知）識階級ガアノ信者ニナルノハ、兎ニ角アノ御筆先ノ予言ガ一々適（的）中シテ居ル点ガ多イカラナノデス。先ニモ申シマシタ通リ、我等ガ宗教トシテ信仰スベキモノハ、絶大ノ霊力ヲ供ヘテ居ナケレバナラナイノデスカラ、其予言ガ中ルトイフコトハ絶対ノ要件デス。……釈尊ノ教ヘガ理論上申分ナイコトハ勿論、釈尊ノ大予言ガ悉ク適（的）中シ少シノ間違モナカッタトイフコトガ、コレ即チ釈尊ガ真ニ我等ノ帰依スベキ仏デアルコトヲ証明スル訳デス。……宗祖日蓮大聖人ハ勿論学問モ何モカモ万人ニスグレテ居ラレマシタ。然シソンナコトガ我等ガ絶対ノ帰依ヲ捧ゲル第一ノ理由デハアリマセヌ。大聖人ガドウ見テモ釈尊予言ニヨッテ、チャント定マッタ任務ヲ以テ定マッタ時ニ定マッタ国へ御生レニナッテ一定ノ事ヲチャントナシトゲラレタ釈尊本化大弟子、本化上行大菩薩デアルカラ私共ハ絶対ノ帰依ヲシ、ソノ御力ニヨッテ仏ニナラウトイフ次第デス。コレヲ信ジナイモノハ一ノ英雄崇拝ニ過ギナイデハアリマセヌカ。」（『選集』第一巻、五二―五三頁）

と語っていたのであった。

こうして、彼は、『戦争史大観の序説（別名・戦争史大観の由来記）』を書いた一九四〇年の暮ころには、ついに「仏の予言の適（的）中の妙不可思議が私の日蓮聖人信仰の根底である。」（『選集』第三巻、一二七頁）とまで断言するにいたる。そして、彼の日蓮信仰の「根底」（予言適中の妙不可思議）が明らかになった地平から、あらためて先ほどの『覚え書』を振り返ってみると、何故、彼が、あのようなかたちに『覚え書』をまとめたかが容易に理解できるようになるのである。

二　先輩からの遺産

『覚え書』は、日蓮伝の覚え書としては特異な構成になっている。それは、「宗教」（第一）・「仏教」（第二）・「本化妙宗」（第三）の三部からなっていて、このうち「本化妙宗」（日蓮仏教）の部分が紙幅全体の四分の三を占めている。これは、日蓮伝の覚え書としては当然であろうが、むしろここで見逃してならないことは、石原が他の二部を含めた意図である。彼は、おそらく、日蓮伝の覚え書のかたちで、実は、本仏本化の予言成就（人類救済）の全過程を示したかったに違いない。

事実、そこで、彼は、第一の「宗教」と第二の「仏教」の中で、まず、「耶蘇教」と「仏教」の勝劣を判じて後者を残し、次いで、伝統的な天台の五時教判によって法華経を残し、さらに、その中から上行別付の妙法五字を選び出し、それが釈迦の予言どおりに末法の第五の五百年（五五百歳または後五百歳）に日本の日蓮に渡されたと述べている。これは、日蓮の本地が上行菩薩であるという日蓮信仰の基本的なメッセージを確認しているだけで、石原独自の思想的表明ではない。しかし、同時に、それは、彼が日蓮の生涯を本仏による人類救済史の中に位置づけるための重要な作業でもあったのである。

第三の「本化妙宗」の冒頭では、日蓮の伝記の重要性が「五重三段」の教判によって基礎づけられている。そして、石原は、そのうちの「文底三段」の流通分の内容として「本化化導」をあげ、続けて、「（文底三段のうちの）序正の二段はしばらく之を置く、流通の一段末法の明鏡」（本巻、五七頁）と記している。これは、「ここでは一切仏法や妙法五字にはとりあえず言及せず、ただ末法において妙法五字を流通する本化上行菩薩の化導の行軌（末法の明鏡＝日蓮の生涯）のみを語りますよ」という意味であるが、こうした何気ない言辞の中にも、われわれは、石原に刻印されている国柱会教学の痕跡を見出すのである。何故ならば、「文底三段」の流通分を「本化化導」とするのは、一九〇一（明治三四）年の田中智学（一八六一—一九三九）の「本化摂折論」講義（翌年、師子王文庫より上梓）を嚆矢とする（山川智応『観心本尊抄講話』、四八七頁）からである。

以下、石原は、日蓮遺文を正則とし、田中智学の『大国聖日蓮上人』（春秋社、一九二九年）、山川智応の『日蓮聖人伝十講』（新潮社、一九二一年）、同『日蓮上人』（新潮社、一九四三年）、蛍沢藍川（本名・田中沢二、一八八七—一九五五）の『日蓮聖人の法華経色読史』（大阪屋号書店、一九四〇年）、それに姉崎正治（一八七三—一九四九）の『法華経の行者日蓮』（博文館、一九一六年）を参考として、日蓮の生涯に関する覚え書を記しているが、日蓮の生涯を佐渡前（序文）・佐渡（正宗分）・佐渡後（流通分）の三科に分かつ石原の『一代三段』の科段も、また、智学・智応にならったものである。ただし、誕生から開教までのいわゆる「開教前序」（智学『大国聖日蓮上人』、七四頁）の時代をも「佐渡前」に含めているのは彼の独創といえる。

では、内容の検討に入ろう。まず、彼は、日蓮の理証・文証上の上行自覚の時を叡山修学の最後（開教直前の一二五三〈建長五〉年春）に求め、その後の日蓮は、身に現証（本化化導に関する仏の予言の的中）を得るごとに上行の自覚を漸次公表するにいたったとしている。また、彼は、その公表の仕方も、一二七一（文永八）年の佐渡流罪によって「（仏に）予言された人」の現証をはじめて得た段階から、一二七四（文永一一）年の蒙古来襲（と文永九年の鎌倉・京都の兵乱）によって「（自ら）予言する人」としての資格を完成させた（予言を的中させた）段階へと、次第に鮮明なものとなっていき、同年一二月にはついに自らを明確に「上行」と記した「本地顕発の本尊」（万年救護の本尊）を顕すにいたったと述べている。だが、このような日蓮伝の見方は、智学・智応以来の国柱会教学の伝統であって、石原独自の見方ではない。

さて、智学門下によれば、こうして「予言する人」の資格を完成させて「本地顕発」を終えた日蓮が、今度は「撰時抄」を著し（一二七五年）て、未来における「前代未聞の大闘諍」と「一天四海皆帰妙法」の到来を予言するわけだが、石原は、その「大闘諍」の時に「彼々の国々の悪王悪比丘等をせめ（る）」（撰時抄）者こそ、実は、観心本尊抄に「当に知るべし、此の四菩薩折伏を現ずる時は、賢王と成って愚王を誡責し、摂受を行ずる時は僧と成って正法を弘持す」（摂折現行段）とある「賢王」（上行再臨のメシア）であり、また、日蓮が一二八一（弘安四）年の蒙古再襲の直前に顕わしたとされている「衛護大日本国蒙古調伏本尊」（護国曼荼羅）にある「聖天子金輪大王」（＝天皇）でもあるという。しかし、これも、部分的には智学によって、そして全面的には智応や里見等によって、すでに語られていたものであった。

このようにみてくると、石原の日蓮信仰が、智学以来の国柱会教学の土台の上に築かれたものであり、智学・智応・里見等の信仰の先輩たちの遺産を引き継いだものであることがわかる。だが、その一方で、彼は、『覚え書』の最後に、「本化上行再度の御出現共に第五の五百歳なるべし」、「『前代未聞の大闘諍』は数十年に近迫し来れり」と書き、続けて「この最終戦争に結末をつけ、本門戒壇の願主たられるべき御方は皇太子殿下と拝察す」（以上、本巻、九二頁）とも記して、末法の第五の五百年（または数十年）のうちに上行再臨と最終戦争があるとする彼独特の「五五百歳二重説」（後述）を大胆に表白している。そして、この次元までくれば、石原は、すでに、国柱会教学の枠を超えた新たな信仰、すなわち上行の切迫した再臨を待ち望むアドヴェンティズムの地平にはっきりと立っているといえよう。なお、ここでアドヴェンティズムと言う場合は、メシア再臨信仰一般ではなく、そのうちの、切迫したメシア再臨信仰のみを指している。では、石原は、いつごろから、また、どのようにして、「上行のアドヴェンティスト」になったのであろうか。

三　アドヴェンティスト・石原の誕生

石原の信仰の先輩にあたる山川智応は、一九三四（昭和九）年に富士北山本門寺で「本門戒壇思想の復活」と題する講演をなし、そのなかで観心本尊抄の摂折現行段に触れて、「上行菩薩といふ永遠の求道者、永遠の修行者、その霊的救済の常住の大人格が人間に出て来る時が二度あるといふ。一度は『折伏を現ずる時』――折伏とはどういふ事だといふと、これは聖徳太子が『勝鬘経』の『我の力を得ん時』とある経文に対して、『力に二あり、勢力・道力』と言はれて居るその勢力であります。現実の腕力であります。『勝鬘経』はこの現実の腕力のことをば、単に其の王の力のみでなしに、其の王の力が本当にはたらき出したならば、天龍鬼神がこれを擁護するとしてある。それが勢力といふものである。さういう相をあらはして、さうして全世界の人間を救ふ時が一度は来る。その時は上行菩薩は何になるか、賢王になる。さうして間違った国家を誡責する。……それから一度は『摂受を行ずる時』、この時は僧と成って正法を弘持する。此の方は日蓮聖人のはたらき方である。先づ道の方面から衆生を救ふ。さうして二度目には、国家がその道と共に存在して、国家の力即道の力となる。」（山川智応『本門戒壇思想の復活』、四三―四五頁）と述べている。

ここに、智応の文を引いたのは、上行再臨（賢王出現）の信仰が石原だけのものではなかったことを示し、併せて、以後、智応らの上行再臨の信仰と石原のそれとの違いを論ずる糸口とするためである。両者の再臨信仰には種々の違いがあると思われるが、「五五百歳二重説」を除くとすれば、両者の最大の違いは、賢王の出現を待望する切迫感の違い、具体的にいえば賢王出現の「時」（カイロス）をいつと考えるかの違いであるといえよう。

智応にせよ石原にせよ、賢王は本門戒壇の願主ということになっているから、いま、賢王出現の時期を戒壇の建立される時期に置き換えて比較してみると、智応が「百年・二百年または三百年の暁」(山川智応『日蓮聖人伝十講』下巻、七四五頁)、ベルリン時代(一九二三年)の里見が「二三百年位(あと)」(『選集』第二巻、一九七頁、八年後の『吼えろ日蓮』では「五六十年内」)と、それぞれ悠長に構えていたのに対して、石原だけは、ベルリン時代(一九二三年)から晩年にいたるまで、「二三十年後」(『選集』第二巻、一七三頁)ないし「数十年後」(『選集』第二巻、一六四頁、『選集』第三巻、一一七頁、及び晩年の本巻所収『覚え書』)と、かなり切迫したものとしてとらえていることがわかる。そして、このようにみてくると、石原は間違いなくアドヴェンティストであるといえても、智応やベルリン時代の里見は、たとえ上行再臨の信仰者とはいえても、アドヴェンティストであるとはいえないということになる。

では、石原をして、そうしたアドヴェンティストたらしめた要因は何であろうか。彼が、最終戦争と本門戒壇の建立が間近だと最初に直感したのはベルリン留学時代のことであるから、そのころに要因を求めなければならないであろう。すでに『選集』の第二巻の「解説」で仁科悟郎が言及しているように、この要因に関しては、当時の石原が夫人宛に書き送った書簡が決め手となる。それによれば、石原をして最終戦争の勃発と本門戒壇の建立が間近と直感せしめたものは、意外にも、一九二三(大正一二)年九月一日の祖国の関東大震災であったことがわかる。彼は、翌二日にベルリンから夫人宛に出した書簡のなかで震災に触れ、はやくも、「日本モイヨイヨ覚醒スベキ秋、到来セリト見ル。無意味ノ、天変地妖トノミ見ル能ハザルベシ。世界統一。一閻浮提未曽有ノ大闘諍。本門戒壇ノ建立。時期ハ日ニ日ニ切迫シツツアルコト各方面ヨリ見テ明ラカ也。ボヤボヤスベキ時ニアラズ」(『選集』第二巻、一六二頁)と語り、四日付の書簡でも、「戒壇国ガイヨイヨ最後ノ大奮闘ヲナスベキ秋ハ、刻々に切迫シツツアルナリ。数世紀ドコロカ数十年後ニハ必ズヤ一閻浮提未曽有ノ大闘諍在ルベク」(同、一六四頁)と述べている。

続けて夫人宛の書簡をみていくと、その後の彼は、いよいよ終末論的な切迫感を強めていることがわかる。すなわち、彼は、九月一四日には上行再臨に触れ、「此度ノ地震ハ地涌ノ大菩薩、再ビ世ニ出現シ給フベキ兆ナリ。其御出現ノ地ハ東京。換言スレバ、本門戒壇建立、世界大戦争（真ノ意味ニ於ル）ハイヨイヨ二三十年後ニ切迫シタルヲ示ス」（同、一七三頁）と具体的な年数を切って終末の到来を予言しているし、また、一一月一日には、戒壇建立の「時」をめぐってベルリン在住の里見岸雄と議論したが、石原は、「小生ハ三十年位ノ考トイフ。先生ハ直チニソンナ急ニハ出来マイトイフ。然ラバ幾年後？　マア考ヘタコトハナイガ二三百年位ハ？　トイハル。小生ハ他ノ事ト違ヒ、絶対ニ賛成シ難シ。……本門戒壇建立ハソウソウ呑気ノ問題ニアラザル也」（同、一九七頁）と、一歩も里見「先生」に譲っていない。

ところで、石原は、震災直後の書簡の中で、「真ニ憂慮ニ不堪、殆ド仕事ヲ為スノ勇気ナシ」（同、一六四頁）、「不幸、最大の不幸、新聞ニヨレバ御所迄炎上シアリシトカ」（同、一六三頁）と、しきりに祖国の惨状を悲しみ案じているが、同時に、震災の「無意味ノ、天変地妖トノミ見ル能ハザル」側面にも目を向け、ただちに次のような壮大な「苦難の神義論」を展開するのである。

此度ノ大難ハ必ズヤ日本ヲシテイヨイヨ取急ギ、戒壇国タル精神的、物質的、準備ヲ完成スベキ偉大ナル天ノ啓示タルベキヲ信ズ。此大難ヲタエタル我数十万ノ同胞ヨ、兄等ハ国ノ為メ此尊キ犠牲トハナラレタリ。我等生キ残レルモノハ、誓テ兄等ノ犠牲ヲ有意義ナラシメン！　噫此大地震ハ正シク、日本ガ凡ヨリ聖へ入ルノ大関節タラザルベカラズ、タラシムベシ。コレガ数十万ノ同胞ヲ回向スル唯一ノ道也。（同、一六七頁）

さながら、古代イスラエルの預言者を思わしめる、こうした彼の雄大なイマジネーションは、ただの帝国陸軍の能吏からは出てこない。それは、彼自身の生来のスケールの大きさにもよろうが、かなりの部分、彼の渇仰していた日蓮に由来していたとみてよい。事実、彼は、「惨状真ニ思ヒヤラレマス。大聖人御開教当時ノコトモ忍バレマス。人迷ッテ天イカル。真ニ畏ルベシ。慎シムベシ」（同、一六四頁）と語っている。この時、石原の脳裏に浮かんだのは、日蓮が一二五七（正嘉元）年の大地震をみて立正安国論を草したことであったであろうか、それとも、佐渡赦免後の日蓮が平左衛門尉に蒙古来襲の「時」を問われて「天の御気色を拝見し奉るに……今年は一定寄せぬ」（『下山御消息』）と述べたことであったであろうか。いずれにせよ、この時点で、彼は、かつて日蓮が正嘉の大地震に「時の徴」を見、「天の御気色」から蒙古来襲を予言したように、突如として、上行の再臨と本門戒壇建立、それに世界最終戦争の勃発の間近いことを直感したように思える。

こうして、「上行のアドヴェンティスト」となった石原は、ドイツからシベリア経由で帰国途中の一九二五（大正一四）年の秋にハルビンに立ち寄り、国柱会の現地会員に、「大震災により破壊した東京に十億の大金をかけることは愚の至りである。世界統一のための最終戦争が近いのだから、それまでの数十年はバラックの生活をし戦争終結後、世界の人々の献金により世界の首都を再建すべきだ」（『選集』第三巻、一一七頁）と提言している。石原のアドヴェンティストぶりも、ここに極まったというべきであろう。

四 「時」の問題の解決――五五百歳二重説

ところで、徹底したアドヴェンティスト・石原にも、信仰上・教学上の未解決の問題が残されていた。それは、上行再臨の「時」の問題である。直感によるとはいえ、「数十年後」ないし「二三十年後」と具体的に年限を切った再臨信仰を語るのなら、その根拠、文証は何か。

こうした問題は、石原以前の智学門下に熱烈なアドヴェンティストがいなかったために、少なくとも彼の内心においては、比較的はやい段階から、独自に解決すべき大きな課題となっていたに違いない。だが、帰国した彼は、上行再臨とともに起こるであろう世界統一のための「前代未聞の大闘諍」の必然性を軍事科学的に裏付けた「最終戦争論」を発表し、以後は、二度の満州赴任と前後の国内勤務の間、軍事科学の研究教育者として、また軍人として、来たるべき「最終戦争」への準備に忙殺されるのである。

こうして、彼が上行再臨の切迫した「時」の教学的根拠を問う機会は、一九三九（昭和一四）年の正月まで持ち越されたが、その間、彼は、智学門下の中では特に里見岸雄と親しく交わり、「本門戒壇を寺院形態の建造物の思想から解放し、人格的共存共栄の社会組織の建設であるとした」（里見岸雄『闘魂風雪七十年』、二四八頁）里見の戒壇論（初出は一九二九〈昭和四〉年の『日蓮は甦る』）から多大の示唆を受けている。

ちなみに、里見の『日蓮は甦る』は、たとえば、「黴（かび）の生えた宗学を改造せよ」等の挑発的な見出しで従来の日蓮教学を批判したもので、それによって国柱会内にも動揺が生じたため、山川智応が「青年学者の痛憤録としての快著」（教学誌『立正教壇』一九二九年一二月号─一九三〇年三月号）と題する苦心の書評を書かざるをえなかった問題の書である。

だが、石原は、一九二九年一二月二九日付の里見宛の書簡（発信は旅順市春日町、墨筆）のなかで、「日蓮は甦る可く、世界史上如何に重大な意義を有するやを正当に判断する能はずして単に青年学者の痛憤録として片付けんとするは余りに片腹痛き事に候」（本書、二八頁）と、しきりに里見を擁護している。

さて石原は、ベルリンで「上行のアドヴェンティスト」になってから一六年目の一九三九年一月に、いよいよ「時」の問題の解決の糸口をつかむにいたる。それは、端的にいえば、仏滅年代説に、日本仏教が伝統的に依拠してきた『周書異記』の説（北伝仏教系の説）と、近年の印度仏教学の学説に比較的近い『衆聖點記』の説（南伝仏教系の説）の、二通りがあることへの注目であった。

より詳しくいえば、石原は、『周書異記』が語る西暦前九四九年仏滅説と、『衆聖點記』の西暦前四八五年仏滅説との違いに着目し、両説を切迫した上行再臨信仰の立場から矛盾なく会通し、むしろ仏滅年代に両説の存在する積極的な意味を探ろうとしたのであった。

何故、そのような努力が必要になるかといえば、石原の信仰にしたがえば、二度にわたる上行の出現は、仏の予言通り、末法の第五の五百年のうちに行われるべきであるのに、もし、『衆聖點記』説に従うと、僧形の上行・日蓮は像法の生まれとなり、予言が外れたことになる。また、他方の『周書異記』の説をとれば、今度は、王形の上行（賢王）が数十年後にではなく、遥か昔に再臨済みとなって、やはり予言が外れたことになるからである。したがって、どちらか一方をとったのでは、「上行のアドヴェンティスト」の石原を満足させることができなくなる。そこで、彼は、両説を生かして、僧（日蓮）は『周書異記』に基づく仏滅年代によって、そして、賢王は『衆聖點記』による仏滅年代によって、ともに第五の五百歳中に出現すると考えた。

では、第五の五百歳（五五百歳）は二重になるが、それでよいのか。これについて、石原は、これこそ、仏が「神通力を以て二種に使い分けられた」（『選集』第三巻、一一七頁）ものであるという。「五五百歳二重説」の誕生の瞬間である。こうして、「（仏は）末法の最初の五百年を巧みに使い分けをされたので、世界の統一は本当の歴史上の仏滅後二千五百年に終了」（同、五八頁）するものと石原は確信できたのであった。なお、彼が死の床で骨子を練り上げた『日蓮教入門』にも、「（仏滅年代に関する）南伝、北伝二つの伝統はともに仏の神通力によって用意されたものという他はない。すなわち、日蓮聖人出現当時は観念上の闘諍堅固時代、現代は現実上の闘諍堅固時代である。五五百歳が二度現れたことこそ、仏の神通力であると信ぜられるのである」（『全集』第七巻、五六五—五六七頁）と書かれている。

さて、われわれは、ここで、「五五百歳二重説」を、石原の切迫した上行再臨信仰の必然的な所産のように説明し過ぎたかもしれない。何故ならば、彼は、自分を「五五百歳二重説」に到達せしめた契機は、中学校程度の東洋史の本を読んで日蓮が末法以前の像法に生まれていたことを知り、「真に生れて余り経験のない大衝撃を受けた」（『選集』第三巻、一一七頁）ことにあると語っているからである。だが、彼は、この時、「日蓮の像法出現」という問題とともに、即座に「賢王出現の時」をも問題にし、かつ、日蓮の出現が「観念上のこと」であるのに対して賢王の出現は

「現実の問題」であるといっていることに注意する必要があろう。そして、この発言からみても、「五五百歳二重説」の狙いが優れて賢王出現の「時」の問題の解決にあったとみることは、一定の妥当性をもっているように思われる。こうして、石原は、まず、切迫した上行再臨（数十年以内）を信ずるアドヴェンティストとなることによって、次いで、「五五百歳二重説」の提唱者となることによって、二重の意味で従来の国柱会信仰からの離脱を遂げたのであった。なお、晩年、石原は、「第五の五百年について、大先生（智学）はじめ流転してゆく五百年だと思っておられる。五五百歳の意義不徹底なり」（『全集』第七巻、四五二頁）と述べて、四海同帰の実現を第五の五百年中のことと確信しない智学門下の信仰を批判している。

五　「たとえ日蓮聖人が落第生になろうとも」

「五五百歳二重説」は、以後、石原の終生の思想となった。だが、太平洋戦争における日本の敗戦と天皇の人間宣言、及び平和憲法の制定という歴史の急展開は、石原の天皇観や最終戦争観に微妙な影響を与えずにはおかなかった。石原は、敗戦の年の一二月の「昭和維新論講義」で、すでに、「日蓮聖人の予言では必ず最終戦争は起きることになっている。しかし、たとえ日蓮聖人が落第生になろうともわれわれは惨たんたる最終戦争を回避すべく努力しなければなりません。」（『全集』第七巻、三二五頁）と述べている。彼は、これまで、最終戦争不可避論の立場をとってきたから、この発言は最終戦争回避論への自説の変更であるといえる。

のみならず、彼は、翌一九四六年七月には、最終戦争を回避して世界統一を達成するためには、新日本が「戦争放棄の深甚微妙なる意義」を体し、「身に寸鉄を帯びずして、唯正義に基いて国を立つるの大自覚」（以上、『全集』第七巻、三五二―三五四頁）をもつ必要があると語り、さらに一九四八（昭和二三）年一一月の映画「立正安国」の中では

「日本はじゅうりんされてもかまわないから、われわれは戦争放棄に徹して生きてゆくべきです。ちょうど聖日蓮が竜の口に向かってゆくあの態度、キリストが十字架を負って刑場にゆくその態度を、われわれは国家としてとる」(同、三八一頁)とすら語るにいたる。徹底的非武装論者・石原の誕生である。

最終戦争が回避されるべきものとなり、新日本が非武装であるべき国となれば、将来、賢王となるべき天皇のイメージも変わってこざるをえない。そこで、彼は、没年に、「八月一五日のあの人間ばなれのした絶対平和的な、むしろ女性的な天皇が、世界平和の実際的な力になると思われる」(同、四六九頁)と語って、従来の「闘う天皇」像を新しい「絶対平和的な天皇」像へと転換させている。

では、最終戦争回避論者・徹底的非武装論者となった晩年の石原の日蓮信仰は、どのようなものであったのであろうか。没年の彼は、「法華信仰からいえば」という前提つきとはいえ、あいかわらず、「数十年以内に世界戦争がある。単的にいえばその時日本天皇が世界の天皇となる。」(同、四七〇頁)と語っているから、賢王出現の信仰はもちろん、切迫した最終戦争の到来という信仰も、必ずしも放棄されたわけではないことがわかる。では、そうした「法華信仰」と「最終戦争は回避されるべきだ」という信念は、彼の心の中で、どのような関係になっていたのであろうか。結論からいえば、両者は矛盾したままのかたちで、彼の心の中に並存していたといえよう。両者の間の矛盾があまりに大きいので、相互の調整が不可能であったのかもしれない。そこで、以後の彼は、両者を人間的才覚によって無理に調整するのではなく、最終戦争到来の当否問題を本仏本化の霊力の発動にいっさい任せる絶対他力的な信仰に生きることになるのである。

没年の石原は、「五五百歳中広宣流布の予言を読んで行くと、事実実現の瞬間にならなければわからない。読む読み方が正しいか正しくないか」(同、四六九頁)とか、「(予言が)まちがいならば、最終戦争が来ないでキリスト教が世界を統一する。われわれは甘んじて運命に服従すべきだ」(同、四七一―四七二頁)、さらには「最終戦ありかなしか。

最終戦がなければキリスト教、戦争がおこれば日蓮教によってすくわれる。フェアプレーでゆこう。戦争なしに救えれば天皇と心中しようと思わない」（同、四六九頁）とも述べている。つまり、この段階の石原には、最終戦争の到来に関する不抜の確信はすでになく、代わって、「時」いたるまで「分からないことは分からない」（同、四七一頁）という任天の姿勢のみが窺えるのである。

「最終戦争がなければキリスト教、戦争がおこれば日蓮教によって救われる」、「戦争なしに救えれば天皇と心中しようと思わない」という前記の彼の言葉や『日蓮教入門』の中の「（予言がはずれたら）身延にまいることをやめ、世界平和を祝福するうつくしい飛行機をつらねてエルサレムにもうで（る）」（同、五六九頁）という言葉には、たとえ反語にせよ、われわれを当惑させずにはおかないものがある。また、日本の敗戦という歴史の急展回の故に、最終戦争の到来に関する不抜の確信が崩れ、その結果、石原が最終戦争回避論者・徹底的な非武装論者になったということに関しても、われわれは複雑な感慨を禁じえない。さらに、天皇のイメージが変わろうと、最終戦争の予言があたろうとあたるまいと、そして、それによって「たとえ日蓮聖人が落第生になろうとも」、何としても悲惨な最終戦争だけは回避すべきだとして、捨身の覚悟を決めた晩年の石原のヒューマニティーにも、また、われわれの胸を強く打つものがある。

思うに、石原にとっては、里見と同様、一貫して、「仏法の教義」そのものよりも「王法すなわち政治経済等」の妙法化（現実世界の仏国土化）が大切であった（入江辰雄『日蓮聖人と石原莞爾』、二二九頁参照）から、そうした究極の理想達成に関する予言（上行再臨による世界統一の予言）こそが最重要の問題であって、そこにいたる道筋や手段に関する予言（最終戦争の予言）は従属的な意味をもっていたに過ぎなかったのかもしれない。そして、このように考えれば、彼が、最終戦争に関する日蓮の予言と最終戦争回避とを秤量して、たとえ日蓮の予言が外れても最終戦争を回避しなければならない、といったことの真意がわかってくるような気がするのである。その意味で、晩年の石原は、最終戦争に関する日蓮の予言の忠実な信奉者である前に、その回避を切に願う一人のヒューマニストであったともいえよう。

六　石原アドヴェンティズムの諸問題

「五五百歳二重説」に基づいて上行の切迫した再臨を待望する石原アドヴェンティズムに対しては、従来から主に智学門下によって、種々の批判がなされてきている。すでに文中で言及したものもあるが、以下、それらの主要なものを紹介しつつ石原アドヴェンティズムの抱えている諸問題を浮き彫りにして擱筆したい。

最も基礎的な批判から取り上げるとすると、まず、田中香浦（田中芳谷も同様）によって提起された観心本尊抄における摂折現行段の解釈の問題があげられる。香浦によれば、この段の「折伏を現ずる時は、賢王と成って愚王を誡責し」と「摂受を行ずる時は、僧と成って正法を弘持す」の文は、必ずしも上行再臨の信仰（智応・里見・石原に共通）を否定するものではないが、本質的には、「本化の菩薩が本来的に所有する権限機能について、消極・積極の二辺の両極を述べ」（田中香浦『日蓮主義の研究』、二〇六頁）たものとして解すべきであるという。こうした摂折現行段の香浦的解釈には、山川智応らの異論もあり、必ずしもこれが智学門下の一致した見解というわけではないが、賢王としての上行再臨を待望する石原アドヴェンティズムの根底に関わる重要な問題提起として、紹介しておく必要があろう。

なお、以下のものは石原以前の説であるから、石原批判にはならないが、類似の基礎的な問題を提起しているので取り上げておく。それは、撰時抄にある「前代未聞の大闘諍」を鎌倉時代の蒙古再襲、「彼々の国々の悪王悪比丘等をせめらるるならば」の「彼彼の国々」を再襲時の日本と解釈する安国院日講（一六二六―一六九八）や優陀那日輝

（一八〇〇―一八五九）らの説のあることである（山川智応『撰時抄の研究』、一〇四―一一〇頁参照）。観心本尊抄の「賢王」が地上未現の本地上行の一般的権限機能をさし、撰時抄の「前代未聞の大闘諍」が鎌倉時代の蒙古再襲、その時に攻められる「彼々の国々」が日本ということになれば、智応・里見・石原らの賢王信仰の土台（文証）が揺らぐことになりかねないが、ここでは、こうした解釈のあることを指摘するにとどめる。

基礎的な批判の第二は、『衆聖點記』の仏滅年代を起点とする末法の初めの五百年間に広宣流布が完了して地球規模でユートピアが到来するという信仰（里見・石原に共通）に対するものである。これについては、田中芳谷の批判（本巻、二四四―二七一頁収載）がある。それによれば、広宣流布が後五百歳中に完了すると決めてしまうことは「石原氏自身の独りぎめの考えであって、はなはだ早計なる独断」（本巻、二六二頁）であるということになる。また、彼は、智学が末法を三大秘法の「建立」期・「広布」期・「成就」期の三期に分け、「後五百歳中広宣流布」を三大秘法の「建立」の意味にとっていることに触れ、仮に、それを「広布」期のこととして念釈する場合であっても、それは、あくまで日本一国の広宣流布を意味するのであって、閻浮同帰は後五百歳中に限定されない「成就」期に属する問題であるともいっている。なお、山川智応も、敗戦直後の石原宛の書簡（本巻、一〇―一八頁収載）の中で、「第五の五百歳の中にその教法と使徒とを出して、広宣流布せしむとはあれども、その五百年間に閻浮同帰、四海帰妙せしめ竟るとの経文も釈義も祖判も恩師の説も無之候やうに候」（本巻、一二頁）と文証の上から石原の「五五百歳二重説」を批判している。

第三の批判は、第二の批判に関連している。それは、本仏本化の予言とは、衆生の側の努力と無関係に機械的に成就するといったものではないとする仏教因果説の立場からの山川智応の批判である。すなわち、彼は、「貴説に依れば昭和八九年になれば今日の日本仏教学者の一般説（衆聖點記説）の第五、五百年は満期と相成候事なれば、日本人乃至世界人の覚醒不覚醒に関係なく、必然的に、閻浮同帰になる絶対平和になるという、純運命説と相成歟の如くに候、……かく相成候場合は仏教の小大権実迹本を通じたる自業自得の因果説の破壊となりて妙法蓮華経（蓮華即ち因果）を否定する事と相成候やうに候」（本巻、一一頁）と、石原の後五百歳中広宣流布完了説を批判している。また、智応は、続けて、「覚さへすれば第五、五百歳の中、正中の頃にても一国同帰と為り得べし、……信行覚醒次第、何時にても救済せらるる教は開示せられたり、後は衆生の信行如何、覚醒如何に在り。」（以上、本巻、一三頁）と、一国同帰の時期も四海同帰の時期も、要は衆生の側の努力次第で決まると述べている。智応の批判は、等しく予言といっても、仏教の終末予言とキリスト教等の終末予言とでは、その性格が大いに異なることを示唆していて興味深い。石原の予言観、とりわけ晩年の彼の予言観は、その成就が人間の才覚を超えた本仏本化の霊力の発動によって一方的に決まるものと理解されていたから、その予言の性格は、どちらかといえば、キリスト教の予言の性格に近かったともいえよう。

第四の批判は、石原が二重の五五百歳を対比して、日蓮（僧形の上行）出現の「時」を観念上の闘諍堅固時代、賢王（王形の上行）出現の「時」を現実上の闘諍堅固時代と規定したことに対する批判である。こうした批判は、田中芳谷・香浦、それに里見によっても行われているが、その共通の批判内容は、「日蓮聖人の時代は、すでに事実上の末法時代に入ってゐたのであって、観念上のものではない」（里見岸雄『日蓮・その人と思想』、七九頁）というものであった。また、田中香浦は、石原が「現実上の」という表現を「本当の」と言い替えている箇所があるが、それだと「観念上の」という表現は「嘘の」ということにもなりかねないとして、これをもって「石原の二重説の最大の欠陥」（田中香浦、前掲書、二〇四頁）だとしている。この点に関して、石原は、一九四〇（昭和一五）年に、「（五五百歳二重の）解明以前は仏法の教義が重要な時代であったが、解明以後は王法すなわち政治経済等を妙法化してゆく時代であることが明らかになった」（入江辰雄『日蓮聖人と石原莞爾』、二二九頁）といって、日蓮出現の時よりも賢王出現の時を、仏法上の教義（観念）より世俗領域の妙法化（現実）を、それぞれ、重視する姿勢を明確にしている。そしてこのことから、石原が、こうした批判を甘んじて受ける姿勢であったことが窺われるのである。

第五の批判は、晩年の石原が、賢王＝聖天子金輪大王＝天皇という智応・里見らと共通の賢王観を、さらに一歩具体化して、「最終戦争に結末をつけ、本門戒壇の願主たられる御方は皇太子殿下と拝察す」（本巻、九二頁）と断言したことに対する批判である。こうした批判は、石原に親近したことのある者の中からも出たくらいであるから、国柱会関係者や一般の人々の反応は推して知るべしであろう。しかし、それも、晩年の石原が最終戦争の到来の当否を本仏本化に一任した分だけ、逆に、彼が強い切迫感をもって上行の再臨（賢王の出現）を待望していたことの証左であったのかもしれない。

最後に、石原が、上行再臨と最終戦争勃発ないし四海同帰実現の「時」を、具体的に何年後と年限を特定したことに対する批判を取り上げてみよう。こうした批判の一つに、田中香浦のものがあるが、彼は、「聖祖の予言の場合、第三国諫に際して、蒙古襲来の時期についての問に『よも今年は過し候はじ』とお答えになられたのを例外として、原則的に予言の実現を何年何カ月後と、その実現の時期をお述べにはならなかったと、私は拝する。『撰時抄』の大闘諍もまた然りであると思う。」（田中香浦、前掲書、二二六頁）といっている。あるいは、そうかもしれない。しかし、メシア再臨の「時」を特定することは、エホバの証人（ものみの塔）やセブンスデー・アドヴェンティストに限らず、アドヴェンティズム一般の特徴である。その意味で、アドヴェンティスト・石原が「時」を特定するのは、極めて当然なことであった。ただ、先行するキリスト教系アドヴェンティズムの運動史をみると、何度となく終末の「時」の予言に失敗していることも事実である。『衆聖點記』説を起点とした五五百歳の満期は二〇一四（平成二六）年であるが、今年はすでに二〇一六年である。このように、予言の「時」の特定は、非常にむずかしいことなのである。

II

法華系在家教団の成立と変容

第四章　佛立開導・長松清風の周辺体験と思想形成——在家主義の誕生

一　はじめに

長松清風（日扇）は、わが国の法華系新宗教の先駆をなす本門佛立講（現・本門佛立宗）の創始者であり、その宗教思想や布教方法あるいは講組織の形態は、以後の新宗教に大きな影響を与えた。佛立講は一八五七（安政四）年に開講されたが、同講の展開過程を清風の生涯と関連させていくつかの段階を区切ると、①一八四五（弘化二）年の日蓮宗八品派への入信から開講までの前史（前開講時代）、②以後宥清寺入寺（一八六九年）までの第一期（開講時代）、③以後日蓮六〇〇遠忌（一八八一年）までの第二期（思想成熟時代）、そして④以後麩屋町転居を経て逝去（一八九〇年）までの第三期（随自意説法時代）、の四段階となる。

さて、本章は、このうち第二期（思想成熟時代）までの間における清風の宗教思想の形成及び成熟の過程と要因を、彼の「周辺体験」と関連させて論じようとするものである。では、「周辺体験」とは何か。いま、教団を含むすべての社会システムを、社会的・経済的・政治的もしくは文化的な諸財の不均等配分の構造をもったものと考えれば、そこにおいて自ら配分権をもつか、平均的な構成員よりもかなり多くの配分に与ることのできる構成員を「中心人」、逆に何らかの理由で平均的な構成員よりもかなり少ない配分か、負の配分にしか与ることができない構成員を「周辺人」と、それぞれ呼ぶことができよう。そして、この意味における「周辺人」が、その「周辺性」のゆえに直接的及び間接的に経験せざるをえない社会的・心理的な負の体験（剥奪体験）を、ここでは「周辺体験」と規定する。

ところで、一概に「周辺人」といっても、その中には、A当初から周辺人であった者と、B当初は非周辺人であってのちに周辺人となった者とがあり、さらには①自らの意志とは関係なく周辺人としての立場を余儀なくされた者と②それを自らあえて引き受けた者とがあるが、長松清風の場合は①の要素を伴いつつも基本的にはB―②の周辺人であったといえよう。

さて、「周辺体験」と思想形成はどのように結びつくのであろうか。まず、中心人を中心とした社会システム内のポジションは「中心的価値体系」(1)によって正負の価値評価がなされていて、周辺人は中心人から負のラベルを貼られているため、総じて否定的な自己同一性をもたざるをえなくなる。したがって、もし、周辺人が周辺人のままで肯定的な自己同一性を得たいと望むならば、「中心的価値体系」の拘束から離脱して、自らが新しい価値体系（周辺的価値体系）を形成するか、他者が形成したそれを受容しなければならなくなるであろう。そして、多くの場合、カリスマ的な指導者や優れた構成力をもつ知識人が新しい価値体系（思想）を形成し、大衆がこれを受容する。つまり、前者が本来厭うべきものとされていた周辺性をあえて積極的に引き受ける「自己スティグマ化」(2)や即目的な周辺性の対自化によって新しい思想を生み出し、後者はその「共鳴盤（Resonanzboden）(3)」となる関係がみられるわけである。しかし、さらに立ち入ってこれをみれば、新しい思想の形成は、形成者と「共鳴盤」との間にみられる相互作用によってもまた大きな影響を受けるということがいえよう。その意味で、「共鳴盤」もまた新しい思想の共同形成者なのではあるまいか。

次に、こうして形成された「周辺的価値体系」は「中心」の側からみれば紛れもない異端思想であるから、その形成者は「中心」によってさらに「周辺化」されざるをえない。そして、彼が、そうした運命をもあえて引き受ける時、周辺人性はよりいっそう対自化され、ひとたび形成された思想がさらに成熟へと向かうのではなかろうか。

周辺性と思想形成（成熟）との間にみられる右のような循環的な関係をも含めて、新しい思想の形成と成熟に対して周辺体験が創造的に作用するのではないか、というのが本章の仮説的立場である。

二　在家主義への道

長松清風は、一八一七（文化一四）年四月に京都の裕福な小間物商（異説もある）の継嗣として生まれたが、家業を姉に任せて、自らは若くして書画詩歌や儒学国学に通じた町人学者となった。そして、こうした背景は、彼の思想形成の前提として一定の意味をもっているように思える。すなわち、商人出身の彼は、のちに「弘通上利用すべきものはことごとく利用する」[4]布教の仕方や、形式よりも実質を重んずるプラグマティックな発想をするようになるし、また、広く学問を積んで知識に自信のある彼は、のちに、道理にあわないならば誰人にも従わない反骨性を発揮するようになるだけではなく、学問を通してもった彼の広範な人間関係も、のちに、彼が在家主義[5]に開眼したり、政治弾圧を回避したりするのに大きく貢献するようになる。

ところで、清風は、経済的には何一つ不自由なく、そして、世間並以上の教育を施されて成長したが、父親（婿）が何らかの理由（離婚と思われる）で家を去ったために幼くして父親の顔を知らず、女手一つで育てられた。こうした生い立ちの事情のため、清風には人一倍母思いのところと、「人の子としてのものさみしさ」[6]があり、このことが、一八四二（天保一三）年の突然の母親の逝去を契機に彼を仏教遍歴と出家志向へと誘った。以後、彼は、禅宗・浄土宗・日蓮宗一致派・真言宗・天台宗等の教えを遍歴したのち、ついに一八四五（弘化二）年、二八歳の時に、彼が本能寺塔中長遠院で開いた席上揮毫の展観が縁となって、同寺の塔中の院主・随宏院秀典日雄の教化を受けて日蓮宗八品派に入信した。

入信後、清風は、本能寺第四五世貫首・大覚院日肇から八品派の重要教義を、また、京都大亀谷檀林の能化で淡路隆泉寺住職でもあった心光院無著日耀から教義の口伝面を、それぞれ学んだ。さらに、彼はこのころ教化親の日雄からも特筆すべき影響を受けた。それは、教学というよりも布教上の秘訣とでもいうべきもので、「末法の愚人、初手から後世を願ふ人は稀なり、名利のみ。現世の願は後世祈りの仲人と云ふ事を習ふべし。我身の願なし等云ふ人の心を問はゞ、火盗病はきらひなるべし。必ず智者の大人と自慢するなよ。師も凡師、弟子も凡愚と云々」というものであった。日雄から教えられた布教上の「秘訣」は、やがて清風によって「現証利益」の思想へと発展させられ、佛立講独特の「現証布教」へと展開されていく。[7]

日肇・日耀・日雄は、ともに八品派の中では少数派に属する宗門革新論者で、多数を占める保守派と対立していたから、清風が彼らを教学の師として選んだことは、やがて、彼の思想形成の上にも、また、宗内における彼のポジション（生涯の小沙弥・異端的少数者、つまり周辺人）の上にも大きな影響を与えることになる。[8]ともあれ、三師の影響下で次第に熱心な法華信者に成長した彼は、一八四八（嘉永元）年一月に他の信者とともに日肇を講主とした同寺の本門八品講をつくり、さらに四月には母親の追善菩提のため日耀を得度の師として念願の出家を果たし、淡路隆泉寺での修行生活に入った。時に清風三一歳、母の逝去後すでに六年が経っていた。

ひと通りの修行ののち、清風は、日耀に伴われて尼崎本興寺の檀林に入檀のため同寺に赴いたが、檀林はあげて彼の入檀を拒んだ。これが、清風の最初の周辺体験（余儀なくされた周辺体験）であった。その表面上の理由は彼が学問と書画詩歌をよくするので、「さだめて慢心ものならん」（「清風一代記略図」、以下『日扇聖人全集』のことを『扇全』[9]と略す。『扇全』五）というものであったが、実際の理由は「保守派の牙城」[10]であった檀林の学僧たちが日耀らの革新派の進出を阻止したかったことと、清風の博識に脅威と嫉妬とを感じて保身にかかったこと、の二点であったようである。檀林から排斥された清風は、ひとまず隆泉寺に帰り、次いで同年の夏には京都の生家に戻った。彼は、これまで、出家したからには、「法のため名聞も入用」なので、ゆくゆくは「能化までにも」（「御消息」『扇全』一）なろうと思っていたが、入檀を拒まれた以上、そうした「中心への道」も絶望的となった。

しかし、当時の清風には、まだ檀林生活への未練があった。そこで、日耀の勧めもあって、清風は、あらためて上総の細草檀林への遊学を志すが、この時、彼の生き方に転機をもたらした二人の人物が彼の前に現われた。一人は京都の書肆平楽堂の当主・村上勘兵衛であり、他の一人は俳人の村田麦浪であった。彼らと清風とは書画詩歌を通じた旧知の間柄であったが、彼らは清風の細草行きを聞いて「檀林をつとめて能化になり、終にあかき衣をめして本寺に職たりとも、衆生を化し給はざらんには詮なし。諸人一人たりとも御教化し給ふが高祖への御奉公也」（「清風一代記略図」『扇全』五）と言って入檀に反対した。尼崎檀林での体験以来、清風の中には当今の渡世僧に対する抜き難い不信と軽蔑の念が芽生えていたから、この友人たちの諫言に清風は強く心を動かされて細草行きを中止した。つまり、この時、清風は「中心志向」を自ら断ち、あえて周辺人の立場を選択したのであった。

細草行きを中止した清風は、村上や村田の勧めで東山の時宗双林寺にある西行庵に仮住いして、以後毎日、自我偈一〇〇回、題目一万遍、要品一座、八品二部を読誦する修行を一〇〇日間続け、さらには学問と教化にも余念がなかった。その結果、いくばくかの信者ができ、清風は、こうした布教方法に自信をもつようになった。そして、この間、日耀が一八五〇（嘉永三）年以後三年にわたって京都の妙蓮寺第四七世貫首を務めていたので、清風は日耀とも連絡をとりつつ布教を展開した。

だが、念仏の寺の境内で題目を弘めるのは所詮無理であったようで、やがて清風は山内と近隣から憎まれる身となり、一八五四（安政元）年の春に西行庵を追われた。その後、清風は、僧侶の町家止住をとがめられて京都の町家を転々としつつ求道と教化の日々をおくり、一八五五（安政二）年には再び生家に戻り、町家止住の邪魔になる法衣をたたんで還俗した。しかし、この還俗は、清風にとっては逆に「真実出家」を意味していた。彼は、還俗後も以前にもまして教化に力を入れるようになった。得度以来すでに七年が過ぎていたが、その間の「周辺体験」は、清風を形にとらわれない在家主義的な布教者に変えていた。

還俗した翌年の一八五六（安政三）年六月、清風は「其形在家なりと雖も、得道するをば道と名づけ、僧と為すべき也。爰に知んぬ縦ひ出家僧形なりとも、未得道の者をば俗衆と名づくべき也」（「本門弘経抄[11]」）という門祖日隆の指南に依拠して「門流の信者真実出家の論」（『扇全』一）を著し、真俗の区別はただ信心の有無によってなされるので、たとえ形の上では出家であっても無信の者は「法師の皮を着たる畜生」（日蓮遺文『松野殿御返事』）で在家にも劣ると論じて、真俗論の内心主義化をはかった。また、日雄ゆずりの布教の「秘訣」は、洛中における遍歴布教の過程で効果のほどがすでに証明済みであり、いまや現証主義は清風の在家主義思想を構成する重要な要素となっていた。

三　初期佛立講の展開

還俗して二年後の一八五七（安政四）年一月一二日、やがて四〇歳になる清風は、生家にほど近い谷川浅七宅に自筆の十界勧請の曼陀羅本尊を掲げ、六人の信者を集めて花洛本門佛立講を開講した。集まった信者はすべて商家の人々であり、清風を含めて講内には唯一人の僧侶もいなかった。開講は、すでに熟していた清風の在家主義思想の具体化であったが、他方では一八五〇年以降次第に激しさを増してきた宗内の三途成不論争（皆久論争ともいう）のもたらした一つの結果でもあった。

三途成不論争は、三途（地獄・餓鬼・畜生の三界）に堕ちている衆生が子孫の妙法回向によってそのまま成仏するか否かという教学上の論争であったが、同時に、以前からあった宗内の保守派と革新派の対立抗争の教学的な現れでもあった。この論争は一八四九（嘉永二）年七月に高松を舞台として松平頼該（一八〇九―一八六八、高松藩第八代藩主・松平頼儀の庶子で高松八品講の創始者）と西国の僧・守進との間で初めて起こり、のちに頼該と関西における八品講の総師・堺顕本寺枢璟日然（一七九二―一八六二、江戸八品講の創始者舜竜院日蒼の弟子）、さらには清風の師・日肇及び日耀と日然の論争へと発展していったが、頼該と日肇・日耀は不成仏論、守進と日然は成仏論の立場をとっていた。しかし、日肇・日耀らの革新派は、もともと宗内少数派であったから、論争が深刻さを増してくると多数派によって粛清されるにいたる。こうして一八五六年には、まず日肇が本能寺歴代から除歴され、次いで当時、妙蓮寺の貫首をやめて東山本住寺の住職をしていた日耀も同寺を追放されて、妙蓮寺の塔中慈詮院に移った。

こうした中で、清風は、教学的にいまだ決着のついていない論争を権力づくで少数派の主張を押さえ込んで終束させようとする宗門のやり方に憤りをおぼえ、以後は師に代わって三途不成仏の論を天下に公表するようになる。そして、ここにもまた周辺性をあえて引き受ける清風の姿勢がみられる。しかし、これが縁となって頼該との親交が深まり、清風と頼該は翌年早々、不成仏義を堅持する新講を高松と京都で同時に開くことになった。一八五七年には前年の合意通り高松と京都で同時に新講の結成がなされた。前述した花洛本門佛立講は、そのうちの一つであった。

以来、一八六一（文久元）年ころまでの五年間、清風は頼該の政治的庇護に依存して、政治弾圧や宗門の圧迫を被ることなく平穏裡に布教を続けることができた。その結果、講は活況を呈し、教線も開講の翌年には早くも大津と大阪（大坂）に伸び、一八五九（安政六）年には両地に地方講組織の成立をみるまでになった。とりわけ大津での布教の成果はめざましく、一八六二（文久二）年の四月には同講初の宗教施設である大津法華堂（現・大津仏立寺）が落成し、一八六四（元治元）年七月には蛤門の変による京都大火を逃れて清風も大津に移った。

さて、この間の一八六一年前後に、京講と高松講の間に布教方法の相違や清風による頼該の威勢の不当な利用をめぐって対立が起こり、頼該は高松講の幹部の多数意見を容れて清風を義絶した。こうして、頼該の威勢に依存することができなくなった清風は、一八六五（慶応元）年に大津六四か寺から「不審の者」として訴えられ、大津町役人の取り調べを受けなければならなかった。このため清風は、今度は以後二年間、京都御室の仁和寺宮の内人となり、門前に菊家紋を飾って弾圧を回避しようとした。だが、一八六七（慶応三）年になると、内人はすべて仁和寺境内に移住しなければならなくなり、それでは布教に支障となるので、清風は内人の身分を返上した。

こうして、いまやいかなる政治的庇護をも失った清風は、一八六八（慶応四）年の七月、再び大津六四か寺から切支丹の疑いがあると訴えられ、七人の弟子や幹部信者とともに捕らえられて京都の六角本牢に一週間投獄された。こうした政治権力による「受難体験」もまた、宗内における清風の周辺的地位に淵源しているかぎり、やはり「周辺体験」の一つであるといえよう。だが、取り調べにあたった京都府知事の長谷川信篤は、清風と七人の弟子・信者を無罪放免とし、さらに清風が再出家して寺院に止住することを条件に彼の布教活動を許した。そこで、この条件を満たすために、清風は本能寺で再出家しようとしたが、同寺は彼が以前に反本山的な行動をしたとして受け入れを渋った。しかし、京都府当局の再三の受け入れ命令により、本能寺はやむをえず、以後清風が①三途不成仏をいわず、②十界勧請の本尊を写授せず、そして③山命師命に従う、という約束をすることで彼を受け入れ、当時の貫首日熹を師として再出家させた。

なお、清風よりやや遅れて彼の弟子の野原弁了（一八五四—一九二〇、京都出身で、のちに佛立講の第三世講有日随となる）が、やはり日熹を師として得度している。こうして、以後の清風には合法的な布教が保障されたが、この時の再出家は、のちに彼が「便宜剃髪来由状」（『扇全』五）を書いて明らかにしたように、あくまで講の存続と合法的な布教のための便宜以上の意味をもってはいなかった。だが、たとえそうであったとしても、この時の清風の再出家は、それまでの佛立講のとってきた無僧侶的な在家主義路線からの一歩後退であったことは拒めない。

一八六八（明治元）年九月初旬、清風は本能寺塔中龍雲院に落ちつき、そこを拠点として「大津法難」で潰滅状態となった京都の講組織の建て直しに着手した。開講以来「大津法難」までの第一期佛立講はもはやないに等しく、今、第二期佛立講がようやくはじまろうとしていた。こうして、九月中旬には「御講」が再開され、比較的打撃の少なかった大津や大阪の地方講組織への出張指導も開始された。しかし、一〇月末に清風が「いまの龍雲院席もひさしくゐるところにあらず、何時出ねばならぬやら」（「御消息一一」『扇全』二）と述べているように、清風と山内の関係は緊張がらみのものであったらしい。

そこで、清風は、当時無住であった北野の宥清寺（妙蓮寺末）を佛立講の学問所として、妙蓮寺第四九世貫首・日成に頼んで借り受けようとはかった。この計画は、清風の本能寺退出によって山内の緊張を取り除こうとしていた貫首日熹にとっても歓迎すべきものであったので、彼の口添えもあって翌年早々に叶えられ、同年の一月一〇日、清風は弟子を連れて宥清寺に入寺した。そして、これはまた無寺院的な在家主義路線からの一歩後退であった。

さて、第一期佛立講時代の清風の宗教思想は、およそどのようなものであったろうか。まず、この時期の佛立講が無僧侶無寺院的な純粋在家主義の講であったことにみられるように、このころの彼は徹底した在家主義思想の実践家であった。次に、このころの清風は、頼該からの義絶の理由の一つとなったほどの熱心な現証布教の推進者であった。第三に、本能寺が清風の再出家を認める際の禁止条項の一つにもあったように、彼は師の日肇・日耀と同様、頑固な三途不成仏論者でもあった。そして第四に、これも再出家の際に本能寺から禁じられた項目の中の一つに関連するが、彼は宗門が定めている伝統的な本尊写授権を無視して自由に本尊を写授した「伝統突破」の人であった。さらに第五として、彼は、野外行事用に「旗漫荼羅」を考案したり、結縁のために嵯峨まで題目行列を行って途々「題目せんべい」を施したり、京・大阪の芝居小屋や相撲会場に布教用の経札をあげる奇抜なアイデアの持主でもあった。

しかしその他の点においては、従来の八品派の慣行や思考法を継承している。たとえば、このころの彼が写授した本尊の様式は十界を勧請した広式で、何ら目新しいものはなく、信行形式にしても口唱重視とはいえ法華経の広略読誦をするなど基本的には八品門流の様式に沿ったものであった。またこのころの佛立講は「鬼子母の千団子、子の日大黒寺、本門の題目を唱ふのみにて行作はすべて一致と同じ」（「開化要談・用」『扇全』一三）とあるように「謗法行為」には甘かったが、他方では「門流の信者とならば法華経と御書の内外は一渡しれ」（「直達法門歌門前集」『扇全』二）という教歌に示されているように、信者に対してかなりレベルの高い教学的素養を要求していた。

四　内棲宗教の成立

一八六九（明治二）年の一月一〇日、清風らは本能寺から宥清寺に移り、門前に「佛立修学所」の看板を掲げた。第二期佛立講の旗上げである。当時の修学所の学徒（弟子）は八人で、一人を除いてすべて在家信者であった。しかし、入寺の翌月には御牧現喜（一八五三―一九一一、大津出身で、のちに佛立講の第二世講有日聞となる）が本山妙蓮寺貫首・日成を得度の師として出家し、一〇月には同様にして御牧現随（一八五七―一九一二、大津出身でのちに佛立講の第四世講有に加歴される、日号は日教）も出家するなど、学徒中に占める出家僧の比率が次第に大きくなっていった。

このように、第二期の佛立講は、講の存続と布教の合法性を確保するため、無僧侶無寺院的な純粋在家主義路線を放棄し、代わって宗門秩序の一角に位置づけられた寺院に依拠し、「便宜剃髪」した出家僧によって指導される「精神としての在家主義」を堅持する「教講（僧俗）一体」の講へと形式上はかなりの変貌を遂げていたが、布教活動の第一線はあいかわらず在家信者によって担われ、現証布教に新しい工夫がなされるなど、活動内容の面では在家主義が継承されていた。

一八七〇（明治三）年の七月、弟子の御牧現喜が教師補の資格を得たので、清風は彼に宥清寺の表向きの寺務を任せ、自らは一介の小沙弥として学徒の教育と布教に専念した。だが、当時、「今般当寺住持次目本寺日成上人御弟子信随師へ上被仰付候」(「宥清寺住職次目廻章の下書」『扇全』三)云々とあるように宥清寺住職は現喜ではなかったようである。一八七六(明治九)年八月に清風が「宥清寺住職嗣め(目)金添状」(『扇全』四)を現喜宛に書き、また、この前後に「住職嗣目の事」(『扇全』一七)を記し、その中で「こたびの住職嗣目うれしきこと也……但しかやうのことをほこりに思ふべからず」と述べているところからすると、現喜の宥清寺住職就任は一八七六年ころかと思われる。

さて清風が宥清寺に移った一八六九年以後の数年間は、一八六八年に発布された神仏分離令と、これを契機として各地で開始された排仏運動の結果、仏教界が深刻な試練に直面していたころであった。各地で多くの寺院が破却され、多数の僧侶が還俗を余儀なくされ、また、寺院の朱印地没収により経営に苦しむ名刹が続出した。清風の属する八品派も例外ではなく、各本山とも火の消えたような状態となっていた。だが、彼は、こうした宗門や本山の状況を「自業自得」として冷やかにみている。すなわち、彼は当時「法を説かず、折伏教化せぬ故に、信者がへり、信者がへる故に寺がさびしくなり、さびしくなるが故に、屋根には苔むし畳には草はへ柱はくち壁はたをれぬ。寄進勧化をすれども信者なき故に米銭を出すものなし。坊主すでに乾物となりて死なんとす。これ誰のあやまちぞや。人をうらむことなかれ。檀那をそしることなかれ」(「門流真俗醒酔論」『扇全』三)といっている。しかし、同時に、彼は、こうした事態に直面して危機感をもち、宗門の将来を深刻に案じて、「予ひとり今此衰微を歎くが誰か此事を歎かんや。仏祖の御衣の袖くちやはてなん。只我れ三人五人十人百人、所々の構内に教導に出る毎に、何れの月も、何れの日も、夜も此事を歎き、いはざる事なし。今に当宗滅しなん」(同前)といい、さらに、こうなった以上は「とにも角にも……弘通をいのるべき」であり、また、そのためには「信者をふやす工夫」(以上「青柳厨子法門抄第四」『扇全』三)が不可欠であるともいっている。

清風は、宥清寺入寺後、日蓮が自ら開眼したとされている同寺の祖師像の霊威を強調しはじめ、それまでは信者の家庭に奉祀するものが曼荼羅本尊一幅であったのに対して、以後は宥清寺祖師像を模した「尊像」を併祀する様式に切り換えた。また彼はこのころから題目の功徳がこもっているので信じて飲めば諸病に効くとされた「御供水」（宝前への供え水）の利益を以前にもまして説いて、布教の上に利用した。これらの「信者をふやす工夫」は古くからあったもので清風に独自なものではないが、その効果的活用によって、第二期佛立講は排仏の嵐の中で再生への歩みをはじめ、入寺の年の一一月には、はやくも「当宗の寺々大いにさびしきに……此宥清寺修学所のみは朝より夜まで参詣人絶へず、御題目の音声絶へず、御感応御利益さかんにして、世間の人ふしぎと申候」（「御消息四一」『扇全』三）といった状態にまでなった。こうして、以後、一八七二（明治五）年までの三年間は、途中で、大阪講中が神札を「謗法払い」して取り調べを受け（一八六九年）たり、初代講元の谷川浅七が本能寺に転属（一八七〇年）したりしたという小さな問題を除けば、比較的平穏裡に教勢が伸び、また寺の復興も進んだ。

また、この間の一八七一（明治四）年、清風は翌年四月に出された僧侶の肉食妻帯公許をまたずに妻を迎えた（この時の妻は一八八一年に逝去、翌年再婚）。当時の清風はすでに五四歳になっていたが、急増する学徒や多忙化した清風の身のまわりの世話をする婦人がどうしても必要になっていた。しかし、清風は妻を「大黒」と呼び、あるいは「はづかしと思ひて……雇い婆ぢやの、姉ぢやの、妹ぢやのと言ひて」（「一向令唱題目抄」『扇全』七）ごまかしたりはせず、むしろ公許に先んじて公然と妻帯することによって、形にとらわれない「真実出家」のあり方を身をもって示した。しかし、彼の妻帯は、妙蓮寺や本能寺八品講から風儀上問題があるとして非難された。

さて、一八七二年に教部省が設けられ、「三条の教則」が定められて、国民教化運動が本格的に繰り広げられるようになると、急速に教勢を伸ばしてきた佛立講への役人や他宗教の警戒心が強まり、再び清風の身辺に波風が立ちはじめた。そこで、清風は、同年、「教則」に沿って忠孝や勧善懲悪の表現を盛り込んだ「本門佛立講々旨」（『扇全』三）を公表して、慎重に「法難」を回避しようとしたが、ついに同年六月、彼は京都府から召喚された。これは一八七〇年ころから佛立講の現証布教で信者が急増していた西七条方面の僧侶や賀茂・桂の神官・山伏・儒者・医師らが、清風は迷信邪法を弘めていると京都府知事植村正直宛に訴えたもので、この時、清風と二人の弟子が四二日間、京都府牢に投獄されたほか、弟子一人が二昼夜の拘留、他に在俗の学徒二人が町預けとなった。出獄後、清風ら三名は本能寺塔中本法院に預けられ、一一月に裁判にかけられた後、再び本法院に戻って越年し、次いで、別の塔中龍雲院に移り、一八七三（明治六）年八月に起訴猶予となって一年二か月ぶりに宥清寺に帰った。この間、佛立講は中心人物を失い、また宥清寺の正門を閉じたので、活動上かなりの痛手を受けたが、清風はむしろ、これによって講内が引き締まったことを評価した。

翌年一月、講の体制を立て直した清風は、僧侶の族籍を定め姓氏を称せしめる新法令に従って姓を長松、名を清風として公式に届け出た。だが、政府はこうした法令を定めただけではなく、同年四月には教導職試補以上の資格をもつ者以外の説教を認めない通達を出し、六月にはさらに医薬を妨害する禁厭祈禱を取り締まる通達を出すなど、「現証利益」を掲げる佛立講の布教環境は極めて厳しいものになってきた。そして、こうした厳しい政府の宗教政策は、大教院を通して宗門、本山に反映され、妙蓮寺でも同年七月、教導職試補の資格をもたない清風の高座説教を禁じ（「登高座禁止を難ずる事」『扇全』四）、また、このころ、宗門は、あらためて清風の本尊写授を非難して本尊中の日蓮の名と花押の書写を禁じた。[12] なお、清風は、このころたとえ申請しても宗門の意向で却下されることを予測してか、あえて教導職試補の資格を取らなかった形跡がある（「試補拝命せざるの事」『扇全』四）。

政府が禁厭祈禱による医薬妨害の取り締まりを命じたことを知った清風は、さっそく、病気の信者が直接に彼の祈禱を求めに来ることを禁じ、祈禱の引き受けは教導職に限り、どうしても清風の祈禱を受けたいときは、その後「寺へ参れと教へて内意にて祈念」（「祈禱は教導職に限る事」『扇全』四）するようにするなど、慎重にふるまった。しかし、その努力の甲斐もなく、一八七五（明治八）年三月、清風は、ついに京都の医師たちから医薬を制止したとして訴えられ、京都府から遠足止めを命ぜられた。口唱と「御供水」による病気平癒を現証布教の眼目とする佛立講は、一歩間違えば医薬制止につながる恐れがあった。そこで清風は、今回の事件を契機に講内に医薬を制止してはならない旨の回達を出し、さらに「御講勤め方」の中にも「深切を以て病気平癒を願ひ候共医業の妨に成ざる様」(「本門法花宗佛立講勤方の取極」『扇全』四)との一項を加えて、事件の再発を防いだ。また、これ以後、清風は、国策に応じて京都府の医療施設への献金を開始したが、これも「献金なき講は講名立ちがたし」(「御消息一〇二」『扇全』四)といった当時の宗教政策に対する彼の「法難」回避の手段であった。にもかかわらず、以後、清風は、一八七七(明治一〇)年の夏と一八八〇(明治一三)年の九月に、やはり医薬制止の疑いで京都府に訴えられたが、二回とも事なきを得た。これは一八七七年に教部省が廃止されて国民教化運動が終息したことと、清風の巧みな「法難」回避策が功を奏したことによるものであった。

こうして、危機を乗り越えた佛立講は、一八七七年には、京都だけで三三組・信者およそ一万人(「便宜剃髪来由状」『扇全』五)、この他に阪神地区一帯をはじめ近江・伊賀・伊勢方面にも教線を張る大勢力となっていった。おりしも、彼は、この年に数え年で六一歳の還暦を迎えていた。また、こうした教勢伸長の結果、宥清寺(佛立講)に対する本山妙蓮寺の依存の度合いが次第に高まっていった。他方、清風や佛立講の側にとっても、宥清寺を布教拠点としている関係上、本山との友好関係を保っておく必要があった。そこで、清風は、一八七四年から妙蓮寺と他の四山の間で再発していた三途成不論争(妙蓮寺は不成仏論、他の四山は成仏論)や、一八七六(明治九)年の八品派の独立後に起こった管長交替問題、さらには一八七九(明治一二)年に妙蓮寺が企図した八品派からの別派独立運動(一八八二年の五山融和で落着)では妙蓮寺側を積極的に支援したり、妙蓮寺の僧侶不足を補うために同寺に請われて弟子を塔中の住職として派遣(一八七六年と一八七八年に各一人)したりして、本山や宗門に佛立講の実力のほどを示した。だが、佛立講の発展は、やがて本山や宗門に警戒心を起こさせることにもなった。

さて、還暦前後の清風は、従来の思想や実践を取捨選択して一つのまとまった体系に整序する、いわば思想の成熟期を迎えていた。

まず、彼は、還暦という人生の大きな節目を迎えて、「現証利益」という事相を示して人々を教化する従来の佛立講の布教のあり方に、あらためて大きな自信をもった。この現証布教の方法こそ、周辺人・清風が排仏の嵐と国民教化運動の重圧にもめげずに一万人の講をつくりあげた原動力であったからである。

次に、彼は、これ以後、これまでの体験から「現証」に比べて理屈や学問（教学）が布教や自他の信仰生活にとってほとんど役に立たない（学問無用論）か、場合によっては有害でさえある（学問障害論）という考えをもつにいたった。すなわち、彼は、一八七七年に「三〇年来の学文（問）は学文（問）は入（要）らぬと云（う）を学（び）たり。むかしの信の一字にかへりしが学文（問）也」（「信の一字を知る学問の事」『扇全』五）といい、さらに一八八九（明治二二）年には「物しればそれが障となることを、しるを当家の要学といふ」（「開化要談・宗」『扇全』一三）と詠んでいる。こうして、「学者清風」は自己否定されたが、これは、彼が「どうしても唯の信者の念力に、学者物識およばざりけり」（「のりのかたみ」『扇全』一二）と詠んでいるように、教学的要素はないが「信の一字」に徹することのできる「唯の信者」（＝共鳴盤としての周辺人）から教えられたことであると同時に、彼が「中々に猶里近く成にけり、あまりに山の奥をたづねて」の古歌をひいて『四信五品鈔』（日蓮遺文）の「教弥々実なれば位弥々下がる」を説明している（「開化要談・用」『扇全』一三）ように、「周辺」状況下における積年の教学研究と求道生活の結果、彼が把握した法華本門の教えの真髄でもあった。

第三に、彼は、一八七七年以降、これまでに何度となく宗門から写授を禁じられてきた十界勧請の広式及び略式の本尊に代わって、佛立講独自の一遍首題の要式本尊を書くようになった。これは中央に題目、右に「三箇之中一大秘法」、左に「本門肝心上行所伝」と書かれたものを奠型とするもので、今日の佛立宗でも用いられている。では、清風は、なぜこの時期に、この様式の本尊を書くにいたったのであろうか。その契機は、数度に及ぶ宗門からの十界勧請本尊の写授禁止であり、その様式設定の理由は、このころより成熟してきた彼の「要」の思想によるものであった。そしてこの思想の成熟もまた、宗門による十界勧請の本尊の写授禁止という彼の「周辺体験」によって促されたものであった。清風の「要」の思想とは、『法華取要鈔』(日蓮遺文)にある「日蓮は広略を捨てて肝要を好む。所謂上行菩薩所伝の妙法蓮華経の五字なり」を文拠として、法華本門の教えを題目の五字七字に集約してとらえる思想であるが、この思想の本尊書式への適用が「三箇之中本尊」であった。すなわち、彼は、まず「本尊にも広略要あり。此広略も要法五字が家の広略也……要は一遍首題也」(「一帖抄拝見」『扇全』七)と述べて首題の要のゆえんを明かし、次いで「此御題目の一箇に本門の本尊、本門の戒担の二箇はこもる故に……三箇之中一大秘法と申し奉る也」(「末代幼稚要学章・三」『扇全』八)と言って脇書のゆえんを説明している。

第四に、彼は、このころから前述した「要」の思想と「末法弘通愚者正意」(「口業仏事抄・完」『扇全』六)の機根観に基づいて「本門法華口唱読誦心得抄」(一八七六年『扇全』四)や「本門宗読誦用心抄」(一八七七年『扇全』五)を著して、「口唱の極大秘要の行をかろしめて読誦を貴みよむ経は題目をそしるの習ひ損しとなるもの也。一向に片落(ち)して題目口唱をすゝむるの外なし」(「用心抄」)のように読誦無用口唱専一の立場を明確にした。こうした徹底した易行易修の立場は、「三箇之中本尊」と並んで、宗門はもちろん、これまでの佛立講にもみられなかったものであった。

最後に、このころの佛立講の在家主義の立場は開講当初と比べて形の上では後退していたが「信者即真実出家」という清風の思想的な原点は少しも揺るがず、一八七七年の段階でも清風は「仏法は在家におちたる姿を見る……信者は在家に多し」(「仏法は在家におちたる姿を見る」『扇全』五)と述べている。

さて、還暦前後に成熟してきた清風の思想を簡単にまとめるとすれば、どのようになるであろうか。そこで、今

「現証利益」のような事相を重んずる思想を「事」、「三箇之中本尊」や「口唱専一読誦無用論」に示されている肝要の思想を「要」、そして、「学問無用論」や「口唱専一読誦無用論」にみられる易行易修の思想を「易」とすると、このころに成立した清風の在家主義の思想は、この事・要・易の思想が三位一体となったものであるということができよう。そしてその後の清風は、「四〇年のむかしより思ひもうけたる高祖の六百回の御遠忌」(「御消息一一七」『扇全』七)をめざして、この事・要・易の思想の、よりいっそうの具体化と講組織の充実に全力を傾注していく。

こうして、一八七八(明治一一)年の五月には読誦無用口唱専一の立場から編纂された佛立講独自の信行形式「妙講一座」が完成した。また、一八七九年一月には、急増する信者の教育にあたる代講師(在家の強信者より登用)の制度が設けられ、九月からは佛立修学所(本部親会場)の建立運動が開始されて翌年の三月には宥清寺の向かいに完成した。

一八八一(明治一四)年の一〇月に予定されていた佛立講の日蓮六〇〇遠忌法要は清風の妻・栄が一〇月一二日に急逝したために予定を一か月繰り延べて一一月一一日から一三日にかけて挙行され、一万五〇〇〇人の参詣者を得た。そして、こうした盛況をみて、清風は、「御開山巳来、八品門流にて本山に種々の講ありといへども、当講程の大講は未だこれあらず」(「講内諸組に披露しあるべき一段毎座よみあげの事」『扇全』七)の自信を深めた。

しかし、このころの清風には、まだ一つ心残りがあった。それは、清風が教職資格のない一介の小沙弥であったために、自らの弟子をもてず、やむをえず妙蓮寺の貫首を師僧として弟子の得度をはかっていたことである。そのため、弟子たちが、しばしば清風と妙蓮寺の意向の食い違いの板ばさみとなることがあり、清風としても、この際そうした矛盾を解決して佛立講の将来を盤石にしようと、この年、妙蓮寺を介して大教院に教職資格取得の申請をした(13)。このことは、無僧侶的な在家主義からのさらなる後退であったが、当時の清風は、これも講の発展と布教の便宜上やむをえない一つの「方便」と考えていたと思われる。ただ、清風は、以前から佛立講方式による本山・宗門の改革復興を狙っていたから、教職資格の取得は、そのための有効な「戦術」としての意味はもっていたに違いない。

ところが、この清風の「戦術」は、当時の佛立講の隆盛に警戒心を強めていた妙蓮寺の反対にあって頓挫した。晩年の清風は、このことを思い起こして、「御門流を御開山の御再興ましまし通りにせんと思へども、それはそれは迚も迚も出来さうな事もなし、無道念の世渡（り）坊主、信心のなき者に法門するは無益也と思ひて此事は絶念したり」（「開化要談三」『扇全』一三）といっているが、この時の彼の憤りと失望の感情は、本山・宗門に対する従来の彼の態度を一変させるほどに強烈なものであった。

こうして、清風は、以後宗門を内部から変革する道をあきらめ、一八七七年ころから主張していた読誦無用論をさらに一歩進めた読誦謗法論を掲げて外部から強折改良させる立場へと変わった。読誦謗法論は、「一向に片落（ち）して題目口唱をすゝむる」点では読誦無用論と変わりはないが、読誦を謗法といい「仏敵祖敵の大罪」（「拝要抄・上」『扇全』一二）ときめつける点で無用論よりも激しい主張であるが、清風は一八八一年の春ごろより、この立場から、佛立講の信者はもちろん、宗門の「能化貫首たりといへども用捨なし」（「一向合唱題目抄・五編」『扇全』七）に強折するにいたった。なお、清風は、のちに、この時以来の変化を「清風の弘通にも二儀あり。宗祖六百回遠忌の前後なり。前は口唱読誦、正助の二行、後は一向信心口唱也」（「要学三書伝・後」『扇全』一〇）と述懐している。

こうして、本山謗法・宗門謗法の烽火をあげた清風は、八月に、遠忌法要の際に宥清寺に掲げる「幕のぼり等の御印には鶴の丸、雁金よりも、仏丸（仏立）の印こそ第一」（「御消息一一六」『扇全』七）として、宗紋とは別に、「佛立宗」を象徴した佛立講独自の紋章を定めた。また、清風は、遠忌以後、以前に師の日耀から贈られていたとされている日号の「日扇」（「佛立講繁昌記」『扇全』六）をしばしば用いるようになった。[14] そして、この講紋の制定と日号の使用は、佛立講が独自の本尊と信行式と組織形態とをもつ「教団内の教団」すなわち内棲宗教[15]へと変貌したことを象徴していた。

五　結びにかえて

これまでの考察で、長松清風の宗教思想の形成が彼の「周辺体験」と密接に関係していることがわかった。彼は、まず尼崎檀林への入檀を拒まれたことによって最初の周辺体験を余儀なくされた。このことによって、彼は能化・貫首へと通ずる「中心への道」を閉ざされたが、いまだ未練を残していた。しかし、彼は、その後、友人たちの諫言を容れて己の内なる「中心志向」を断ち、あえて周辺人の立場を選択するにいたった。当初、檀林の僧侶によって拒否された彼は、今や在家主義の立場から形のみの渡世僧を拒否するにいたった。以後、彼は、その思想形成・思想成熟の過程において本山や宗門、他宗教や役人等からさまざまな苦難を受けることになるが、そうした受難体験もつまるところ、宗内における彼の周辺的な地位に淵源したものであった。そこで、本章では、こうした受難体験を一括して「周辺体験」として取り扱ってきた。

では、結論として、本章の冒頭で述べたような「新しい思想の形成と成熟にたいして周辺体験が創造的に作用する」という仮説の妥当性が認められたであろうか。事柄の性格上、彼の思想の個々の構成要素と彼の個々の周辺体験との一対一的な影響関係の確定は無理であり、また、その必要もないと思われるが、彼の宗教思想の形成と成熟の過程を全体関連的に追跡した限りにおいては、ほぼそうした仮説が首肯できるものであることがわかる。もっとも、清風の現証主義の起点が（やがて周辺体験に促されて成熟完成するにせよ）周辺化以前の日雄の影響にまで溯ることができることや、ひとたび成立した無僧侶無寺院的な純粋在家主義の思想が歴史状況への実現対応の過程で形態上の後退を示すといった事実もあり、必ずしも周辺体験が直線的に思想の形成や成熟を促したりするものではないことは確かである。したがって、前述の結論は、こうした制約の中でのみ有効であるということができる。

では、清風の場合、周辺体験はどのようにして思想形成・成熟に創造的に作用したのであろうか。彼の場合、当初から周辺人であったのではなく、尼崎檀林への入檀を拒否されたことによってはじめて周辺人としての立場を余儀なくされたが、ほどなくその立場を進んで引き受け、また自らの周辺性を対自化して、そこに積極的な意味を見出すにいたった。そして、彼はさらにこうした周辺体験を発条として在家主義という一つの周辺的な思想の世界を形成していき、彼と同様に世俗社会の内部で周辺人の立場にあった多くの人々を、その「共鳴盤」として獲得することに成功した。また、こうして形成された彼の在家主義思想は、以後、一つには清風と「共鳴盤」との相互作用により、そして二つには周辺体験→思想形成→さらなる周辺化といった循環により次第に成熟へと向かい、一八七七年ころにはついに事・要・易の三位一体的な思想となって一応の完成をみたのであった。

なお、最後に、周辺人の形成した思想の内容の周辺的性格について述べておきたい。周辺人は必ずしも周辺的な性格をもつ思想を形成するとは限らないが、清風の事・要・易の三位一体的な思想は明らかに「周辺人による周辺人のための思想」であった。今、彼の事・要・易の思想に基づく教えを、あえて「無智宗」[16]と呼ぶとすれば、この「信の一字」以外には何もいらず、しかも「現証利益」が約束されている「無智宗」は、当時の社会で種々の「周辺体験」を余儀なくされていた「貧者と愚者と無力なる者」あるいは「生活戦に敗れた落伍者」たち[17]を、容易にその「共鳴盤」として獲得しえたに違いなかった。おそらく彼らにとって信仰とは、周辺人の否定的な自己同一性を肯定的なものへと変換させ、首尾よくいけば「脱周辺化」をも可能にさせる「無知の知」であったのではあるまいか。

他方、町人学者から出発し、三途成不論争の一方の旗手となった後に多くの「周辺体験」を積んで、最終的に学問無用の「信の一字」の境地にいたった「無智清風」(「要学三書伝・後」『扇全』一〇)にとって、信仰とは、あくまでもニコラウス・クザーヌスのいう「知の無知(docta gnorantia)」[18]であった。また、そこにいたる「無知化」の過程は、「教弥々実なれば、信者の位いよ〱ひくき凡夫を助け下ふ」(同前)久遠本仏の「位弥下」の姿勢にならったものであった。こうして、清風の「知の無知」と信者の「無知の知」は、今や一つの「われらの如き無知」（同前）に統合され、本門佛立講という新しい宗教運動の流れとなったのである。

（注）

（1）Shils, E., “Center and Periphery” in *The Logic of Personal Knowledge* (Essay Presented to Michael Polonyi on his Seventieth Birthday), Routledge and Kegan Paul, 1961. 参照。

（2）Lipp, W., “Charisma-Social Deviation, Leadership and Cultural Change : A Sociology of Deviance Approach” in Matthes, J., Wilson, B., R., Laeyendecker, L., Seguy, J., Hilhorst, H., eds., *The Annual Review of the Social Sciences of Religion*, Mounton Publishers, 1977. 参照。

（3）Weber, M., “Das antike Judentum” in *Gesammelte Aufsätze zur Religionssoziologie*（=GAzRS）III, J.C.B. Mohr (Paul Siebeck), 1920, S. 292. 内田芳明訳『古代ユダヤ教』II（みすず書房、一九六四年、四三三頁）。

（4）泉日恒「仏立開導の足跡を辿る（二）」（『大放光』一九七四年二月号）七四頁。

（5）ここでいう在家主義とは、真俗の区別は形によらず、ただ信心の有無によってなされるべきだとする真俗論（精神としての在家主義）をもち、また、可能な限り、在家信者中心の組織形態と布教活動（その理想型は無僧侶無寺院）を追求しようとする仏教教団の一つのあり方をさしている。

（6）幻夢山人「法燈百年（二）」（『大放光』一九五四年二月号）九頁。

（7）佛立聖典編纂委員会編『仏立聖典』（本門佛立宗務本庁、一九五五年）六〇三頁。

（8）泉日恒「仏立開導の足跡を辿る」（『大放光』一九七四年四月号）九八—一〇六頁参照。

（9）ここでいう『扇全』とは一九五七年以降二〇一一年までに三五巻別巻二巻が刊行されている日扇聖人全集刊行会『日扇聖人全集』（本門佛立宗宗務本庁発行）をいう。

（10）西野日渓『長松清風』（大放光社、一九七三年）五八頁。

（11）前掲『仏立聖典』、四二五頁から重引。

（12）泉日恒・西野日渓「日扇聖人の宗教思想（五）——続・三箇之中の本尊観に就いて」（『大放光』一九五一年五月号）八

―九頁参照。

(13) 泉日恒「宗門の、この百年――その一」(『大放光』一九六八年九月号)一六―二三頁、及び同「仏立開導の足跡を辿る(六)」(『大放光』一九七四年六月号)七四―八一頁参照。

(14) 教学研究会第四部会編『仏立教学選集(第三集)田中日広先生の部』(本門佛立宗宗務本庁教育院、一九七〇年)一一六頁参照。

(15) 内棲宗教とは、特定の教団に所属しつつも、思想的・実践的・組織的にそれとは相対的に区別された独自の宗教集団としてのアイデンティティをもっている「教団内の教団」のことで、具体的にはウエスレー(J. Wesley)在世中の英国のメソディズム、わが国の本門佛立講や創価学会などがこれにあたる。内棲宗教または内棲セクトの概念については西山茂「法華系在家教団の成立と変容――本門仏立講の場合」(池田英俊・大濱徹也・圭室文雄編『日本人の宗教の歩み』大学教育社、一九八一年)、及び同「一少数派講中の分派過程――日蓮正宗妙信講の事例」(宗教社会学研究会編『現代宗教への視角』雄山閣出版、一九七八年、本書の第一二章)を参照のこと。

(16) 八品門流の門祖日隆(一三八五―一四六四)が、その著『十三問答抄』のなかで、法華本門の教えを一二の宗名に要約してみせた「十二宗名」の一つ。

(17) 「日扇上人伝」(『仏立新聞』一九二七年一一月号)一一―一六頁参照。

(18) Nicolai de Cusa (=Nicolas Cusanus), *DE DOCOTA IGNORANTIA*, ediderunt Ernestus Hoffman et Raymundus Klibansky, Lipsiae, 1932.(岩崎允胤・大出哲訳『知ある無知』創文社、一九七五年)参照。

第五章　本門佛立講の成立と展開

一　はじめに

本門佛立講（花洛講）は、幕末に成立した日蓮宗八品派の在家講であるが、同じ八品派の八品講や日蓮宗身延派の寿講のような在来の宗派講とは違い、宗派の中にありながら、必ずしも宗派的伝統にとらわれない独自性をもつ「内棲型新興教団」（以下、内棲宗教と略す）でもある。内棲宗教とは、既成教団に属しつつも、それとは相対的に区別された思想的・実践的・組織的な独自性をもつ「教団のなかの教団」のことである。我が国には、佛立講のほかに、同講と同系の大日本獅子吼会（法華宗本門流所属）や在家信行道場浄風寺（本門法華宗所属）、それに、日蓮宗法音寺やかつては日蓮正宗の信徒団体であったときの創価学会などの内棲宗教の事例が存在する。だが、これまでの我が国の新興教団研究の多くは、新たに創唱されたり既成教団の外に形成されたりした新興教団を主要な研究対象としてきたために、内棲宗教的視角からの新興教団研究は、若干の拙稿を除き、ほとんど皆無である。

本章は、内棲宗教という視角から、佛立講の成立と展開の過程をみようとするものであるが、本論に入る前に、内棲宗教と母教団の関係の一般的な特質について一瞥しておきたい。まず、両者の関係が良好な場合について考えてみよう。この場合、成立後いまだ日の浅い内棲宗教は伝統を誇る母教団から、教義教学・儀礼上の資源や布教上の合法性、さらには民衆を安心・納得させることのできる宗教的権威などが与えられるであろう。反面、母教団は、内棲宗教から、経済的その他の経営上の便益や、内棲宗教に結集した民衆の帰依と尊敬を得ることができよう。つまり、このような場合の両者は、ギブ・アンド・テイクの互恵的な関係にあるといえる。もっとも、両者の関係は、表面上の良好さにもかかわらず、すべての面で良好であるわけではない。とりわけ、内棲宗教が教団改革運動のかたちをとる場合には、たとえ母教団の「原点」（宗祖・派祖の教えなど）には忠実であったとしても、母教団の教団体制の「現実」にまで心からの忠誠を尽くすということはありえないから、当然、両者の間には潜在的な対立関係が存在することになる。また、同じようなことが母教団の側からもいえる。つまり、伝統を誇る母教団は、総じて、新興ではあるが活力のある内棲宗教に対して、一種の軽蔑と警戒の念をもって臨むので、ここにもまた、両者の対立の根が隠されている。

では、どのような場合に、両者の潜在的な葛藤関係が明白な対立関係へと顕在化するのであろうか。母教団は、内棲宗教が肥大化して自らの既得権益と自尊心が脅かされない限り、内棲宗教との互恵的な関係を維持するのが一般的である。だが、内棲宗教が大きく発展し、しかも、その独自性が強烈かつ有害であると母教団によって判断されたような場合には、両者の関係は、容易に深刻な対立関係へと変化するであろう。とはいえ、内棲宗教は、そもそもその定義からして、母教団のアイデンティティを侵食しかねない構造的な因子を内蔵しているともいえる。それ故、内棲宗教は、教団組織論的ないし宗教運動論的にみて、けっして安定した教団形態とはいえない。こうした理由から、内棲宗教と母教団が深刻な対立関係に陥った場合には、その双方ないし一方の側から、内棲宗教の解散・独立などが持ち出され、何らかのかたちで関係の消滅がはかられることになる。しかし、それが諸般の事情で果たされない場合には、両者は不本意な共棲関係を強いられ、そのために苦悩することになる。しかし、そうした緊張関係が創造的に作用して、両者を刺激・活性化するという結果を生むこともあるので、あながちこれを否定的にのみ理解する必要はない。

さて、内棲宗教と母教団との間の、こうした一般的な関係を念頭に置いて具体的な教団現象をみるとき、われわれは、佛立講と日蓮宗八品派との間の幕末以来の苦渋に満ちた葛藤史や、「言論出版妨害事件」の後に顕在化して続いてきた創価学会と日蓮正宗の間の深刻な対立劇を、たんなる突発的な出来事としてではなく、より構造的な背景をもった教団組織論上の出来事として、はっきりと理解できるようになる。以下においては、こうした視角から、本章では総じて教団レベルにおける佛立講（宗）の成立と展開の跡がたどられるであろうが、途中においては、例外的に、大正・昭和初期に急膨張して佛立講の全国教団化を可能にした東京・大阪両講の展開状況が詳述されるであろう。

二　開講前後

本門佛立講は、一八五七（安政四）年に長松清風（一八一七―一八九〇、日号は日扇）によって、京都新町蛸薬師の谷川浅七宅で開講されたことになっているが、これは花洛講のことであって、松平頼該（一八〇九―一八六八、高松藩第八代藩主松平頼儀の庶子で高松八品派の創始者）の開講を含めて本門佛立講の開講を論ずる場合には、話はもっと複雑になる。

そもそも、花洛講の開講は、清風の在家主義思想（開講前年に書かれた「門流ノ信者真実出家ノ論」に詳しい。『日扇聖人全集』第一巻、三〇―三五頁所収。以下、『扇全』一のように略す）の具体化である以上に、頼該と清風の三途不成（成仏の因を人界凡夫の信行口唱に限る立場から、地獄・餓鬼・畜生の三途に堕ちた衆生は子孫の妙法回向でも直ちには成仏しないという説）の教学同盟の帰結であるから、頼該の高松講の開講を離れて清風の花洛講の開講のみを語ることはできない。事実、清風は、開講の前年一一月に谷川浅七とともに高松に赴き、頼該とはかって翌春の新講樹立を決めている。これは、清風の著作に頼該が共鳴して清風を高松に招いたことに由来しているが、頼該の『本尊授与帳』によれば、その間に、清風は、「谷川浅七と共に頼該から自筆のマンダラ本尊を授与され」（冠賢一「佛立宗」『日本近代と日蓮主義』、二一一頁）ている。もっとも、これには、高松行きの直前の「日扇のもとへ頼該筆の本尊が届いた」（村上重良『佛立開導・長松日扇』、七〇頁）という異説がある。

翌年の旧正月一二日、頼該と清風は、高松と京都（花洛）で本門佛立講を同時開講したが、この直前に、清風は、京都町奉行の浅野和泉守（高松講信者）から「本門佛立講　講名撰者讃州高松松平左近源頼該朝臣」（「元治二年大津町役人へ差出書」『扇全』一、四三六頁）と書かれた懸札を贈られている。だが、後日の清風の記述によると、本門佛立講の講名は「長松堂清風撰むといへども、時機を考へ、謗者輩に兎角に名聞によるを以て」（文久二年「隆師年譜・下」『扇全』一、三四四頁）頼該の選名ということにしたものだという。清風は「弘通上利用すべきものはことごとく利用する」（泉日恒「開導聖人のご時代」『佛立教学選集』第四集、五九二頁）プラグマティストであったから、あんがい、これが事実であったのかもしれない。

しかし、開講当時の花洛講のことを、清風が、「高松組」（明治一〇年「清風一代記略図」『扇全』五、二〇二頁）あるいは「皇都高松組」（安政六年「本門佛立講十人組定書」『扇全』一、二五〇頁）と呼んでいるのも、まったく同じ理由からであろうか。「本門佛立講十人組定書」の冒頭部に「講内惣筆頭　讃州高松　松平左近源頼該朝臣」（同前）と書かれているところからすると、あるいはそうであるかもしれないが、頼該が清風を義絶した一八六一（文久元）年から八年も経てもなお、清風が大阪佛立講のことを「高松組」（明治二年「七人七会の事」『扇全』二、四五六頁）といっているところからすると、たとえ頼該が個人的に清風を義絶したとはいえ、当時においては花洛講と高松組の組織的な境界がいまだ明確ではなく、したがって京・大阪に限らず、すべての佛立講が「高松組」と略称されていた可能性も大きい。

というのも、開講時に谷川浅七宅に集まった花洛講の面々が清風を含めてわずか総勢六人であったのに対して、讃岐で同時に開講された高松講の場合は、「大阪・大和・和歌山・三備地方にまで」（泉日恒『開導聖人のご時代』、前掲書、五六九頁）教線を張り、「講員三千百余名、支配下の講五十三を有する大勢力」（冠賢一「佛立宗」、前掲書、二一三―二一四頁）であったからである。こうした勢力関係は後日において逆転するが、少なくとも開講当初からしばらくの間の花洛講は、せいぜい、高松講支配下の五十三の講の一つ程度のものでしかなかったであろう。そして、こうしたことから、一八五七年に開講された本門佛立講とは、花洛講のことをさすというよりはむしろ、それをも配下に含む全「高松講」のことを意味しているといったほうが、より真実に近いといえよう。

しかし、その後の歴史をみると、大胆に「現証利益」（目に見えない正法・正信を現実に証かすものとしての現世利益）を主張した清風の花洛講の教勢が急伸し、反対に、それを主張しなかった頼該の高松講は、次第に凋落して八品派寺院に吸収され、やがて消滅してしまったことがわかる。このことから、清風の花洛講が、やはり幕末期に起こった天理・黒住・金光などの教派神道などとともに、現世利益を求める民衆に平易な教えを説く新宗教としての特徴をもっていたことがわかる。いずれにせよ、こうして、今日、一般的に、佛立講といえば清風の開いた花洛講のことをさすようになったのである。

三　独自性の獲得

無僧侶無寺院の純粋在家講として出発した花洛講は、その後、「大津法難」を契機とした清風らの再出家（一八六八年）と彼らの宥清寺入寺（一八六九年）を経て、清風が還暦を迎えた一八七七（明治一〇）年の内棲宗教的な信行体系の確立に、ようやく逢着するにいたった。

まず、彼は、一八七七年に、本尊の書式を従来の広式及び略式の本尊から、題目の右に「三箇之中一大秘法」、左に「本門肝心上行所伝」と脇書された要式本尊（三箇之中本尊）へと改めた。その外的な契機は数度に及ぶ宗門からの十界勧請の写授禁止であったが、内面的な動機からすれば、このころに成熟してきた彼の題目本尊観によるものであった。続いて、翌年、彼は、口唱専一の立場から編集された勤行要典「妙講一座」を制定している。

これらは、今日まで継承されている佛立講（宗）の独自性の主要な要素であるが、そこには、日扇の「要」（肝要）の思想とともに「末法弘通愚者正意」（「口業佛事抄・完」『扇全』六）の機根観が端的に盛り込まれている。なお、このほかにも、当時の佛立講には、僧侶（教務）とは別に在家の強信者が教育にあたる代講師制が設けられ（一八七九年）たり、宗門の施設としての寺とは区別された講の施設として「本部親会場」が宥清寺の向かいに建てられる（一八八〇年）など、従来の宗門にはなかった佛立講の独自性が打ち出されている。

こうした諸々の同講の独自性は、一八八一（明治一四）年の日蓮六〇〇遠忌直前に、清風が宗紋（鶴丸と雁金）とは別に定めた講紋（佛丸）に端的に象徴されている。そして、こうして遠忌当年を迎えた佛立講は、京都・大津・大阪をはじめ、畿内全域に約三万の公称信者をもつ、八品派最大の内棲宗教的な講へと大きく脱皮していた。

四　清風の晩年と没後

一八七七年前後に内棲宗教としての独自性を獲得した佛立講は、日蓮六〇〇遠忌を終えた一八八二（明治一五）年ころから、今度は清風の指揮による講の大胆な「改良」を経験することになった。すなわち、以後の彼は、内には講員に読誦謗法（法華経の経文読誦を謗法行為と見なすこと）・口唱専一を徹底させ、たとえ本山のものであっても雑乱または別勧請された神仏には講員の参拝を禁じ、また、外には本山・宗門の「能化・貫主たりといへども用捨（容赦）なし」（「一向令唱題目抄・五編」『扇全』七）に諫言する「随自意」の立場へと変わった。

この変化について、のちに清風は「清風ノ弘通ニモ三（二の書き間違いと思われる）義アリ、宗祖六百回御遠忌ノ前後也　前ハ口唱、読誦、正助の二行、後ハ一向信心口唱也」（「要学三書伝・後」『扇全』一〇）と述べているが、こうして、清風は、一八八三（明治一六）年以後、同年に本能寺貫主となった日種日応と、三途成不や宥清寺女人在寺（清風の妻など数人の女性たちが宥清寺に居住して炊事・掃除などの雑務や学徒の世話をしていたこと）をめぐって、激しい法論を交わすにいたる。

清風が本山・宗門を激しく攻撃し始めた背景の一つに「今、宥清寺の参詣の繁盛を見よ。其勢ひ、日の出の如く、水の出鼻の如し」（「信者の中にも御法の妙を知らぬ人々あるに申す事」『扇全』七）という遠忌当時の同講の盛況があったことはいうまでもないが、それと同時に、この年、彼が本山妙蓮寺を介して宗門の大教院に教職資格を申請して断られた（泉日恒「宗門のこの百年――その一」『大放光』一九六八年九月号参照）ことも、重要な契機の一つになっていた。しかし、宗内にありながら本山を論難する清風の方針は講内でも容易に理解されず、ついには、清風よりも日応を是とする者も出て、以後、同講は深刻な内紛を経緯するにいたる。

これは、清風の講の改良がそれだけ徹底したものであったことと、同講が開講以来四半世紀を経て、どの教団にもありがちな内訌期を迎えていたこと、そして何よりも同講が内棲宗教的な性格をもっていたこと、などの理由によって生じたものであるが、その結果、一説では、同講の教勢は一挙に三分の一に減じた（西野日渓『長松日扇』、一八二頁）という。結局、事態を憂慮した中川卯兵衛惣講元ら講内役中五〇余名が連署のうえ、一八八三年一一月に、清風の宥清寺からの退去を求めたので、彼は心ならずもこれを容れ、翌年二月に講有位のまま宥清寺を出て、下京麸屋町の私宅（現・長松寺）に移った。

もっとも、清風が麸屋町移転後も講の改良を続けたため、同年七月には彼を退寺せしめた主力であった一七組がいっせいに脱講した。清風の一貫した改良姿勢の前に、彼らの代表は三年後の一八八七（明治二〇）年に復講したが、この時の内紛による佛立講の痛手は大きく、同講の教勢の本格的な回復と再伸長は、それから九年後の清風の七回忌（一八九六年）以後をまたなければならなかった（泉日恒「開導聖人のご時代」『佛立教学選集』第四集、六六二頁）。

一八九〇（明治二三）年七月一七日、長松清風は、大阪に下向中、淀川堤の守口で七四年の生涯を閉じた。ちなみに、その数年前に彼が記した遺言状の冒頭には、「一、清風滅後の弘通には仮初にも講外に向って随他意を云ふべからず。一、講中の減ずるを顧る事なかれ惣講中十人に足らざる迄減ずるも折伏してこゝに至らば寂光より之をみて必ず讃むべし。」（「御遺誡」『扇全』一四）とあった。

清風の没後、佛立講の講有位は、遺言により御牧日聞へと継承されたが、本山妙蓮寺は、清風の没後を狙うかのように佛立講にゆさぶりをかけてきた。こうして、同講は、以後しばらくの間、妙蓮寺との関係に腐心することになる。まず、妙蓮寺は、一八九一（明治二四）年に、「本尊は、本来、本山の貫主か能化だけが拝写できるものである」として二世講有の本尊拝写を禁じてきたが、この時は、佛立講側が玉虫色の請書を妙蓮寺に提出することで決着した。だが、妙蓮寺には、以前から、佛立講を利用しようとする意図と同時に、佛立講への抜き難い不信と警戒心があったから、両者への関係がこれで円満になったわけではなかった。

清風の七回忌を終えた翌一八九七（明治三〇）年六月、大津の小野山新平をはじめとする佛立講の一部信者が、おりしも京都新京極の福井座で「佛立講打破演説会」を開いていた「八品派革正同盟」と称する妙蓮寺の一部僧俗と衝突する事件（福井座事件）が起こった。そのため、佛立講は事件処理について何度となく妙蓮寺側と交渉をもったが、ここでも妙蓮寺側は二世講有の本尊拝写問題と同講の読誦謗法の主張、さらには昔の三途不成説の問題までもち出して佛立講を論難したので交渉は紛糾し、ついに妙蓮寺側が佛立講の教師の僧籍剥奪の願書を大教院に提出するという事態にまで発展した。しかし、この時も、宗門要職者への佛立講側の働きかけが成功して、大教院も妙蓮寺側の主張を認めなかった。

こうして、清風没後の危機を脱して講永続の基礎を固めた佛立講は、一八九八（明治三一）年三月、今後は本山妙蓮寺との関係に新方針をもって臨むことを決めた。それは、従来ややもすれば本山との関係に円滑さを欠き、別派対立的になりがちだった同講の姿勢を反省し、以後は本山との融和協調の方針をもって臨むというもので、具体的には、同年四月以降、佛立講員による妙蓮寺への団体参詣を開始することから着手された。他方、妙蓮寺側にも反省の機運が生じ、事件の落着とともに反佛立講派の指導者格の僧侶二名を処分し、さらに佛立講の二世講有らを能化に昇進させて、同講との関係修復をはかった。

妙蓮寺との融和政策に方針転換した佛立講は、以後、「彼が皮肉に入りて、当講の主義に化せしむる」（仏立開講百年史編纂委員会編『佛立開講百年史』、一二七頁）内部介入によって宗門政治の中枢にまで進出したが、極力、佛立講色をおさえて大勢に順応したため、さして宗内他勢力の反発を受けなかったばかりか、佛立講に対する評価も高まった。そのため、宗門は清風に対して、一八九九（明治三二）年五月に上人号と権大僧正位を、次いで一九一二（明治四五）年一月には大僧正位を追贈し、佛立講の拠点である有清寺に対しても、一九〇一（明治三四）年に中本寺の寺格を与えている。

のみならず、二世講有の日聞もまた、一九〇四（明治三七）年五月に宗門の五大本山の一つである上総の鷲山寺の貫主（兼務）となり、同年一一月には一宗の管長となって大僧正位に晋み、さらに一九一〇（明治四三）年一一月には、かつて佛立講を圧迫した本山妙蓮寺の貫主に迎えられている。また、日聞の逝った一九一一（明治四四）年に三世講有を継いだ野原日随も、ほどなく妙蓮寺貫主となり、翌年一月には宗門の管長となって大僧正位に晋んでいる。

このように、宗門の教団態勢の中枢にまで進出し、宗政全体に大きな影響力をもつにいたった佛立講は、以後、急速に在家主義色を薄め、僧侶主導型の教団へと大きく変貌していった。そのため、明治末から大正期（三世講有時代）にかけて、たとえば、別派として本門佛立宗本法会（一九一六〈大正五〉年四月に東京芝白金で発会、一九四四〈昭和一九〉年に在家日蓮宗浄風会と在家信行道場浄風寺に分裂）を立てた大津の多羅尾清車のように、講の宗門同化を案じて純粋在家講の道を選ぶ弟子が出現してくる。なお、一九一三（大正二）年にも、当時、関東における佛立講の拠点の一つとなっていた上総鷲山寺の破門僧（のちに僧籍回復）で、現証布教の名手でもあった大塚日現（現楠、一八七九―一九五七）が、東京浅草橋場町（山谷地区）で大日本獅子吼会（宗内）を設立している。

五　全国教団への飛躍

日聞亡き後の佛立講は、一九二〇（大正九）年末まで、三世講有の野原日随によって教導されたが、この三世講有時代の一〇年間に、同講は急速に宗門に同化した反面、教勢は大いに伸び、一九一六年一月には一〇万人（『佛立薫化』一九一六年一月号、一頁）、一九二〇年二月には二〇万人（『中外日報』一九二〇年二月一五日号）の公称信者数（個人単位の講員数）に達した。また、この間には、朝鮮・台湾・満州・南米（ブラジル）などへの海外布教も開始された。

三世講有の日随は、清風の再出家（一八六八年）とともに得度した清風門下最初の僧分で、一八七五（明治八）年四月に師命により本山妙蓮寺塔中・堅樹院の住職に出向以来、常に本山や宗門の内部にあって佛立講と本山・宗門の橋渡し役を果たしてきた。そのため、三世講有時代になると佛立講と本山・宗門との永年の対立・葛藤もあとを断ち、日随は講有就任後ほどなくして妙蓮寺貫主・宗門管長となり、以後、一九一四（大正三）年に宗門（本門法華宗）の初代宗務総監に就任した森智孝（一八七〇―一九四〇）と提携しつつ本山・宗門の側から佛立講の擁護・支援に努めた。また、彼は、一九一四年九月に従来の一地方一支部制（一八九八年制定）を親会場毎に支部を設ける一地方複数支部制へと切り換え、一九二〇年一〇月には、京都本部親会場に全講の統制機関として佛立講総務局を設置するなど発展期に即応した講内体勢を整えた。

大正期における佛立講の教勢伸長は、同講の教線と講内勢力関係に大きな変化をもたらした。すなわち、この間に、明治末までにすでに組織の基礎を固めていた東京・大阪等の大都市新興支部の教勢が爆発的に伸びて、京都を中心としていた従来の佛立講の教勢を圧倒しはじめ、また、それに伴って、講内勢力関係の比重も前者から後者へと移動したのであった。このあたりの事情について、講誌『佛立薫化』の一九一五（大正四）年一月号は、次のように報じている。それは、近来、東京麻布の乗泉（東京第二支部）・光隆（東京第三支部）両寺の「御弘通は日を追て盛ん」（二七頁）であり、清風寺（もとの助給庵）を擁する大阪事妙支部も「年寒ふして弘通ますます盛ん」（二七頁）であるが、従来の佛立講勢力の中心であった「京都地方の教化は一向目覚ましく無い」（二六頁）というものであった。また、『中外日報』の一九一九（大正八）年七月七日号は、「最近の佛立講」と題して、「全国中にて最も発展し居れる地は第一東京、第二大阪にして其他全国に渡りて多数あり」と報道している。

次頁の表1は、大正初期における佛立講の国内主要支部の講員増加（教化）戸数と一九一八（大正七）年時の正講員戸数を示したものである。この表もまた、東京・大阪の躍進と京都諸組の停滞という前述した事実を如実に裏づけている。いずれにせよ、このようにして、大正期の佛立講は、京都とその近傍を中心としていた地方教団から、まがりなりにも全国規模をもつ一大新興教団へと、大きく脱皮しはじめたのであった。

佛立講が教勢を大きく伸ばした大正期の都市は、日本資本主義が本格的に発展した時代で、それを受けて政治家や知識人の間では「デモクラシー」が熱っぽく語られ、民衆もまた欧風の恋歌を好み、街にはカフェー、バー、オペラ、それに活動写真が流行るなど、総じて明るく軽便な世相に彩られた時代であった。とはいえ、たとえば第一次世界大戦の経済好況を満喫しえた国民が上層階級と一部の成金だけであったことに示されているように、大方の民衆はむ

表１　大正期における国内主要支部講員増加戸数表（『佛立熏化』誌所載）
（『第二弘通区史』参照）

支部＼年次	Ｔ３	Ｔ４	Ｔ５	Ｔ６	Ｔ７	Ｔ７正講員戸数
東京第一（清雄寺系）	未届	教764（２位）	60	80	0	1,150（４位）
東京第二（乗泉寺系）	教631（１位）	教1,227（１位）	1,524（１位）	教1,364（１位）	1,869（１位）	1,500（１位）
東京第三（光隆寺系）	教562（２位）	教636	不明	未届	未届	400（５位）
大阪玉江（本成寺系）	69	減27	減26	6	3	270（６位）
大阪事妙（清風寺系）	154	180	141（２位）	139（２位）	419（２位）	1,472（２位）
大阪円妙（円妙寺系）	46	未届	12	49	0	257（７位）
京都本部（宥清寺系）	275	155	18	44	—	1,200（３位）

（注）「教」は教化戸数、「減」は減少戸数、無印は増加戸数

しろ米価をはじめとする物価騰貴や生活苦に依然あえいでいた。米騒動（一九一八年）や労働争議の頻発はこうした事態の反映といえるが、戦後の経済恐慌（一九二〇年）はそれを決定的なものにした。

加えて、多くの国民は、世界戦争の勃発（一九一四年）やシベリア出兵（一九一八年）・尼港事件（一九二〇年）と続く国際紛争、そして「鈴弁殺し」（一九一九年）等の国内凶悪事件などによって、不安と危機意識を増大させていた。世界の「立て替え」が一九二一（大正一〇）年前後に迫っているという切迫した終末論を説いて注目された大本教などは、こうした国民の不安と危機意識をテコに教勢を伸ばしたものといえるが、佛立講の場合は、清風譲りの現証利益の強調によって、病気と貧困に悩んでいる都市の民衆を把握するという地味な布教方法を用いて教勢を伸ばしたといえる。

六　大阪講の展開

大阪佛立講は、当初、高松八品講の大阪組として出発した。それは「高松八品講浪花組」と呼ばれ、大阪中之島玉江橋南詰

の高松藩蔵屋敷に道場が置かれていた。ここには、松平頼該もしばしば高松から出向いて組の教導にあたったらしい。浪花組は、米穀商の阿波屋（秦）新蔵など、蔵屋敷に出入りする大阪商人を中心に組織されていた。しかし、その後、頼該と清風が盟約して佛立講を立てるに及んで、浪花組は一八五九（安政六）年ころに再組織（「鶏鳴暁要弁下」『扇全』一〇）され、以後、高松講方と花洛講方の双方の教導を受けるようになった。なお『玉江組旧記』によれば、佛立講としての再出発は、布教方法等をめぐって頼該が清風を義絶した一八六一（文久元）年のこととなっていて、前述した安政六年説と食い違いをみせている（泉日恒編『本成寺本末沿革史』、二二頁参照）。

大阪講と清風の接触は、記録による限り、講元の阿波屋新蔵が一八六五（慶応元）年に京都の野原久兵衛方（三世講有日随の実家）を訪ね、おりしも大津から出張中であった清風に大阪講への教導を請うたときにはじまる。続いて、一八六六（慶応二）年には頼該の高弟の口石忍学（本慈院日啓）が大津の御牧卯兵衛（二世講有日聞の父）の葬儀の席で清風と出会い、以来、忍学は清風の指導を受けつつ、明治元（一八六八）年から明治末まで、常任講師として大阪講の教導にあたるようになる。また一八六七（慶応三）年九月には、清風自ら大阪に赴き、阿波屋新蔵方で親しく講中を教導した。その後、清風は、大津法難と再出家を経験し、一八六九（明治二）年一月には宥清寺に移ったが、この時、阿波屋新蔵の次男繁松（清高）が、将来の大阪講の導師をめざして学徒見習となり、宥清寺に入寺している（その後の兄と父の死により一八八二年に阿波屋に帰り二代目新蔵を襲名）。

一八六九年二月、大阪講は、再び講名を「浪華本門佛立講」と改めて再出発し、以後一八七二（明治五）年ころまで、毎月、月初めに清風を大阪に迎えて親しく教導を受けることになった。こうして、大阪講は、今や、花洛講の傘下に完全に組み込まれたかにみえたが、一八六九年七月には、講内の反花洛講派（高松藩派）が清風の口唱正意・現証中心の教導に反発して講の主流派（北佛立講）と法論となり、やがて集団脱講して南佛立講を立てた。この南佛立講は、その後、高松講系の宗門寺院に吸収されて姿を消した。だが、主流派である北佛立講は一八七六（明治九）年に「大阪本門佛立講元組」と名を改め、徐々に教勢を伸ばしていった。しかし、元組の教勢は一八七九（明治一二）年になってもいまだ五組六〇数名でしかなく、教勢は明らかに停滞していた。

一八八九（明治二二）年一一月、依然として停滞の続く大阪講の行く末を案じた晩年の清風は、のちの三世講有日随に大阪講の大胆な改良を命じた。その結果、清風の没年の一八九〇（明治二三）年四月に、大阪講は、二代目阿波屋新蔵から寄付された阿波屋旧宅を親会場として、「大阪本門佛立講玉江組」の講名のもとに、数度目の再出発をした。なおこのころから、玉江組の法流とは別に、京都諸組の大阪布教が盛んとなり、玉江組発足の前年の一八八九年八月には、大阪大歓組（組長・寺川文助）が発足している。その後、玉江組は、日随と忍学の教導下に順調に教勢を伸ばしはじめ、一八九三（明治二六）年九月には七組一四九戸人数にして五〇一名の教勢となった。また、一九一二（大正元）年には京都にあった妙蓮寺末本成寺（住職・野原日随）を大阪に移して信行の拠点とするなどの発展策を講じたが、表1をみてもわかるように、事妙・円妙等の他の大阪支部に比して、その後の教勢の伸びが低く、また、正講員の絶対数も少ない。

これに対して、大阪大歓組のその後の教勢伸張には、めざましいものがあった。大阪大歓組は大阪天満市場の乾物問屋主人・寺川文助によって起こされたものだが、組成立の経緯は、およそ、次のようなものであった。

「明治廿二年大尊師御齢ひ七十有三、御改良の御法門御折伏峻烈を極め、現証弥々新たかにして、茲に大阪天満市場乾物問屋寺川文助妻女きみ経力を戴き、九死の重病平癒せしより喜び身にあまり、独り信心を励む中或る日表の吊提灯を見て、渡辺市平重吉まつ等訪れ来り、其後再三熟議の結果組名を請ふて、八月下浣大阪大歓組なるよき名称をいただき、京都親会場にて、創立の式を挙げ、此組は将来大なる発展を見るぞよと御予言を賜はり親しく幾多御奨励の御言葉を拝して、愈々大阪弘通の旗上げをなせり。是れ将来大阪事妙支部の根元をなすものとして、当時の信者は十四五名なりき。」（清風寺教務同人編輯『大阪事妙支部史（壱）原稿』一九三三〈昭和八〉年八

月二〇日脱稿、三頁)

この記録では、寺川文助の入信と組創立が同年の一八八九年となっているが、寺川の入信に触れている清風の「拝要抄 中」(『扇全』一二)の執筆年月から推して、彼の入信時期は組創立の前年の一八八八(明治二一)年四月ころと推測される。

組創立後の大阪大歓組は、一八九二(明治二五)年に初の分組を行い、以後、数度の分組を経て、一九〇〇(明治三三)年六月には大歓組系を中心に八つの組(根本八組)が大阪事妙支部を結成し、寺川が初代支部長に就任した。支部の拠点(仮事務所)は、とりあえず南区清水町佐野屋橋筋西入の長谷川末吉(副支部長)方としたが、教化の著しい進展でほどなく独立した道場の必要に迫られた。そこで、幹部一同が奔走し、一九〇一(明治三四)年、西成郡福島村の荒れ寺・助給庵(本山妙蓮寺末)を入手することに成功した。

同庵の住職は、当初二世講有の日聞が兼務していたが、一九〇八(明治四一)年一〇月からは、当時、奈良本妙寺の住職であった西村日淳(のちの七世及び一〇世講有)が兼務(事妙支部担任)し、一九一二(明治四五)年からは専任となった。一九一三(大正二)年、助給庵は清風寺と改称したが、この時すでに、一九〇八年に三六〇戸であった大阪事妙支部の講員数は五倍に膨張し、大阪元組の伝統を誇る玉江支部を凌駕する大阪一の支部に発展していた。同支部は、その後、一九一六(大正五)年に清風寺の新本堂を落成させ、また、表1にもあるように、東京第二支部に続く全国第二位の教化実績をあげて、一九一八(大正七)年の正講員戸数で全国第二位の大支部となった。

組創設が新しいにもかかわらず、何故、大歓組(のちの事妙支部)の教勢が短時日の間に、由緒ある玉江組のそれを凌駕するにいたったのであろうか。その要因は種々あると思われるが、重要なものをいくつかあげるとすれば、(一)玉江組の原組織である高松八品講浪花組の場合には組創設の契機が高松藩蔵屋敷との商取引という功利的・義理的なものであったのに対して、大歓組の場合のそれは寺川文助などの鮮やかな「現証体験」に根ざしていたこと、

(二) 玉江組の幹部が、たとえば藩蔵屋敷出入りの米穀商の阿波屋新蔵をはじめとする裕福な旦那衆であったのに対して、大歓組の場合は、たとえば天満市場乾物問屋主人の寺川文助(初代支部長)や小規模な鉄工所主人の足立五郎吉(三代目支部長)などのように、どこにでもいる平均的な商工業者であったこと、(三) 幕末期に起源する玉江組が、容易に近世的な宗派講の性格を脱却しきれなかったのに対して、帝国憲法発布の年に創設された大歓組の場合には、はじめから脱近世的な新宗教的講の感覚をもって出発しえたこと、などとなろう。

次頁の図1は明治年間に設立された大阪事妙支部内の諸組系図であるが、これをみると、大阪事妙支部は、大阪大歓組系の諸組を中心に、京都思定組より分組の大阪思定組、京都東組より分組の大阪東中組、真清南組より分組の本清組、京都東北組より分組の大阪東北組、京都本部直轄の(住吉)事相組、などの非大歓組系の諸組を糾合したものであることがわかる。一地方一支部制の敷かれた一八九八(明治三一)年までの大阪には、京都諸組から分組された系統の異なる一〇数組が乱立していたが、同年中にこれらを一本化する機運が高まり、「本門佛立講大阪支部規則」の原案までできた。

だが、大阪元組の誇りを捨てきれない玉江組と他の諸組との間で役員の配分をめぐる意見の対立が生じ、翌年一月には、大歓組系を中心とした諸組が「大阪本門佛立講第二支部」として独立を宣し、非玉江組系の他の諸組(大阪南増信組・大阪中組・大阪同信組・真清組など)もまた「大阪本門佛立講第一支部」を名乗り、ほかに玉江組系の諸組が残って、結局、単一の「大阪支部」は日の目をみるにいたらなかった。そして、一九〇〇年六月には、前記の第一支部が円妙支部に、第二支部が事妙支部へと支部名を変えたが、玉江組のみは大正期になるまで支部名を名乗らなかった。

図1　大阪事妙部諸組系統図（明治年間）　支部史編纂 内容準備記録

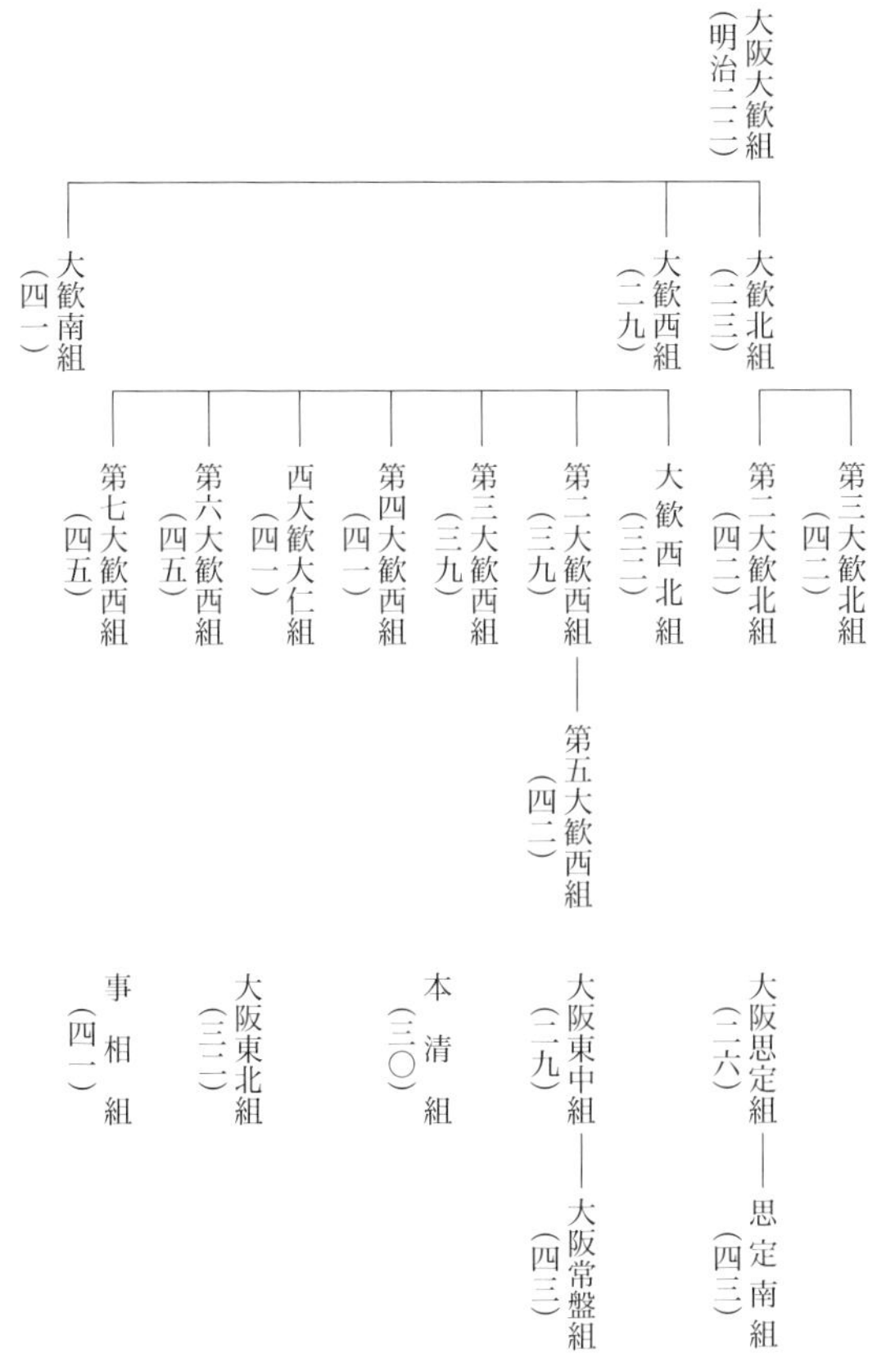

七　東京講の展開

本門佛立講の東京布教は、のちに四世講有に加歴された御牧日教がキリスト教の研究を兼ねて上京し、東京麻布桜田町の乗泉寺（本山妙蓮寺末）に止宿した一八八二（明治一五）年にはじまる。御牧日教は、一八六九（明治二）年に本山妙蓮寺貫主・日成を師僧として得度し、一八七八（明治一一）年に清風の命によって妙蓮寺塔中常住院の住職となり、のちの三世講有の野原日随とともに佛立講と本山・宗門の橋渡し役を果たしてきた人物である。

その後、日教は、一八八五（明治一八）年に八品派大教院の執事となって再度上京し、乗泉寺の住職となった（『乗泉寺史』下巻、三六九頁）が、大教院の宗務に忙殺されて布教にまでは手が回らなかったようである。また、彼は、一八八八（明治二一）年から一八九五（明治二八）年までの約七年間、清風の病気や逝去などのために東京を離れていた。こうして、佛立講の本格的な東京布教は、彼が家族とともに東京に移住した一八九五年以降に持ち越されることになったが、その間、同年三月には京都信要組の竹田松之助らが東京信要組（講員戸数一八戸）を起こし、同年八月には麻布霞町に「東京佛立講親会場」（『乗泉寺略史』、一四頁）を設けている。

東京佛立講は、その後、一八九六（明治二九）年九月に親会場の開筵式と清風の七回忌法要を行い、一八九八（明治三一）年には一地方一支部制の制定に伴なって「本門佛立講東京支部」となった。また、この年の一二月からは、当時親会場に住んでいた乗泉寺住職（東京支部担任）の日教が、新たに麻布宮村町の光隆寺（本山光長寺末）の住職を兼ねることになった。おりしも、佛立講中央（京都）では、同年より対本山・宗門融和策による妙蓮寺への団体参詣がはじまっていた。こうした、本山・宗門との関係が良好な時に、東京支部は、妙蓮寺末の在京寺院を相次いで入手したのであった。

すなわち、一八九八年に本所中之郷町の清雄寺を、翌年には光隆寺を、その二年後の一九〇一年には乗泉寺をそれぞれ、入手した。これらの寺院は、大阪事妙支部が入手する以前の助給庵と同様に荒れ寺であったか経済的に豊かでなかった寺を、講の拠点として東京支部が入手したものである。

こうして在京三か寺を佛立講に帰属させた日教は、まず、一八九八年に、光隆寺住職の座を弟子の亀井日声（一八九六年得度）に譲り、自らは清雄寺の住職となって同寺に移住した。また、三年後の一九〇一年には、弟子の田中日歓（一八九四年得度）を乗泉寺住職にあて、同時に、東京支部の親会場（佛立講独自の施設）を清雄寺に移した。

その後、一九一二（明治四五）年一月に日教が亡くなると、東京支部は清雄寺の住職後継者問題で一時的に内紛し、これを契機に乗泉・光隆寺による諸組の分離独立の機運が一気に高まった。こうした動きを察知した三世講有の日随は、一九一三（大正二）年二月、まず、乗泉寺に第二区親会場を、そして光隆寺に第三区親会場を置くことを認め、次いで、一地方複数支部制を敷いた翌年には乗泉寺に東京第二支部を、光隆寺に東京第三支部を、それぞれ置くことになった。

東京支部の諸組の中では、少なくとも明治末年ころまでには、清雄寺所属の本聞元組や光隆寺所属の要行組の発展が目立ったといわれている。しかし、大正期になると乗泉寺所属の本種組・本歓組・経王組などの諸組（一九一四年に番号を付した組名に変更）の教化が進み、ついに清雄・光隆両寺の諸組の勢力を圧倒するにいたった。

乗泉寺住職（東京第二支部担任）の田中日歓は、かねてより学問の道に進みたいと思っていたが、ある時、日教から「佛立講は信心で人を助ける宗旨で学問は駄目だ。信心第一と決定せよ。」と指導されて、心中深く期するところがあり、以来、布教と口唱にかけては誰にも負けないことを心に誓ったとされている。事実、大正期の東京第二支部の教勢は、こうした誓いに違わずに大いに伸び、日歓の布教実績は、三世講有の日随より「弘通第一」との賞賛を得たほどであった。

これを一一二頁の表1によって確認すると、大正期における東京第二支部の教化戸数ないし講員増加戸数は、一九一四（大正三）年ではいまだ東京第三支部（光隆寺系）と競合しているものの、一九一八（大正七）年まで一貫して第一位であり、また、大正七年の正講員数戸数をみても、東京第二支部のそれが、急速に追い上げてきた大阪事妙支部をわずかに振り切って、首位につけていることがわかる。

東京第二支部が発足した三年後の一九一七（大正六）年一月、新設された第二支部を財団組織にしようとする鶴岡奥松初代支部長ら大多数の支部幹部と、あくまで乗泉寺を主体に考えて支部を寺に従属させようとする住職の田中日歓らの意見が真っ向から対立し、弟子三名、幹部八名中六名、信者の半数が第二支部を去った（『乗泉寺史』上巻、八二頁）。しかし、日歓は、これを契機に、ややもすると分裂を生じやすく、連絡にも不便な従来の縦線組織（教化親と教化子の自然的な結びつきによる組織）を解消し、これを区域制と称する横線組織（地区ブロック組織）へと切り換えた。また、区域ごとに組織された新たな組には一年交替制の受持教務が配置され、区域内の教務と信者が提携して布教に励み、しかも布教成績に応じて講有自筆の本尊を教化賞として与える、などの新方式を採用したため、その後の東京第二支部の布教実績は急速に回復し、短時日のうちに分裂の痛手を癒すことに成功した。

ちなみに、東京第二支部の講員戸数は、支部が成立した一九一四年で五〇〇戸（『乗泉寺史』下巻、八五頁）、支部内紛後一年目の一九一八（大正七）年段階で一五〇〇戸（表1及び『乗泉寺史』下巻、三七四頁参照）であったが、一九二三（大正一二）年になると、一躍、四〇〇〇戸（『乗泉寺史』下巻、八一頁）にまで急増している。

東京第二支部と大阪事妙支部は、大正期から昭和初期にかけて激しい布教競争を繰りひろげ、ともに大いに教勢を伸ばしたが、両者には、（一）大胆な「現証布教」の展開によって、日本資本主義確立後の大都市民衆を巧みに組織化することに成功したこと、（二）組織の由緒や成立（ascription）においては講内で第一義的な正当性を誇れない立場にありながらも、結果として教化実績（achievement）において首位の座を射止めたことなどの共通性が認められる。

しかし、どちらかといえば、大阪事妙支部が講の在家幹部のイニシァティブのもとに発展したのに対して、東京第二支部の場合は、一九一七年の分裂劇の際にもみられたように、寺院住職の強いイニシァティブのもとに発展したということができ、こうした点では、両者に大きな違いが認められよう。なお、この点は、両支部・両寺院の違いというよりも、むしろ、佛立講における関西と関東のあり方の違いであるのかもしれない。

八　昭和初期の講と信者

大正期における東京・大阪での佛立講の新たな発展は、京都や大津の講を中心とした従来の佛立講の指導体制に大きな影響を与えずにはおかなかった。それは、日随没後の講有位継承問題の解決過程の中に端的に示されている。すなわち、日随亡き後の佛立講は、一九二一（大正一〇）年一月から翌年三月までの一年三か月の間、京都・大津などの講内既成勢力が二分して次代（加歴四世日教の次代）講有位を争い、総務局（内局）も実質的に機能を停止した。しかし、これを憂いた東京・大阪の新興九支部は結束して「東阪連盟」をつくり、非常措置として清風寺に総務局本部を置き、役員の任命（一九二一年五月）及び講憲の制定施行（同年七月）などを行って教団機能を回復した。

また、東阪連盟は、抗争する両派の調停・説得を進め、一九二二年三月には両派の和解にこぎつけ、さらに、同年一一月には全講融和して清風の三三回忌法要をすませた。こうした東阪連盟の活躍により、その後の佛立講の主導権は、東京・大阪などの大都市新興諸支部の手に完全に移った。清風寺住職（大阪事妙支部担当）の西村日淳が、一九二二年一二月以来、併せて二〇年もの長きにわたって講有位（七世及び一〇世）にあったことは、そうした事態を如実に示している。

表２　昭和４・５年における東京第二支部の月次別教化高一覧

S4.1	S4.2	S4.3	S4.4	S4.5	S4.6	S4.7	S4.8	S4.9	S4.10	S4.11	S4.12	S4合計
397	793	711	840	855	1,002	1,141	1,728	1,583	1,184	2,002	335	12,571

S5.1	S5.2	S5.3	S5.4	S5.5
687	1,390	1,497	1,008	1,649

〈資料出所〉東京第二支部機関誌『二陣』昭和４年寒参詣号（３月号）〜同５年７月号

清風の三三回忌法要を終えた佛立講は、次の節目を一九三一（昭和六）年一〇月の日蓮六五〇遠忌法要において、各地で大車輪の布教活動を展開した。一九三一年は国民にとっては「一五年戦争」の引き金となった満州事変の勃発した年であったが、佛立講にとっては京都七本松に根本道場（新宥清寺）が落成する画期的な佳節であった。そこで、佛立講では、この佳節に向けて道場建立の募財と誓願布教が全国的に繰りひろげられることとなった。

東京第二支部の場合は、遠忌までに「強信者一万戸」（『二陣』一九二九〈昭和四〉年及び一九三〇〈昭和五〉年の各新年号所載の宮武峯次支部長の「年頭の辞」）の誓願を立てて「報恩教化運動」を行い、一九三〇年はじめには「信徒一万九千（戸）」（『二陣』一九三〇年二月号所載の「日歓上人御寿像」除幕式「式辞」）であった教勢を、翌年の遠忌法要（一〇月）までに「信者総数二万三千戸」（『乗泉寺史』上巻、一八八頁）へと伸ばしている。表２にみられるように一年間で、一万数千戸を教化しているわりに公称信者（講員）戸数があまり伸びていないのは、「教化（の）反面には退転も非常に多く」（『二陣』一九三〇年四月号、一頁）、これらを支部講勢課で厳格に整理したからである。

一方、大阪事妙支部（清風寺）の場合は、一九二八（昭和三）年三月に「一万戸充実」の立誓式（『第二弘通区史』、一四五頁）を行って日蓮六五〇遠忌法要に向けた「報恩教化運動」を開始した。以来、大阪事妙支部は、東京第二支部と競うかたちで教勢を伸ばし、立誓した一九二八年には「五千五十五戸」（『大阪事妙支部史（壱）原稿』、二三三頁）であった正講員戸数を、一九二九年には「五千七百二十二戸」（同、二三四頁）、一九三〇年には「六千百十一戸」（同、二八三頁）へと着実に増やし、遠忌当年の一九三一年には一挙に「一万七千百八十戸」（同、二八三頁）へと公称講員数を倍増させて誓願を果たした。

では、こうした昭和初期における大都市の佛立講の発展を可能にした経済社会的な時代背景は、どのようなものであったのであろうか。大正期から昭和初期への以降は、少なくとも表面上は明るくて軽い世相から、裏も表も暗くて重苦しい世相への変化であった。この変化は、一九二三（大正一二）年九月に東京を襲った関東大震災にはじまり、金融恐慌（一九二七年）・昭和恐慌（一九三〇年）・米価大暴落による農村大不況（一九三〇年）へと続き、一九三一年の満州事変にいたって決定的な流れとなった。その間、農民と都市の商工・勤労市民の多くは、農村不況と打ち続く経済恐慌によって深刻な生活難に陥ったが、その打開をめざした左翼的な抵抗運動は支配者によって抑圧され、代わって国家主義的な危機打開運動が新たに台頭してきた。

こうした時代に対して、佛立講は、一九二九年五月から、寺院・親会場はもとより末端講員家庭の宝前にまで「天皇牌」と「皇祖牌」を奉安することにし（『第二弘通区史』、一五二頁）、また、敬神崇祖と宗教の混同を戒めつつも「人倫の基本として、御皇室祖先の神々を敬ひ……、又日夜に祖先々亡霊を追悼して怠らざるものは純真日蓮主義たる我が本門佛立講の教徒である」（『佛立新聞』一九三〇年一〇月号七頁所載「社説」）として、講員に敬神崇祖を奨励したりしたが、当時の同講は、総じて、時流に極端に迎合することなく、あくまでも病気と貧困に苦しむ大都市民衆を主な対象とした得意の現証布教を貫くことによって、如上のような教勢拡大に成功したということができる。

次頁の表3は、一九二八（昭和三）年一二月から翌年九月までの一〇か月間における大阪事妙支部入講者一九五五名の入講動機別の表である。これをみると、判明している入講動機のほぼ半数（四九パーセント、不明を含めた全体の四三パーセント）が「病気」であることがわかる。「随喜」とは、信仰の正しさやすばらしさに魅かれて入講する場合の動機を意味する佛立講的な表現であるが、意味内容が不鮮明かつ多様であるので学問的には論評しにくい。また、表3の入講動機には「貧乏」や「経済的失敗」が記されていないが、こうしたものからの立ち直りも「随喜」に含ま

表3　大阪事妙支部入講者の動機別一覧（昭和3年12月〜同4年9月）

動機＼年月	S3. 12 S4. 1月	2月	3月	4月	5月	6月	7月	8月	9月	合　計
病　気	112	67	105	91	103	109	100	69	79	835 (43%)
随　喜	137	105	155	97	119	71	78	48	59	869 (44%)
不　明	68	32	23	24	32	22	17	14	19	251 (13%)
合　計	317	204	283	212	254	202	195	131	157	1,955 (100%)

〈資料出所〉本門佛立講大阪事妙支部機関誌『不軽』昭和4年1月〜12月号

れているかもしれない。

次に、表4は同じ対象を生業別にみたものであるが、彼らの主な生業を上位五位までみると、(一) 商業二六パーセント、(二) 工業二一パーセント、(三) 会社員一一パーセント、(四) 官吏ならびに職工各三パーセント、そして (五) 職人二パーセント、という順になる。そして、表3及び表4から、昭和初期に佛立講に入講してきた人々が大都市のどこにでもいる平均的な商工・勤労市民で、しかも主要には病気を動機として入講していることがわかる。

次々頁の表5は、やはり同様の対象を入講以前の「宗旨」(宗教) 別にみたものである。これによると、以前の「宗旨」で最も多いものが真宗諸派 (三八パーセント) で、他を大きく引き離していることがわかる。これは、大阪事妙支部が真宗門徒の比率の比較的高い大阪 (ちなみに一九八一〈昭和五六〉年段階における大阪府内の全仏教寺院中に占める真宗本願寺派寺院の比率は二五・五パーセントで全国第八位、真宗本願寺派宗勢実態調査センター編『宗勢実態調査報告書』二五頁、一九八六〈昭和六一〉年発行) にあることにもよるが、同時に、それは、病気などの現世的な問題の解決を説かない真宗が、「現証利益」を大胆に説く佛立講に布教場面で寄り切られた結果だといえなくもない。

真宗の次に多い入講前の「宗旨」は日蓮宗諸派と真言宗諸派で、それぞれが一二パーセントを占め、禅宗諸派が一〇パーセントでこれらに続いている。そのほかはすべて一桁台の百分率であるが、新宗教の中では天理教が最も多くて一パーセントを占めているほか、金光教・黒住教・徳光教の名もあがっている。また、無宗教が四パーセントある

表４　大阪事妙支部入講者の生業別一覧（昭和３年12月～同４年９月）

生業＼年月	S3. 12 S4. 1月	2月	3月	4月	5月	6月	7月	8月	9月	合　　計	
商　　業	40	52	97	52	74	49	50	37	64	515（ 26%）	
工　　業	54	37	82	64	44	32	34	36	30	413（ 21%）	
会 社 員	41	25	29	24	30	30	24	12	11	226（ 11%）	
官　　吏	13	5	0	10	5	9	5	4	4	55（　3%）	
職　　工	14	21	0	0	0	0	17	0	0	52（　3%）	
職　　人	4	0	0	0	27	9	0	0	0	40（　2%）	
運 搬 業	2	2	5	3	7	2	2	4	4	31（　1%）	
農林漁業	2	3	3	3	2	0	0	2	2	17（　1%）	
請 負 業	0	0	0	0	8	0	2	1	4	15（　1%）	
仲　　仕	3	2	0	0	0	9	0	0	0	14（　1%）	
芸　　妓	2	0	2	0	7	0	0	0	2	13（　1%）	
船員漁夫潜水夫	0	5	3	1	0	0	1	2	0	12（　1%）	
飲 食 業	6	0	0	0	0	0	4	0	0	10	
建 築 業	8	0	0	0	0	0	0	0	0	8	
芸　　人	1	0	0	4	0	0	0	1	0	6	
師　　匠	0	5	0	0	0	0	0	0	0	5	
店　　員	5	0	0	0	0	0	0	0	0	5	
医　　師	0	0	0	0	1	1	0	0	2	4	
画家芸術家	0	0	0	0	2	0	1	1	0	4	
記　　者	0	0	0	0	3	0	0	0	0	3	
映画弁士	2	0	0	0	0	0	1	0	0	3	
学　　生	1	0	1	0	1	0	0	0	0	3	
旅 館 業	2	0	0	0	0	0	0	0	0	2	67（3%）
結 髪 業	1	1	0	0	0	0	0	0	0	2	
日 傭 人	2	0	0	0	0	0	0	0	0	2	
貸 席 業	0	1	0	0	0	1	0	0	0	2	
金　　貸	0	0	0	0	0	0	0	1	0	1	
弁 護 士	0	0	0	1	0	0	0	0	0	1	
教　　師	0	0	0	1	0	0	0	0	0	1	
管 理 人	0	0	0	1	0	0	0	0	0	1	
カ フ ェ	0	0	0	0	0	1	0	0	0	1	
運 転 手	1	0	0	0	0	0	0	0	0	1	
ア ン マ	0	0	0	0	0	1	0	0	0	1	
産　　婆	1	0	0	0	0	0	0	0	0	1	
無　　職	0	0	0	0	42	23	0	0	0	65（　3%）	
無職・無記入	112	0	0	0	0	0	0	0	0	112（　6%）	
無 記 入	0	45	61	48	1	35	54	30	34	308（ 16%）	
合　　計	317	204	283	212	254	202	195	131	157	1,955（100%）	

〈資料出所〉本門佛立講大阪事妙支部機関誌『不軽』昭和４年１月～12月号
〈注〉この表のみ、合計の百分率は小数点以下五捨六入により計算

表5　大阪事妙支部入講者の前宗旨別一覧（昭和３年12月〜同４年９月）

前宗旨＼年月	S3. 12 S4. 1月	2月	3月	4月	5月	6月	7月	8月	9月	合　計
真　宗	99	62	158	69	102	65	68	46	74	743（ 38%）
日蓮宗	28	32	30	27	29	20	28	20	21	235（ 12%）
真言宗	42	24	20	26	33	14	26	25	17	227（ 12%）
禅　宗	24	14	35	23	25	33	19	7	14	194（ 10%）
浄土宗	31	36	0	28	0	24	23	12	0	154（ 8%）
天台宗	3	1	2	3	5	0	4	1	3	22（ 1%）
神　道	3	2	3	4	3	5	4	3	3	30（ 2%）
天理教	3	2	3	0	3	3	2	1	2	19（ 1%）
金光教	1	0	1	1	2	0	0	1	0	6（ 0%）
黒住教	0	0	0	0	0	0	2	0	0	2（ 0%）
徳光教	1	0	0	0	0	0	0	0	0	1（ 0%）
基督教	1	0	0	0	0	1	2	1	1	6（ 0%）
再入講	0	3	1	6	5	2	2	1	6	26（ 1%）
無宗教	0	0	0	0	47	35	0	0	0	82（ 4%）
DK・NA	81	28	30	25	0	0	15	13	16	208（ 11%）
合　計	317	204	283	212	254	202	195	131	157	1,955（100%）

〈資料出所〉本門佛立講大阪事妙支部機関誌『不軽』昭和４年１月〜12月号

ほか、再入講が一パーセントほどあることも興味深い現象である。

九　自立化の階梯

清風の再出家と宥清寺入寺以来、ひとたび僧侶と寺院をもつようになった佛立講は、その後の教勢の伸長とともに、一方では積極的に僧侶を養成し、他方では荒れ寺や無住の宗門寺院を数多く入手・復興させていった。その結果、それまでは「寺院教会所は支部の付属機関」（小笠原忠堂「既成宗教の一変種・本門佛立講の全貌」月刊誌『佛教』一九三五〈昭和一〇〉年一〇月号）とみなされ、場合によっては僧侶よりも在家幹部の発言力が大きかった講の傾向が逆転し、次第に寺院中心・僧侶主導のそれへと変化していった。また、そのために、佛立講の僧侶は、佛立講の「教務」であるとともに宗門の「僧侶」でもあるという二重身分を背負うことにもなった。

たとえば、古くからあった廃寺同様の宗門寺院を佛立講が復興し、その住職に佛立講の教務が就任したりすると、彼は宗門の僧侶として佛立講員でない昔からの檀家の先祖回向を執り行うと同時に、佛立講の教務として講員の信心指導と布教活動とに精励しなければならず、位階もまた佛立教務としての「教階」と宗門僧侶としての「僧階」の双方を受けることになっていた。加えて、佛立講系の寺院教会は、宗門の施設であるという側面と佛立講の親会場であるという側面を併せ持ち、組織系統の面でも、これらの寺院教会は宗門のいずれかの本山に本末関係でつながるとともに、佛立講的な観点からは宥清寺にある佛立講本部の総務局（最終統括者は講有）の命に服するという二重性をもっていた。

こうした佛立講の僧侶・施設・組織などの二重的性格は、結果として、同講を既成教団でも新興教団でもない折衷的なタイプの教団へと変容させることになったが、今度は、そうした二重性の克服過程としての「自立化」が、佛立講の大きな課題として浮上してくることになる。なお、ここでいう「自立化」とは、一九四七（昭和二二）年の一宗独立までの、宗門内における佛立講の独立に向けた歩みのことをいう。

佛立講の自立化過程は、三つの段階に大別される。それらは、(一)一九二三（大正一二）～一九二四（大正一三）年の「本門佛立教会規約」の認可及び実施によってはじまる第一段階、(二)一九三三（昭和八）年の「特別教区条例」の制定以降の第二段階、そして(三)一九四一（昭和一六）年の「本山宥清寺制」の確立以降一宗独立にいたるまでの第三段階、の三つである。これらの各段階は、それぞれ前の段階を踏まえて少しずつ自立の度合を高めている関係にある。では、以下、段階ごとに、同講の自立化の過程をみてみよう。

自立への第一歩となった大正末期の佛立教会規約は、宗門が宗規の上ではじめて佛立講を教会として認知し、講内僧俗の統括権を正式に講有に与えたものである。しかし、この規約では、従来の寺院の本末関係を残しつつも、他方では宗内のどの寺院にも佛立教会を組織することができ、したがって、講有は結果的に従来の寺院の本末関係にかかわりなく宗内の全末寺にまで統括権を及ぼすことができることとなる。そこで、この点が、やがて宗内で問題化し、一九三一（昭和六）年には「宗革同盟」に結集した反佛立講派若手僧侶による規約廃棄の運動を誘発するにいたった。なお、同講は、この時、佛立講法曹団を組織してこれに対抗した。

その結果、宗門側と佛立講側とで妥協してできたものが、一九三三年の特別教区条例であった。この間、佛立講は、前述したように、一九三一年の日蓮六五〇遠忌をめざして大々的な布教活動を展開し、遠忌後の一九三三年には公称「四十万の信者と五百の教務と、八十の教会所と十七の寺院」（『佛立新聞』一九三三年七月号）を誇る一大内棲宗教になった。また、こうした盛んな教勢を象徴するかのように、遠忌当年には、宥清寺が新築移転している。

こうして、日に日に発展する佛立講との増殖と宗内侵食を食いとめ、宗門全体の佛立講化を防ぐにはどうしたらよいのかということが、特別教区条例案の検討に際しての宗内最大の関心事となった。他方、佛立講側も、これを機会に宗内自治の幅を広げ、よりいっそうの自立化を達成しようとはかった。

このため、特別教区条例は、両者の思惑の入り混じった内容となった。その概要は、（一）佛立講所属の一七か寺を特別教区として従来の宗門本山より分離する、（二）これら一七か寺の僧侶の任免具申権を佛立講の講有に譲渡し、その統括権が講有にあることを認める、ただし、（三）佛立講の僧侶が前記一七か寺以外の宗門寺院の住職になることは許さない、（四）宗門における佛立講の僧侶の一切の選挙権・被選挙権を停止する、というものであった。これは、同講が（三）（四）の既得権を放棄した代わりに、組織的に極めて自立性の高い宗内自治教団となったことを意味している。

しかし、一九四〇（昭和一五）年一月に宗教団体法が公布されると特別教区制のような包括教会性が認められなくなったため、佛立講と宗門は、（一）佛立講の別派独立か、（二）特別教区制以前の状態に戻る宗内還元か、それとも（三）特別な本山を設けて同講系の寺院教会を一括所属させるかという選択を迫られた。佛立講と宗門は、文部省と接触した結果、まず、（一）が論外であることを知った。そこで、佛立講側では（三）を主張したが、宗門側はあくまで（二）に固執した。だが、宗門側も内心では（二）が実現した場合の再度の佛立講の宗内侵食を恐れていたため、結局、法華宗三門流が合同した一九四一年になって、宥清寺を本山とし、佛立講系の寺院教会を宥清寺末とする本山宥清寺制が実現した。

本山宥清寺制の確立により、宗内における佛立講の自立化の歩みは極みまで進められたが、それは、皮肉にも、宗内他本山なみの本末寺院形態をとることによってのみ、可能であった。また、同講では、これと同時に従来の支部を寺院の寺務局に組織変えしたため、自立化の進行とは逆に、同講の在家主義的性格はかえって減退した。加えて、この時期の仏立講は、時局柄、神宮大麻の取り扱いに腐心した。すなわち、同講は、すでに一九三七（昭和一二）年に大麻の奉斎を信徒に告示していたが、一九四一年九月には宥清寺にあらためて大麻神殿を設け、その大麻奉斎式を行った。

さて、宗内にあって自立化の歩みを極限まで極めてきた佛立講は、第二次世界大戦後に宗教団体法が廃止され、宗教法人令が施工されると、さっそく、一宗独立の準備を始め、一年余にわたる宗門との交渉を経て、一九四七年三月、「本門佛立宗」として、ついに念願の一宗独立を達成した。だが、それは、在家教団への回帰を意味するものではなく、あくまでも戦前の本山宥清寺制を踏まえた、僧侶主導の完全な独立宗団化を意味していた。

一〇　一宗独立後

一宗独立を遂げた佛立宗は、寺院の戦災復興と一宗の態勢準備を急ぐとともに、さっそく、一九五二（昭和二七）年の日蓮立教開宗七〇〇年記念の年をめざして「教化総運動」を展開し、その当年には教化誓願七万戸を達成して立教開宗七〇〇年を祝った。続いて、佛立宗は、一九五六（昭和三一）年の開講一〇〇年記念の年を目標に、「開百記念報恩教化運動」を起こし、一〇〇年記念の前半年には「佛立聖典」をも完成させている。

ところで、一宗独立後の教勢は、立教開宗七〇〇年記念のころまでは急速に伸びたが、それ以後は、同じ日蓮系の創価学会の熱狂的な「折伏大行進」などに押されて停滞ぎみとなった。これは、戦後「わが佛立教団はきそって寺院造りに熱中し、小寺院の復興と建設に満足して、信者造り、つまり本支部一貫した弘通組織づくりに立ちおくれた」（泉日恒「宗門のこの百年――その二」『大放光』一九六八〈昭和四三〉年一〇月号）という泉日恒の指摘のごとく、戦後の佛立宗の眼が、初期佛立講や当時の新宗教のように、まず布教活動と信者組織の拡充へと向かわず、もっぱら宗制宗規の整備や荒廃した寺院の建立・改築へと向いてしまったためであろう。

一九五六年五月、佛立宗は宥清寺において晴れやかに開講一〇〇年の記念式典を挙行したが、同宗は、この時の標語に「大尊師（日扇）に帰れ」を選んだ。また、これを期して、同宗は、僧階とは無関係の全僧侶に共通する白色と木蘭色の二種の法衣（開百法衣）を公式法衣として定めた。これは、佛立教務の「袈裟くらべ」（『定本・佛立教歌集』九六六番）が、終生一介の沙弥僧に甘んじた「無貪清風」の意志と大きくかけ離れていたことへの反省という意味で、「大尊師」へのわずかばかりの原点回帰であった。

最後に、佛立講（宗）の分派ないし清風の法流を汲む佛立宗以外の教団名をあげると、大日本獅子吼会（東京都新宿区・法華宗本門流所属）、在家日蓮宗浄風会（東京都新宿区・独立教団）、本門経王宗（調布市・独立教団）・日蓮主義佛立講（春日井市・独立教団）、在家信行道場浄風寺（東京都新宿区・本門法華宗所属）、現証宗日蓮主義佛立講（鈴鹿市・独立教団）、それに本門立正宗（北九州市・独立教団）などとなる。

III 法華系在家教団の展開

第六章　仏教感化救済会の創立者・杉山辰子とその教団——法華系新宗教史研究の「失われた環」の発見

一　研究対象の特定と問題の所在

（1）対象の特定

本章は、杉山辰子とその教団が、日本の法華系新宗教史研究上に占める宗教社会学的な位置と意味を解明しようとするものである。

対象教団としては、明治末から大正期にかけて民間法華行者の杉山辰子（一八六七—一九三二）が名古屋で創設した仏教感化救済会（内容的には社会事業を行う法華系新宗教）と、その嫡系教団の法音寺を取り上げるが、必要に応じて傍系教団にも言及する。また、本章では、主として、対象教団の宗教的な側面に焦点をあてる。

取り扱う時期としては、仏教感化救済会の創設者である杉山辰子の誕生から法音寺や傍系教団の今日までを取り扱うが、基本的には彼女の誕生から一九四三（昭和一八）年に教団の宗教活動が禁止されるまでの間を取り上げる。第二次世界大戦後の教団の新展開については概要紹介程度にとどめ、その詳細は他の拙稿「鈴木修学とその教団——内棲型『実行の宗教』の軌跡」（本書の第七章）に譲りたい。[1]

（2）問題の所在

周知のように、仏教系新宗教の中で数と規模の両面で最も著名な新宗教は、法華系新宗教である。法華系新宗教の教勢伸長の背景には、法華系宗教のもつ現世主義（娑婆即寂光）と現状打破の精神（現証利益・立正安国）がある。来世主義と自力否定を旨とする浄土系宗教から新宗教がほとんど生まれない理由は、こうした特性をもたないからにほかならない。[2]

ところで、法華系新宗教には、本門佛立講や創価学会のように出自を宗派講にもつもの（宗派系）[3]と、霊友会等のように出自を民間法華行者にもつもの（フォルク系）とがある。とはいえ、民間法華行者が宗派寺院と無関係であるというわけではない。ここで取り扱う仏教感化救済会も、宗派寺院と関係をもったフォルク系の法華系新宗教である。

このように、フォルク系の法華系新宗教が宗派寺院と関係していたり、宗派系の法華系新宗教にもフォルク的な要素が含まれていたりしているので、両者の違いは決定的なものではないように思える。

また、仏教感化救済会から法音寺へと続く間の教団の変化は、「真実顕現」（一九五八年）以後の立正佼成会[4]と同様、フォルク系の新宗教として出発しつつも、その後、単純なフォルク系の新宗教から抜け出した珍しい法華系新宗教の事例であるといえるかもしれない。その詳しい変容の過程と様態は、本章の考察に委ねる。

宗派系とフォルク系の法華系新宗教に共通の特徴は、法華最勝の教判と新宗教的な現世利益の強調、及び在家主義である。両者の違い目についてあえていえば、総じて、宗派系が倫理実践よりも宗派的な教義実践に焦点づけされているのに対して、フォルク系が民俗宗教的な授益儀礼や悪因縁切り、徳積み等の実践を強調しているところにある。

従来、宗派系の法華系新宗教の嚆矢は本門佛立講、フォルク系の法華系新宗教の嚆矢は霊友会であるとされてきた。

本門佛立講は一八五七（安政四）年に教学的な主張が近かった松平頼該と長松清風（一八一七—一八九〇）の二人が同盟して高松と京都で同時開講したもの（高松講と花洛講）であるが、その後、高松講が日蓮宗八品派に吸収されてしまったために、本門佛立講といえば花洛講だけを意味するようになった(5)。

他方、霊友会誕生の詳しい経緯は、以下の通りである。まず、久保角太郎（一八九二—一九四四）は、一九二四（大正一三）年に東京で、千葉市川の日蓮宗原木山妙行寺系の民間法華行者・若月チセ(6)の後援会（千住霊友会）をつくった。しかし、この試みは今日の教団形成に結びつかなかった。次に、彼は、兄嫁の小谷喜美（一九〇一—一九七一）をシャーマンに育てて協働者とした後、あらためて一九三〇（昭和五）年に東京で「霊友会」（赤坂霊友会）を発会した(7)。この経過からみて、今日の霊友会の出発は、一九三〇年であることがわかる。

しかし、本門佛立講の開講（一八五七年）と霊友会の発会（一九三〇年）までの七三年間という長い時間の中で、はたして、他の法華系新宗教が一つも生まれていなかったのかどうか、という素朴な疑問がただちに起こる。日本の現象に限らない広義の新宗教の出現はすぐれて近代以降の現象であり、その意味で、新宗教は近代化が惹起した構造矛盾に対応した民衆主体の宗教的応答である(8)。しかし、国策としての日本の近代化の構造矛盾が一挙に噴出した感のある明治末から大正期にかけて（日露戦後）、大本のような霊術系新宗教(9)が大きく発展したにもかかわらず、法華系新宗教だけが一つも生まれていないというのは、まったく不思議な話である。

副題に「失われた環」とあるように、本章は、一九一四（大正三）年に杉山辰子によって創設された仏教感化救済会が、これまで見失われていた本門佛立講の開講と霊友会の発会の間をつなぐ環ではないのか、という問題意識のもとに書かれている。

本章においては、一介の民間法華行者の宗教活動が仏教感化救済会というフォルク系の新宗教へと止揚されていく過程と様態、及び、それが単純なフォルク系から脱皮して法音寺となっていく過程と様態も同時に検討される。要するに、本章は、そうした過程と様態を検討し、そこに含まれている新宗教史研究上の意味の解明をめざすものでもある。

仏教感化救済会が生まれた歴史的背景には、日露戦争後の膨大な戦争債務（二〇億円）の償却を端緒とする全国的な経済不況と世情悪化（ストライキや小作争議等）があった[10]。これに対して、政府は、一九〇八（明治四一）年に、戊申詔書を発布して「思想善導」・「風紀振粛」を進めるとともに、最初の感化救済事業講習会（三六日間）を開催して、社会教化と社会救済を一体化した「感化救済事業」という名の社会事業を推奨した[11]。

以後、大正期まで、「感化救済」は社会事業をさす行政用語として流行をみるが[12]、これを受けて多くの民間の感化救済団体が生まれた。仏教感化救済会もそのなかの一つであったから、外面的な組織形態としては、同会は必ずしも新宗教とはいえない。

とはいえ、杉山辰子が当初から唱題による病気の完治や日蓮主義による「思想善導」を強調[13]し、法華経の宣布をめざしていたことは確かであったし、戦後、同会の系譜をひく組織がすべて宗教法人になっていることも事実であるから、以後、本章では、仏教感化救済会をたんなる社会事業団体としてではなく、新宗教として取り扱う。

二　杉山辰子——民間法華行者から新宗教の始祖・教祖へ

杉山辰子は、美濃笠松（岐阜県羽島郡笠松町にある八幡神社の隣）で菜種油の精製加工と織布を生業とする豊かな家の三人娘の次女として、一八六七（慶応三）年に生まれている。杉山家は、代々、名主を務めてきた名家で、経済的にも笠松で五本の指に数えられる裕福な家（笠松五人衆）であった。父は定七、母はその、姉はてる、妹はすてといった。

杉山家の家柄と経済的な豊かさは、自分の考えに自信をもち、何事にも果敢に挑戦する生活態度を辰子に与えた。それは、彼女の持ち前の気性とも関係していた。仏教感化救済会系の教団が出版した辰子の伝記には、幼少期の辰子は「おとなしくて」「やさしい子」[14]だったと述べられているが、別の伝記は同じころの辰子の態度について「物おじせず堂々としている」[15]と表現されている。

その後、辰子は、一九二一（大正一〇）年の「名古屋新聞」に「女日蓮」[16]と報道されるにいたる。取材した記者は、法華経信仰によって天下国家まで救わんと獅子吼する彼女の中に、日蓮にも似た男らしさを見たのであろう。また、同じころの辰子の逸話に、彼女が「男子の資格を得る祈願」をしたところ「鼻の下に相当濃い髭が生えて」[17]きたというものがある。これらのことから、辰子の気性は幼少期のころから男勝りであったと推察される。

杉山家の宗旨は、代々、「念仏宗」であった[18]というから、地域柄からいっておそらく浄土真宗（本願寺）であったであろう。

杉山辰子の生年については、一八六八（慶応四）年が辰年なので辰子と名付けたという伝承もあるが、岩井英夫の調査報告によれば戸籍の届出記載は一八六七（慶応三）年である[19]ので、ここでは慶応三年説を採用したい。なお、仏教感化救済会系教団が出版した辰子関係の伝記の多くは、慶応四年の彼女の誕生を寿ぐかのように濃尾各地に「御札降り」があったことを記している。[20]だが、これは、偉人や聖人の出生を神秘化するための、よくある出生譚の挿入であると思われる。

日本の新宗教は、備前や畿内のような列島西側の先進農業地帯で起こったという説[21]があるが、大消費地の名古屋を抱えた濃尾もまた先進農業地帯であったから、この地域から新宗教が生まれても何の不思議もない。

杉山辰子の宗教者としての出発は、明治中葉（辰子一六歳のころ、一八八三年ころ）に大垣の鈴木キセ[22]（生没年未詳、家格のある大地主の家の姑で、当時、無住の日蓮宗七面山宝光寺を拠点にして地元の名士や民衆の相談や祈禱の求めに応じ、貧民救済にも従事した民間法華行者）との出会いであった。当時、鈴木キセは、法華経に説かれている本化四菩薩のうちの無辺行菩薩の自覚のもとに宗教活動を展開していた。[23]

辰子が鈴木キセのもとを訪ねた動機は、明治一〇年代における杉山家の家運の傾きの相談であったとされている。一八八一（明治一四）年に松方正義が大蔵卿となり、以後、松方デフレによって、日本経済は不況に陥っていた。この時、辰子はキセから、惜しい欲しいで積み上げた財産は早晩なくなるが徳を積むための生活に必要な金銭は残るから、速やかに菩提心を起こして徳積みの修行（金銭を成仏させる工夫）をするようにと勧められたという。[24]

こうして、以後、辰子は、キセの許で九年間の民間法華行者としての修行を続けるようになった。辰子の第一の修行段階のはじまりである。[25]

この間、辰子はキセから、「五字の妙法」（南無妙法蓮華経ではなく妙法蓮華経と連唱する早題目）や「お神通かけ」（手の平で背中を摩する呪儀）、「三明六神通」（三明とは過去・現在・未来に明るいこと。六神通とは天眼通・天耳通・他心通・宿命通・神足通・漏尽通〈または煩悩通〉のこと）、及び、「三徳」（慈悲・至誠・堪忍）の倫理実践を学んだ。これらの要素は、仏教感化救済会の創設後にも引き継がれ、同会の信行の基礎、及び、同会発展の主要なエネルギーともなったものである。

日蓮宗がらみの民俗宗教的な授益儀礼と倫理実践を強調する鈴木キセのような民間法華行者は全国的に存在していたと思われるが、それを一定の教義・実践・組織をもつ新宗教にまで練り上げた人物は少なかった。杉山辰子はそうした数少ない一人であり、その点で、鈴木キセのような民間法華行者とは区別される。

一八九二（明治二五）年、杉山辰子は、いっそうの修行をめざして、名古屋の日蓮宗本立寺（当時の住所は東区小川町、名倉順慶住職）に移り、一九〇〇（明治三三）年までの八年間、住職から法華経を学ぶとともに、住職から「魔者が憑いたか」と疑われるほど、唱題行と断食・水行による霊能開発に打ち込んだ。辰子の第二の修行段階のはじまりである。なお、この間、辰子は、本立寺の修行と並行して、妹のすてと知多郡大野町で晒織業を営んでいる。[26]

本立寺時代の終わりころ（一九〇〇年）、辰子は「我は最上位経王菩薩なり、汝の守護をなす、今より四か月後に利益を示さん」[27]という不思議な声を「天耳（通）」で聞き、その後、もはや断念していた辰子の貸金がまとめて返済されてきたという現証を得たとされている。この経験は、辰子に衆生利益（布教）への自信を与えた。

ちなみに、「最上位経王菩薩」は最上稲荷教（一九五四〈昭和二九〉年創設の新宗教、本部は岡山市高松、それ以前は日蓮宗妙教寺、日本三大稲荷の一つ）の本尊であるが、このことは、この段階の彼女が妙教寺系の最上稲荷の影響を受けていることを示す資料として貴重である。なお、「最上位経王菩薩」が、その後の辰子の信行の中でどのような位置を占めたかについての記録は、残念ながら皆無である。

一九〇〇年、父の死を契機に本立寺を辞して笠松に帰った。だが、翌年、辰子は杉山家が所有していた知多郡阿久比の農地（臥龍山）に移り、以後、一九一〇（明治四三）年までの九年間、母親・兄弟とともに山林開墾と農業をする傍ら、第三の修行段階に入る。これ以降、辰子は、師匠のいない自立した修行の段階に入った。

この段階の辰子の主な修行は、本立寺時代と同様に、唱題行と断食・水行であったが、そのほかに、白龍霊神（木札）と地蔵菩薩（陶器製）を祀っていた。修行の場は、清水の湧き出るドン淵といわれていた水辺であった。なお、白龍神と地蔵菩薩について、岩井英夫は「方便による人間的なつながりとして臥龍山にちなんで白龍神を、そしてこれまた庶民信仰の一つである地蔵菩薩を、共に臥龍山中腹に祀られた」[28]と語っている。これは、当時の辰子がフォルク系の庶民信仰とも親和的であったことを意味している。

しかし、それ以上に注目すべきことは、臥龍山時代の辰子が、布教のための方便として、医師とコンビを組むことを決意したことである。

大本や霊友会・立正佼成会のように、女性の霊能者と男性のオルガナイザーがコンビを組んだ新宗教はあっても、女性の民間法華行者が主導し、しかも、医師を巻き込んで新宗教を起こそうとした事例を発表者はいまだ知らない。そこからは、宗教と医療と福祉及び感化教育を一体化した「丸ごとの救済」を通して、人々を法華経信仰へと導びこうとする、辰子のユニークな発想をみてとれる。

辰子は、最初に名古屋市外有松町にいた牧静衛という医師と、次いで愛知県中島郡萩原町にいた加藤某[29]という医師とコンビを組もうとして果たせなかったが、やがて（早くても一九〇五〈明治三八〉年四月以降[30]）、当時、八方塞り（破産・離婚など）になっていた村上斎（名古屋市外明治村横野在住、一九〇五年四月から愛知県立医学専門学校助手、一八五六―一九四七[31]）という医師を教化して彼とコンビを組むことに成功した。

村上斎は、仏教感化救済会が設立された一九一四（大正三）年一一月から一九一九（大正八）年まで名目的な会長（実質的な会長は杉山辰子）を務め、この年から辰子没年の一九三二（昭和七）年まで顧問となり、以後、自身が亡くなる一九四七（昭和二二）年まで、途中で組織名称等の変更はあったものの、再び、会長を務めた[32]重要な人物である。

臥龍山時代に、辰子は、前述の牧静衛医師の指導[33]で一九〇四（明治三七）年一〇月に鍼灸師の免許を取得し、一九〇五（明治三八）年には近くの半田町で薬種業を開いている。また、時期は不明だが、辰子は、看護婦の手伝いも経験している。布教に役立つならば、貪欲なまでに方便を駆使してやまない辰子の姿勢が、ここに出ている。

他方、臥龍山時代に辰子と出会ってからの村上斎は、辰子と一緒に唱題と断食・水行の修行を続けるとともに、約一年半、「経義に就ての研究を続け[34]」、その後、本立寺の名倉住職を訪ねて「一念三千」について質疑を交わしたりもした。また、ある時からは、知多郡半田町にある日蓮宗金比羅山観良寺に、半年間、寄宿して法華経等の経文の研鑽もした。

このように、二人は、庶民信仰とも親しいフォルク系の民間法華信仰から出発しつつ、日蓮宗寺院とも深く関係して研鑽を重ね、たんなるフォルク系の民間法華行者から法華系新宗教の創始者への助走を次第に強めていった。

その間、村上斎の法華経の文上の理解はそうとうに進んだが、同時に、彼は、その活用が難しいことも悟った。そうしたある時、易者から、辰子は世に珍しい福相の持ち主であるから、彼女に従っていけば何事も成就しないということはないといわれて、以後、迷わず、「何処までも（辰子に）従って進まねばならぬと決心」[35]したという。

法音寺編の『無上道』（法音寺、一九七四年）の記録[36]によれば、一九一〇年正月、杉山辰子と村上斎は、辰子が借りた「三千圓といふ金」[37]を返すために、臥龍山を発って三河白川村石畳の診療所に赴任した。しかし、これは、一九一四年秋までの辰子の第四段階（四年間）の修行のはじまりとなった。と同時に、それは、二人にとって、修行（自行）から布教（化他）への転換点にもなった。

なお、法音寺広報委員会編『安立行（上）』（伝記小説、法音寺、一九九一年）の記述[38]では、二人の白川赴任は一九〇六年一月のことになっているが、これは前記の『無上道』等の一九一〇年説と相違している。

白川の診療所では、村上の施薬施療と辰子の法華経による現世利益的な教化（精神療法）が同時に行われた。このうち、施薬施療が大歓迎された半面、法華経による教化は「阿弥陀さまの敵だ」[39]という村人と禅宗の僧侶らの反対にあったりもした。

辰子と村上は、白川でも断食と水行を続けた。ところで、断食と水行を一年半ほど続けたころ（一九一二年ころ）、二人[40]は、「水行は魚の真似、断食は（冬眠する）蛇や蛙の真似にすぎぬぞ。水行も断食も今日限り止めよ」[41]という天の声を聞き、世俗を離れた修行よりも世俗に密着した徳積みのほうが大切であることを知った。以後、二人は、水行と断食をやめた。

天理教には「山の仙人、里の仙人」という言葉がある。その意味は、同教は、修験道がするような山中での難行苦行などではなく、あくまで、生活（里）の中での悪癖直しの修行を重視する、ということである。天理教に限らず、生活の中での内面的な修行（徳積み）を重視することは新宗教に共通する特徴であるが、辰子らの場合にも、そうした修行の内心主義化現象がみられる。

一九二一（大正一〇）年五月に書かれた『世界の鑑』（第七版）の「緒言」によれば、この時、難行苦行は「無意義の修行にして、徒らに凡体を苦しめたるに止まり、佛道そのものの心髄は決して斯かる雑行にあらず」と自覚したので、以後、辰子らは「真心の奥より発露し来れる慈悲・至誠・堪忍の三徳を実行しつつ、専ら迷える衆生を済度するを以て欠くべからざるの必要条件とし、自己は全く佛の御使としてこの世に生れ出でたるの確信を以って、勇猛精進して頑迷固陋の衆生を引導せんことを志し（た）[42]」のだという。

こうして、二人は、白川時代に、「一念三千」（一念ですべてが決まる）と「因果の二法」（善因善果・悪因悪果）をあらためて悟るとともに、あたかも水車が半分だけ水に浸かってその用を足すように、将来、半僧半俗（非僧非俗）の在家の宗教家として、社会に役立ちたいと決意したとされている。

なお、杉山辰子は、水行と断食をやめた直後の一九一二（明治四五）年ころに「安立行菩薩の再誕」の自覚を得たとされている[43]。鈴木キセや杉山辰子が四菩薩の一員の自覚を得たことに示されているように、日蓮宗の公式教義上の位置づけの如何はともかく、当時の民間法華行者が四菩薩の自覚をもつことは珍しいことではなかったようである。だが、辰子の場合、この自覚は、以後の仏教感化救済会や法音寺の教団使命の基礎になるものとして、たいへん、重要な意味をもつようになる。

一九一四（大正三）年一一月、杉山辰子と村上斎は白川の診療所を後にして名古屋の東区清水町で仏教感化救済会を立ち上げたと、前掲の村上斎自筆の「履歴書」（一九三三〈昭和八〉年）や辰子の亡くなった直後に村上が書いた『杉山前会長の生涯』（大乗報恩会、一九三八年）、及び、一九三六（昭和一一）年の『財団法人大乗報恩会年報・第二回』の「本会の沿革[44]」や法音寺発行の前掲『無上道[45]』が伝えている。このように、比較的、古い資料が一九一四年の発会を伝えているので、ここでは、この説を採用することにしたい。

一九一四年に発会した仏教感化救済会の実質的な創設者は間違いなく杉山辰子であったが、当時の男性中心社会の現実を考慮して、会長には村上斎が就き、辰子は副会長になった。しかし、前述したように、一九一九（大正八）年からは、村上は顧問に退き、杉山辰子が名実共に会長になった。仏教感化救済会の創設は、当時、四七歳の杉山辰子の、累計三〇年に及ぶ修行の結果であった。

しかし、二人が法華経による衆生救済を決意した時期を同会の実質的な創設年次であるとすれば、辰子が水行と断食をやめた直後に「安立行菩薩の再誕」の自覚を得たとされる一九一二年か、今日の法音寺が主張している一九〇九（明治四二）年という年次が、同会の実質的な創設年であると考えてもよいかもしれない。[46]

ところで、一九〇九年の仏教感化救済会の創設をいう『安立行（上）』の記述では、二人は一九〇七年の秋に白川を去って名古屋に戻ったことになっている。これは、仏教感化救済会の創設を一九〇九年としたための年数合わせとも考えられるが、これでは一九一二年ころに辰子が白川で「安立行菩薩の再誕」の自覚を得たという上掲の『無上道』の重要な記録と矛盾してしまう。杉山辰子の安立行菩薩の自覚は以後の仏教感化救済会＝法音寺のすべての宗教活動や社会事業活動の基礎となっているもので、その年次は、どうでもいいものではない。したがって、ここでは、一九一四（大正三）年の同会創設説をとる。[47]

三　仏教感化救済会――「丸ごとの救済」の追求

「感化救済」という言葉は、日露戦争後の経済不況と民力疲弊、社会矛盾の噴出、社会主義思想の台頭、及び、それに対応する政府側の思想善導・風紀振粛の対応策をともに反映したものである。一九〇八（明治四一）年、政府は、不敬罪を強化し大逆罪を新設した新刑法を施行するとともに、第二の教育勅語といわれた戊申詔書も発布して体制引締めをはかった。他方、政府（内務省）は、「防貧」と「勤労良善の（中流）国民[48]」の造成（内務省井上友一府県課長の言葉）を狙った新しい社会事業政策を推進しようとした。

その結果は、道府県に補助金を出して感化院の設立を促す「感化法」の改正と、内務省主催の最初の感化救済事業講習会の開催として具体化された（ともに一九〇八年）。以後、地方でも同様の講習会が各地で開かれ、それらの影響で、数多くの民間の感化救済会団体が各地で生まれることになった。仏教感化救済会もまた、その一つであった。ちなみに、当時、政府の感化救済事業の主要な推進者の一人であった一木喜徳郎内務次官は、仏教感化救済会の賛助員となっている[49]。

こうして、仏教感化救済会設立後の杉山辰子は、一九三二（昭和七）年の没年にいたるまでの一八年間、宗教と医療、及び、福祉と感化教育が一体化した「丸ごとの救済[50]」を展開することになる。

仏教感化救済会の「最初の印刷物」（岩井英夫によれば大正初期ころの発行）である『法華経の註訳』には、上行菩薩は日蓮、無辺行菩薩は鈴木キセ、浄行菩薩は行学院日朝、安立行菩薩は杉山辰子という具体的な人物の四菩薩配当と、「諸法実相」とは「慈悲と堪忍と誠で行住坐臥に妙法蓮華経を口に唱へ身に行い心に持ち、利益の顕れたる相」（雑誌『彰徳』第二号）であるという解説がある。また、そこには、安立行菩薩の仕事は、「現今に世に出でて妙法宣布に務め（る）」（同誌第二号）、ことだとも書かれている[51]。

このように、仏教感化救済会は、当初から、安立行菩薩の自覚を得た杉山辰子を指導者として、「五字の妙法」の唱題と三徳の倫理実践を通して人々に現証利益を得させ、法華経を広めて世界を救済することをめざす法華系の新宗教であったのであって、「感化救済会」という看板にあるような単純な社会事業団体ではなかった。

当時の仏教感化救済会には、唱題と三徳の実践だけではなく、そのほかにも、ハンセン（以下、癩という）病のような「天刑病」「業病[52]」を含むすべての不幸の原因を過去の悪因（身口意の三悪業）に求めた「因果の二法」の体得や、題目を唱えながら背中を手で摩《さす》る「お神通かけ」、罪障消滅供養のための財布施、信者の六波羅蜜（布施、持戒、忍辱、精進、禅定、智慧）の修行の程度のチェック（辰子の天眼通で見る）と反省向上、胎内教育（胎児の霊魂の入れ替え）などの独自な宗教的な教えや呪術的な秘儀があった。

また、これとは別に、辰子は、原敬暗殺や尼港事件、インフルエンザ（スペイン風邪と思われる）の大流行、さらには、関東大震災等に関する予言をしていい当て、そうした国難や天変地妖を防ぐために、要人に対して、法華経信仰による「立正安国」の必要性を訴えた。

初期の仏教感化救済会の活動地域は、名古屋とその周辺以外では東京が中心となった。国家社会に法華経信仰の必要性を理解させるには、要人が多く住む東京で活動する必要性があることを辰子は感じていた。

そのため、仏教感化救済会は、一九一五（大正四）年に名古屋市東区葵町に本部を移すと同時に、辰子が上京して巣鴨の癩治療専門の東洋病院の復興を一年間にわたって支援した。もちろん、辰子の狙いは、病院復興だけではなかった。なお、一九一七（大正六）年からは、名古屋市東区千種町中道にも、同会の軽度癩患者収容施設ができた。

寺内内閣が誕生した一九一六（大正五）年に辰子は仏教感化救済会の東京支部を上野桜木町に開設したが、以後、辰子は、ここを拠点に内務省や文部省に足繁く通って、後藤新平（当時、寺内内閣の内務大臣、村上斎の職場であった愛知病院の元院長）や床次竹次郎（次の原敬内閣の内務大臣、仏教感化救済会賛助員の一木内務次官の下での地方局長）と親交を結んだほか、東京府教育会長の岡部長職や右翼の大物の頭山満などとも交流した。

大正一〇年代を迎えると、東京は多くの天災を蒙ることになるが、このときも、辰子は先頭に立って、深川水難（一九二二〈大正一一〉年）や関東大震災（一九二三〈大正一二〉年）などの救援を行った。なお、辰子と村上斎の跡を継ぎ、のちに、日蓮宗法音寺として教団を再建した鈴木修学（修一郎、一九〇二—一九六二）が辰子と出会って仏教感化救済会に入会したのは、関東大震災の一年後の一九二四（大正一三）年の春のことであった。

その後、東京支部は、芝区三田小山町（一九一六年に移転）、品川区五反田（一九二〇年に移転）、武蔵小山栄町（一九二三年に移転）へと移ったが[53]、救癩支援活動の拠点は、その後、東京の巣鴨（東洋病院）から静岡の御殿場（キリスト教系の神山復正病院）へと移り、一九二八（昭和三）年からは九州・生の松原の癩療養所[54]の経営継承へとつながった。生の松原の癩療養所の経営には前述の鈴木修学があたったが、この経験は戦後の法音寺福祉の礎になったといわれている。

また、一九二四年には三河安城[55]に、一九二七（昭和二）年には大阪[56]に、一九二九（昭和四）年には九州福岡に、それぞれ、支部が開設されている。なお、一九二九年には、救済会の本部が名古屋の千種町中道に移転し、ここを拠点にして、一九三一（昭和六）年に『出世の栞[57]』という月刊の精神修養誌が刊行され、次いで、一九三二（昭和七）年には社会事業施設の千種寮が完成している。このほか、それ以前の一九二五（大正一四）年には、臥龍山で青少年の感化教育が開始されている。以上が、布教活動と社会事業が入り混じった仏教感化救済会の現場レベルでの実際の活動であった。

これに対して、仏教感化救済会を対外的に宣揚する目的で出版された村上斎・杉山辰子編『世界の鑑』（佛教感化救済会、一九二一〈大正一〇〉年ころに初版、ここでは一九二四〈大正一三〉年発行の七版を使用）に記載された「仏教感化救済会設立趣意書」にみられる活動紹介は、いかにも時局向けで紋切り型のものであった。

すなわち、それは、「佛教ヲ基礎トシテ国民思想ノ善導及ヒ感化救済スルヲ以テ目的」とし、そのための事業として、不良青少年の感化善導、貧困者の施療、身上相談、災害救護、勧善懲悪の演劇等を行う、というものであった。

なお、『世界の鑑』の「設立趣意書」と「序言」には、三つの異なる仏感化救済会の創立年次（一九〇九〈明治四二〉年、一九一三〈大正二〉年、一九一四〈大正三〉年）が書かれていた[58]。後刻、仏教感化救済会系の教団間で、または、同一教団内の出版物相互で、異なる創立年次が乱立するゆえんであるが、前述したように、本章では、もっとも古く、また、もっとも説得力があると思われる村上斎の『杉山会長の前生涯』に記された一九一四年説を採用する。

仏教感化救済会という組織形態自体は、法華経の宣布を目指す杉山辰子にとっては便宜的な組織ではあったが、だからといって感化救済事業が重要でないものではなかった。それは、時局に対応して国家社会に貢献する重要な窓口であり、対外的な信用を得る格好のポジションでもあったからである。そのため、同会は、治安維持法制定後の一九二七（昭和二）年に、あらためて、愛知県に対して感化救済（社会事業）団体として設立申請をしている。この段階では、感化救済団体であっても宗教活動が可能であったのである。

一九二九（昭和四）年、仏教感化救済会の本部は、名古屋市東区千種町中道に移転した。以前から、軽度癩患者の収容施設があったところである。

こうして、日蓮の六五〇遠忌当年の一九三一年前後の仏教感化救済会は、当時の日蓮主義[59]の流行の波に乗るかたちで大きく教勢を伸ばし、「愛知県下はもとより東京・大阪・福岡、そして中部近県に合わせて十三の支部ができた」[60]。

一九三二（昭和七）年の年頭にあたり、杉山辰子は、末法の如来使としての決意を三大誓願としてまとめて公表した。これは日蓮が『開目抄』で日本の柱（主徳）・眼目（師徳）・大船（親徳）とならんと誓願（三大誓願）を立てたことにならったものであるが、辰子の誓願の地平は日本よりももっと大きい「閻浮提」（世界）であった。

それは「我、閻浮提の太陽と成らん。我、煩悩を能く断ず。我、妙法を以って仏を成ぜん」[61]というもので、森羅万象のすべてにぬくもりと生きる力を与え、その力をもって煩悩を滅し、人々を本当の幸せ（成仏）に導こうという安立行菩薩としての決意であったとされている。

この年には、千種の新本部内に虐待孤児や軽度癩患者を収容する施設である千種寮が新たに開設されたが、これに満足しない杉山辰子は、同年の六月初旬に、名古屋市の鍋山上野町にある広大な陸軍用地の払い下げを受けて、大仏を中心とした布教と社会事業の一大拠点をつくろうと企図して上京し、荒木陸軍大臣らと折衝した。

しかし辰子は、この前後から自分の命終を意識しはじめたらしく、一九三二年の五月ころには、自身が上海に妙法曼荼羅を送って戦勝祈願したことに触れて、「此の度無理な祈願をして支那軍に不利なる様にした為に、（八一歳まで生きる筈の寿命が）十五年寿命が縮みました。敵軍でも人を殺せば自分の寿命が縮まると云ふ悪因縁が出来るから、戦争は止むを得ませんが、生物は殺さぬやうにせねばならないのです[62]」と述べている。

なお、上記と同様のことに触れつつ、別の記録には、「そのために一部の敵兵を殺すことになったため、因果の二法はまげられず、私の寿命は十六年縮むことになりました[63]」と書かれている。これらの文言は、辰子の命終の自覚という点からだけでなく、寿命縮減の理由の認識という観点（殺生については誰人といえども因果の二法を免れない）からみても、たいへん、ユニークで興味深い。

さて、この年の六月中旬を過ぎると、陸軍との払い下げ交渉の無理が影響したのか、辰子の容態が悪くなり、急きょ、二三日に大阪から帰ってからは、枕辺に会の幹部を呼んで最後の教話をするようになった。

その枕辺では、辰子亡き後の仏教感化救済会が内部分裂しないようにという話（内側から破れる栗の毬の話）や、幹部の結束が大切という話（毛利元就の三本の矢の話）があった。

一九三二年六月二八日、杉山辰子は、大仏のある新本部こそつくれなかったものの、教団の基礎を固めた後に世を去った。六五歳であった。辰子が仏教感化救済会を立ち上げてからすでに一八年が経っていた。七月二日に葬儀が行われ、辰子の遺体は七月三日に茶毘に付された。その時、辰子の焼骨には、腹部に直径二尺ほどの綺麗な青蓮華が生じたという話が、法音寺や大乗教等の傍系教団に伝わっている。辰子には、広宣院殿安立大法尼という法名がつけられた。

仏教感化救済会の第二代会長には、村上斎が就任した。新会長が高齢であったため、同会の運営や事務は実質的に鈴木修学が担った。

四　宗教か社会事業か――法的矛盾の拡大

杉山辰子の没した一九三二年ころ、仏教感化救済会の教義・実践・組織の基本はすでに確立し、仏教感化救済会の教勢もすでに数万に達していた。そこで、同会の次の大きな課題は、宗教的な同会の運動と組織を対外的にいかに安定的に定位させていくかにあった。

近代日本では、教派神道以外の新宗教は、既成宗教の傘下に加わらない限り、非公認の「類似宗教」として不安定な立場を余儀なくされていた。

仏教感化救済会は、届出上は社会事業団体であったが、その活動内容はあきらかに「類似宗教」であった。加えて、辰子没後の同会は、いまだに社団法人でも財団法人でもなかったので、さっそく、辰子の個人名義になっていた同会財産の処遇が問題になった。

これについて、二代会長になった村上は、後刻、「元来会財産所有権は、皆さんもご承知の如く前会長に帰しておった故に、その所有権は、前会長御遷化と共に法律上の相続者（辰子の姉・てるの息子の杉山辰造）に移ってしまっていたのです」[64]と述べている。また、そのために、「本会が杉山前会長のご遷化後、会の財産問題について非常に動揺を来たしました」[65]とも述懐している。

こうして、辰子の死後、同会と杉山辰造らとの間で約一年半の話し合いがもたれ、仏教感化救済会を、辰造を理事として含む法人とすることで交渉がまとまった。一時は、社団法人とする案も検討されたが、結局、一九三三（昭和八）年一二月に、仏教感化救済会を財団法人の大乗報恩会にする申請が認可され、翌年六月に「社会事業ヲ行ウヲ以テ目的トス（ル）」（寄附行為第一条）財団法人・大乗報恩会が設立された。

これによって、「雨降って地固まる」のたとえのように、改組された大乗報恩会の財政的な基盤は、幹部信者の杉本政太郎（祖父江つなの妹・はるの夫）、小坂井嘉六、祖父江金三郎・つな夫妻の不動産等が寄附され、かえって強固なものになった。このうち、杉本は大阪在住の会社経営者であったが、彼を含む全員が三河安城支部の関係者であった。

大乗報恩会の設立趣意書や寄附行為には、「仏教感化救済会事業全部を継承する」（趣意書）という記述は残っているものの、「法華経」や「妙法」、「宗教活動」などといった文言は、一言もなかった。そして、このことが、やがて、同会の宗教活動のゆくえに大きく影響してくるようになる。

そこで、大乗報恩会は、今度は、一九三七（昭和一二）年に、宗教活動を含む社会教化部門・大乗修養団（一九三二年設立）をも財団法人化した。しかし、この法人も、外向けには「教育勅語ノ精神ヲ奉戴シ、仏教ノ精神ニ基キ社会教育・社会教化ヲナスヲ目的トシテ」[66]つくられたものであって、目的には、「法華経」や「妙法」の宣布等の宗教活動をすることなどについては含まれていなかった。なお、機関誌『出世の栞』の編集には、一九三〇（昭和五）年暮に生の松原の癩療養所から帰名していた鈴木修学があたった。

本門佛立講などの他の日蓮系新宗教と同様、一九三一（昭和六）年の日蓮六五〇遠忌以降の仏教感化救済会の教勢には目を見張るものがあったから、大乗修養団の存在は大乗報恩会の存在以上に重要であった。当時の、両者の関係は、法的には報恩会がオモテで修養団がウラであるが、実質的な関係はその逆であった。

財団法人となった大乗報恩会は、以後、施設の整備を進め、一九三三年には名古屋市外の猪高村藤森（現・名東区）に大規模な大仏殿（輪光の先端までの殿の高さ五メートル強、大仏の座高一メートル半）をつくり、基壇の下に杉山辰子の遺骨を納めた。また、この藤森の地には、養護施設・明徳寮もつくられた。これは、辰子が生前に夢みて果たせなかった陸軍用地（鍋山上野町）活用案に代わる「遠大なる理想」[67]の実現であった。

また、大乗報恩会は、一九三五（昭和一〇）年に、昭和区駒方町三丁目（現在の法音寺所在地）に広大な土地（四七六八坪）を購入し、翌年、そこに本部事務所を移した。その後、大乗報恩会は、この駒方に、一九三七年に保育園（園児規模一五〇）を、一九三九（昭和一四）年に診療所（内科・小児科・歯科）を、それぞれ、開設している。

他方、大乗修養団も、一九三七年五月に、駒方町の敷地に新築したばかりの西洋風の大きな建物である大乗会館（敷地面積一七二・四坪、五〇〇脚のホール、戦後に旧法音寺本堂となる）に本部を移した。大乗会館では竣工記念の時局講演会が開かれ、小笠原長生海軍中将らが講演を行ったが、以後、会館では、しばしば、将官クラスの軍人が招かれ、国難打開の時局講演会が開かれている。

大乗修養団は、以前から、こうした講演会をよく開いたが、それは、たんなる人集めばかりのためだけではなく、同会が国策に協力的な団体であることを示す重要な活動であった。なお、一九三九年には、このほかに、当時、教勢の伸びが著しかった大阪に、大阪大乗会館が建てられている。

しかし、両財団は「双頭の鷲」（法人は別だが組織実体は一つ）であったので、一九四二（昭和一七）年になると、宗教活動を内包していた大乗修養団は解散（地方の支部組織も含む）し、再び大乗報恩会に吸収された。機関誌の『出世の栞』は、一九四一（昭和一六）年の段階で『修養の友』と改題されていたが、大乗修養団の解散とともに廃刊となった。

大乗修養団が解散した表面的な理由としては、実態は一つである組織の会計を立て分けて行うことの不合理性の解消（一元化）等が考えられるが、もう一つの隠れた理由としては、一九四〇（昭和一五）年の宗教団体法の施行以来、同法で認められた宗教団体以外の一般法人では宗教活動を公然と行えない風潮が次第に強まっていたことへの配慮もあった。宗教団体法では、それまでの「非公認（類似）宗教」であっても「宗教結社」として認められていたが、その場合にも多くの制約があった。

ところで、解散直前の大乗修養団は、一九四二年一月に台湾移民団派遣計画を立て、同年四月に実際の移民団が台湾に派遣されている。だが、これは、現地の悪条件と日本の敗戦のために挫折し、派遣されていた三八家族一七六人は一九四五（昭和二〇）年に本土に引き揚げざるをえなかった。この計画は、「世界へ妙法を、世界へ社会事業を」という鈴木修学の壮大な夢の具現化であった。(68)

駒方における大乗報恩会と大乗修養団の施設整備は、一九四一年の五月まで続いて一段落した。その間に、まず、庫裏棟、炊事場、大食堂、浴場、個室等が建てられ、続いて、一〇〇名の受講者が同時に講習を受けられる道場、最後に水行場が作られた。主要施設としての大乗会館や上記の諸施設は、たんなる社会事業団体が利用する施設としては規模も内容も適当でないものかもしれないが、右肩上がりの段階にある宗教団体の施設としてみれば、何らの不思議もないものであったであろう。

こうした大乗報恩会の法的整備と施設の充実は、辰子没後の同会の教勢が順調に伸長を続けていたことの反映であるが、同時に、それは、それだけ、社会や国家の注目や警戒を喚起せざるをえなくなることをも意味していた。出る釘は、目立つのである。

言論や思想、集団等への統制・取締が強化された昭和一〇年代になると、たとえ財団法人になっていたとしても、社会事業団体名義で規模の大きい宗教活動を続けることには、かなりの覚悟が要求されるようになった。こうして、以後の大乗報恩会の活動は、細心の注意の下に行われざるをえなくなり、オモテの社会事業とウラの宗教活動との狭間で大きく揺らぐことになるのである。

そして、いよいよ、大乗報恩会にとって決定的な時が到来する。すなわち、一九四三（昭和一八）年二月、まず、前述の杉本政太郎ら数人の幹部と会員が、宗教団体法違反等の容疑で京都の特高警察に検挙された。そして、同年四月、今度は、名古屋・駒方の大乗報恩会本部が治安維持法違反容疑で愛知県警によって捜索され、鈴木修学と近藤栄治郎、今井てつの三名の幹部が詐欺と人心惑乱の容疑で検挙されたのである。ちなみに、この時、鈴木修学は、五八日間、獄中にとどめられた。

『特高月報』の記録によれば、大乗報恩会は、杉山辰子（記録では村上斎と内縁の夫婦になっている）を「大神通力者」と詐称宣伝し、「先祖供養」や「胎児の霊魂入替」のために「会員二万名より、総額四十七万余円を提供せしめて之を騙取した」（詐欺容疑）[69]ほか、「お徳を頂いた会員で出征した軍人さんは一人も負傷や戦死をしては居ない」（人心惑乱容疑）[70]などといって人を惑わしたとされている。

これらは、いかにも新宗教の取締りにふさわしい典型的な取締りの理由（多くの新宗教がこれと類似の発言で取締まられている）であったが、それ以外に、大乗報恩会が「社会事業活動を偽装しつつ、依然不穏当宗教運動を継続」[71]していた（宗教団体法違反）という取締りの理由もあった。そして、これこそ、特高当局が大乗報恩会を取り締まった最大の理由であったように思われる。

この事件は、同会の京都支部会員で元・京都大学法学部教授の中島玉吉（日鑑、戦後に法音寺の高槻教会二代主管）の尽力によって、鈴木修学らの被告が起訴猶予処分となり、大乗報恩会の解散や施設の没収という最悪の事態も免れて、一件落着した。

大乗報恩会が取締まられたことは、当然、会内に大きな動揺を与えた。取締り理由からいって、このままでは、宗教活動が続けられないからである。

その結果、東京支部の小坂井啓陽支部長や三河支部の杉崎貞次郎支部長ら幹部十数名が、大乗報恩会本部の捜索以前に、前述した小笠原長生海軍中将（仏教感化救済会＝大乗報恩会への長年の協力者）の勧めに従って脱会し、宗教活動の合法性を求めて、東京府中の日蓮宗東郷寺（一九四〇年八月に海軍大将の加藤寛治や小笠原長生らが東郷平八郎元帥の遺志に基づいて建立した寺院）に移った。ちなみに、小坂井と杉崎は同寺の在家信者団体である東郷至誠会の常任理事となるとともに、小坂井が同寺を管理することになった。

彼らは、終戦まで東郷寺に身を寄せていて、戦後（一九四六年）、独立して大乗教会（今日の大乗教、本部は名古屋市熱田区、教勢は約三〇万）を立ち上げた。大乗教（会）[72]は、杉山辰子を教祖（法音寺では始祖）と仰ぎ、一尊四士（本仏釈尊と本化四菩薩）を本尊とする法華系の在家教団であるが、同教の専従教師は僧衣をまとっている。小阪井が初代管長、杉崎が二代管長となったが、信者は中部地方に多く、海外ではインドに釈迦堂と大仏を建てている。

なお、その後、大乗教からは、法公会（本部は知立市、教勢は約五万）や真生会（本部は岐阜市、教勢は約二万）という分派が生まれているが、今日では二つとも新日本宗教団体連合会（新宗連）に加盟している。こうした教団分裂は「杉山先生の御偉業と大神力をもってしても覆すことの出来ない宗教団体の運命」[73]であったとはいえ、間違いなく、杉山辰子が枕辺で行った前述の「『クリのイガの御遺言』」[74]への背反を意味していた。

一方、鈴木修学ら大乗報恩会の主流派は、「宗教行為はしない」という愛知県特高課との誓約[75]に従って、一九四四（昭和一九）年に、大乗報恩会を純粋な社会事業団体の昭徳会へと改組改名して再出発した。以後、理事長には外部から坂井徳太郎陸軍中将を迎え、特高によって強制的に「脱聖化」された昭徳会の活動が再開された。こうして、戦後にいたるまでの同会の宗教活動は、完全に地下に潜った。

五　法音寺と大乗教——戦後的再編

だが、戦後になると、昭徳会から、再び、宗教活動の新芽が吹き出す。すなわち、一九四六（昭和二一）年に鈴木修学が日蓮宗で得度（得度の師は義弟の森泰淳、一九四六年に得度、身延信行道場入りは一九四六年七月）して泰山院日進となった。そして、一九四七（昭和二二）年には、駒方に、森泰淳を主管者とする日蓮宗昭徳教会が生まれている。

その年の二月三日、村上斎が逝去した。満年齢は、九〇歳（三月三日で九一歳）、法名は弘教院殿宗玄大徳であった。以後、鈴木修学が、旧・仏教感化救済会の法灯（辰子から数えて三代会長）を継いで、昭徳会の理事長となった。その後、一九五〇（昭和二五）年に昭徳教会が法音寺（教勢は約三〇万）に昇格し、鈴木修学がその初代住職（開山）になった。

戦後、鈴木修学が日蓮宗に帰属した理由には、森泰淳の勧めもあったが、その最大のものは、二度と戦前のような宗教取締りを受けたくないという修学自身の心意であった[76]。

日蓮宗の僧侶となった修学は、一九五〇年の初行から一九五四・五五（昭和二九・三〇）年の三行まで身延山の大荒行を成し遂げ、今までなかった日蓮宗の修法（祈禱）を法音寺に導入した。荒行の寒中水行で「体中ヒビが切れて、腹から腰まで切れ[77]」る中で、なおも法音寺の信者のために修行を重ねて「徳を送る」鈴木修学の姿は信者たちの熱い涙をさそい、彼らからカリスマ的な宗教指導者として承認された。その結果、修学は、信者たちから「生仏様[78]」とか「生身の仏[79]」と仰がれるようになった。

さらに、修学は、戦後、一九四四年に改組成立した昭徳会を育て、中部地方最大の社会福祉施設（現在、特養老人ホーム、知的障害者援護施設、自閉症援護施設、児童養護施設、保育園、診療所等の二一施設を運営）にし、一九五三（昭和二八）年には中部社会事業短期大学（今日の日本福祉大学）を開学した。

こうした法音寺の社会事業重視の姿勢の中には、戦前の仏教感化救済会以来の杉山辰子＝「安立行菩薩の再誕」の信仰と三徳実践の伝統がある。鈴木修学によれば「大地より涌出した菩薩」（安立行菩薩に率いられた無数の地涌の菩薩＝法音寺信者）は、「慈悲、至誠、堪忍の力をもって周囲の人々の悩みを去らせ、楽しみを与えねばならぬ[80]」のである。

しかし、法音寺が社会事業を重視するより根本的な理由は、そうした教義的なものであるよりも、むしろ、「法華経は、……実際に行ってみないと分からない[81]」「実行の宗教[82]」であるという鈴木修学の法華経の理解に由来している。

ちなみに、法音寺は、法音寺の社会事業への布施は信者の徳積みの行であると信者に教えている。

新宗教的な授益のノウハウと伝統のある日蓮宗の祈禱を兼ね備えた法音寺（教団）は、戦後の混乱の中で塗炭の苦しみを抱えていた多くの民衆の現世的な救済欲求に応えて、教勢を大きく伸ばした。

修学は、伸びた教線の関節点に次々と寺院や教会をつくり、そこに、得度させた中央や地方の幹部を主管者に据えていった。そのなかには布教現場から叩き上がってきた女性の主管者たちもいたが、このほかに、法音寺には、他の新宗教と同様、末端信者の面倒をみる非専従の在家教師（信教師、その多くは女性）が数多くいた。そして、彼女らの献身的な布教活動こそが、戦後の法音寺の土台を築き上げたのであった。

その結果、一九六〇（昭和三五）年の法音寺は、六寺院・一八教会・一支部・数十万の信者を誇る一大法城に発展した。今日の法音寺は、さらに発展し、法音寺の配下に一寺院一開基堂と二八支院一一布教所をもつ「教団内の教団」（前述のように教勢は約三〇万）として存在するようになっている。

なお、現在の支院等の寺院はすべて一つの宗教法人・法音寺に帰属し、その法音寺が一括して日蓮宗に帰属する一元的な教団体制（一九八三年に法人一元化が完了）になっている。また、法音寺には、法音寺山首（法音寺住職）を師僧として得度した後、法音寺だけに所属して、宗門には所属しない僧侶（身延山で信行道場に参加せず、清澄山で度牒を受けない僧侶、尼僧に多い）が少なくない。

法音寺信行の特色としては、杉山辰子を「安立行菩薩の再誕」と仰ぎ、「因果の二法」と三徳を強調し、「お神通かけ」や早題目（しばしば、題目数をカウントするために米や豆を使用）等の仏教感化救済会以来の呪儀を使い、釈迦―日蓮―杉山辰子―村上斎―鈴木修学という「諸仏の代理」の道統（安立行の血脈）を信じ、教団の社会福祉事業や教育事業のために信者が布施することで逆に「本部から徳を送って頂（ける）[83]」という「徳の循環システム」をもつことなどがあげられる。

しかし、鈴木修学が旧・仏教感化救済会を日蓮宗内の「内棲教団[84]」化した結果、法音寺は、それまでになかった新たな宗教様式ももつようになった。たとえば、それまでは「四（弘）誓願」と「開経偈」、「運想」と「三徳」だけであった『朝夕勤行式』が、日蓮宗入りしてからは本格的に法華経要文を読誦する日蓮宗式の勤行要典に変わった。だが、それは、勤行要典や勤行式だけではなく、本尊（妙法曼荼羅）・須弥壇の祭飾・僧位僧階・袈裟衣・行事歴など、万般に及んだ。日蓮宗の修法とそれに伴う鬼子母神・大黒天の信仰の導入、及び、「星祭」・「ほうろく加持」の儀礼の追加なども、いままでにない大きな変化であった。

こうして、戦後の法音寺は、新宗教的・在家主義的な特色をもちつつ、なお、既成教団に属する有僧有寺院の独自な教団となった。旧・仏教感化救済会の嫡流は、戦後、日蓮宗法音寺になったことで、授益儀礼のメニューがより豊かになり、それだけ民衆救済力を増したと考えられる。同寺が三〇万の教勢をもつ「法音寺教団とでも称すべき「日蓮宗に於ても特異な存在[85]」に発展したのは、そうした要因によるものである。

仏教感化救済会系の法音寺と大乗教は同根異教団であり、現在、前者が「日蓮宗のなかにある新宗教」であるのに対して、後者は独立した新宗教である。また、前者が祈禱や得度制度その他の日蓮宗的な特色をもち、社会福祉事業を重視しているのに対して、後者は独自の在家教団としての特色をもち、社会事業をしない、などの違いもある。

最後に、同根異教団である法音寺と大乗教を多様な角度から比較し、今でも両教団が共通にもち合っている宗教様式と今日ではすでに差異化している宗教様式を腑分けし、その変化過程と入り混じり具合を詳しく検討することは、今後、仏教感化救済会系教団を研究する者たちにとって非常に興味ある残された研究課題であることを付言しておきたい。

六　これまでの研究経緯――「失われた環」の発見作業

（一）研究文献の紹介

「杉山辰子とその教団」（仏教感化救済会とその系譜を引く日蓮宗法音寺、大乗教、法公会、真生会などの諸教団）に関する学問的な評価に値する研究書・研究論文・調査報告書の類は、それほど多くはない。

教学的な研究（⑤の浅井圓道の著作）と社会事業的側面の研究（①の宇治谷義雄の論文、⑨のうちの秦安雄の論文など）を除いた宗教的側面の調査研究は、一九九〇年代にはじまって今日にいたっているが、⑥の川上光代のもの以外は、すべて、筆者とその関係者のものである。ここで紹介する著書や本章（西山茂／小野文珖／清水海隆共著『大乗山法音寺の信仰と福祉』所収）以外の論文、調査報告書等は、以下の通りである。

①宇治谷義雄「昭徳会と法音寺における仏教福祉」（『仏教福祉』一五、一九八九年、四〇―五七頁）

②一九九三年度東洋大学社会学部「社会調査および実習①」報告書（『杉山辰子とその諸教団――徳を求めてお題目』東洋大学社会学部社会調査室、一九九四年）

③渡辺芳「教団組織化過程における『宗教的』社会活動――仏教感化救済会から日蓮宗法音寺への展開」（『東洋大学大学院紀要』三四号、一九九七年、六一―七三頁）

④同「仏教感化救済会の社会事業活動――その教えと実践」（『近代仏教』五号、日本近代仏教史研究会、一九九八年、四七―五四頁）

⑤浅井圓道『鈴木修学先生の南無妙法蓮華経』（山喜房佛書林、二〇〇一年）

⑥川上光代「杉山辰子とその後継者たち」（『宗教研究』三三二号、二〇〇二年、一二五―四六頁）
⑦ランジャナ・ムコパディヤーヤ「日本における仏教と近代化――『社会参加仏教』」（『近代仏教』一〇号、日本近代仏教史研究会、二〇〇三年、三七―五五頁）
⑧同『日本の社会参加仏教――法音寺と立正佼成会の社会活動と社会倫理』第三～五章（東信堂、二〇〇五年、法音寺の部分、八五―一七七頁）
⑨西山茂＋秦安雄＋宇治谷義雄（共著）『福祉を築く――鈴木修学の信仰と福祉』（中央法規出版、二〇〇五年）

（二）調査研究文献の解題

これらのうち、宗教的な側面の実証的な調査研究文献の嚆矢は、東洋大学の「社会調査および実習」（西山茂担当）報告書の②である。③と④は②の調査に参加した者が修士論文の作成前後にまとめた論考であるが、そのうち③は「本門仏立講と霊友会の中間に位置している」[86]仏教感化救済会の「『派生的』宗教活動」が教団の機能分化によって法音寺の「『宗教的』社会活動」[87]へと変容した過程を追跡したものである。

⑥は、対象についての研究開始年次の最も古い、しかも、ただ一つ、筆者とは無縁の研究者によって調査研究されたものの成果で、仏教感化救済会とその系譜を引く多くの諸教団（法音寺、妙音寺、大乗教、法公会、真生会など）の成立の経緯と特徴を詳しく比較検討したものである。

⑧は、ランジャナ・ムコパディヤーヤが東京大学に提出した博士論文（主査は島薗進、副査は筆者ほか）を著書化したもので、のちに、二〇〇七年度の日本宗教学会賞と日本仏教福祉学会奨励賞を受けたものである。そこでは法音寺とともに立正佼成会が日本の「社会参加仏教」の事例として取り扱われているが、両教団とも、実証調査と文献研究の手法で鋭く、そして詳しく研究されている。⑦は、彼女が博士論文を書く以前に執筆した論文であるが、「社会参

加」という観点から、仏教感化救済会＝法音寺の社会事業活動の過程と特徴を、歴史的背景及び法華経や教団指導者の福祉思想と関連づけて、綿密に論じたものである。

⑨には、鈴木修学の信仰と活動を中心に仏教感化救済会＝法音寺の宗教社会学的側面を検討した拙論と、同様の過程における修学の「実践福祉」の実態を三つの側面（生の松原癩療養所・八事少年寮・社会福祉教育）から考察した泰安雄の論文、及び、「仏教福祉」という観点から修学の社会事業（社会福祉）を分析した宇治谷義雄の論文が収録されている。なお、⑨の中の宇治谷論文は、①の再録である。

七　法華系新宗教史研究上における本論の宗教社会学的な意味

最後に、杉山辰子や鈴木修学らの宗教指導者と仏教感化救済会系諸教団の先行研究を踏まえて、これまで本章で考察してきたことの結論的なまとめをするならば、それは、以下のように箇条書きすることができよう。

①仏教感化救済会は、フォルク系の法華系新宗教の最初の教団（霊友会の魁）であった。

本章は、仏教感化救済会が、時期的にも場所的にも特性的にも、本門佛立講と霊友会の「失われた環」をつなぐものであったことを明らかにした。筆者は、本章で、仏教感化救済会の存在が、七三年という時間的なブランクと京都と東京の間の地理的なブランクを埋めただけではなく、唱題（本門佛立講の骨頂物）と先祖供養、及び根性直し（霊友会の骨頂物）を架橋する両者の中間タイプの教団の出現と、民間法華行者の活動が法華系新宗教に昇華するという二つのことを先駆的に示していることを確認した。

また、本章は、難行苦行をやめて日常生活での徳積みをすることを重視したり、布教のためならば医師と組んだり鍼灸の免許をとったりした辰子の大胆な方便の利用が、教団創設に大きく役立ったことを指摘した。これも、本章で明らかになったことであった。

②仏教感化救済会＝法音寺は、単純なフォルク系の法華系新宗教がより普遍性をもった法華系新宗教へと脱皮した先駆的な事例（立正佼成会の魁）であった。

日蓮宗の「教団内の教団」になってからの法音寺は、フォルク的な要素を残しつつも日蓮宗の信行を大胆に摂取し、さらに、「徳の循環システム」のような新たなノウハウも開発して、単純なフォルク系の法華系新宗教から抜け出した。これは、「真実顕現」（一九五八年）と最近の「信仰新生」によって、先祖供養教団としての霊友会系教団からの脱皮をはかる立正佼成会の魁といえる。本章は、このような事例の先駆があることを示した。

③仏教感化救済会は、男女のコンビでつくった法華系新宗教の嚆矢（霊友会と立正佼成会の先輩）であった。

霊友会も立正佼成会もともに男女のコンビで発足した法華系新宗教であるが、仏教感化救済会はその先輩格である。しかし、仏教感化救済会の場合が女性の民間法華行者が主導して男性の医師をとり込んだのに対して、霊友会と立正佼成会の場合は男性のオルガナイザーが主導して女性のシャーマンをとり込んだという点が違っている。

仏教感化救済会の独自性は、女性が主で男性が従というコンビであった点にある。杉山辰子と村上斎のコンビへのたんなる言及ではなく、その嚆矢性と関係の特性を細かく析出できたことは、本章の成果であった。その意味で、本章は、独特のコンビ主導者＝杉山辰子論としても、興味深いのではないかと、筆者は考えている。

④仏教感化救済会＝法音寺は、活動を「宗教」分野に限らず、現世での「丸ごとの救済」をめざす新宗教の典型であった。

新宗教は近代化の構造矛盾の宗教的な応答物であるから、近代化がもたらした多面的な構造矛盾に対応した教説と活動を準備する。医療・福祉・教育をはじめ政治・経済の分野にまで触手を伸ばす新宗教が出現するゆえんであるが、仏教感化救済会＝法音寺は、このうち、早い段階から、宗教のみならず医療・福祉・教育にも手を染め、人々に現世での「丸ごとの救済」を提供した。

本章は、仏教感化救済会＝法音寺のそうした「救済の丸ごと性」を浮き彫りにし、さらに、それが新宗教の典型的な事例であったことを明らかにしたことによって、何故、新宗教が「宗教」の枠を超えて多様な活動をするのか、という新宗教研究上の根本的な疑問に応えることができたといえる。

⑤仏教感化救済会＝法音寺の社会事業は、教義・教学的な理由によってではなく、根本的には、「実行してみないと分からない法華経」の「実行性」に裏づけられたものであった。

鈴木修学は仏教感化救済会＝法音寺の社会事業について、まずは、三徳実践による抜苦与楽の安立行菩薩（の眷属の地涌の菩薩）行として位置づけたが、仏教感化救済会には、創設以来、「法華経は実行してみてはじめて分かるものだ」という杉山辰子流の体験主義的な法華経理解が根強く存在していた。鈴木修学が九州・生の松原の癩療養所長として辛酸を舐めて、はじめて法華経と仏教感化救済会の社会事業の「真髄」を理解したのも、こうした法華経＝「実行の宗教」ということを体感したからにほかならなかった。

考えてみると、仏教感化救済会＝法音寺信行の実行主義的・体験主義的な特徴は他の新宗教にもあり、新宗教一般を理解する礎石でもあった。「信仰は理屈ではなく体験である」とか「実行なくして功徳なし」という言葉は、ほとんどの新宗教にもみられるものである。ちなみに、鈴木修学は、「実行」を「幸福」と結びつけて、「実行即幸福」[88]といっている。そして、こうした点を明らかにできたことも、本章の成果であると、筆者は考える。

⑥仏教感化救済会系の教団は、始祖ないし教祖である杉山辰子を「安立行菩薩の再誕」と仰ぐ「安立行教団」であった。

「末法における法華経の如来使・本化四菩薩」を特定人物に配当することは日蓮系の既成諸教団にもあるが、その場合は、日蓮を上行菩薩に配当するだけで他の三菩薩の人物配当はなかった。ところが、仏教感化救済会及び同会系の教団では、杉山辰子を安立行菩薩に配当しているだけでなく、『法華経の註訳』などは四菩薩のすべてを特定個人に配当している。ちなみに、法音寺は安立行菩薩を杉山辰子に配当しているが、四菩薩のすべてを特定人物に配当してはいない。しかし、大乗教や法公会、真生会などは、それぞれの観点から、四菩薩すべてに特定人物を配当している。教団を特定の四菩薩と結びつけることによって教団独自の使命を特定することは、教団の神秘化・正当化にも役立つ。筆者は、本章で、こうした仏教感化救済会系の教団の特徴を明らかにすることができた。なお、本文で紹介したように、杉山辰子を、法音寺では始祖、大乗教では教祖と位置づけている。

これで本章を終えるが、「杉山辰子とその教団」に関しては、本章の「五　法音寺と大乗教――戦後的再編」の末尾でも触れたように、ここで取り扱いきれなかった課題が数多く残されている。しかし、それらの課題については、本書の他稿や筆者の別稿に譲ることにしたい。

(注)

(1) 初出は西山茂＋泰安雄＋宇治谷義雄共著『福祉を築く―鈴木修学の信仰と福祉』第一章(中央法規出版、二〇〇五年)五―五六頁。

(2) 新宗教が法華系宗教から多く生まれ、浄土系宗教からほとんど生まれなかった理由を、現世主義的な救済思想の有無によって説明した論文としては、本書の第一三章「法華系新宗教への日蓮仏教の影響」(三五三―三五八頁)、及び西山茂「新宗教の特徴と類型」(東洋大学白山社会学会編『日本社会論の再検討』未来社、一九九五年)一四七―一六八頁を参照のこと。

(3) 本門佛立講や創価学会などの「宗派系」に属する法華系新宗教について、筆者は、既成宗教の遺産を基本的に継承し、その独自な再生を試みている点に着目して「再生型」の新宗教である、ともいっている。前掲の拙稿「新宗教の特徴と類型」を参照のこと。

(4) 「真実顕現」以後の立正佼成会の脱呪術的合理化過程については、西山茂「現世利益から超常体験へ」(『平和と宗教』

第一四号、庭野平和財団、一九九五年）七八―八九頁を参照のこと。なお、二〇〇八（平成二〇）年の「創立七〇周年」を境にして、第二の「真実顕現」ともいうべき立正佼成会の教団改革運動（全会員を対象にした本尊・法号勧請運動）が進行中である。これは、当初の入会世帯に「総戒名」だけを下付していた方式を改め、はじめから「本尊」を下付し、「ご守護尊神」の下付をやめ、「宅地因縁戒名」の意義づけを変更するというものである。これについては、二〇〇七年一一月二五日、二〇〇八年一月六日、及び、同年二月一〇日付の「佼成新聞」と、『躍進』の二〇〇八年四・五・六月号（特集「基本信行」一・二・三）を参照のこと。

（5）開講時の高松講と花洛講の関係については、冠賢一「佛立宗」（田村芳朗・宮崎英修篇『日本近代と日蓮主義』春秋社、一九七二年）二〇八―二一九頁、及び、拙稿「佛立講の成立と展開」（本門佛立宗開導百遠諱記念論文集編纂委員会篇『佛立開導長松日扇とその教団（上）』平楽寺書店、一九九一年）二〇五―二四六頁（本書の第五章に再録）を参照のこと。

（6）若月チセとその教団（法智会）については、法智会編『法華経のこころ――成仏のしおり』（法智会、一九五六年）を参照のこと。

（7）初期霊友会については、梅津礼司「霊友会系新宗教運動の発生――その思想的側面を中心に」（孝本貢編『論集日本仏教史9／大正・昭和時代』雄山閣出版、一九八八年）一六三―一八七頁、及び、同「民衆的法華信仰と在家先祖供養」（西山茂編『シリーズ日蓮4 近現代の法華運動と在家教団』春秋社、二〇一四年）一〇三―一一八頁を参照のこと。

（8）新宗教が近代化の構造矛盾に対する民衆主体の宗教的応答であることについては、前掲の拙稿「新宗教の特徴と類型」を参照のこと。

（9）霊術系新宗教については、拙稿「現代の宗教運動」（大村英昭・西山茂編著『現代人の宗教』第五章、有斐閣、一九八八年）一六九―二一〇頁を参照のこと。

（10）明治末・大正期の国民教化の最大の課題が「戊申詔書の宣伝・普及と大逆事件以後の思想善導であった」（山本恒夫の後掲書、一一頁）ことについては、山本恒夫『近代日本都市教化史研究』（黎明書房、一九七二年）の「序」（七―二二頁）を参照のこと。

（11）政府の当時の感化救済事業の推奨と組織化策については、吉田久一『日本の近代社会と仏教』（評論社、一九七〇年）のⅣ―6「仏教慈善事業・感化救済事業の展開」（二三五―二四八頁）を参照のこと。

(12)吉田久一『新 日本社会事業の歴史』(勁草書房、二〇〇四年)二〇三頁を参照のこと。
(13)たとえば、一九二二(大正一一)年九月に「佛教感化院救済会」(可児平一郎)から発行された『妙法の活用』には、「思想問題の解決も各自の自覚に依りて是好良薬たる妙法を服することに依りて始めて妙法の妙法たる真の利益が実現するのである」(一六頁)とある。ちなみに、同年五月には、同会の白川久太郎名義で『人生と日蓮主義』が発行されている。そこでは、後注の(52)で紹介するような仏教感化救済会の救癩に関する現証利益談が、複数例、紹介されている。
(14)村上斎『杉山前会長の生涯』(大乗修養団、一九三八年、頁打ち、なし)一頁目。
(15)法音寺広報委員会編『安立行(上)』(法音寺、一九九一年)一六頁。
(16)一九二一(大正一〇)年六月一〇日付の『名古屋新聞』紙上の「女日蓮——妙法華経に生きんとする辰子」の記事(岩井英夫『五字の妙法』岩井法宸、一九八一年、四七—四九頁より重引)。
(17)法音寺編『無上道』(法音寺、一九六九年)一六六—一六七頁。
(18)一九二一年六月一〇日付の『名古屋新聞』紙上の前掲記事を参照のこと。
(19)岩井英夫「杉山先生は慶応三年の生れ」(雑誌『彰徳』第二号、岩井英夫、一九六九年)一一頁を参照のこと。
(20)前掲の村上斎『杉山前会長の生涯』一頁目、法音寺編『無上道』(法音寺、一九六九年)の六—八頁、大乗教教学部編『教祖杉山辰子先生』(大乗教総務庁、一九六七年)の一五頁、法公会事務局編『教祖杉山大菩薩』(法公会総本山、一九九一年)の一三頁等を参照のこと。なお、一八六七(慶応三)年出生説をとる前掲の『安立行(上)』は、「御札降り」に言及していない。
(21)たとえば、村上重良「幕末維新の新宗教」(村上重良『新宗教——その行動と思想』評論社、一九八〇年)一三—二四頁を参照のこと。
(22)鈴木キセは、彼女がいなければ自らの存在がないほど、杉山辰子と仏教感化救済会系の教団にとっては重要な人物であるが、どうしたことか、その詳しい生涯はわかっていない。ただ、前掲の岩井英夫は、一九六八(昭和四三)年の夏に、キセが拠点とした大垣の日蓮宗七面山宝光寺を訪ねて、先住の夫人からわずかな聴き取りをしている。岩井英夫「大垣市・真実法華経結縁の地」(前掲の雑誌『彰徳』第二号)一二—一七頁を参照のこと。
(23)前掲の村上斎『杉山前会長の生涯』その他の伝記の記録によれば、ある時、キセの子息の鈴木利太氏(県会議員)の手の上に「天から」美しい珠が降りてくるとともに、「天から」キセに対して「汝は本化四菩薩の一人たる無辺行の再誕と心得よ」(四頁)という声があったという。現在、こうした伝承をもつ珠は大垣の日蓮宗宝光寺に保存されていて、毎年、一月八日の午前一〇時ころから午後三時まで、一般公開されている。岩井英夫「宝光寺の御珠」(前掲の雑誌『彰徳』第二号)一三―一四頁を参照のこと。

なお、本化四菩薩を特定の歴史的人物に配当することについては、仏教感化救済会が一九二四(大正一三)年に発行している『世界の鑑』(七版)の「序」が「世人は上行の再来たる日蓮聖人を認めたるのみにして他の三菩薩たる無辺行、浄行、安立行、の再来に就きては之を説くものなく」(二頁)と述べているが、鈴木キセや仏教感化救済会系の教団では、上行以外の菩薩をも特定人物に配当している。法音寺や大乗教などが杉山辰子を安立行菩薩に配当していることも、こうした鈴木キセ以来の伝統に基づいている。

(24)前掲の村上斎『杉山前会長の生涯』、二―三頁目を参照のこと。

(25)仏教感化救済会を創設するまでの杉山辰子の修行を三段階(大垣時代、本立寺時代、臥龍山・白川時代)に区分することについては、法音寺編『無上道』(法音寺、一九六九年)二〇―二一頁、及び、前掲の雑誌『彰徳』第二号、二二―二三頁を参照のこと。しかし、ここでは、修行から布教に姿勢を転じた白川時代の特殊性に鑑み、白川時代を第三段階から独立させて第四段階とした。

(26)岩井英夫「笠松町より大野町へ移転」(前掲の雑誌『彰徳』第二号、二三―二五頁、及び、前掲の岩井英夫『五字の妙法』、一一―一二頁)を参照のこと。なお、これについては、前掲の『杉山前会長の生涯』、『無上道』、『安立行(上)』、法音寺広報委員会編『安立行(下)』(法音寺、一九九三年)、前掲の『教祖杉山辰子先生』、『教祖杉山大菩薩』などの教団出版物がそろって触れていない。

(27)前掲の村上斎『杉山前会長の生涯』七頁目。なお、本書と以後の本書の孫引き本では「最上住経王菩薩」となっているが、そのような菩薩はいない。すべて、最上稲荷教の本尊の「最上位経王菩薩」の誤りである。

(28)岩井英夫「臥龍山紀行」一三頁(前掲の雑誌『彰徳』第三号、三一―一三頁)。

(29)加藤某については、前掲の『杉山前会長の生涯』だけが触れている。

(30)杉山辰子と村上斎が出会った年月は不詳であるが、村上斎が前掲の『杉山前会長の生涯』の中の「前会長より因果の理を聴く」の項に「(前会長と出会った時)私は其の当時愛知医学校に奉職して居りました」という記述があることと、

「村上斎　愛知縣立醫學専門学校助手ヲ命ズ　明治三十八年四月十九日　愛知縣」という辞令の文言を突合せると、それは早く考えても一九〇五（明治三八）年四月以降のことであると推量される。
(31) 村上斎の生涯については、日蓮宗広報委員会編『二祖・村上斎先生』（日蓮宗法音寺、一九九六年）を参照のこと。
(32) 村上斎の履歴の詳細については、村上が仏教感化救済会を財団法人大乗報恩会（一九三四〈昭和九〉年六月二〇日に名古屋市長許可）に切り換える時の設立許可申請に備えて、二代会長就任後の一九三三（昭和八）年一二月二六日に書いた自筆の「履歴書」を参照のこと。
(33) 前掲の『安立行（上）』、一〇五頁を参照のこと。
(34) 前掲の『杉山前会長の生涯』、一三頁目。
(35) 同前、一二頁目。
(36) 前掲の『無上道』、三八頁。
(37) 前掲の『杉山前会長の生涯』、一三頁目。
(38) 前掲の『安立行（上）』、一二七頁。
(39) 前掲の『無上道』、五一頁。
(40) 前掲の『安立行（上）』、一五〇頁の記述では、村上が天の声を聞いて、翌日、辰子に話したことになっている。
(41) 天の声のこのフレーズは、上掲の『安立行（上）』、一五〇頁だけのもの。
(42) 村上斎・杉山辰子編『世界の鑑』（仏教感化救済会本部、一九二一年ころに初版、ここでは一九二四年発行の第七版を使用）一四頁。
(43) 前掲の『無上道』、四六頁を参照のこと。
(44) そこには、「大正三年、名古屋市東区葵町三十五番地に於て、杉山辰子氏、村上斎氏協力の下に育児、養老等の社会事業並に教化行為を為す為、仏教感化救済会を設立されたり」と明記されている。
(45) 前掲の『杉山前会長の生涯』（無頁）二一頁目、及び、前掲の『無上道』、五四頁を参照のこと。
(46) 前掲の『無上道』、四六頁を参照のこと。
(47) 前掲の『安立行（上）』、一七六頁を参照のこと。
(48) 前掲の吉田久一『新日本の社会事業の歴史』、二〇六頁。

(49) 村上斎・杉山辰子編『世界の鑑』七版(前掲)八頁を参照のこと。
(50) 新宗教の「丸ごとの救済」については、拙稿「現世利益から超常体験へ——戦後新宗教の変容過程」(前掲の雑誌『平和と宗教』第一四号、七八—八九頁)八一頁を参照のこと。
(51) 岩井英夫「法華経の註訳」(前掲の雑誌『彰徳』第二号)一一一〇頁を参照のこと。
(52) 仏教感化救済会の白川久太郎名義で出版された前掲の『人生と日蓮主義』によれば、いわゆる「業病」「天刑病」としての癩病は「各自の宿業と罪障との表現せし悪腫」(二七頁)である。だが、仏教感化救済会を尋ね、「日々妙法に関する有難き講話を聴聞して始めて我病は実に過去の業因なることを悟り同会より与えらるる霊薬を服用しつつ罪障消滅の為め妙法蓮華経の五文字を昼夜に唱へたりしに我深き罪障の次第に消滅に近づきたると、霊薬の効験とに依りて」(二八頁)短時日のうちに治し得られるものであるという。
(53) 前掲の岩井英夫『五字の妙法』、三〇頁を参照のこと。
(54) 仏教感化救済会の生の松原癩療養所については、法音寺広報委員会編『法音寺福岡支院本堂落慶記念 生の松原類集』(日蓮宗法音寺、一九九二年)を参照のこと。
(55) 仏教感化救済会の教線は、名古屋から最初に三河安城に伸びた。歴史が古い三河安城支部(法音寺時代になってからは光徳寺=安城支院)からは、祖父江つな(仏教感化救済会=法音寺専従者、一八八二—一九六四)、小坂井啓陽(清五郎、仏教感化救済会初代東京支部長、分派後は大乗教初代管長、一八八八—一九五七)、杉崎法山(貞次郎、仏教感化救済会三河支部長、分派後は大乗教二代管長、一九〇三—一九七七)、鎌田行学(法音寺西尾結社主管、分派後は日蓮宗妙音寺住職)などの多くの人材が出たが、祖父江以外は仏教感化救済会=法音寺の嫡流から離れている。なお、三河安城支部や光徳寺からは、支部史や寺史の類は出版されていない。
(56) 仏教感化救済会大阪支部とその後継寺院の法音寺大阪支院広宣寺の沿革については、広宣寺運営委員会編『みおのともしび 広宣寺五十年の歩み』(日蓮宗法音寺支院広宣寺、一九五七年)を参照のこと。
(57) 一九二九(昭和四)年に設立された仏教修養団(一九三一年に仏教感化修養団、一九三三年に仏教樹徳修養団、一九三七年に財団法人大乗修養団となる)の機関誌で、同名で一九四一(昭和一六)年五月まで(一二六号まで)発行され、翌月から『修養の友』と改名して一九四二年八月まで(通号で一四一号まで)発行されたが廃刊となった。廃刊は、一九四二年六月の大乗修養団の解散を受けたものであった。

(58) 前掲の『世界の鑑』(第七版) 所収の「設立趣意書」と「序言」を参照のこと。
(59) 筆者による近代日本の日蓮主義論については、本書の第一章のほかに、拙稿「日本近代と仏教――田中智学の日本国体論を中心に」(『アーガマ』第一〇七号、阿含宗総本山出版局、一九九〇年) 四六―五九頁、及び、同「近代の日蓮主義――「賢王」信仰の系譜」(日本仏教研究会編『日本の仏教④近世・近代と仏教』法蔵館、一九九五年) 二二八―二四〇頁 (本書の第二章に再録) を参照のこと。このほか、日蓮主義についてのまとまった著書としては、大谷栄一『近代日本の日蓮主義運動』(法蔵館、二〇〇一年) を参照のこと。
(60) 法音寺広報委員会編『御開山上人伝・泰山・第二話』(法音寺、二〇〇四年) 一〇頁。
(61) 前掲の『安立行 (下)』、二三七頁。
(62) 今井てつ「先生は堪忍の強い人だ」、村上斎『杉山前会長の生涯』(前掲) 所収の「(附) 杉山先生の逸話」(頁なし) 五頁目。
(63) 前掲の『無上道』、一三二頁。
(64) 前掲の『二祖・村上斎先生』、四五頁。
(65) 村上斎「村上翁挨拶」(雑誌『出世の栞』二四号=村上先生喜寿記念号、一九三二年一二月、二四―二八頁) 二七頁。
(66) 『財団法人大乗修養団 第二回年報』(一九三九〈昭和一四〉年六月一五日) の「本会ノ沿革」(雑誌『法音』四六八号、二〇〇八年一〇月、一六―二三頁) 一六頁。
(67) 前掲の『杉山前会長の生涯』、四二頁目。
(68) 法音寺広報委員会編『御開山上人伝・如我等無異』(日蓮宗法音寺、一九七八年) 六四頁。
(69) 一九四三 (昭和一八) 年七月『特高月報』(内務省警保局保安課、一九四三年) 一四六頁。
(70) 同前、一四七頁。
(71) 同前、一四五頁。
(72) 大乗教 (会) の教団史には、教団史編集委員会編『大乗教教団史 七十年の歩み』(大乗教総務庁、一九八四年) がある。
(73) 岩井英夫「大乗教の生い立ち 大乗教と日蓮宗大乗山法音寺」(前掲の『彰徳』第二号、二六―三三頁) 三三頁。
(74) 同前。
(75) 一九四四 (昭和一九) 年一月『特高月報』(内務省警保局保安課、一九四四年) 九六―九七頁を参照。

(76) 鈴木修学は、この時、「どんな世が来ようとも二度と信仰停止を命じられないようにするには、この会をどんな形にすればいいのか」(雑誌『法音』三七号、一九九七年一一月、二五頁)と真剣に考えたという。
(77) 雑誌『法音』三六三号(二〇〇〇年一月)五四頁。
(78) 猪原妙政『人生と信仰』(法音寺、二〇〇一年)三二頁。
(79) 一九六二(昭和三七)年六月九日付「鈴木鉦太郎日記」(手書き)。
(80) 鈴木修学『妙法蓮華経略義』(青山書店、一九五八年)五六二頁。
(81) 法音寺広報委員会編『御開山上人御法話集(二)』(法音寺、一九九八年)一五頁。
(82) 前掲の拙稿「鈴木修学とその教団——内棲型『実行の宗教』の軌跡」(本書の第七章に再録)を参照のこと。
(83) 雑誌『法音』第四〇六号(二〇〇〇年二月)一九頁。
(84) 母教団の宗教様式を継承しつつも独自の宗教様式をもつ教団内の教団のこと。内棲宗教の概念については、たとえば、前掲の拙稿「新宗教の特徴と類型」を参照のこと。
(85) 田中日常「現代における修法布教者の態度」(雑誌『法音』三七七号、二〇〇一年三月、二四—二九頁)二七頁。
(86) 渡辺芳「教団組織化過程における『宗教的』社会活動」(本章の「研究文献の紹介」③)六二頁。
(87) 同前、六四頁。
(88) 鈴木修学『現代生活の指針』(青山書院、一九五八年)九頁。

第七章　法音寺開山・鈴木修学とその教団——内棲型「実行の宗教」の軌跡

一　はじめに

近代日本の日蓮主義者・田中智学（一八六一—一九三九、国柱会創設者）の高弟・山川智応（一八七九—一九五六）は、仏土成就をめざす日蓮の宗教を「実現の宗教」（『日蓮聖人の実現の宗教』天業民報社、一九二九年）と呼んだ。それにちなんで鈴木修学[1]（一九〇二—一九六二、日蓮宗法音寺開山、修一郎、泰山院日進）の宗教に名をつけるとすれば、法華経の教えを生活の中に活かす「実行の宗教」ということになる。ただし、修学の説く「実行」には、個人的な心直しや倫理実践だけでなく、社会事業などの社会的な実践も含まれる。また、修学の「実行」は、幸福を招来する「罪障消滅」や「徳積み」の行為でもあった。彼は、ある著作の中で「幸福を望まなくても、法華経の実行は、即幸福です[2]」と、民衆宗教的な徳福一致（修徳致福）の信念を披瀝している。

また、太平洋戦争後、修学は、自らの教団を日蓮宗の内棲宗教（母教団の宗教様式を継承しつつも独自の宗教様式をもつ教団の中の教団）として定位した。その意味で、彼の宗教は、より厳密にいえば、内棲型の「実行の宗教」であるといえよう。

本章の目的は、彼の内棲型「実行の宗教」が、杉山辰子(3)（一八六七—一九三二、仏教感化救済会創設者、安立行菩薩の自覚者、広宣院殿安立大法尼）の影響の下に、いかにして形成され、どのような特徴をもつにいたったのか、また、彼の教団づくりが日本の近現代史の中でどのように行われ、それが学問的にいかなる意味をもつのか、といった問題を、宗教社会学的に明らかにするところにある。

周知のように、鈴木修学は、日本福祉大学の創設者、社会福祉法人・昭徳会の大成者として名を馳せている。他方、公称信者数約三〇万を擁する日蓮宗法音寺の開山としての修学（宗教者としての修学）の実像は、いまだ詳らかにされているとはいい難い。だが、この側面の理解を放置して彼を理解することは、樹根の存在を忘れて華葉の美を語るに等しい。ものごとを知るには、まず、その「根元」を尋ねなければならない。本章が、その「根元」の解明に寄与できれば望外の幸せである。

宗教者としての鈴木修学の生涯は、彼の生活史上の出来事によって、次の五段階に分けることができる。

（一）法華経信仰の揺籃期　出生から結婚まで（一九〇二—一九二八年）
（二）指導者資質の錬磨期　結婚から教団専従まで（一九二八—一九三四年）
（三）非公認教団の経営期　教団専従から出家得度まで（一九三四—一九四六年）
（四）内棲教団としての再出発期　出家得度から罹病まで（一九四六—一九五六年）
（五）「実行の宗教」の表現期　罹病から逝去まで（一九五六—一九六二年）

以下、この区分に即して、順次、宗教者・鈴木修学の生涯をみていき、最後に、彼のつくった教団の宗教様式の特徴について考えることにしよう。

二　法華経信仰の揺籃

鈴木修学は、一九〇二（明治三五）年一月五日、愛知県丹羽郡布袋町字寄木（現・江南市寄木町天道）の農家兼菓子問屋・鈴木家の長男として生まれた。鈴木家は、経済的には特に豊かでも貧しくもない中程度の家であった。父の名は鈴木徳太郎、母の名はさわの、自身の戸籍名は修一郎であった。修一郎という名には「日本一優れたものを身に修めてくれるように」という父の願いが込められていた。

彼には、三人の弟（鉦太郎、直三郎、悦蔵）と二人の妹（倭文子、みね）がいた。直三郎と悦蔵は一九四三（昭和一八）年に太平洋戦争で戦死、鉦太郎は名古屋市矢場町で小間物屋を営みつつ、修学の活動を一貫して支えた。また、倭文子（しづ子）は、杉山辰子の実妹・すての長男・森泰淳（一九〇五―一九六六、戸籍名は広吉、日蓮宗僧侶、修学の協力者）と一九二六（昭和元）年に結婚している。

父の性格は几帳面で温厚、その振る舞いは腰が低くて礼儀正しいものであった。こうした父の性格と振る舞い方は、そのまま修学に受け継がれた。他方、母は明るく優しい人ではあったが、子どもの躾に関しては厳しい側面があった。たとえば七、八歳のころ、修学は、弟を連れて母の実家に行こうとした時、母から「弟を連れて行ってもよいが、おまえは兄だ。弟の面倒はどんなことでも見てやらねばならぬ。……それがいやなれば止めなさい(4)」と厳しく諭されている。この体験は、のちに、彼が孤児の養育事業に携わるときの重要な心構えとなった。

鈴木家の宗旨は、代々、臨済宗妙心寺派で、檀那寺は愛知県丹羽郡大口町にある徳林寺であった。しかし、祖父の鈴木甚七の代になって、鈴木家は日蓮宗に改宗し、檀那寺を岩倉市にある長遠寺に変えた。これについて、修学は、「私は実は禅宗の家に生まれたけれど、祖父が日蓮宗に変わりまして(5)」と述べている。

改宗の理由は詳らかではないが、法華経が一番尊く優れていることを檀那寺の住職から教えられたことや、甚七の妻（修学の祖母）が「四十二歳の時に眼がつぶれてめくらになっていた(6)」ことが背景にあったのではないかと思われる。以来、甚七は、目の不自由な妻を連れて六回も身延山に参拝している。

甚七に続き、父の徳太郎も、祖父に劣らない熱心な法華経信者となった。徳太郎は、一七歳のころから法華経を訓訳し、夕食後、毎晩のように祖父に聞かせていた。その上、徳太郎は、法華経を毛筆で書写したり日蓮遺文を研鑽したり、「法蓮鈔」にある烏竜・遺竜の説話などを子どもたちに話して聞かせたりもした。

他方、母のさわのは、七、八歳のころの彼に、神仏や恩あるものへの感謝の念の大切さを教えている。すなわち、さわのは「私達が安心して暮されるのは三つの御恩のお蔭だ、第一は天子様の御恩である、第二は神様、第三は仏様で此の方々は昼となく夜となく私達を守って下さるのだ、朝はチャンとお日様の出なさる東に向って拝みなさい。神社やお寺の前を通る時は、必ず私を護って下さることを感謝して、三度お題目を唱へて通りなさい(7)」と彼に語っている。

これを聞いた修学は、以後、必ずそのように実行するようにしたが、それもあってか、彼が一八歳のころ、重い胃腸病を患っている時に、夢の中に金色の神が現れて、「汝の命は旦夕に迫った、併し日ごろ神仏に感謝の礼拝をする功を以て寿命を延す、此の後一層心を清くせよ、夢と思って疑ふな(8)」と彼に告げたとされている。不思議なことに、彼は、その翌日から食事ができるようになり、ほどなく、胃腸病は全治した。修学は、これを母の教えを素直に実行したおかげであるとして母に感謝するとともに、あらためて清い心の者となって神仏の守護を受けられるようにと誓った。

このように、修学にとっての幼少期の鈴木家は、人間としての基礎的な素養を身につけ、民俗宗教的な信仰心を養い、法華経についての基礎知識を身につける場でもあった。もっとも、杉山辰子と出会うまでの修学は、仏教は嫌いで、キリスト教のほうが好きだった。

一九一六（大正五）年三月、布袋尋常高等小学校を首席で卒業した修学は、家業の菓子卸販売業を継いだ。そして、一六歳のころから商売に精出すようになり、浮沈を繰り返した後、固パンの製造販売業に転進し、二三歳のころに一定の成功をみた。このころ、修学は、高価なドイツ製の自転車を乗り回したり薩摩琵琶を習ったりしたが、真の満足感を得られず、やがて不安と空しさを感じるようになった。以後、修学は、本当の幸せとは何か、永遠に崩れることのない幸せはないものかと煩悶するにいたる。

一九二三（大正一二）年のある時、修学は、病弱のために海軍を兵役免除になって帰ってきた近所の人から、「名古屋に杉山先生という人がおられる。その人の所へ行くといろいろなことを教えてもらえるばかりか、病気も治るらしい。病気は治らんにしても、心を少しでも治して死にたい[9]」といっているのを聞いて、「一度杉山先生という人の話を聞いてみよう[10]」と思った。

「杉山先生」とは、当時、名古屋市東区葵町（一九一五年に清水町より移転）に本部があった仏教感化救済会の創設者（始祖）兼会長の杉山辰子のことである。彼女については、父の実弟の鈴木芳蔵（一八八二―一九六五、のちの鈴木慈学法音寺副住職、泰岳院日芳）からも、「ご婦人だが、男子に生まれなかったのが惜しいような、ちょっとけた違いの先生[11]」として、すでに修学に知らされていた。

本章では、杉山辰子については本書の第六章（前章）に譲り、詳述を避ける。辰子は、一八六七（慶応三）年の七月二八日に、美濃笠松（岐阜県羽島郡笠松町）で生まれた。彼女は、菜種油と織布を商う豊かな農家の次女として生まれたが、一〇歳を超えるころから家が傾きはじめた。父は定七、母はその、姉はてる、妹はすてといった。後刻、姉のてるの次女（みつ）は修学と結婚し、妹のすての長男（森泰淳）は修学の実妹（倭文子）と結婚する。

一六歳のころ、辰子は、家の没落の悩みごとを相談するために、大垣の鈴木キセ[12]（生没年未詳、当時の岐阜県議・鈴木利太の母、無辺行菩薩の自覚者、日蓮宗大垣宝光寺を拠点）という大垣の女性法華経行者を訪ねた。キセは、神通力（三明六神通）があると評判の人で、貧民に食物を施したりしていた。辰子は、約一〇年間、このキセから唱題と神通力と徳積みの修行法を学びつつ、キセの施行を手伝った。そして、これが、その後の杉山辰子の法華経信仰と社会救済事業活動の出発点となった。

続いて、辰子は、一八九二（明治二五）年から一九〇〇（明治三三）年まで、名古屋の本立寺（題目修行で知られた日蓮宗寺院）に通って修行を深め、一九〇一（明治三四）年には医師の協力を得て行う布教法を思いつき、一九一〇（明治四三）年からは、三河山間部の白川村石畳の診療所で村上斎[13]（一八五六―一九四七、医師、仏教感化救済会二祖、弘教院殿宗玄大徳）と組んで、医療と一体となった布教をはじめた。

こうして、二人は一九一四（大正三）年に名古屋市東区清水町で仏教感化救済会[14]（以下、救済会と略称）を創設した。同会の創設年については諸説がある。この時、杉山辰子が会長、村上斎は顧問であった。その前年の一九〇八（明治四一）年の九月から一〇月にかけて、政府の肝煎りで第一回の感化救済事業指導者講習会が開かれている。当時、感化救済事業が社会的な注目を浴びていたから、辰子らの会の旗揚げは時宜を得ていた。

さて、修学に辰子を紹介した芳蔵は、救済会から出版された『世界の鑑』[15]（別名『日蓮宗四要』）という書物をみて同会の主張と活動に魅かれ、さっそく、辰子に会いに出かけた。その時、芳蔵は、自分が多少とも法華経の知識を持っていることを彼女に告げると、「只お経を読んだだけ知っただけで何が出来ますか。譬えば世界地図を見て世界を知ったと思って居るのと同じです。一つ貿易をやってご覧なさい。何も出来ないでしょう[16]」といわれ、その通りだと納得して救済会に入会した。

一九二四（大正一三）年の春、一三歳になっていた修学は、海軍を兵役免除になった近所の人と芳蔵の杉山辰子評が気になって、芳蔵が救済会に導いた祖父江つな（一八八二―一九六四、丹羽郡布袋町出身、のちに救済会専従者、静宣院妙綱法尼)[17]に連れられて同会を訪れ、杉山辰子とはじめて会った。その時、修学が辰子から聞いた話は、法華経の教えを実行しないで幸せを願うのは作物の種子もまかないで収穫を待つようなものだという「因果の二法」の話であった。

また、辰子は修学に、続けて、「法華経のおしえを、実行にうつす一ばんよいことは、親のない不幸な子をそだてみちびいて幸せにしてやることです。あなたもそれをおこなってべんきょうなさい[18]」と、「法華経の実行」を具体的に勧めた。これは、修学がのちに児童養育事業に手を染める信仰的な動機となった。

さらに、修学は、杉山辰子から「あなたは自分の正体がわかっていますか。……あなたのような立派な魂を持った人が、パン焼きなどしていてはだめです。……あなたにはもっとほかにやらねばならぬ大事な仕事があるのです[19]」といわれたとも伝えられているが、その初出の文拠は詳らかではない。

修学は、この時、杉山辰子の言葉に「えらいことを言う人だな[20]」と感心し、この人の教えによって「将来永遠の幸福を得るべき礎を作りたい[21]」と発心して救済会に入会した。もっとも、修学が実妹・倭文子の蓄膿症を治したいという願いから救済会に入会したという記録もある（倭文子の長女・森妙淳の手記）。

一九二五（大正一四）年の一一月、修学は二三歳で意中の人と結婚したが、まもなく離婚した。この時、彼は、人並みの挫折感を味わうとともに、人を幸せにするはずの法華経を持ちながら、両親の期待にも添えず、また、一人の女性をも幸せにできなかった自分の不信仰を恥じた。そして、この体験が、彼を発奮させ、以前にもまして、法華経の研究と布教へと動機づけた。

そうしたある日、修学は、熱田駅前の交差点で両手に重い荷物を下げた杉山辰子と出会い、「私にその荷物を持たせてください」といって片方の風呂敷包みを持たせてもらった夢を見た。それは、二貫目（七・五キログラム）ほどもある西瓜大の重たい包みであった。三日ほどのちに、そのことを修学が彼女に告げると、彼女から「その夢は正夢です。私はその荷物をどなたかに持ってもらいたいと思っていますが、あなたが持ってくださるのかしら。……しかし、この荷物はたいそう重いから、本当にあなたに持ってもらえるでしょうか[22]」といわれたという。

この言葉は、「あなたは自分の正体がわかっていますか」という発言とあいまって、杉山辰子が早い段階から修学を自らの後継者に想定していたことを暗示しているものとも考えられる。だが、杉山は、一九一九（大正八）年以降昭和初期にかけて、実妹（すて）の長男で、当時、日蓮宗定徳寺（日比津）の小僧をしていた森泰淳を婿養子にしようとして、再三、断わられている（森妙淳の手記）。このことは、当時の杉山が、修学ではなく森泰淳を後継者にしようとしていた証拠であるといえよう。

その後の修学は、「約三年間、杉山先生と先生と御別懇の村上斎先生から法華経を教えられ（た）[23]」。この時、修学は、二人の師から法華経の話を「昼や夜も続けてお聞きした[24]」というが、彼は杉山辰子から「あなたは相当の理屈屋だね[25]」と苦笑されたほど執拗に質問を繰り返したという。こうして知的に法華経を理解できた修学は、今度は、法華経の現証を実践によって体得しようと試みた。具体的には、杉山の勧めで救済会発行の『世界の鑑』を四〇〇冊ほど施本した。その結果、修学は、実妹の倭文子の蓄膿症が治っただけでなく、治りにくかった中風患者を再起させるなどの現証を得たといわれている。

三　指導者資質の錬磨

こうして、理論と実践の両面で法華経の「正しさ」を確信した修学は、いよいよ、人生最大の選択に踏み切ることになる。彼は「二十七歳の四月ころ、私は、杉山先生・村上先生の経営していられる、教化事業、社会事業の手伝いをする決心を定めました[26]」と述べている。それからまもなく、修学は、「商売をすべてたたんで昭和三年六月、救済会に住み込んだ」[27]が、その月のうちに辰子の姉（てる）の次女で、当時、彼女の養女となって救済会の救癩事業を手伝っていたみつと結婚した。このことは、この段階で、辰子が、森泰淳に代わって修学に救済会の将来を託したことの証しと考えてよい。

法華経に身を捧げようという修学と、身を粉にして癩患者の世話をしてきたみつのカップルは、法華経の教化活動と社会事業活動を車の両輪としてきた救済会にとってははなはだ好都合な組み合わせではあったが、それだけに、彼らには、人並みに新婚生活を味わっている暇もなかった。というのも、救済会では、前年（一九二七）の夏に、田中元治（自らも癩患者である日蓮宗の信者）という人の訪問（身延山参詣の帰途）を受け、彼の経営する九州・福岡の生の松原にある癩療養所の経営の助力を求められ、一九二八（昭和三）年に、その経営を引き継いだからである。

救済会では、すでに、一九一七（大正六）年に名古屋市東区千種町中道に癩患者の収容施設を作ってはいたが、癩患者を遠くに隔離して収容するという国策に阻まれて実際には収容が難しかった（軽度患者は別）。そこで、杉山辰子は、さっそく、生の松原の療養所に癩患者を収容し、その隣に救済会の福岡支部をつくり、支部会員に療養所の患者の世話を任せるという計画を立て、新婚早々の修学に生の松原癩療養所の主任を命じた。

以後、修学とみつの二年あまりの生の松原暮らしが始まる。現地の松林は美しかったが、療養所の建物は予想以上に荒廃していた。そのままでは使えないため、彼は、七人の大工を入れて大幅な修理を加えた。こうして、三六人の患者を収容して治療だけは可能になったが、患者の三分の二が治療費を払えず、救済会がそれを負担した。

周囲からの若干の援助や救済会本部からの送金もあったが、当初の計画にはなかった多額の出費が相次ぎ、収支ははじめから大幅な赤字であった。加えて、資金的に余力のない本部からの送金は、しばしば滞りがちであった。こうして、支払いの遅れとともに、当初は米、味噌、醬油、燃料などの掛け売りを許していた商人たちも、次第に施設から遠ざかるようになった。それでも、最低限、収容している患者の食費だけは捻出しなければならなかったので、二人は、自分たちの時計や衣類を頻繁に質屋に入れた。

療養所の経営に関する修学の苦労は、経済面に限られてはいなかった。修学は、患者たちに、肉体の病気を治してもらうことのほかに、「日々努力を重ねて徳を積み、罪を滅してゆこうとする法華経実行の話[28]」を聞いてもらいたいと切望したが、「宿縁の浅深はいかんともなしがたいものがあり[29]」、結局、療養所の患者たちは、①救済会の教えを受け入れる者、②同じ法華経なら著名な日蓮宗寺院の傘下に入ることを望む者、③キリスト教の聖公会で洗礼を受ける者、の三派に分かれた。

療養所の経営が経済的に行き詰まると、救済会は、杉山辰子の発案で療養所の近くの畑地を一町歩ほど借りて、池の水を使って米や西瓜・野菜などを作って療養所の資金の足しにした。また、一九二九（昭和四）年から一九三〇（昭和五）年にかけて、救済会は、生の松原の療養所の隣に福岡支部の建物を建設した。一九三〇年の四月、購入した二反（六〇〇坪）ほどの敷地の上に、建坪が一五〇坪ほどの総二階の支部施設が落成したが、それは、組み立てるばかりにした材木を名古屋から博多まで船で運んで、杉山辰子以下の名古屋からきた救済会員が労力奉仕でつくり上げたものであった。

だが、「福岡支部の建物はできても信者は山本道子さん一人[30]」といった状態で、支部会員が療養所の患者の世話をするという当初の計画とは大きく異なっていた。それでも、当時は、経済恐慌で人々の生活が困窮していたため、杉山辰子が名古屋から運んでくる米と古着を目当てに、支部の講日には一定の聴衆が集まった。のちに福岡支院の総代になった山田辰尾は、「ありがたいお話が聞けて、教化を受けて、米と古着がもらえるのですから、施しが欲しくて来る人もいました[31]」と述べている。

なお、杉山辰子が療養所と支部を訪ねる時には、博多駅の近くにある日蓮宗の本岳寺に泊まり、そこでも講演をしたり悩みごと相談をしていたようである。

さて、療養所の経営破綻について、「杉山先生の方から、こうしろああしろとも言ってくださらんし、お金がないと言って行けば杉山先生に叱られることは目に見えておりますから」[32]、困り果てた修学は、本岳寺の立野良瑞住職に相談し、当面は、博多の日蓮宗一一か寺の協力を得て一〇〇〇名ほどの後援会を組織してもらうとともに、抜本的には日蓮宗全体の協力を仰ぎ、身延深敬病院(綱脇龍妙院長)に経営を引き受けてもらうことに決めた。こうして、二年余にわたって修学が尽力した生の松原癩療養所は一九三〇年一二月に深敬病院の分院となり、救済会の手を離れることになった。

修学にとって、この時の経験がよほど苦しかったらしく、のちに、『なんでこんな仕事をしなければ法華経がわからんのかしら』と思ったことすらありました」[33]とか、深敬病院の分院になることが決まった時も、「その時は本当に『ホッ』と致しました」[34]と述べている。しかし、この時の経験は、戦後における修学の社会事業経営の大きな教訓となった。

修学とみつが福岡に赴任している間(一九二九年)に救済会の本部は名古屋市東区千種町中道に移転していた。また、この年には、救済会の中に「仏教修養団」が生まれ、まだ福岡にいる修学が修養団の幹事長に任命された。この仏教修養団は、のちに「仏教感化修養団」(一九三一年)、「仏教樹徳修養団」(一九三三年)と次々に名を変え、一九三二(昭和七)年に「大乗修養団」となり、一九三七(昭和一二)年に財団法人格を得て、一時的に落ち着いた。

一九三〇年の暮れ、修学夫妻は名古屋に戻ってきたが、彼らを待っていたものは無言のまま冷たい視線を向ける杉山辰子の姿であった。しかし、彼は、これも後継者育成のための苛酷な鍛練として受け止めた。

年が明けた一九三一年の正月、修学に与えられた新たな任務は、修養団の機関誌『出世の栞』(月刊)の編集と本部事務、布教行脚、それに、知多半島の「臥竜山農場」(知多郡阿久比村にある田畑一町五反と山林約五〇町歩をもつ救済会の青年教護施設兼軽度癩病患者収容施設)で青年たち(一七名)の教護にあたる仕事であった。

日蓮の六五〇遠忌当年の一九三一年前後は、国柱会等のような日蓮主義運動や本門佛立講のような日蓮系の新宗教運動が大きく伸展した時期であった。このことは、修養団にとっても同様であった。

修学は、以前にもまして法華経の研鑽に打ち込んだ。その成果は、修養団の幹部講師として信者を育成指導する際に活かされた。修学の法話はユーモアと説得力があって人々を魅きつけた。杉山辰子が、名古屋に帰って来ないうちに修学を修養団の幹事長に起用したのも、そうした修学の才能を見込んでのことであった。

こうして、修養団は、発足して数年で、「愛知県下はもとより東京・大阪・福岡、そして中部近県に合わせて十三の支部ができた」[35]。修養団の会合には、信者だけの小さな会合もあれば、大都市の公会堂を借り切った大きな講演会もあった。当時は、こうした会合を首尾よく進めるためには、政財界の著名人や将官級の有名な軍人の後援が不可欠であった。その後援を取り付けるために、しばしば、辰子は有名人詣でをおこなったが、当時の修学もそれに同道した。

修学が編集を担当した『出世の栞』は、「人間として行うべき真の出世への道を、誰でもよくわかるよう説かれた」[36]もので、具体的には、杉山辰子の講話や法華経の解説、日蓮の伝記、信者の体験談（実行談）などが掲載された。いうまでもなく、「真の出世」の基礎は修養団の教えに置かれていた。それは、昔ながらの「因果の二法」（善因善果・悪因悪果）と「三徳」（慈悲・至誠・堪忍）の実践が根本であった。

「臥竜山農場」における修学は、青年たちとともに溜池を掘り、田畑を耕し、その収穫米を名古屋市内の生活困窮者に配り、また、彼らと寝食をともにしつつ語り合う中で修養の話をした。ここでも、修学は「如我等無異（我が如く等しくして異なること無からしめん）」の精神で青年たちの「仏性礼拝」を実行したので、青年たちから慕われ、教護の実が大いに上がった。

一九三二年、千種の新本部内に社会事業施設の千種寮が開設された。虐待孤児や軽度癩病患者を収容する施設であった。このようにして、このころの救済会は、社会事業団体としても、また修養団体（実質は非公認教団）としても著しい充実をみたが、この年の六月二八日、救済会の創設者である杉山辰子が六五歳で逝去した。

二代会長には杉山の協力者であった村上斎が就任した。だが、救済会の財産のすべてが杉山辰子の個人名義になっていたことから、杉山家の家督相続人の杉山辰造（辰子の姉・てるの息子）が財産の相続権を主張し、結局、辰造を理事として含む新たな財団をつくることになった。一波乱の末に、救済会は財団法人・大乗報恩会として再出発することになった。しかし、救済会（報恩会）の財政的な基盤は、幹部信者の杉本政太郎、小坂井嘉六、祖父江金三郎・つな夫妻の不動産等が寄附され、かえって、強固なものになった。

新会長が高齢であったこともあって、救済会の運営や本部事務の激務が修学の肩に大きくのしかかった。一九三三（昭和八）年四月、名古屋市外の猪高村藤森（現名東区）の明徳池の辺にある小山の上に、輪光の先端までの高さが一七尺五寸（約五メートル二五センチ）の大仏殿が完成した。座高五尺（約一メートル半）の大仏の地下部分には杉山辰子の遺骨が納められた。大仏殿の周りには救済会の紋入りの幕が張られ、正面には南無妙法蓮華経の旗竿が飾られていた。また、一九三四（昭和九）年六月には救済会の社会事業を継承した財団法人・大乗報恩会が正式に設立認可され、一一月には藤森に同会の養護施設・明徳寮が開設された。なお、この明徳寮と前述の千種寮は、一九三六（昭和一一）年の昭和区駒方町三丁目（現在の法音寺所在地）への報恩会の本部移転に伴い、統合されて「駒方寮」となった。

こうして、一九一四（大正三）年以来、約二〇年の歴史をもつ仏教感化救済会の組織は、社会事業部門を引き継ぐ大乗報恩会と、宗教強化部門を継承する大乗修養団に二分され、発展的に解消された。

四　非公認教団の経営

一九三四年六月に財団法人・大乗報恩会が正式に認可されたことに伴って、修学はその常務理事に就任した。もちろん、常務理事は、専従であった。また、一九三七（昭和一二）年の大乗修養団の財団法人化に伴って、修学は修養団の常務理事にも就任した。両者とも理事長は村上斎であったが、高齢のために会の実務は修学が一手に担った。報恩会と修養団は形式的には別々であったが、実際には一つのものであった。

そして、それは実質的には非公認教団であったので、以後の修学は、実質的な教団責任者として、その経営の舵取りに腐心するようになる。こうして、このころの修養団は、戦時下の時局に便乗した積極的な布教を展開し、大いに勢力を拡大していた。

一九三五（昭和一〇）年二月、修学は、修養団内部で法華経講義をはじめた。また、同年に修学は、対外的な「国難打開祈願大講演会」等を各地で開催した。これは、一九三一年の満州事変後に緊迫した東アジア情勢、一九三二年の北海道の大水害や一九三四年の東北飢饉のような内地の天変地異への時局的な対処と、法華経の宣布を兼ねた格好の場となった。なお、一九三五年三月に名古屋市公会堂で開かれた国難打開祈願大講演会には、海軍中将の小笠原長生（日蓮宗信者）などが参加している。

一九三五年の秋、信者の増加に伴って千種町中道の両会の本部が手狭になったので、昭和区駒方町三丁目に新たに土地（四七六八坪）を購入し、翌年九月に本部事務所を移転した。加えて、一九三七年五月に修養団の活動拠点として駒方に大乗会館（のちの法音寺旧本堂）が竣工したほか、報恩会の施設として駒方に保育園（一九三七年、一五〇園児収容可能）と診療所（一九三九年、内科・小児科・歯科）が開設された。

大乗会館は、面積一七二・四坪のコンクリート床の上に五〇〇脚の椅子を擁する西洋風の建造物で、その梁をギリシャ・ローマ風の柱が支え、天井にはシャンデリアが輝くという豪華な造りであった。大乗会館の竣工式は、一九三七年五月二日に、大乗修養団の正式な発足式と併せて盛大に行われた。さらに、五月一六日には修養団の第一回講演会が開かれ、前述した小笠原長生海軍中将も時局講演を行った。

駒方における修養団と報恩会の施設整備は、一九四一（昭和一六）年の五月まで続いて一段落した。その間に、まず、庫裡棟、炊事場、大食堂、浴場、個室等が建てられ、続いて、一〇〇名の受講者が同時に講習を受けられる推進道場、最後に水行場がつくられた。また、一九四一年には『出世の栞』が『修養の友』と改題されたが、それも一九四二（昭和一七）年の八月号をもって廃刊となった。

『修養の友』の廃刊は、一九四二年六月の大乗修養団の解散（地方の支部組織を含む）に伴うものであったが、何故、修養団が解散に追い込まれたかといえば、それは、一九四〇年に宗教団体法が施行され、財団法人の資格では宗教活動の継続が不可能になったためであった。この時、修学は、宗教団体法による「宗教結社」となることも考えたが、名古屋や大阪に寺院級の大きな会館や道場をもち、多くの地方支部ももつ修養団を、いずれの仏教宗派にも属さない「宗教結社」として国が認可する可能性はほとんどなかったので、結局、それも諦めた。

修養団の解散により、その事業と財産はすべて報恩会に引き継がれたが、報恩会もまた、社会事業を目的とする財団法人であったから宗教活動をすることはできなかった。こうして、旧修養団の宗教活動は、以後、細心の注意の下に潜伏して行われざるをえなくなった。しかし、旧地方支部の中には、あいかわらず、報恩会本部に「先祖供養」や「罪障消滅」を願う書類を送ったり、公然とした布教活動を続けるものもあった。

一九四三（昭和一八）年の二月一七日、旧修養団の有力会員である杉本政太郎（大阪の清涼飲料水製造用器具の販売会社社長、名古屋市東区在住、祖父江つなの実妹はるの夫、元修養団理事）とその幇助者二人（知多郡大野町の坪川駒吉と京都市下京区の三浦正雄）が、「言論出版集会結社等臨時取締法竝宗教団体法違反[37]」容疑で京都府の特高警察に検挙された。

彼らの主な容疑は、①「病災」の原因を先祖の「罪障」に探ってその軽重を量り、「何円供養すれば此の罪障は消滅する」といって金品を騙取し、②「天理教や本願寺は今年中に焼ける」、「大東亜戦争は長くはない」云々の人心を惑乱する言辞を弄した、というものであった[38]。

続いて、彼らを取り調べた結果、「本部幹部等の容疑一層濃厚となりたる為[39]」、同年四月一五日、今度は愛知県警が名古屋の報恩会本部を捜索し、鈴木修学（常務理事）と近藤栄治郎（評議員）、今井てつ（評議員）の三名を詐欺と人心惑乱の容疑で検挙した。

前章でも言及したように、修学の詐欺容疑の内容は、一九三七年末以降、村上斎（『特高月報』の記述では杉山辰子の「内縁の夫」）を「大神通力者」と詐称宣伝し、「先祖供養」や「胎児の霊魂入替」のために「会員約二万名より、総額四十七万余円を供与せしめて之を騙取した[40]」というものであった。このほか、「お徳を頂いた会員で出征した軍人さんは一人も負傷や戦死をしては居ない[41]」といったとされる今井てつの言辞が、人心惑乱容疑とされた。『特高月報』の記述に「（大乗報恩会の名の下に）社会事業活動を偽装しつつ、依然不穏当宗教運動を継続し[42]」とあるように、今回の事件は、適用法の問題としては、まず宗教団体法違反が問われ、次いで人心惑乱を招きかねない今井らの言辞が治安維持法違反に問われた事件であったといえよう。

修学は、この事件で五八日間、獄中にとどめられた。その間、報恩会の本部は混乱し、旧修養団の宗教活動も完全に停止した。その間、さまざまな動きがあった。その第一は、今回の事件を平穏に解決しようとした中島玉吉（京都支部会員、中島妙秀の夫、元京都大学法学部教授、のちに出家得度して中島日鑑、高槻教会二代主管）の動きがあった。彼には、各地に京都大学時代の教え子が多数いた。今回の事件に関係する愛知県警の中央警察署長も、中島の教え子であった。彼は、容疑事実や罪状について調べた上、報恩会や修学らの活動が今回の事件の容疑や罪状と合致しないことを関係者に説き、最終的に、修学らの起訴猶予（同年一一月）を勝ち取った上に、報恩会の解散や施設の没収という最悪の事態も避けることができた。

こうして、同年一二月、愛知県特高課は、修学らを所轄警察署に招致して厳重注意の上、以下の事項を誓約させて一件落着とした。誓約の内容は、①名称を変更する、②支部や班の組織を解散する、③宗教行為をしない、④布教用の文書を廃棄する、⑤財源を確立し経理を公正にする、⑥役職員をすべて改選する、の六点であった[43]。

これらの誓約事項のうち、⑥の役職員改選は一九四三（昭和一八）年一一月の緊急評議員会でなされ、新理事長には村上斎に代わって坂井徳太郎陸軍中将が選任された。また、①の名称変更は特高課との誓約時にすでに「昭徳会」と決まっていたが、一九四四（昭和一九）年、大乗報恩会は正式に「昭徳会」と改称された。

特高によって強制的に「脱聖化」された昭徳会の体制は終戦直後まで続くが、信教の自由が保障される戦後になると、またまた昭徳会から宗教活動の新芽が吹き出すにいたる。しかし、一九四三年二月に杉本らが検挙されて以降、自由な宗教活動ができなくなった事態を憂慮した一部幹部らは、戦後をまたずに宗教活動の保障を求めて動きはじめた。旧修養団の東京支部長の小坂井清五郎（啓陽、救済会の要人工作の中心者、三河安城出身）や三河支部長の杉崎貞次郎（法山）らの動きが、それである。

それは、小坂井・杉崎の二名が東京・府中の日蓮宗東郷寺（一九四〇年八月に海軍大将・加藤寛治や同中将・小笠原長生らが東郷平八郎元帥の遺志に基づいて建立した寺院、境内地一万五〇〇〇坪）の在家信者団体である東郷至誠会の常任理事となり、小坂井が東郷寺の管理にあたることによって、東京・三河の両支部の宗教活動を安泰ならしむるという動きであった[44]。この話は小笠原長生から小坂井にもたらされ、杉崎がこれに乗った。

彼らは、報恩会の本部が愛知県特高課の捜索を受け、修学らが検挙される前の月（一九四三年三月）に、十数名の脱会届を本部に出して東郷寺に移った。一九四六（昭和二一）年八月、終戦と信教の自由の到来を待っていたかのように、彼らは東郷寺を離れ、大乗教会（今日の大乗教、当初の本部は東京都荏原区、現在の本部は名古屋市熱田区、現在信者数約三〇万）を設立した。[45]

大乗教会（大乗教）は、本尊を一尊四菩薩とし、杉山辰子を教祖と呼び、僧形（独自の法服と袈裟衣等）の幹部を擁する在家教団の姿をとるが、いずれの既成教団にも属さないという特徴をもつ。なお、その後、大乗教からは、法公会（知立市、現在信者数約五万）や真生会（岐阜市、現在信者数約二万）の分派が生じているが、[46]これらはすべて僧侶のいない在家教団である。

これに対して、新たに昭徳会となり、戦後に日蓮宗法音寺となった修学らの教団は、小坂井や杉崎らの方針と違って、戦中にはどこの既成教団にも属さなかったが、戦後になってから日蓮宗に所属するようになった僧侶と寺院をもつ内棲型の教団である。今後、まったく違った両者の展開を宗教運動論や教団組織論の立場から比較検討すると、宗教社会学的に、たいへん、貴重な研究成果が得られるものと考える。

戦中期の修学の教団経営で、もう一つ言及が必要なものは、彼の台湾移民団派遣計画である。前章でも触れたが、この計画は解散直前の修養団によって一九四二（昭和一七）年一月に立てられ、同年四月に第一班が出発した。だが、これは、現地の悪条件と日本の敗戦のために結果的に挫折した。派遣団（三八家族、一七六人）は一九四五（昭和二〇）年に日本に引き揚げざるをえなくなったが、この計画は、「世界へ妙法を、世界へ社会事業を」[47]をスローガンとした修学の壮大な教団経営戦略の具現化であった。

五　内棲教団としての再出発

一九四五年八月、日本の敗戦で、ようやく信教の自由が達成され、既成宗教と新宗教が法の下で対等に教勢を競い合える時代がやってきた。そうした戦後の日本で、鈴木修学は、戦後の混乱期に対応する社会事業活動を進めるとともに、宗教活動をどのように再開しようかと模索していた。

このころ戦争中に不敬罪や治安維持法、宗教団体法などに違反したとして投獄されていた新宗教の幹部が続々と釈放され、結社禁止となっていた教団を再建しはじめていた。公認宗教制をとっていた戦前期の日本において公認されなかった新宗教教団の多くは、布教の合法性を維持するために、いずれかの既成教団に所属することが多かった。それらは、所属する既成教団の教えの中核を引き継いでいるものから、まったく便宜的に所属しているものまで多様であった。筆者は、これらのうちの前者を「内棲型」、後者を「借傘型」の新宗教と呼んでいる(48)。

だが、公認宗教制が撤廃された戦後の日本においては、あえて既成教団に所属しなくても痛痒を感ぜずに自由な布教ができるようになったので、新宗教教団の多くは独立の道を選んだ。仏教系の新宗教教団では、真如苑と解脱会（真言宗醍醐派）、辯天宗（高野山真言宗）、念法真教（天台宗）、本門佛立宗（日蓮宗八品派）などがそれにあたる。もちろん、戦後（一九五二年）に東京都から宗教法人格を得つつも日蓮正宗の在家講の立場にとどまった（一九九一〈平成三〉年に日蓮正宗と訣別）創価学会のような新宗教も、例外としては存在した(49)。

ところが、修学らが指導する旧仏教感化救済会（大乗修養団）は、戦後、そうした多くの教団とはまったく逆の道を選択することになった。つまり、修学らが得度して日蓮宗の内棲教団になるという選択であった。現在の法音寺の組織形態は、こうして形成されたものであるが、それは、強い独自性と自治権をもつ点で「法音寺教団とでも称すべき」「日蓮宗に於ても特異な存在(50)」をもたらした。

では、戦後の修学らが、ほかの多くの新宗教と同じように独立教団としての道を歩むことも可能であったにもかかわらず、あえて日蓮宗の内棲教団への道を選んだのは何故であったのであろうか。以下、それを、契機と動機の二つの側面から考えてみよう。

まず、契機的側面を考えてみよう。その歴史的な契機となったものは、一九四三（昭和一八）年に修学らが特高警察から受けた治安維持法と宗教団体法違反容疑による宗教活動禁止の処分であった。しかし、人間関係的には義弟の森泰淳の存在が重要であった。

戦時中、岐阜県稲葉郡日置江村にある日蓮宗重善寺の住職をしていた森は、修学に次のようにいったという。「今、多くの宗教団体が類似宗教として弾圧を受けている。布教活動を存分にしたければ、現今の法律の下では既成教団に属さなければ叶わない[51]」。考えてみれば、戦中、小坂井や杉崎らが、すでに日蓮宗東郷寺に帰属して布教の合法性を維持していた。初代会長以来、救済会は日蓮宗の寺院・僧侶との関係が深かったが、修学との関係に限ってみれば、森泰淳との関係が最も深かった。したがって、この時の森の忠告を、修学らが日蓮宗の内棲教団になる道を選んだ直接的な契機と考えてよかろう。

このほかに、補助的契機となった人物として、京都の安藤タミ（一九三五年ころ入信、美容院経営）の夫・安藤順学（日本大学法学部卒業、一九五三年に法音寺系寺院・京都法輪寺の住職）がいた。彼は、戦後、修学が日蓮宗の内棲教団になる際に、「森泰淳と諮り、法律的に援助・後押しした」「修学の知恵袋的存在[52]」であった。

とはいえ、戦後、修学らが日蓮宗の内棲教団への道を選んだ背後には、そうした身近な契機のほかに、戦前の体験に基づく深刻な国家への不信感と、「どんな世が来ようとも二度と信仰停止を命じられないようにするには、この会をどんな形にすればいいのか[53]」という真剣な模索があった。つまり、こうした動機が森や安藤の助言と結びついて、修学らの戦後の「法音寺教団」の体制を決めた、ということができる。

「法音寺教団」の教えと実践は、大枠で日蓮宗の教えと実践の体系に準拠しているものの、①既成教団のように葬祭執行を中心にするのではなく「法華経の教えの実行による今生での幸福生活の実現」をめざしていること、②釈迦

→日蓮→杉山辰子→村上斎→鈴木修学という「諸仏の代理」の道統（安立行の血脈）を主張していることなどの点で、一般の日蓮宗の教えとは違っている。ちなみに、②は「本部から徳を送って頂く[54]」というように、配徳システムとして「法音寺教団」を位置づける機能をもっている。

また、③幹部が「お神通」をかけると歴代会長（山首）の「仏の徳」が信者に注がれ、「（その）霊気が志ある人に通じて煩悩（悪霊）が成仏して病気が治（る）」（荒行堂から服部さだに宛てた鈴木修学の書簡[55]）とか、④歴代会長（山首）に良所良縁吉日等を「お伺い」したり、「罪障消滅」の祈願を頼んだり、⑤やはり歴代会長に「胎教の子の魂入れ替え」を行ってもらったり、信者が米粒や豆粒を数えて唱題する「米題目」や「豆題目」の修行をするなどの修行（最近は少ない）を行っていることも、日蓮宗の通常の信行体系とは違っている。

では、そうした違いにもかかわらず、母教団が内棲教団の存在を許容するのは何故であろうか。それは、内棲教団が既成教団に対して、主要には財政的な貢献をするからにほかならない。しかし、本門佛立講と日蓮宗八品派、創価学会と日蓮正宗のかつての関係をみればわかる通り、内棲教団が巨大化して母教団のアイデンティティを脅かすようになると、両者の関係は葛藤がらみとなる。

現在の法音寺と日蓮宗との関係はそこまで行っていないが、潜在的な葛藤は当初からあった。たとえば、修学の没後、日蓮宗宗務院は、彼への大僧正位追贈と引き換えに一〇〇〇万円の「無法な寄付金を申来り[56]」、法音寺側を啞然とさせた。今日でもこのような潜在的な葛藤がないわけではないが、「法音寺教団」は日蓮宗と、比較的、良好な関係を維持している。ほかの内棲教団が対立葛藤の末に分裂していったのに対して、何故、法音寺と日蓮宗の関係がそうならないのかということは、学問的に興味深い問題である。

それはともかく、修学らが旧・仏教感化救済会を日蓮宗の内棲教団化した結果、やがて、修学らの教団は、これまでにない新たな宗教様式を身につけることになる。そのうち、最大のものは、戦後の修学が日蓮宗の「荒行」を三行まで修めて、修学らの教団に日蓮宗の祈禱（修法）をもち込んだことである。その初行は一九五〇（昭和二五）年の一一月から翌年の二月まで、再行は一九五二（昭和二七）年の一一月から翌年の二月まで、そして、三行は一九五四（昭和二九）年の一一月から翌年の二月まで、の合計三回であった。

こうして、修学は、日蓮宗の「荒行」によって「諸仏の代理」としてのカリスマを更新し、新たな宗教指導者として甦った。また、彼は、それによって旧仏教感化救済会を新たな「法音寺教団」に再生させた。五〇歳になってからの「荒行」は修学にとって相当の堪忍行であったようで、「体中ヒビが切れて、腰から腹まで切れて、床に入ってほとりがつくと体中痛[57]」かったが、なぜ修学がそうした寒水白粥の苦行をしたかといえば、「人の為、またそのために身を苦しめて、その苦しみを喜びとなし、悟りとする[58]」ためであった。

つまり、修学には、「法音寺教団」の最高指導者として、積極的に受苦の徳を積み、信者の「罪障消滅」のために彼らに「徳を送る」必要があったのである。

こうした修学の受苦は、周囲の弟子たちに「お年を召していらっしゃるので、体中油気がなくなってひびだらけとお聞きして、胸が熱くなり、『信者様のお一人も何事もないように、お留守をお守りしなくては……』と決意を新たにしました[59]」といったように感動的に受け止められ、多くの不思議な現証を生み、さらには、強力な布教エネルギーへと転換されていった。

修学は、「荒行」を成満するたびに法音寺や地方寺院で奉告法要を行ったが、その際には、決まって、「ほうきで掃き寄せられるぐらいに大量」の金粉が降ったという。そのため、修学は、生前、幹部や信者たちに不思議な力を持った「生仏様[60]」とか「生身の仏[61]」と仰がれていた。信者たちは、地方巡教のおりに、実際に彼に会って、彼が「普通の人[62]」だと知って驚いた。

実際、布教エネルギーの点からいえば、「法音寺教団の基礎は、杉山辰子先生の二十有八年にも及ぶ苦行によって達成された霊能力と、鈴木上人の身延山荒行堂に於ける三百日の錬行により培われ（た）[63]」といってよい。修学らは、こうして集まってきた信者たちに三徳の実行と布施・布教を促した。ここには、自利の凡夫を菩薩へと転ずる巧みな善巧方便（教導システム）がみられる。

日蓮宗の祈禱法（修法）の導入は、「法音寺教団」に鬼子母神と大黒天の信仰のほかに、「星祭り」や「ほうろく加持」などの新しい儀礼をも招来した。また、戦中から終戦直後の時代（一九四四〜一九四六年）には「四（弘）誓願」と「開経偈」、「運想」と「三徳」、それに「故村上先生の遺訓」だけであった『朝夕勤修式』は、日蓮宗の内棲教団となってから、日蓮宗式のものに変わった。僧侶と寺院と加持祈禱の出現は大きな変化であったが、このほかにも、礼拝対象、須弥壇の祭飾、式服なども変わった。

しかし、「諸仏の代理」、「三徳」、「神通」、「因縁」、「標準」、「念気（生霊）」などといった考え方や信念、「お神通かけ」や「お伺い」、「消滅」、「胎教供養」などの実践は、「法座」等の末端の在家講組織などとともに、昔のままに残された。「六波羅蜜による十界中の修行の位の判定」などの秘法は、継承されなかった。

こうして、「法音寺教団」は、新宗教教団の活力と洗練された既成教団の形式を双つながらに備えた日蓮宗の内棲教団として、戦後における新たな歩みをはじめた。

六　法音寺教団の発展

鈴木修学が一九四六（昭和二一）年に得度して一九六二（昭和三七）年に逝去するまでの年数は、一六年にも満たない。修学は、その間に、「法音寺教団」の基礎を築いて発展させただけでなく、昭徳会を中部地方最大の社会福祉法人に育て、日本初の福祉系専門大学の日本福祉大学（当初は中部社会事業短大）を創設している。修学は、これらの功績によって、逝去の前年（一九六一年）に藍綬褒章を受けているが、わずかの期間にこれだけの仕事を成就させた人物は、それほどいないかもしれない。

修学らの教団においては、教団の行う社会福祉事業や教育事業は、すべて「教団の徳」として蓄えられ、信者に還元されると考えられている。現在でも、「法音寺教団」では、「法音寺三先師の残された徳は大きいですよ。これを持って帰って増やして下さい[64]」と説明されている。

ここでは、主に、宗教者としての戦後の修学の活動史を追っていくことにするが、その前に、彼の戦後の活動が社会事業からはじまっていることに留意しておきたい。修学の場合には、戦後の社会事業もまた法華経の実行であったが、その際、戦前における生の松原や臥竜山での経験が大いに役立った。戦後における彼の社会福祉事業は、終戦直後に巷に溢れていた戦災孤児・浮浪児を駒方寮に収容することからはじまった。また、彼は、翌一九四六年に名古屋養育院の事業を、一九四九（昭和二四）年には精神薄弱児施設である八事少年寮の事業を、それぞれ、引き継いだ。

しかし、これと並行して、修学は、一九四六年一一月に、義弟の森泰淳を主管者とする「日蓮宗昭徳教会」の「教会設立登記申請書」を日蓮宗管長に出している。法音寺では、従来、一九四六年一一月一一日を修学の得度の日としてきた（一九七八年発行の『御開山上人伝・如我等無異』など）が、私見では、この修学の得度年月日は、この教会設立登記申請の時期と照応させたものであったと考えられる。

二〇〇四（平成一六）年に法音寺から出版された『泰山』の「年譜」では、修学の得度の日を同年一一月一〇日に訂正してあるが、これは、修学が一一日に「寄木（修学の実家）へ麦蒔きに行[65]」っていたことが判明したことと、修学が身延山の信者道場に行く直前に書いた一九四八（昭和二三）年の「履歴書」の「得度」の欄に赤字で「十一月十日」と書かれた書き込みがみつかったからであった。

日蓮宗では信行道場入りと度牒発付は得度していることを前提としているので、一一日にせよ一〇日にせよ、またそのほかの日にせよ、信行道場入りする一九四八年七月二一日以前に、修学が得度していたことは間違いない。

修学の信行道場入りについては、一九四八年七月二一日の「鈴木鉦太郎日記」に「(午前)七時三十分列車にて身延山へ修(信)行道場入りの為出発せらる。いよいよ僧侶としての出発。感慨無量なり」[66]とあり、また、同年八月六日のそれに、「兄上、身延山心(信)行道場より帰還の日。……入山式後講演を聞き、無事終了。祝宴を張る。午後七時帰宅。泰山院日進上人と号す」[67]と記されている。

岐阜県宗務所長が出した僧籍「証明書」によれば、鈴木修学が日蓮宗僧侶(準講師)としての資格を取得したのは、身延山の信行道場を終えた後の一九四八年八月一一日のことであった。なお、彼は、この直後に、日蓮宗の「僧籍入り」を理由とした「名称変更の許可の審判申立書」を名古屋家事審判所に提出し、「修一郎」から「修学」に戸籍名を変更することを許されている。

一九四七年二月三日に二祖の村上斎が逝去するまでの「日蓮宗昭徳教会」の信徒総代は、村上斎と「鈴木修一郎」、それに余語富次郎の三人となっていた。これからすると、この時までの修学は、得度していたとはいえ「在家信者」であったことがわかる。ちなみに、一九四六年一一月現在の「昭徳教会信徒名簿」には、あいかわらず、村上斎と「鈴木修一郎」を筆頭とする「合計百七名」の「在家信者」の住所・氏名・生年月日が記載されている。つまり、修学が正式に日蓮宗僧侶となったのは一九四八年八月一一日以降であり、それ以前の彼は「得度した在家信者」であったということである。

この間の一九四七年二月三日、二祖の村上斎が逝去し、代わって「鈴木修一郎」が法灯を継承し、旧・仏教感化救済会(昭徳会)の三代会長となった。村上の「総代死亡届」もそれに代わる者(河村武七)の「総代就任届」も「昭徳教会」の名義で出されていたが、「昭徳教会」が正式に宗門から認可されたのは、その二か月後の四月七日のことであった。よって、森泰淳を名目的な主管者とし、「得度した信徒総代」の「鈴木修一郎」を実質的な指導者とすることができる。

「昭徳教会」は、村上斎の逝去以前に、また、教会が正式に認可される以前から、すでに活動をはじめていたという

ちなみに、設立登記申請時の「昭徳教会」の基本財産は「五千円」で、通常財産は「貳千円」、このほかに、「昭徳会」の会堂、宅地等を「無償ニテ使用」可能、というものであった(68)。

「昭徳教会」は一九五〇（昭和二五）年七月二〇日に寺号公称を許されて「法音寺」となった。そして、これを機会に「教会」時代の森泰淳主管は退職し、代わって鈴木修学が法音寺の住職（主管者）に就任した。こうして、修学は、名実ともに「法音寺教団」の最高指導者となった。なお、この時に修学らが提出した「寺院設立承認申請書」に対する日蓮宗宗務院の「承認書」には、法音寺設立（寺号公称）の目的について、「日蓮聖人の教義を弘め儀式及び必要な事業を行い衆生を教化し寂光土顕現の祖願達成を以て目的とする(69)」と書かれている。

なお、寺号公称にあたって、昭徳会の土地五〇〇坪（時価二五万円）と建物一六七坪五合（時価八〇万七五〇〇円）、及び東海銀行預けの現金四万三九二〇円、つまり、昭徳会の全財産がこの段階で、法音寺に寄進（名称変更）されたわけである。そののち、法音寺は、寺院規則を整備して宗教法人格の取得を目指し、一九五三（昭和二八）年の八月一三日に愛知県から宗教法人として認証されている。

しかし、修学は、法音寺の寺号公称よりも先に、いくつかの有力な地方寺院を開設している。安城の光徳寺(70)（一九四七年一一月開設）と大阪の広宣寺(71)（一九四八年開設）がそれである。戦前からの仏教感化救済会の主な布教拠点は、名古屋、安城、大阪であったから、戦後、これらの拠点から修学が地方布教をはじめようとしたのは、きわめて自然なことであった。一九四八年一月、光徳寺の住職に森泰淳が、同年一二月には広宣寺の住職に鈴木修学が、それぞれ、就任したが、光徳寺は宮本大吉・静枝夫妻が、広宣寺は長谷川茂男が、日常の法務を分掌した。また、仏教感化救済会時代から教団中央にいた祖父江つな、服部さだたちが、持ち前の「神通力」を発揮して両寺等の布教を助けた。

その後、今日までに、「法音寺教団」の教線は、名古屋から、金山、佐屋、広井、一宮、四日市、大垣、岐阜、関、笠松、伊賀上野、豊川、磐田、京都、高槻、東京（→山形）へ、また、安城からは、西尾、明川へ、さらに、大阪からは、和泉、淡路、神戸、安芸府中（→安芸津、坂、三原、福山、岡山）、福井、亀岡へと、網の目状に伸びていった。このほか、九州地方では、昭和初期に「癩病療養所」があった福岡、田川、筑後、天草、壱岐などに新たな教線が伸びていった。

こうした教線の拡大の背後には、各地の布教拠点幹部のさまざまな興味深いエピソードがあるが、逐一、ここでは紹介できない。だが、この時代の「法音寺教団」の目覚ましい教線の拡大を可能にしたものは、「諸仏の代理」を頂点とした「法音寺教団」の「現証利益」の現れであったということはできる。

修学は、伸びた教線の間接（節）点に次々と寺院や教会を作り、一九六〇（昭和三五）年の「法音寺教団」は、六寺院・一八教会・一支部、数十万の信者数を誇る一大法城に発展したが、その裏には、仏教感化救済会以来の現証重視の布教方法と在家信者中心の布教組織があった。戦後は、これに日蓮宗の祈禱（修法）と寺院・僧侶という形式が加わったが、これもまた、「法音寺教団」に伝統的な権威と正当性を添えた。

修学がしたことは、布教の推進と布教拠点の整備にとどまらなかった。彼は、また、布教のための人材養成にも努めた。まず、彼は、教団中央や地方拠点の幹部を次々と得度させ、中央や地方の寺院・教会の主管者に据えていった。

法音寺の寺号公称（一九五〇年七月二〇日）までの得度者は合計一三名であるが、その内訳は以下の通りである。まず、最初の得度者群は、彼の長男・宗音（前代の法音寺山首）と次男の宗保、長谷川茂男（瑞学）、崎山ひさ（妙浄）の四名（ともに一九四八年一二月二〇日得度）、次の得度者群は、叔父（父・徳太郎の末弟）の鈴木芳蔵（慈学）と吉橋的（宗敬）、西尾福よね（妙行）、祖父江つな（妙綱）の四名（ともに一九四九年六月一〇日得度）である。そして、三番目の得度者群は、磯村猛雄（日専）、森吉松（寿学）、村上行男（宗顕）、大崎健一（泰学）の四名（ともに一九五〇年二月三日得度）で、最後の一名は片山久太郎（英学、一九五〇年五月八日得度）である。

上記一三名の得度の師はすべて森泰淳であった。修学が得度の師となるのは一九五一（昭和二六）年九月以降のことで、以後、彼は、逝去（一九六二年六月）までの間に、合計三四名の得度者の師僧を務めている。これに森泰淳を師僧とした修学以外の得度者数（一五名）を合わせると、鈴木修学は、実に、生涯で五〇名もの僧を実質的に誕生させたことになる。もともと「法音寺教団」は在家教団であったから、得度者には職業経験をもつ高齢の男性や鮮やかな現証体験をもつ中年の女性が多かった。彼らは、人生の酸い甘いをかみしめた「叩き上げ」の布教者であったから、のっぴきならない悩みごとをもつ庶民の求道者には最適の存在であった。

しかし、本来、在家教団的な色彩をもっている「法音寺教団」の宗教指導者は、得度した者（僧侶）だけではなかった。寺院・教会の主管者は確かに僧侶（これも一般の日蓮宗僧侶とは性格を異にするが）であるが、「法座」に集まる末端の信者組織を束ねて寺院や教会につなげるのは在家指導者の仕事である。寺院・教会の主管者と在家指導者が僧俗一体となって僧伽を運営するのが、「法音寺教団」のやり方である。実際、「法音寺教団」の布教は「信者が信者を増やす」ことによってなされてきたのであるから、教団における在家指導者の役割はそうとうに大きいといわなければならない。

そこで、鈴木修学は、僧侶を養成するとともに、一九五二（昭和二七）年から、こうした在家指導者の組織的な養成にも着手した。それは、一週間ほど、法音寺の本堂で寝泊まりして行学二道の錬成を行う「浄心会（浄心道場）」の立ち上げであった。指導には修学と森泰淳があたり、「法音寺教団」の教えと実践、生活に即した法華経の話、仏教感化救済会以来の伝統的な秘儀、日蓮宗の簡単な祈禱所作、布教と教化の方法などが実習を含めて教えられた。

この「浄心会」の修行を終えると、寺院・教会で僧侶を補佐して信者を教化する「信教師」の資格と「折五条」（輪袈裟）が与えられた。その後、彼らは、「信教師会」に組織され、「浄心会規則」（一九五五年六月施行）に従って、

「寺院、教会及び結社に対し、専心外護の本分を尽（く）」し、また、「他檀徒及び信徒に対して垂範して四海帰命妙法宣布の教化を実践すべきもの」（第五条）とされた。

また、「浄心会」と並んで一般信徒向けの「日曜講習会」が開かれたほか、一九五九年三月には「布教講習会」も開かれ、修了者には「信教師」を補佐する「準教師」の資格と「折五条」が与えられた。

「信教師」と「準教師」に「折五条」が与えられたことは、「法音寺教団」が僧侶のみでなく、在家の彼らをも広義の「出家」（信出家）ととらえていることを意味している。これは「出家」の意味の内心主義化であり、「法音寺教団」が僧侶と寺院をもちながら、依然として在家教団的な色彩をもち続けていることを示している。この意味でも、「法音寺教団」は、日蓮宗では「特異な存在」なのである。

「法音寺教団」の内棲教団性は、僧侶や檀信徒の帰属にも現れている。つまり、得度はしたが、身延山の信行道場には行かず、度牒も受けず、したがって、日蓮宗に帰属していない僧侶が「法音寺教団」には少なからずいるのである。同様に、「法音寺教団」の信者ではあるが日蓮宗に宗旨替えしていない家も、かなり多い。宗旨替えした家は「檀家」と呼ばれて葬祭導師を「法音寺教団」に委ねることになるが、こうした家は日蓮宗と「法音寺教団」の双方に帰属することになる。なお、こうした関係は、かつて、創価学会と日蓮正宗の間にもみられた。

中部社会事業短大とその後身である日本福祉大学の設立経緯について述べると、この構想は一九四九年の後半のころに生まれ、修学の荒行の初行（一九五〇年暮れから翌年二月）のころから設置準備が本格化した。その後、一九五二年に募金がはじまり、翌年の四月には短大が開設され、一九五七（昭和三二）年の四月には短大が四年制の日本福祉大学に改組されている。これらは一九五三年一月に設立認可された学校法人法音寺学園（現・学校法人日本福祉大学）による設置になっているが、このほか、同学園は、立花高校（現・日本福祉大学付属高校）をも設置している。「学校設立は始祖（杉山辰子）以来の念願事業[72]」で、修学にとっては、これも法華経の実行にほかならなかった。

これに関して、修学には二つの課題があった。一つは資金集めの問題であり、もう一つは開設理念の問題であった。前者については、「法音寺教団」の僧俗が全面的に支えた。多くの僧侶や信者が献身的に募金に応じたほか、師弟を「本部の大学」「御前様の作られた大学」(73)に積極的に入学させようとした。また、法音寺も、本堂の建立を後回しにし、講堂を短大と共用にするなどの便宜をはかった。

開設理念についていえば、修学は、真・善・美・聖の中でも特に聖（信仰）を重視することの大切さと、釈迦の「如我等無異」（我が如く等しくして異なること無からしめん）の仏願（法華経方便品）を、短大の「教学の精神」の中に盛り込んだ。

修学がこの言葉を重視していたことは、彼が著書の『聖の教え』（法音寺護持会、一九五八年。のちに『「仏教聖語」の解説』と改題して青山書院から再刊）の冒頭で、この一節を紹介していることでもわかる。そこで、この一節は、次のように解説されている。

「釈尊が世に出たまへるは、吾等に仏となるべき道を示したまはんが為なり。吾等は凡夫なれども皆共に仏性を具へたれば、釈尊の如き仏と同じくなり得べき素質を有せるなり。此の仏性を開発して釈尊と同等にまで進ましめんことを目的として教を説きたまへるなれど、初めより深き教を説くとも入り難き故に、四十餘年間種々の方便を説きたまへるなり。今は時已に至りて真実の教を説くべき事となりたれば、昔よりの所願満足せりといふなり。(74)」

だが、これは、設置準備の中心者となった村松常雄（当時、名古屋大学医学部教授）が作った「村松五原則」と矛盾するものであった。村松五原則とは、村松が提示した大学経営上の基本原則のことで、「一．教員の人事については教授会が決定権を持つこと。二．学問と思想の自由のたてまえから大学教育の宗教からの分離。三．教員の給与は将来とも教育公務員給与を下まわることなくむしろそれ以上に努力すること。四．個人研究室、研究費、付属人間関係研究所の設置等教員の研究の便宜をはかること。五．遠隔地から赴任される教員には住宅を保障すること。(75)」という内容のものであったが、「如我等無異」の精神は、この「二」と抵触する可能性があった。

結果として、修学は「五原則」を認めて短大開設に漕ぎ着けたが、これがやがて、改組後の日本福祉大学を法音寺から遠ざけ、「建学の精神」を有名無実化する根拠になろうとは、修学自身も想像していなかったのではあるまいか。ちなみに、日本福祉大学は、二〇〇三（平成一五）年四月以降、「法音寺学園」から「日本福祉大学」へと法人名を変えている。とはいえ、「世俗大学」として大きく社会に貢献している今日の日本福祉大学をみて、修学は、意外にも「すべては仏意、善哉、善哉」と笑認しているかもしれない。

七　宗教世界の表現

一九五六（昭和三一）年四月一六日、前日から体調を崩していた修学は法音寺の庫裡で入浴後、脳血栓で倒れた。その後、修学は八か月あまり病床に臥して再起したが、一九五九（昭和三四）年一二月八日、再び、安城の光徳寺で脳血栓の発作を起こした。さらに、一九六二（昭和三七）年の三月五日には、大阪の広宣寺で三度目の脳血栓の発作で倒れ、同年六月五日に立花高校で最後の脳出血を起こして六月七日に逝去した。

罹病から逝去までの晩年の六年あまりの間にも「法音寺教団」の布教は進展し、福岡・安芸津など多くの地方に教会が開設された。短大の四年制大学化も実現した。しかし、修学にとって、この時期は、総じて、自らの宗教世界の表現期であった。この時、彼は、東奔西走できなくなった代わりに、法音寺の庫裡にあって、教えに関する多くの著作をものにした。修学は、病に臥しても、生涯、仕事から離れられない人であったが、これもまた彼の法華経の実行であった。

まず、彼は、一九五八（昭和三三）年の四月に、『現代生活の指針』（青山書院、一九五八年）と、『続・現代生活の指針』（青山書院、一九五八年）を出版した。これは、修学が一九五三年四月から一九五六年に病に倒れるまでの間に、おりに触れて発行していた小冊子をまとめたもので、宗教や仏教一般、法華経や日蓮仏教などについてやさしく解説した、修学の遺言ともいうべき法音寺の教えの教科書であった。

その翌月に、今度は、これまでの修学の法華経二八品の講義録や法話の下書き、病床のメモなどを整理した八六三頁に及ぶ『妙法蓮華経略義』（青山書院、一九五八年）が発刊された。これには、法華会理事で立正大学教授の久保田正文のユニークな「推薦の辞」が添えられている。そこには、これまでの法華経の解説本の多くが理論的・観念的であったのに対して、本書は法華経を身読した経験の書で、人々を直接、「信の世界」に導くものであると書かれている[76]。

この指摘の通り、本書の中で、修学は、「いたずらに理屈だけわかっただけでは人間はよくなるものではない。実行をせねば何にもならぬ[77]」といったように、頻繁に「教を実行すること[78]」を強調するとともに、「この世の中に生れて、このところにおいて悩み苦しみに遭った」「大地より湧出した菩薩」（本化地涌菩薩＝「法音寺教団」の信者）こそが、「仏の教、慈悲、至誠、堪忍の力をもって周囲の人々の悩みを去らせ、楽しみを与えねばならぬ[79]」とも述べて、在家教団としての「法音寺教団」の三徳実行の使命を宣揚している。

その後、修学は、法華経の開結二経の略義を著し、前著と併せて、法華三部経の略義を完成させた。すなわち、一九六二（昭和三七）年の四月に発行された『無量義経略義』（青山書院、一九六二年）と、一九六〇年の五月に発行された『仏説観普賢菩薩行法経略義』（青山書院、一九六〇年）が、それであった。

修学は、前者の冒頭でやはり「実行」に触れ、「この経を信じて実行する者」の「功徳[80]」について言及しているが、後者の冒頭においても「懺悔」の真意義を「間違った生活を改め（る）[81]」ことに見出している。

このほかに、修学は、一九五八年八月に、上述した『聖の教え』を、そして、一九五九（昭和三四）年七月に、『道徳と宗教』（青山書院、一九五九年）を、それぞれ出版した。前者は、法華三部経と涅槃経及び日蓮遺文の要語（聖語）に修学が文語体の解説をつけたものであり、後者では、「宗教は道徳の基礎」であるばかりか「われらの一切の活動の根底[82]」であるという信念の下に、宗教と仏教一般、天台→伝教→日蓮へと続く法華仏教の信仰内容と基礎教学などが平易に解説されている。

だが、修学の「宗教世界の表現」活動は、これにとどまらなかった。すなわち、彼は、法華経の教えをマンガ化することを思いつき、その端緒として、一九五八年一〇月に、中村ひろし画の『法華経の話』（青山書院、一九五八年）を出版したのであった。「法音寺教団」のマンガ教本の出版は以後も続き、信仰雑誌『法音』の巻末には、今日でもマンガによる教えの紹介が連載されている。

なお、この間、修学は、一九五六年に日蓮宗から僧正に叙せられ、続いて、一九六〇年に権大僧正に叙せられるとともに、同年中に厚生大臣の表彰を受け、翌年には藍綬褒章も受けている。藍綬褒章は修学の長年にわたる福祉事業と福祉教育への貢献が認められたもので、授賞式には妻みつとともに宮中に参内した。修学が妻と二人だけで外に出かけたことは、一九二八（昭和三）年に生の松原に出向いて以来、二回目のことであった。

一九六二（昭和三七）年六月五日の午後、修学は立花高校に到着してまもなく、最後の脳出血で倒れ、夕方には意識を失い、三日目の六月七日に逝去した。六〇歳であった。葬儀は六月一五日に行われたが、没後、日蓮宗から大僧正位が追贈されたほか、政府からは正六位勲五等瑞宝章が追叙された。

修学は、妻子や兄弟、信徒総代、末寺・教会主管者などに、それぞれ、遺言を残している。百か日法要ののち、末寺・教会主管者宛の次のような遺言[83]が公表された。文中一行目の法音寺檀信徒の守護は、「死後における修学の法華経の実行」の意味であった。

遺　言　状

留守になった修学、
魂は、永く法音寺に留まって檀信徒を守護します。

法華経の実践は仏様の遺されたもの、末代の人々の成仏の直道、怠らず退せず頼みます。

法華経を流布して、徳を積んでください。

心ある人々、力を協せてお願いします。

修学　花押

法音寺末寺・教会主管者様

八　法音寺教団の宗教様式

最後に、「法音寺教団」の宗教様式を整理して紹介すると、どのようになるであろうか。「法音寺教団」には、大別して、①戦前の仏教感化救済会から踏襲した宗教様式と、②戦後に日蓮宗の内棲宗教になってから身につけた宗教様式とがある。いわば、「法音寺教団」の宗教様式は、これら両者の総和であるといえよう。

①には、三徳の実践、南無妙法蓮華経とも妙法蓮華経とも唱える独特の唱題行（米題目や豆題目を含む）、唱題しつつ背中をさする「お神通かけ」、信者から会長（山首）への各種の「お伺い」や「罪障消滅」の依頼、社会福祉事業等への貢献によって徳の集積体となったとされる法音寺から檀信徒への「配徳システム」（徳の持ち帰り）などがある。

また、②には、日蓮宗の一般的な信行儀礼、僧侶の得度・度牒儀礼、鬼子母神祭や大黒天祭、各種の加持祈禱法（修法）や御札・秘妙符などがある。

次に、日蓮仏教で議論されている教学の流れから、修学（法音寺）の教学をみたら、どうなるであろうか。まず、一致・勝劣の観点から修学の教学をみると、本門と迹門、教相と観心（脱益と下種）の区別はしてもその勝劣を論ぜず、題目は法華経を結要付属したもの（一大秘法）というより、法華経への帰命と経意の実践を意味するものとなる。「『南無妙法蓮華経』と唱えることは、お経のなかに説き示されていることを自分たちが実践するという意味をあらわすものであります(84)」。これは、「口に題目を唱ふると言へ共、実行なきは不具の信心です(85)」という杉山辰子の唱題観の継承でもあった。要するに、修学にとって、あくまで、「本門の題目」は身口意の三業に受持すべきものであった。

しからば、法華経に説かれ、修学が帰命と実践の対象とする「妙法蓮華経」（妙法）とは何か。それは「仏を作るもと」すなわち「三世十方の諸仏の母(86)」であり、同時に久遠「本仏の力(87)」でもある。なお、彼は、別のところで、「本仏およびその働きの全体を妙法という(88)」ともいっているので、本法と本仏は彼にとって一体（法仏一如）のもので、これが人格となって「釈迦ともなり、多宝ともなった(89)」と考えていることがわかる。

こうして、「法音寺教団」では、釈迦牟尼仏ではなく妙法曼荼羅を「本門の本尊」とし、直前に日蓮座像、その左右に大黒天と鬼子母神を祀る勧請式を採用している。ちなみに、大黒天・鬼子母神の勧請は荒行を終えた修法師に許される勧請式である。このほか、「法音寺教団」の支院寺院の中には、観音や地蔵なども任意に祀られている場合が多い。

では、修学の「本門の戒壇」観は、どのようなものであったのであろうか。これについて、修学は、「教え合い、いましめ合う場所」、「協力一致の信仰生活(90)」としか述べていない。ここには、杉山辰子には存在していた日蓮主義的な要素、すなわち一国同帰後に建立される国家的な戒壇への言及はまったくない。

また、最近、日蓮宗内で再びやかましくなってきた摂受・折伏の問題について、修学は、どのように語っているであろうか。これについては、「摂受と折伏とあいまって行くものであって、片方だけではひろまらない[91]」と述べている。つまり、摂受と折伏は双方とも捨てず、時と場合、相手によって使い分ける、という立場である。

さらに、修学は、杉山辰子と村上斎とともに、慈悲・至誠・堪忍の三徳を六波羅蜜（布施・持戒・忍辱・精進・禅定・智慧）によって位置づけ、具体的には、「布施から慈悲を、忍辱から堪忍を」、そして、「持戒から至誠を導き出し[92]」ている。

「法音寺教団」はこのような教学的特徴をもったものであるが、これらの中には日蓮宗のものとあまり違わないものと多少違うものとが含まれている。だが、違いに着目した場合、両者の最も大きな違いは、こうした教学的な違いにあるのではなく、「法音寺教団」の内棲型「実行の宗教」の特徴にあったといえる。それらは、内棲宗教的（組織論的）な特徴と、「実行の宗教」的（実践論的）な特徴の二つに分かれる。

まず、「法音寺教団」は、仏教感化救済会以来の信行体系の特徴に日蓮宗的な（特に修法師的な）それを接続させることによって独自の宗教様式を発達させ、日蓮宗にありながらも別個の教団性を維持している。次に、「法音寺教団」は、多くの日蓮宗寺院が葬祭（なかには祈禱と霊断）中心の活動を展開しているのに対して、善巧方便による現世利益を与えつつも、個人的には慈悲・至誠・堪忍の三徳の実践を勧め、教団的には社会福祉活動を行っている。そして、このことが、凡夫を菩薩に変え、「法音寺教団」をより活発化させることに大きく役立っているようにみえる。

ちなみに、彼は、「信仰ということは、仏様を拝んで幸せになるようにと願うだけではありません[93]」、「仏の教えを実行してよろこぶようになってはじめて信仰といえます[94]」と語っている。その意味で、修学の法華経信仰は、「薪取り水汲みて得し法の道[95]」であって、机上の教学研鑽によって得られたものではなかった。

九　おわりに

これまで、内棲型「実行の宗教」としての鈴木修学の宗教世界の特徴と、その教団の形成過程をみてきた。周知のように、修学は、仏教感化救済会から「法音寺教団」へと続く宗教集団の三代目の指導者であった。彼の前には杉山辰子と村上斎がいて、彼の後にも鈴木宗音と鈴木正修がいる。また、その源流には、鈴木キセもいる。したがって、彼だけを語って、この宗教集団の全貌を把捉することはできない。しかし、修学以外の指導者について語ることは、他日を期したい。

日本の新宗教の軌跡をみると、かつては内棲型ないし借傘型であった宗教集団が、その後、独立して自立型の教団になった事例が多い。しかし、「法音寺教団」のように、かつては自立型ないし提携型であった宗教集団が、後になって内棲型に転じた教団は珍しい。また、本門佛立講や創価学会の事例にみられたように、多くの内棲型の教団は母教団と激しい対立・葛藤を経験しているが、「法音寺教団」の場合、そうした気配もない。その意味で、「法音寺教団」がたどった軌跡は、貴重な事例であるといえる。

内棲型の教団と母教団との関係は、母教団の規模や性格によっても大きく規定される。かつて本門佛立講が属していた八品派や創価学会が属していた富士派（大石寺派）は、規模が小さくて教学的な同質性が高い門流であった。そこでは、「異物」的な存在は目立ち、排斥されやすかったと考えられる。

しかし、日蓮宗のように、規模が大きく、しかも多様な宗教伝統が併存していていずれが正統か判別しがたいような複合的な宗団においては、あまり「異物」が目立たず、排斥されにくいように思われる。こうした母教団の規模と性格を踏まえた内棲教団の比較研究が待たれるところである。

「実行即幸福」（徳福一致）を重視する修学の「実行の宗教」は、鈴木キセや杉山辰子らの草の根の「民衆的自力主義[96]」に基礎をもったものであった。因縁切り（罪障消滅）と徳積みと先祖供養の実践という草の根の自力主義は、近代日本の民衆を禁欲行為へと動機づけた有力な「実践的起動力」であった。こうした民衆的自力主義のエネルギーは、後に、村上斎や鈴木修学によって洗練され、社会福祉事業のような社会実践の制度的な鋳型に注ぎ込まれた。

最後に、昭徳会の福祉事業や日本福祉大学の福祉教育のような現代社会の「薪取り水汲み」の中に法華経の実行を埋め込んだ鈴木修学の宗教活動には、日本のほかの新宗教にはみられないユニークな実践性が認められることを付言して、本章を終えたい。

（注）

（1）鈴木修学の伝記には、法音寺（広報委員会）編・発行の、以下のようなものがある。『御開山上人伝 如我等無異』（年譜付き、一九七八年）、『福祉宗法音寺の祖 鈴木修学上人とその時代』（一九九七年）、『御開山上人伝 泰山 第一話』（二〇〇三年）、『御開山上人伝 泰山 第二話』（二〇〇四年）、『御開山上人伝 泰山 第三話』（二〇〇五年）、『泰山（御開山泰山院日進上人御生誕百年記念出版）』（二〇〇四年、年譜付き）。

（2）鈴木修学『現代生活の指針』（青山書院、一九五八年）九頁。

（3）杉山辰子の伝記には、村上斎『杉山前会長の生涯』（大乗修養団、一九三八年）のほかに、法音寺（広報委員会）編・発行の、以下のようなものがある。『無上道――始祖杉山先生のご生涯を訪ねて』（一九七四年）、『安立行（上）』（一九九一年）、『安立行（下）』（一九九三年）。

また、法音寺以外の他教団発行の以下のような杉山辰子の伝記もある。

大乗教教学部編『教祖杉山辰子先生――その生涯とみ教え』（大乗教総務庁、一九六七年）、法公会事務局編『杉山辰子大菩薩（六〇回忌記念出版）』（法公会総本山、一九九一年）。

このほかに、杉山辰子の法話集として、法音寺広報委員会編『始祖・御法話集』（法音寺、一九八一年）がある。

（4）雑誌『樹徳』三二号（一九三八年八月）二頁。
（5）法音寺広報委員会編『御開山上人御法話集（二）』（法音寺、一九九八年）七頁。
（6）法音寺広報委員会編『御開山上人御法話集』（法音寺、一九九五年）一四九頁。
（7）雑誌『樹徳』三二号（一九三八年八月）二頁。
（8）同前。
（9）前掲の『御開山上人御法話集（二）』、三頁。
（10）同前。
（11）前掲の『御開山上人伝 如我等無異』、一四頁。
（12）鈴木キセは、法華経の修行法と貧者への施行、三明六神通などを杉山辰子に最初に教えた女性の民衆宗教家として注目される。彼女の生涯についてはよく知られていないが、とりあえず、前掲した著作の以下の記述が参考になる。『杉山前会長の生涯』二一―五頁、『無上道』一二一―二〇頁、『安立行（上）』一七―五一頁、『教祖杉山辰子先生』一六―一九頁、及び『教祖杉山辰子大菩薩』一七―一九頁。
（13）村上斎の伝記及び法話集には、法音寺広報委員会編・発行の、以下のようなものがある。『二祖・村上斎先生』（一九九六年）、『村上斎先生御法話集』第一巻及び第二巻（一九八三年）。
（14）仏教感化救済会の社会事業活動について研究した論文と著作に、渡辺芳「仏教感化救済会の社会事業活動――その教えと実践」（『近代仏教』五号、一九九八年、四七―五四頁）がある。また、仏教感化救済会＝「法音寺教団」の社会福祉活動を「社会参加仏教」という切り口から研究した論文と著作に、ランジャナ・ムコパディヤーヤ「日本における仏教と近代化――「社会参加仏教」の展開」（『近代仏教』一〇号、二〇〇三年、三七―五五頁）と、同『日本の社会参加仏教――法音寺と立正佼成会の社会活動と社会倫理』（東信堂、二〇〇五年）がある。
（15）村上斎・杉山辰子編『世界の鑑』（仏教感化救済会、一九二一年ころに初版、以後、数版にわたり再刊、のちに『日蓮宗四要』と改題）。初版は、日蓮大士伝綱要・法華三部経綱要・鍋被日親大士綱要の三要からなっていたが、のちに、日蓮大士伝綱要・法華経綱要・観普賢経綱要・無量義経綱要の四要構成となる。なお、本書の中には、仏教感化救済会の複数の創設年次が併記されている。すなわち、「設立趣意書」には一九一三（大正二）年説が、「序」には一九一四（大正三）年説が、そして、「緒言」には一九〇九（明治四二）年説が、それぞれ書かれていて一定していない。このう

(16) ち、法音寺では一九〇九年＝明治四二年説をとり、大乗教では一九一四年＝大正三年説をとっている。
(17) 鈴木慈学『しあわせへの道』（法音寺、一九六二年）「序文」三頁。
(18) 祖父江つなの伝記には、法音寺広報委員会編『澍徳――妙綱法尼とその時代』（法音寺、一九九六年）がある。
(19) （文）鈴木修学（画）中村ひろし『私の体験を通じての妙法蓮華経の話』（青山書院、一九六二年）一七頁。
(20) 前掲の『御開山上人伝 如我等無異』、一七頁。
(21) 前掲の『御開山上人御法話集（二）』、五頁。
(22) 雑誌『樹徳』七号（一九三六年七月）二頁。
(23) 雑誌『樹徳』九号（一九三六年九月）二一―三頁。
(24) 中部社会事業短期大学編『輝く奉仕者――近代社会事業功労者伝』（近代社会事業功労者伝刊行会、一九五五）五九四頁。
(25) 前掲の『御開山上人御法話集』、一三頁。
(26) 前掲の『御開山上人伝 如我等無異』、一九頁。
(27) 前掲の中部社会事業短期大学編『輝く奉仕者――近代社会事業功労者伝』、五九四頁。
(28) 法音寺広報委員会編『「生の松原」類集』（法音寺、一九九二年）二〇頁。
(29) 同、二三頁。
(30) 同前。
(31) 同、六一頁。
(32) 同、六三頁。
(33) 同、四一頁。
(34) 同、三九頁。
(35) 同、四一頁。
(36) 前掲の『御開山上人伝 泰山 第二話』、一〇頁。
(37) 前掲の『御開山上人伝 如我等無異』、四三頁。
(38) 昭和一八年四月『特高月報』（内務省警保局保安課、一九四三年）一三六頁。

(38)同、一三七頁。
(39)同、一四五頁。
(40)同、一四六頁。
(41)同、一四七頁。
(42)同、一四五頁。
(43)一九四四(昭和一九)年一月『特高月報』(内務省警保局保安課、一九四四年)九六—九七頁参照。
(44)(大乗教)教団史編纂委員会編『大乗教教団史——七〇年の歩み』(大乗教総務庁、一九八四年)の一七二頁の記録を参照。
(45)大乗教教団史については、『大乗教教団史——七〇年の歩み』(前掲書)がある。大乗教のその他の出版物については、杉崎貞次郎(法山)の以下のような著作がある。『大乗教の信仰について』(大乗修養団三河支部、一九三九年、大乗教総務庁で一九七一年に再刊)、『大乗教の修養について』(一九五一年)、『大乗教の求道記』(一九五三年)、『朝夕のおつとめ解説』(一九五三年)、『大乗教教義』(杉崎法山編、一九六二年)、『大乗教読本』(一九六三年)、『杉山教祖の日蓮上人御書観』(一九六二年)、『大乗教の教学』(一九六四年)、『大乗教勤行集解説』(一九六四年)。
(46)仏教感化救済会系諸教団についての調査報告や論文には、東洋大学社会学部「一九九三年度社会調査及び実習①」調査報告書『杉山辰子とその教団』(東洋大学社会調査室、一九九四年)と、川上光代「杉山辰子とその後継者たち」(『宗教研究』三三二号、二〇〇二年、二五—四六頁)がある。
(47)前掲の『御開山上人伝 如我等無異』、六四頁。
(48)「内棲型」や「借傘型」などの新宗教の類型については(「提携型」や「自立型」の類型とともに)、以下の論文を参照されたい。拙稿「組織の多様性」(井上順孝ほか編『新宗教事典』、弘文堂、一九九〇年)一三二—一三七頁と、同「新宗教の特徴と類型」(東洋大学白山社会学会編『日本社会論の再検討』、未来社、一九九五年、本書の第一〇章に再録)一四七—一六八頁。
(49)内棲宗教としての創価学会の教団自立化過程については、初出の拙稿「正当化の危機と教学革新——「正本堂」完成以後の石山教学の場合」(森岡清美編『近代現における「家」の変質と宗教』、新地書房、一九八六年、本書の第一〇章に再録)二六三—二九九頁、同「内棲宗教の自立化と宗教様式の革新——戦後第二期の創価学会の場合」(沼義昭博士古希記念論文集『宗教と社会生活の諸相』、隆文館、一九九八年、本書の第一一章に再録）一一三―一四一頁、及び本書には再録されていないが拙稿「変貌する創価学会」（雑誌『世界』二〇〇四年六月号）一七〇―一八一頁、などを参照されたい。

(50) 田中日常「現代における修法布教者の態度」（雑誌『法音』三七七号、二〇〇一年三月、二四―二九頁）、二七頁。

(51) 前掲の『御開山上人伝 如我等無異』、九二頁。

(52) 雑誌『法音』三九〇号（二〇〇二年四月）二二頁。

(53) 雑誌『法音』三三七号（一九九七年一一月）二五頁。

(54) 雑誌『法音』四〇六号（二〇〇三年八月）三六頁。

(55) 雑誌『法音』三六四号（二〇〇〇年二月）一九頁。

(56) 一九六二（昭和三七）年七月九日付「鈴木鉦太郎日記」（手書き）。

(57) 雑誌『法音』三六三号（二〇〇〇年一月）五四頁。

(58) 同前。

(59) 猪原妙政『人と信仰』（法音寺、二〇〇一年）八二頁。

(60) 同前、三二頁。

(61) 一九六二（昭和三七）年六月九日付「鈴木鉦太郎日記」（手書き）。

(62) 前掲の猪原妙政『人と信仰』、三二頁。

(63) 前掲の田中日常「現代における修法布教者の態度」、二九頁。

(64) 前掲の猪原妙政『人と信仰』、七頁、前代山首・鈴木宗音の言。

(65) 一九四六（昭和二一）年一一月一一日付「鈴木鉦太郎日記」（手書き）。

(66) 一九四八（昭和二三）年七月二一日付「鈴木鉦太郎日記」（手書き）。

(67) 一九四八（昭和二三）年八月六日付「鈴木鉦太郎日記」（手書き）。

(68) 一九四六（昭和二一）年「財産ノ状況明細書　昭徳教会」（手書き）。

(69) 一九五〇（昭和二五）年七月二〇日付の日蓮宗宗務院文書「寺承第六四号」。

(70) 安城光徳寺は「法音寺教団」の中で最初に建立された寺院（法音寺よりも三年早い）であるが、まとまった寺史は出版されていない。
(71) 大阪広宣寺の寺史には、(広宣寺) 五十五年史編纂室編『みおのともしび 広宣寺五十五年の歩み』(広宣寺、一九八二年) がある。
(72) 雑誌『法音』三五六号 (一九九九年六月) 二八頁。
これについては、「学校経営も、前会長 (杉山辰子) は理想の一つに挙げておられました。未だこれは実現に到りませんが、いつか必ずそんな時期も来るであろうと思います」という一九四二年段階の村上斎の言葉が残っている。(前掲書) 法音寺広報委員会編『二祖・村上斎先生』、一六三頁。
(73) 新庄義真「日堅上人と私」(『みおのともしび 広宣寺五十五年の歩み』、一〇六—一一二頁) 一一〇頁。
(74) 鈴木修学『聖の教え』(法音寺護持会、一九五八年、のちに『「仏教聖語」の解説』と改題して青山書院から再刊) 三頁。
(75)『法音寺学園学園報 (創立二〇周年記念特集号)』(学校法人法音寺学園、一九七三年六月) 一二頁。
(76) 鈴木修学『妙法蓮華経略義』(青山書院、一九五八年)「推薦の辞」、二頁。
(77) 同、六一四頁。
(78) 同、六四二頁。
(79) 同、五六三頁。
(80) 前掲の鈴木修学『無量義経略義』(青山書院、一九六二年) 一頁。
(81) 鈴木修学『仏説観普賢菩薩行法経略義』(青山書院、一九六〇年) 一頁。
(82) 前掲の鈴木修学『道徳と宗教』(青山書院、一九五九年) 一〇頁。
(83) 前掲の『御開山上人伝 如我等無異』、二〇四頁。
(84) 前掲の鈴木修学『道徳と宗教』、一五九—一六〇頁。
(85) 雑誌『出世の栞』三号 (一九三一年三月) 七頁。
(86) 前掲の鈴木修学『続 現代生活の指針』、三〇頁。
(87) 同、二三九—二四〇頁。
(88) 同、二三九頁。
(89) 同、二四〇頁。

(90) 前掲の鈴木修学『道徳と宗教』、一六二頁。
(91) 前掲の鈴木修学『続 現代生活の指針』、一九五頁。
(92) 浅井円道『鈴木修学先生の南無妙法蓮華経』(山喜房佛書林、二〇〇一年) 七一頁。
(93) 前掲の『御開山上人御法話集』、一六二頁。
(94) 前掲の鈴木修学『現代生活の指針』、七頁。
(95) 前掲の『御開山上人伝 如我等無異』、二一二頁。
(96) 新宗教の「根性直し」や「因縁切り」、在家先祖供養などにみられる脱他者依存型の民衆主体主義に対して、筆者が命名したもの。拙稿「在家主義の類型と霊友会」(一九九〇年七月七日開催の第五回「霊友会史研究会」のレジュメ及び「記録」)の中で使用したが、いまだ成稿をみていない。

第八章　戦後における立正佼成会と創価学会の「立正安国」

一　はじめに

本章は、戦後の日蓮仏教の「立正安国」運動（法華経精神によって安穏な国土を実現しようとする運動）の展開とその特徴について、法華（日蓮）仏教の動向、中でも、法華（日蓮）系在家教団の、「連携」（他教団と協力してよりよい問題解決を狙う立場）と「独一」（唯一正統な自教団だけが問題を解決できるとする立場）という二つの戦略を中心に考察するものである。

本章では日蓮仏教（日蓮の教え）という用語とは別に「法華（日蓮）仏教」という表現を使うが、その理由は、「三国四師」（釈迦・智顗・最澄・日蓮）の教えを等しく敬う立場をとる立正佼成会等の法華系の在家教団をも、考察の対象とするからにほかならない。私見によれば、戦前の段階においても、法華（日蓮）仏教運動の中心は既成の日蓮宗諸派から日蓮主義の運動体の手に移っていたが、太平洋戦争後になると、さらに、その中心が在家教団の手に移った。

日本の敗戦によって、これまでの天皇本尊論（天皇を日蓮仏教の本尊だとする考え方）はもちろん、正統とされた日蓮主義的国体論（日蓮仏教の立場から天皇と日本を独自に意味づける考え方）も、その信憑性を失った。また、戦前の日蓮主義的国体論には天皇と日本中心・干戈（武力）肯定・政教一致（王仏冥合・国立戒壇）などの特徴があったが、戦後になると、これらのほとんどが説得性を失った。

しかし、戦後になっても、多くの法華（日蓮）仏教は、「立正安国」の理念だけは降ろさなかった。二〇〇九（平成二一）年は「立正安国」奏進七五〇年の当年であったが、既成の日蓮宗諸派や法華（日蓮）系の在家教団の多くも、その行事の遂行に熱心であった。このように、「立正安国」という言葉は、戦前期の「国体」に代わって、戦後の法華（日蓮）仏教の天下国家的な社会性を示す象徴的な用語となった。ここに、本章が「立正安国」運動の戦後的展開を主題とするゆえんがある。その際、本章は、立正佼成会の運動を連携型の事例として、創価学会の運動を独一型の典型的な事例として取り上げる。

ところで、戦後の経済発展に即して戦後日本の新宗教史の段階を大雑把に分けるとすると、①戦後復興の時期（一九四五―一九五六年）、②経済発展の時期（一九五六―一九七三年）、③「豊かな社会」達成後の時期（一九七三年―今日）、の三つの時期になる。(1)

③に区分された時期が長すぎるきらいがあるが、このうち、法華（日蓮）系の在家教団の教勢が最も伸びた時期が①と②の時期であるから、大きな影響はあるまい。

①は、生活臭のする貧病争などの悩みごとの現世利益的な解決や急性アノミー（価値規範の急激な変動によって心の準拠枠が失われること）の解消を宗教に求めた戦後復興の時期であった。

②は、急激な都市化に伴う人々の根こぎ現象（離村向都した人々の都市生活への不適応など）と、経済水準の全般的底上げから漏出した相対的不遇層（未組織労働者や中小零細業者の家族など）の現状打破の願望、それに、生き甲斐や希望の模索などの精神的な希求を宗教に託した高度経済成長の時期であった。

③は法華（日蓮）系の在家教団よりも「新々宗教」（後述）が台頭した時期であるが、東日本大震災（二〇一一年三

月一一日）が起こった後には「宗教の社会貢献」が強調されるようになり、もともと向社会的な教えの特徴をもつ法華（日蓮）仏教が再び注目されるようになった。

以下、こうした戦後の日本の社会と宗教の歴史を踏まえながら、法華（日蓮）系新宗教が伸びた①と②の時期に焦点を絞りつつ、本章の主題に迫ることにする。

二　戦後復興期（一九四五―一九五六）の法華（日蓮）仏教

この時期は、政治的には、近代天皇制が解体され、戦争を放棄した平和憲法のもとで日本が民主主義的な再出発を開始してから、独立して国連に加盟するまでの時期である。また、経済的には敗戦直後の絶対的窮乏（生命の再生産すらおぼつかない窮乏）の時期から、朝鮮戦争の特需にはじまる経済復興の時期にあたる。

また、宗教的にみれば、この時期は、いわゆる国家神道が廃止され、信教の自由と政教分離が完全に保障された時期でもあった。これ以後、日蓮宗諸派も、日蓮遺文や曼荼羅の中の国神名を削除したり意味づけを無理に変えたりする必要はなくなった。のみならず、この時期には、これまでは類似宗教（非公認新宗教）とみなされていたものも含めて、すべての宗教が対等に布教活動を認められるようになった。

さらに、この時期は、戦時中に不敬罪や治安維持法に違反したとして捕えられていた教団指導者が牢獄から解放された時期でもあった。このなかには、日蓮宗八品派や創価学会、日蓮主義佛立講などの投獄されていた幹部も含まれていた。

戦時中に宗派の合同を強いられていた日蓮宗諸派は、合同後の宗派に残存するものと、旧に復したものとに分かれた。いま、規模の大きい合同宗派に限って戦後の離合状況をみれば、合同日蓮宗の場合には、北山本門寺系の旧本門宗や本多日生（一八六七―一九三一）に連なる日什門流の寺院の多くがそのまま残ったが、後者の場合には、本山の妙満寺を中心とするかなりの寺院が日蓮宗から離脱して顕本法華宗となった。

また、戦時中に日蓮宗寺院に属していた仏教感化救済会（大乗修養団）系の杉崎貞次郎（法山、一九〇三―一九七七）らのグループが一九四六（昭和二一）年に大乗教（名古屋市熱田区）として独立したが、逆に、仏教感化救済会の正嫡で昭徳会によっていた鈴木修一郎（修学、一九〇二―一九五六）らのグループは一九四七（昭和二二）年に日蓮宗に帰属して昭徳教会になり、一九五〇（昭和二五）年には日蓮宗法音寺（名古屋市昭和区）となった。

合同法華宗の場合には、基本的に合同前の三派に戻って、それぞれ、法華宗（本門流）・法華宗（陣門流）・法華宗（真門流）となった。このうち、当初、法華宗（本門流）は所属の五本山の所属寺院がまとまって本門法華宗として独立することを願っていたが、京都妙蓮寺系の寺院が単独で本門法華宗を名乗って独立した。また、この時期には、同じ八品門流の本門佛立講も、本門佛立宗として一宗独立を果たした。

ところで、日本の敗戦は、満州事変の首謀者で世界最終戦争論者でもあった石原莞爾（一八八九―一九四九）の日蓮主義（戦後の彼の用語では「日蓮教」）にも大きな影響を与えた。石原は、これまで、日蓮遺文に書かれている「賢王」（王形の上行菩薩）は干戈をもって世界を統一する未来の天皇であると信じていたが、戦後はそのイメージが「優しき女神のごとき賢王」へと変わり、新生日本は「身に寸鉄を帯びずして、唯正義に基づいて国を立つるの大自覚」をもつべきであるという考えに変わった。[2]

なお、石原は、一九四八（昭和二三）年に、映画『立正安国』のなかで、「日本は蹂躙されてもかまわないから、われわれは戦争放棄に徹してゆくべきです。ちょうど聖日蓮が竜ノ口に向かってゆくあの態度、キリストが十字架を背負って刑場にゆくその態度を、われわれは国家としてとる」[3]ともいっている。

石原と同様、日本の敗戦を内省し、「立正安国」を平和的に受け止めて、この時期に平和運動に舵を切った人に、本門佛立宗の梶本日颯（第一一世講有、一八八三―一九六三）と日本山妙法寺の藤井日達（創設者、一八八五―一九八五）がいた。

このうち、一九一七（大正六）年に創設された日本山妙法寺は、戦前から中国やインドへの布教に注力していたが、戦後になると、「立正安国」の理想を実現するために、反戦・反核・反基地・反安保の平和運動に非暴力的に取り組み、法鼓（団扇太鼓）と黄衣の旗手として、広くその名を知られるようになった。ちなみに、同寺の機関誌である『天鼓』（二〇一三年九月号）の表紙には、「平和国家建設 憲法九条護持」（上段）、「福島原発大震災 国難降伏祈念」（下段）と書かれている。

他方、戦中期に天皇本尊論を唱えた日蓮宗の高佐貫長（日煌、一八九六―一九六六）は何の総括もなしに天皇本尊論を降ろし、代わって現世利益的な「九識霊断」を考案し、日蓮宗の中に霊断師会をつくった。

ここで、話を法華（日蓮）系の在家教団に戻そう。終戦後の絶対的窮乏と急性アノミーは、多くの非仏教系の新宗教とともに、「法華経による在家先祖供養」を標榜した霊友会とその分派（霊友会系諸教団）の教勢をも伸ばした。この時期の霊友会と霊友会系の諸教団は、天下国家よりも家庭安楽のための現世利益を強調して教勢を伸ばした。

一九四六年に戸田城聖（一九〇〇―一九五八）によって再建された創価学会も、第二代会長に戸田が就任する一九五一（昭和二六）年までは、家庭安楽の現世利益を保証する小さな新宗教でしかなかった。だが、それ以降になると、創価学会は大規模で全国的な布教活動（他宗邪宗論を掲げた折伏大行進）と「国立戒壇の建立」（大石寺にある板曼荼羅を安置する国立の建物の建立）を掲げて政治進出をはじめ、一九五四（昭和二九）年の暮には会員世帯数が一〇万を超えた。「国立戒壇の建立」のスローガンには、日蓮の「立正安国」の思想と田中智学の戒壇論の影響が認められる。

また、終戦直後の時期に教勢を伸ばした霊友会の源流は、西田無学（一八五〇―一九一八）の先祖供養法（有縁無縁の先亡者に独自の戒名を振り訓読版の法華経開結の要文読誦で供養する方法）と若月チセ（一八八四―一九七一）の霊感指導法（交霊によって霊感を得て病気直しなどをする法華シャーマニズム）、それに、戸次貞雄（一八九七―一九六五）の世界救済論（「昭和の法華経」による世界救済論）に求めることができる。

戸次の世界救済論は一九二八（昭和三）年から翌年に書かれた彼の三つの著作に示されているもので、ここには日蓮主義の影響があきらかに認められる。しかし、その後の霊友会の展開をみる限り、こうした天下国家的側面が具体的な布教場面で活用されたという痕跡はあまりない。

そして、この三つの源流を統合して一つのユニークな在家先祖供養法（夫方と妻方の双方の家に戒名を振って祀る「総戒名」と、「生院徳」の個別の戒名、訓読の法華経の要文読誦のための「青経巻」、それに、髭題目と教菩薩法・佛所護念等と書かれた「お襷」を使うなどの供養様式）を確立したのは、当時、宮内省の建築技師をしていた久保角太郎（一八八九―一九四四）であった。

久保は、当初、若月チセを霊感者として活用したかったが、彼女から協力を断られた。そこで、久保は、兄嫁の小谷喜美（一九〇一―一九七一）を新たな霊感指導者に育て、彼女を会長として、一九三〇（昭和五）年に東京の青山で霊友会の発会式を行った。

その後、「法華経による在家先祖供養」という霊友会の基本的なメッセージは、よるべき「家」もなく都市に滞留していた庶民家族の神義論（苦難と幸福の説明理論）として受け入れられ、一九三七（昭和一二）年の時点では二〇万の会員を擁するまでに発展し、東京の赤坂に大きな本部講堂を建立するまでになった。

しかし、そのころ小谷の指導に対する一部の幹部たちの反発が強まり、一九三五（昭和一〇）年から一九三八（昭和一三）年までにいくつかの分派が生まれた（第一次霊友会分裂）。庭野日敬（一九〇六―一九九九）を開祖、長沼妙佼（一八八九―一九五七）を脇祖とする現在の立正佼成会は、この第一次霊友会分裂で一九三八年に分派して戦後に発展した在家教団である。このほか、霊友会からは、一九四九（昭和二四）年に起きた同会の金塊・コカイン隠匿事件と小谷の指導への不満を契機に、妙智會（一九五〇年に分派）と、妙道会（一九五一年に分派）などの在家教団が分かれている（第二次霊友会分裂）。

ここでは、こうした連携型の「立正安国」運動の典型として立正佼成会の平和・社会活動（同会の「立正安国」運動）を取り上げるが、同会がただの家庭安楽型から脱して積極的に平和・社会運動に目を向けるのは、一九五八（昭和三三）年の「真実顕現」（教団が現世利益の方便時代を脱して本仏の衆生救済の本願＝真実に生きる時代に達したことを示す言葉）以後のことであり、とりわけ、次の時期における国内の地域運動と国際的な平和運動の開始をまたなければならなかった。

さて、戦後の日本の宗教団体は、それぞれ、神社本庁（一九四六年創設）・教派神道連合会（一八九五年創設）・全日本仏教会（一九〇〇年創設）・日本キリスト教連合会（一九四六年創設）をつくって上部組織の日本宗教連盟（一九四六年創設）に属していたが、一九五一（昭和二六）年には、これに新日本宗教団体連合会（新宗連）が加わった。なお、日蓮宗諸派と国柱会らが日蓮聖人門下連合会（当初は門下懇話会）を結成したのは、次の時期の一九六〇（昭和三五）年のことであった。

新宗連創設の中核になった教団は、ＰＬ教団と立正佼成会、それに世界救世教や生長の家（のちに離脱）などであったが、やがて、第一次と第二次の分裂で生まれた霊友会系諸教団の多くが新宗連に加わった。なお、このほかに、新宗連には仏教感化救済会の流れを汲む大乗教の分派の真生会と法公会などが加盟しているが、これらもまた、法華（日蓮）系の新宗教である。だが、これらの在家教団の「立正安国」運動が本格化するのは、次の時期以降のことであった。

ここで、この時期における日蓮宗の「立正安国」の運動について一瞥しておこう。一九五四（昭和二九）年に、日蓮宗は、全世界立正安国化運動の開始を宣言し、続いて、世界立正平和運動全日蓮教徒大会を開き、翌年には、宗務院の中に世界立正平和運動本部を設けている。

一九五六（昭和三一）年に同宗出身の石橋湛山（一八八四―一九七三）を首班とする石橋内閣が生まれると、一時期、その運動が高揚して、全国各地で、原水爆禁止世界立正平和運動の地方大会を開くまでになったが、長続きせず、その後、次第に勢いを失っていく。

三　経済発展期（一九五六―一九七三）の法華（日蓮）仏教

この時期は、戦後復興期に続いて日本経済が順調に発展し、やがて、世界的に注目される高度経済成長を遂げ、それが第一次石油危機で終焉するまでの時期である。

また、政治的には、日本の国連加盟以後、日米安保条約の第一次・第二次の改訂を経て、沖縄返還、日中国交回復へと続く時代であった。

この時期の経済発展を支えたものはテクノロジー（外的合理主義）とガンバリズム（内的合理主義）であったから、この期に及んでも大胆に現世利益を強調し続ける大規模化した在家教団に対して、マスコミは「合理化」への圧力を強めた。また、この時期になると人々の暮らしも次第に落ち着き、人々が宗教に求めるものも、漸次、物質的・実利的なものから精神的・生きがい模索的なものへと変化しつつあったから、大規模化した在家教団の側も、こうした変化に主体的に対応して教えと実践の力点を精神的なものに移行させ、その結果、さらに教勢を伸ばすことに成功した。

この時期には戦後に乱立した在家教団や非仏教的な新宗教の「自然淘汰」がなされたが、その中で、法華（日蓮）系の在家教団である立正佼成会と創価学会の教勢が爆発的に伸びて、まもなく新宗教界の両横綱となった。

しかし、この時期における両教団の歩みは、必ずしも順風満帆ではなかった。立正佼成会は、『読売新聞』から一九五六年の一月から四月末までに四〇回以上にわたって呪術色の濃い「邪教」などと激しく攻撃された。同会では、これを「読売事件」と呼んでいる。以後、庭野は、これを契機に、同会の脱呪術的合理化を決意し、一九五八（昭和三三）年には、現世利益を強調してきた同会のこれまでの歩みを「方便」とする「真実顕現」を宣言するにいたった。

他方、創価学会は、一九六〇（昭和三五）年に池田大作（一九二八―）が第三代会長に就任してから次第に呪術色（幸福製造機としての本尊の強調など）と原理主義色（国立戒壇建立など）を薄め、一九六九（昭和四四）年の暮から一九七〇（昭和四五）年の春にかけて起こった「言論出版妨害事件」（創価学会と公明党が両者に不利な出版物の発行を妨害したとされる事件）に遭遇して、一挙に脱呪術的合理化と脱原理主義化（国立戒壇論の放棄など）の流れを加速した。

このような変化を遂げた立正佼成会と創価学会は、以後、個人的な現世利益よりも社会的な活動を重視した「立正安国」運動を展開していく。では、まず、立正佼成会の事例からみてみよう。

立正佼成会の「明るい社会づくり運動」（明社運動）は、当時、経済的な豊かさのみを追求していた日本の現状を「物で栄えて、心で滅ぶ」と憂慮した開祖の庭野が、思想信条の違いを超えて連携した人々による地域社会の立て直し運動として、一九六九年に創設したものである。

「世界宗教者平和会議」（WCRP）は、核兵器禁止平和使節団（松下正寿団長、一九六三年）の欧米訪問や庭野日敬のローマ教皇パウロ六世との会見（一九六五年）等の前史を経て、庭野らの努力で一九七〇年に結成されたものである。現在までに、世界の主要な宗教潮流のほとんどと連携して、およそ五年ごとに世界各地で会議を開催するなど、宗教協力による世界平和団体としては世界で最大規模の運動体となっている。

この時期に立正佼成会が平和・社会運動に注力しはじめたことについて、開祖の庭野は、「（個人的・現証的な救われは）仮の救われに過ぎないのであって、世の多くの人が救われなければ、自分も本当の幸せは得られないのだ(4)」から、同会の教勢が一〇〇万世帯に達したのを契機に、「私どもが願い続けてきた本来の大目的を表に現わすときを迎えたということです」[5]といっている。

なお、同会は、このほかにも、宗教協力、政治浄化（選挙）、一食を捧げる運動、ユニセフ募金等の多くの平和・社会活動のメニューを会員に提供しているほか、庭野平和財団をつくって世界の平和貢献者の顕彰などをしている。

これに対して、創価学会は、自宗だけが唯一正統の日蓮仏教の継承者であると主張する日蓮正宗の排他性を引き継いでいることもあって、同会の対他的・対自的な姿勢は基本的に「勝利」をめざす闘争的なものであった。『聖教新聞』は、いつの時代でも、「闘いに勝て」という幹部の指導と「闘って勝ちました」という会員の証言に満たされてきた。創価学会の会員には、貧乏や病魔、負の人間関係や怠惰な自己に勝ち、選挙や「聖教啓蒙」（『聖教新聞』の講読勧誘）に勝ち、そして、（日蓮正宗と対立して一九九一年に宗門から破門されてからは）「仏敵」（日蓮正宗）に勝つことが求められた。

創価学会の「立正安国」運動として第一にあげなければならないものは、公明党などへの選挙支援活動であろう。同会の選挙活動は、当初は「国立戒壇の建立」のための活動であったが「言論出版妨害事件」以後は「大衆福祉」のための活動へと脱宗教化された。だが、このような位置づけの変更を超えて、創価学会は、日蓮仏教が個人救済のための宗教であることにとどまらず、社会全体の福祉増進にも役立つものであるべきだと考えている。つまり、日蓮仏教は、「立正安国」の宗教だという認識である。

創価学会は、このほかにも、同会そのものとして、あるいは、青年部や婦人部として、多彩な平和・文化・教育活動を行なっている。その分野は平和・災害・環境・文化・教育など多岐にわたり、その形式は署名・声明・展示・学習・支援・出版・国連活動など、さまざまである。

次に、日蓮宗内の個人有志を中心にして一九六九（昭和四四）年に結成された「立正平和の会」の活動について触れよう。

同会は、宗門の立正平和運動の理念の明確化と運動の活性化をめざして結成されたもので、法華経を「生命の教え」と理解し、不殺生と戦争否定を同会の理念とするが、世法の上で「正法に順ずる」営みを行うことも正法護持の運動であり、この実践もまた「立正安国」の運動であるとしている。同会は、こうした立場から、平和・環境・人権の問題などに取り組んでいる。

四　「豊かな社会」達成後の時期（一九七三―今日）の法華（日蓮）仏教

一九七三（昭和四八）年に起こった第一次石油危機は、これまでの高度経済成長を終わらせた。以後、日本の経済は低成長時代に入るが、それでも一九八〇年代には「豊かな社会」（豊かな高度産業社会）を達成した。

「豊かな社会」の到来は、二つの面で、在家教団や非仏教系の新宗教に大きな影響を与えた。その一つは、これらの教団による海外支援活動や国際協力活動の活発化であるが、立正佼成会等の新宗連傘下の教団が国の内外の諸宗教と連携してこれらを行ったのに対して、独一型の創価学会の場合は海外の同会系の組織（創価学会インターナショナル＝SGI）のみの結集でこれらを行なった。

「豊かな社会」の到来の第二の影響は、この時期になると、戦後復興期から経済発展期に教勢を伸ばした在家教団や非仏教系の新宗教の教勢の伸びが止まり、代わって新しいタイプの新宗教（霊術系の新々宗教）が台頭してきたことである。これには、GLA（高橋信次が一九七八年に創設）や阿含宗（桐山靖雄が一九七八年に創設）、真光系の二教団（岡田光玉が一九五九年に創設、二教団とは世界真光文明教団と崇教真光）が含まれる。

これは、「豊かな社会」になって衣食の足りた表出主義的な若者を中心とする人々の間で高まった「教団嫌いの神秘好き」の傾向の表れであるが、その背後には一九七四（昭和四九）年に来日したユリ・ゲラーの「スプーン曲げ」

を端緒にした一般社会の神秘・呪術ブームの存在があった。

さらに、昭和から平成へと年号が変わったあたり（一九八九年ころ）から、今度は、神秘的だが向社会的（教団によっては反社会的）でもある新たな新々宗教が出現した。すなわち、二度のサリン事件（一九九四年に松本で、一九九五年に東京で）を起こしたオウム真理教（麻原彰晃が一九八七年に創設）と国政選挙に大量の候補者を擁立する幸福の科学（大川隆法によって一九八六年に創設）の台頭である。

オウム真理教の起こしたサリン事件は、「立正安国」と干戈の関係、換言すれば、宗教的な理想の達成と暴力的な手段との関係の議論に、一石を投じた。

新たな新々宗教が台頭してきた背景には、ベルリンの壁の崩壊（一九八九年）後の国際的・国内的な政治の混乱や不測性・不透明性の増大があったように思える。これらの教団が終末とメシア（麻原彰晃と大川隆法）の到来を主張したのは、世界の不測性・不透明性の社会心理的な反映としての不安と危機意識の表れではなかろうか。

オウム真理教のサリン事件は、「謗法の僧の頸を由比ヶ浜で斬れ」（取意）と言った日蓮の真意を巡る議論、換言すれば、宗教的な理想の達成と暴力的な手段の関係についての難しい議論を識者に喚起した。

「豊かな社会」の到来は、法華（日蓮）系の在家教団の教勢の伸びを止めた。立正佼成会や創価学会等は、脱呪術的合理化によって高度経済成長期の社会に一度は適応したものの、「豊かな社会」の神秘・呪術ブームには勝てなかった。「教団嫌いの神秘好き」の人々は、法華経などの顕教よりも密教やヒーリング・スポットなどを好むようである。

しかし二一世紀になるころから「社会参加仏教」(6)が注目されはじめ、二〇一一（平成二三）年に原発事故を伴った東日本大震災が起こったころから、「絆」や「ボランティア」「社会貢献」という言葉が流行り出し、それにつれて、もともと向社会的な性格をもつ法華（日蓮）仏教への関心が再び高まってきた。また、最近の法華（日蓮）系の既存の諸宗派や在家教団の動向で注目されることは、門流や宗会派を超えた国内の研究・実践のネットワーク運動の高まりと、インターネット上のＨＰやメール、ＳＮＳ（ソーシャル・ネットワーキング・サービス。フェイスブックやライン等）を利用した国際布教の活発化である。

五　戦略の違いを分けるもの

最後に、立正佼成会や新宗連傘下の法華（日蓮）系の在家教団が連携型の「立正安国」運動を展開し、創価学会が独一型の「立正安国」運動をするようになった理由について、考えてみたい。

在家教団の運動姿勢を決めた第一の要因は、当該教団が依拠する信念体系の特徴であったであろう。立正佼成会や新宗連傘下の法華（日蓮）系の在家教団は必ずしも日蓮仏教にこだわらない法華経の教団であったが、創価学会は日蓮を本仏と仰ぐ日蓮正宗系の異色の日蓮仏教であった。日蓮仏教の信仰にとどまるか、それとも法華経の信仰にまで立ち戻って信念体系の「再歴史化」（現代的蘇生）をはかるかが、連携と独一に大きな影響を与えるに違いない。

在家教団の運動姿勢を決めた第二の要因は、当該の在家教団に影響を与えた既成の日蓮宗諸派の性格であったであろう。立正佼成会等の在家教団は日蓮宗身延派と提携して教団形成を進めたが、この身延派の性格は他の宗教伝統に対して寛容なもので、それとの連携を厭わないものであった。これに対して、創価学会が帰属していた日蓮正宗の性格は、他の宗教宗派を邪宗教とみる排他的なものであった。

在家教団の運動姿勢を決めた第三の要因は、当該教団の掲げる運動方針の特徴であったであろう。両教団とも終戦直後には家庭安楽型の現世利益を強調していたが、創価学会は一九五一（昭和二六）年から大石寺にしかない板本尊を安置する「国立戒壇の建立」を目標にした天下国家型の運動を開始した。運動の性格上、この運動は、他宗教と連携するわけにはいかないものであった。しかし、創価学会は二〇一四（平成二六）年の会則改正で大石寺の板本尊から離れ、本尊という点では独一の立場を薄めた。

他方、立正佼成会は、一九六九年から他宗教と連携した「明るい社会づくり運動」をはじめた。立正佼成会には、他宗教を「邪宗教」とみなす見方や自分たちだけで戒壇を立てるという方針は、はじめからなかった。

だが、連携と独一という戦略の違いにもかかわらず、両教団の天下国家型の「立正安国」運動は、会員に大きな目標（大義）と使命感を与え、組織を活性化させた。

これとの関連で付言するとすれば、現世利益を語らず「立正安国」のみを強調した国柱会の教勢が伸びず、逆に、まったく「立正安国」を語らず現世利益のみを強調する本門佛立講（宗）の教勢が中規模なものにとどまったこと、そして、その双方を強調した立正佼成会や創価学会の教勢が大きく伸びたことには、こうした原因があったものと考えられる(7)。

在家教団の運動姿勢を決めた第四の要因は、教団指導者の考え方であったであろう。これについて、立正佼成会の開祖の庭野日敬は「人の和こそいちばん大事なことであります(8)」といっている。これに対して、創価学会の池田大作SGI会長は、『勝利』の二字――これが、一切を開く(9)」といっている。

在家教団の運動姿勢を決めた第五の要因は、教団発展期に入会した会員の属性、とりわけ、会員の帰属階層と生活構造の型であったであろう。これまでの信頼度の高い諸種の社会調査の結果から推して、総じて、立正佼成会の会員層は中の下の階層の地域移動性の低い、どちらかといえば土着型の生活構造の持ち主が多かったのに対して、創価学会の会員の場合は「都市下層(10)」の、地域移動性の高い流動型の生活構造の持ち主が多かったということができる。後者の場合には、自教団の独一性を強調して、攻撃的な現状打破の「立正安国」運動に傾きやすい。それだけ、彼らの剥奪が厳しかったからである。

以上で、本章の考察を終えるが、「立正安国」という四文字は、本章で取り扱った戦後の時代を超えて、これからの法華（日蓮）仏教運動の眼目（理念的目標）として、大きな影響力を発揮し続けるに違いない。

（注）

（1）より詳しい戦後の新宗教史の段階区分と段階ごとの特徴については、拙稿「現世利益から超常体験へ」（『平和と宗教』第一四号、一九九五年一二月、庭野平和財団）七八―八九頁を参照されたい。

（2）石原莞爾「われらの世界観ノート」（一九四六年七月）（『石原莞爾全集』第七巻、石原莞爾全集刊行会、一九七七年、三五三頁）。

（3）石原莞爾「映画・立正安国（トーキー対談）」、一九四八年月一一月、同前、三八一頁。

（4）『庭野日敬法話選集』第一巻（佼成出版社、一九八〇年）三九六頁。

（5）同前、第六巻（佼成出版社、一九七九年）四二七頁。

（6）英語の Engaged Buddhism のことで社会参加仏教または社会参画仏教と訳される。一九五〇年代にベトナム僧のティク・ナット・ハンが社会に積極的に関与する入世仏教の意味で使い出した用語である。詳しくは、阿満利麿『社会をつくる仏教』（人文書院、二〇〇三年）や、ランジャナ・ムコパディヤーヤ『日本の社会参加仏教――法音寺と立正佼成会の社会活動と社会倫理』（東信堂、二〇〇五年）、さらに、金子昭『驚異の仏教ボランティア――台湾の社会参画仏教「慈済会」』（白馬社、二〇〇五年）、などを参照されたい。

（7）これについてのより詳しい議論は、拙稿「宗教運動におけるユートピアとエクスタシーの相関――佛立講・国柱会・創価学会の事例研究」（中牧弘允編『現代日本の〝神話〟』、ドメス出版、一九八九年）一五二―一七〇頁を参照されたい。

（8）『庭野日敬法話選集』別巻（佼成出版社、一九八二年）九七頁。

（9）『聖教新聞』二〇〇四年三月九日号。

（10）鈴木広が一九六二年夏に福岡市で実施した社会調査の結果、膨張期の創価学会員が離村向都した都市下層の人々であることを実証した。詳しくは、鈴木広「都市下層の宗教集団――福岡市における創価学会」（東北社会学研究会研究誌『社会学研究』第二二号、八一―一〇二頁、及び、同誌第二四・二五合併号、五〇―九〇頁、一九六三・一九六四年、一九七〇年に誠信書房から出版された鈴木広『都市的世界』に再録）を参照されたい。

Ⅳ　正当化の危機と内棲教団の自立化

第九章　戦後創価学会運動における「本門戒壇」論の変遷——政治的宗教運動と社会統制

一　問題の所在と分析視角

創価学会は、一九九一（平成三）年に「破門」されるまでは、まだ日蓮正宗に所属する一講中（信徒団体）であった[1]。その前身である創価教育学会は、牧口常三郎によって一九三〇（昭和五）年に創設されているが、現今の創価学会は、戸田城聖によって戦後に再建されたものである。

創価学会は、名称こそ、「価値創造の会」（Value Creating Society）であるが、一九九一年に「破門」される前までの同会は、日蓮正宗に伝承されてきた既存の宗教的価値の復興・再生と、その応用・展開をはかる在家の宗教集団であった。

本章は、考察の対象を戦後の創価学会に限定し、その運動を本門の戒壇の建立をめざした宗教運動であったと規定する[2]。

本門の戒壇とは、日蓮正宗の教義の根幹をなしている三大秘法のうちの一つである。三大秘法は、他の日蓮宗諸派においても主張されているが、日蓮正宗のそれは、日蓮本仏論[3]、板本尊（戒壇本尊）

論[4]、富士戒壇説[5]に立脚したものであり、他のものとは著しく異なっている。

日蓮正宗における三大秘法は、正宗独自の教判である「五重相対[6]」によって、他のいっさいの教法の中から、「唯一最高」の教法として選別されたもので、独自の本門の本尊・本門の戒壇・本門の題目の三大秘法観よりなっている。

これは、合すれば本門の本尊の一大秘法におさまり、開けば六大秘法となるというように、本尊中心の三大秘法観である。

六大秘法とは、本尊を人と法、戒壇を義と事、題目を信と行に開いたものである。

日蓮正宗では人本尊は末法の本仏日蓮、法本尊は事の一念三千の南無妙法蓮華経であり、二つともこの「人と法」が一体化しているものが日蓮正宗総本山大石寺の板本尊（戒壇本尊）であるという。

義の戒壇とは、広宣流布（一国民衆のほとんどが日蓮正宗に帰依すること）達成の時まで本門の本尊を安置する場所、事の戒壇とは、その暁に『三大秘法抄（三大秘法稟承事）』及び『一期弘法抄（身延相承書）』（二つとも偽書説がある）に示されている条件を満たして建立される本門の本尊を安置する場所とされている。

本門の題目とは、本門の本尊を信受（信）して、南無妙法蓮華経の七字を唱えて修行する（行）ことである。

これら三大秘法のうち、日蓮は、まず一二五三（建長五）年四月二八日に本門の題目を唱えはじめ、次いで一二七九（弘安二）年一〇月一二日に出世の本懐として本門の本尊（大石寺の板本尊）を図顕したが、本門の戒壇（以下、すべて事の戒壇の意）の建立だけは、滅後の弟子に遺命として残したとされている。

したがって、この本門の戒壇の建立こそ、日蓮正宗の唯一最大の目的、宗門七〇〇年の悲願ということになる。

では、日蓮正宗における本門の戒壇とは、どのようなものであろうか。以下、その典拠となっている二つの日蓮遺文とされているものを示そう。

「戒壇とは王法仏法に冥じ仏法王法に合して王臣一同に本門の三秘密の法を持ちて有徳王・覚徳比丘の其の乃往

を末法濁悪の未来に移さん時勅宣並御教書を申し下して霊山浄土に似たらん最勝の地を尋ねて戒壇を建立す可き者か時を待つ可きのみ事の戒法と申すは是なり」[7]（三大秘法抄）

「国王此の法を立てらるれば冨士山に本門寺の戒壇を建立せらるべきなり、時を待つべきのみ、事の戒法と云うは是なり」[8]（一期弘法抄）

日蓮正宗では、これらの日蓮遺文から冨士戒壇説と国立戒壇（国家的な戒壇）論を引き出し、伝統的にこれを主張してきた[9]。

また、戦後の創価学会が政治に進出した際の根拠となったのも、この「戒壇の建立」ということであった。

しかし、戦後の創価学会の全運動過程を顧みるとき、その戒壇論には、幾多の変遷がみられる。

本章は、こうした創価学会の戒壇論の変遷過程をたどり、その変遷を規定した内的及び外的な要因を析出し、それらの構造連関をチャーチ・セクト論（Church-Sect Typology）の視角から解明しようとするものである。

なお、社会学的に評価しうる最近の論文として、中野毅の「戦後民主主義と創価学会の戒壇建立運動」（本化ネットワーク叢書〈3〉『本門戒壇論の展開』、本化ネットワークセンター、二〇一四年）がある。

チャーチ・セクト論とは、今世紀初頭より、欧米のキリスト教会の組織または運動の類型論として、ウェーバー（Weber, M）、トレルチ（Troeltsch, E）、ニーバー（Niebuhr, H.R）などによって提唱され、その後、ウィルソン（Wilson, B.R）、ジョンソン（Johnson, B）、インガー（Yinger, J.M）などによって、宗教一般の組織または運動の類型論として発展させられてきたものである[10]。

チャーチ・セクト論は、研究者により、実にさまざまだが、インガーは、宗教集団が

表1　宗教組織の類型

類型＼分類基準	変数①	変数②	変数③
セクト	×	×	×
確立したセクト	△	△	△
デノミネーション	○	○	○
チャーチ（エクレシア）	◎	◎	◎

①社会の構成員を包含している程度、②「俗世間」（一般社会）の価値に適応している程度、③組織化（他の世俗集団からの組織的分離、専従者の整備、官僚制の発達）を進めている程度、の三つの変数を基準として、概略、前頁の表1のような宗教組織の類型を設定した。[11] これらのうち、チャーチ（エクレシア）とは、ヨーロッパにおけるキリスト教の国教会などをさしているが、今日の日本には、これにあたるものはない。しいてこれと類似のものをあげるとすれば、本願寺教団などの既成仏教大教団がこれにあたるといえよう。デノミネーションは、最も一般的な宗教組織であり、我が国の多くの教団はこれに該当しよう。また、セクトの事例としては、かつて「邪教撲滅」を叫んでいたころの創価学会があげられよう。

チャーチ・セクト論は、宗教組織のたんなる静態的な類型論にとどまるものではなく、セクトのデノミネーション化といった類型変化の動態をも取り扱う。

インガーは、社会悪を攻撃するセクト（Aggressive Sect）は、個人的な不安や罪の解決を強調するセクトよりも、デノミネーション化しにくいといっている。[12] これを、我が国の事例に適用するならば、往時の創価学会は前者に、立正佼成会は後者に、それぞれ該当しよう。

では、創価学会は、はたして、デノミネーション化しなかったのであろうか。

本章では、インガーの変数②にあたるものとして戒壇論の変化の程度を取り上げ、その考察を通して、創価学会のデノミネーション化の問題を解明することにしたい。

こうした問題の解明に際しては、他の変数をも考慮しなければならないことは自明であるが、ここでは、変数②（具体的には戒壇論の変化の程度）に焦点を絞る。[13]

創価学会が当初に掲げていた「国立戒壇の建立」という運動目標は、「俗世間」（一般社会）の価値基準から著しく乖離したものであった。それ故、それは、しばしば激しい世論の十字砲火にさらされた。本章が変数②として戒壇論の変化の程度を取り上げるのは、そうした理由にほかならない。

二　戒壇論の変遷過程

戦後における創価学会の全運動過程を、政治進出との関連でいくつかの段階に区分するとすれば、それは次頁の図1のAに示されているように、五段階に区分されよう。だが、戒壇論の変遷に即した段階区分は、必ずしもこれと一致しない。

では、以下、その変遷過程を、段階ごとにたどってみることにしよう。

(一) 第一段階

この段階は、創価学会の再建期にあたる。この段階における創価学会の主張と活動は、他の新宗教と同様に、もっぱら個人的な現世利益(功徳)を中心としたもので[14]、一国民衆救済のシンボルである戒壇への言及は、ほとんどなされていない。

当時の日蓮正宗では、戒壇論がタテマエと化し、戒壇の建立は「ただ夢のごとく言いならされてきて、大部分は理想境とし、実現不可能事とせられて」(戸田城聖『巻頭言集』、一九五頁)いたから、僧侶は、さしてまじめに戒壇論を説かなかったらしい。

戸田は、こうしたタテマエばかりの僧侶の戒壇論を軽蔑して、のちに次のように語っている。

「私は以前にこういうことを聞いたことがあります。今より数年前に御本山において、ある僧侶が『今でこそお山は、このとおり貧乏しているけれども、広宣流布の暁には、天皇陛下がお寺を建ててくださって、そうしてり

図1　戦後創価学会運動の段階区分

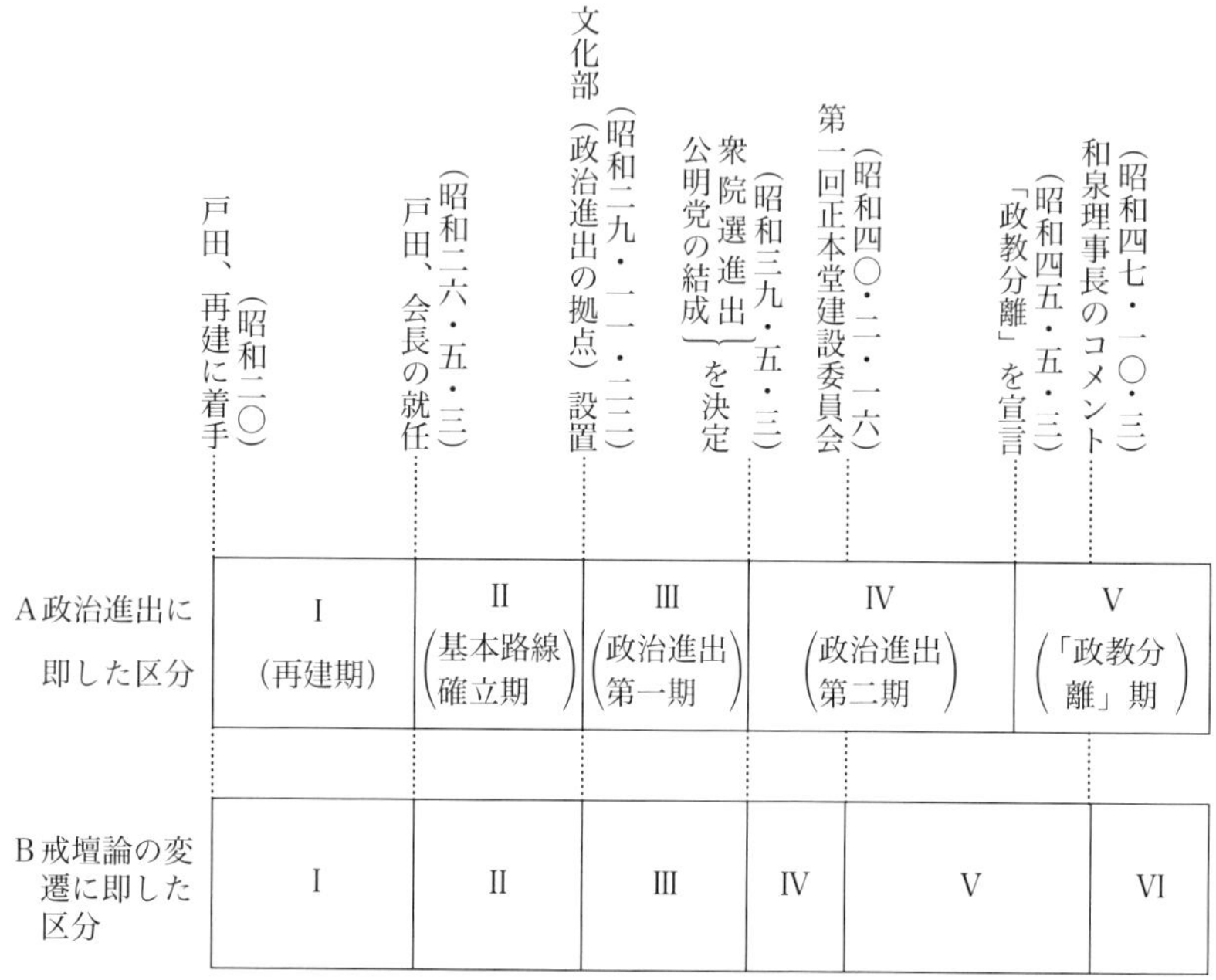

っぱになるのだ』と、あぐらをかいて、悠然と、たばこをのみながら言われたそうである。これには、じつに驚いた。」（戸田城聖『講演集 下』、二六頁）

だが、かくいう戸田にも、この段階では、まだ具体的な戒壇建立の方法がなかったようである。

日蓮正宗の伝統的な戒壇論では天皇帰依による戒壇建立が説かれていたが、当時は、すでに天皇主権の政体は崩壊してしまっていた。そして、こうした政体変化を無視して伝統的な戒壇論に固執していても、戒壇建立がしょせん不可能であることは、戸田にもわかっていた。

では、戦後の国民主権の政体にふさわしい戒壇建立の方法は、どのようなものか。当時の戸田は、それを想い、現実味のある戒壇建立の方法を模索していたに違いない。

（二）第二段階

この段階は、創価学会の基本路線確立期にあたる。

すなわち、創価学会は、この段階においてはじめて、その運動の最終目標が国立戒壇の建立であることを明確に打ち出したのである。だが、政治進出には、まだ言及していない。

戸田は、この段階で伝統的な日蓮正宗の戒壇論に大胆な修正を加え、民衆帰依による戒壇建立の路線を提示した。戸田は、一九五一（昭和二六）年五月、会長就任の挨拶の中で次のように述べた。

「天皇に御本尊様を持たせ、一日も早く、御教書を出せば、広宣流布ができると思っている人があるが、まったくバカげた考え方で、今日の広宣流布は、ひとりひとりが邪教と取り組んで、国中の一人一人を折伏し、みんなに、御本尊様を持たせることだ。こうすることによってはじめて国立の戒壇ができるのである。……いま、わたくしたちは、大きな本門の戒壇を建てるための、ひとつひとつの土台石をはこんでいるのであります。」（戸田城聖『講演集 上』、五一頁）

当時は、おりしも朝鮮戦争が激化し、第三次世界大戦勃発の危機が巷間に云々されていたころである。これまで、「苦学をして小学校教師になったが、じきにやめて、保険の外交、出版、金融、株屋など、カネと度胸とカンの勝負を軸にはげしく浮き沈みをしてきた」（佐木秋夫・小口偉一『創価学会』、一五一頁）戸田は、この機をとらえて創価学会の運動を、現世利益と現状打破を巧みに結びつけた政治色の強い運動へと転換させたのであった。

戸田は、このころ機関誌『大白蓮華』（一九五一年五月号）誌上に、『立正安国論』を引いて、「朝鮮動乱と広宣流布」なる論文を発表したが、それによると、日本の敗戦や朝鮮戦争の勃発による一国民衆の不幸は、「これみな、仏の金言にそむいて仏をまつらないところから出来したもの」であり、「邪宗教、低級仏教によって、仏の真言にそむく仏罰である」（戸田城聖『論文集』、八〇頁）という。つまり、彼にとって、「邪教」は、個人の不幸の源泉にとどまらず、一国民衆すべての不幸の根源であった。

こうして、折伏もまた、たんに個人の功徳のためばかりではなく、一国民衆救済のシンボルである国立戒壇建立のための土台石を運ぶこととして位置づけられたのであった。

そこで戸田は、会長就任と同時に、「邪教」の撲滅と民衆教化の折伏大行進を宣言し、「私が生きている間に七五万世帯の折伏は私の手でいたします。……もし私のこの願いが、生きている間に達成できなかったならば、私の葬式は出して下さるな。遺骸は品川の沖に投げ捨てなさい！　よろしいか！」[15]と述べた。もちろん、めざすは国立戒壇の建立であった。

基本路線を確立した創価学会は、この段階で、基本組織を固め[16]、教学力を強化し[17]、また、日蓮正宗内での主導権を掌中におさめることにも成功した[18]。

その結果、教勢は急速に拡大し、戸田の会長就任時にわずか五〇〇〇人であった会員数が、この段階の最後には一〇〇万世帯を越えた。そして、こうした組織的力量の増大をまって、創価学会は、いよいよ次の段階へと進むのである。

（三）第三段階

この段階は、創価学会の政治進出第一期（政党結成と衆院進出抜きの限定つき政治進出期）にあたる。

創価学会は、この段階で、はじめて「国立戒壇の建立」を根拠として政治に進出した。

しかし、創価学会の政治進出は、国立戒壇の建立という大義名分のほかに、①対内的な結束効果[19]、②対社会的なデモンストレーション効果、③政治弾圧に備えた組織防衛などを同時に狙ったものであった[20]。

戸田が政治進出を決意した時点は、一説によると一九五二（昭和二七）年一月だとされているが[21]、創価学会の政治進出の準備が本格的に開始されたのは、一九五四（昭和二九）年を迎えてからであった。

創価学会は、一九五四年の初頭に、すでに国立戒壇建立のための政治進出を示唆していたが、同年一一月二二日には、その拠点として文化部を設置し、翌年四月の統一地方選の準備にとりかかった。統一地方選の結果、創価学会は、東京都議に一名、東京都特別区議に三三名、全国一七市議に一八名の文化部員を当選させ、政治進出の緒戦をかざった。また、翌一九五六年六月の参院選でも、六名の候補者を立てて、全国区二名、地方区一名を当選させた。

その間、戸田は、『大白蓮華』誌上に、まず「広宣流布と文化活動」を、次いで「王仏冥合論」を連載し、政治進出を理論づけた。

前者の中で戸田は、国立戒壇の建立は日蓮門下の重大使命であり、それは至難事中の至難事であることを説き、以下、次のように述べている。

「そのゆえは、日本民衆に、信ずると信じないとにかかわらず、深刻なる理解を持たせねばならないからである。……そこで、日本民衆に理解させるための、文化活動の必要が生じてくる。……しからば、文化活動の内容はいかにというに、まず政界に、国立戒壇建立の必要性を、十分に理解させることである。」(戸田城聖『巻頭言集』、一九七―一九八頁)

また、戸田は、後者の中で国立戒壇について次のようにいっている。

「われらが政治に関心をもつゆえんは、三大秘法の南無妙法蓮華経の広宣流布にある。すなわち、国立戒壇の建立だけが目的なのである。ゆえに政治に対しては、三大秘法稟承事における戒壇論が、日蓮大聖人の至上命令であると、われわれは確信するものである。」(戸田城聖『巻頭言集』、一〇四頁)

では、こうした戒壇の建立は、どのような手順でなされるのであろうか。以下の文章は、それを知る手がかりとなろう。

「(国立戒壇建立の)御教書とは衆議院に於て過半数の構成を以って発せられるものである故これが獲得の為にも正法弘通の活動は今後新生面が展開されなければなるまい。」(『聖教新聞』一九五四年一月一日)

「……これらの人々のなかから国会議員が出て、国立戒壇の請願が出され、国会で可決され、天皇陛下も、また、この御本尊様のありがたさを知ってこそ、初めて広宣流布ができるのです。」（一九五五年三月二七日鶴見支部第四総会での戸田講演・戸田城聖『講演集 下』、二七頁）

「広布の終点は国立戒壇建立である。その為には国会の議決が必要だ、すると宗教の正邪に対して確たる信念を持ち国立戒壇建立を願う人々の代表が国会議員として多数居なければならない事は論をまたないのである。」（『聖教新聞』一九五五年四月七日）

しかし、戸田は同時に、「学会がその宗教上の団結を利用して政党を結成してこれに当ることは全くの誤りとなる」（『聖教新聞』一九五五年四月三日）、あるいは「衆議院には候補者を立てない」（『週刊朝日』一九五六年七月二九日）とも述べているから、政権獲得＝為政者化による国立戒壇の建立は、考えていなかったようである。

さて、戸田は、創価学会が大石寺に寄進した法華本門大講堂落成の一か月後の一九五八年四月二日に、五八年の生涯を閉じた。当時の会員世帯数は、数年来の組織的な全国地方折伏[22]の結果、戸田が会長就任時に約束した七五万を越え、八〇万に達していた。

世間では、戸田亡き後の創価学会は分裂または崩壊するのではないかとみる向きもあったが、創価学会は集団指導体制を固め、翌一九五九年の統一地方選（四月）と参院選（六月）で好成績をおさめて、その予想を完全に裏切った。池田大作は、戸田逝去時に参謀室長（六月三〇日より総務を兼任）であったが、青年部を固めて教団中枢部に進出し、参院選後には実質的な池田体制が確立した。そして、一九六〇年五月三日の第二二回本部総会で、池田は創価学会第三代会長に就任した。

だが、こうした指導部の変化にもかかわらず、この段階における創価学会の戒壇論には基本的な変化がみられなかった。もっともこうした限定つきの政治進出が次第に変化するにつれて、シンパづくりの必要から国立戒壇論への言及頻度は以前よりも減っていった。なお、この段階における池田の戒壇論は、戸田のそれの複写であるから、ここでは省略する。

創価学会の教勢は、戸田逝去後も急速に伸長した。それを世帯数でみれば、池田の会長就任直後に一五〇万、一九六二年末には三〇〇万、そして、この段階の終わりには四〇〇万を越えるという急伸ぶりであった。

こうした過程で、創価学会は、一九六一年五月三日に、従来の文化部を文化局政治部へと改組し、さらに、同年一一月二七日には、それを公明党の前身である公明政治連盟（公政連）へと発展させた。

また、一九六三（昭和三八）年九月一日には、労音に対抗して民音（民主音楽協会）が結成され、シンパづくりの役割を担わされた。一方、一九六〇年六月に青年部の機関誌として創刊された『潮』が、一九六三年四月から一般の月刊総合雑誌として市販されるようになったが、それは「文化人の〝撫順工作〟」、「一般人の〝懐柔工作〟」（上条末夫「創価学会の〝文化人工作〟」民主社会主義研究会議機関誌『改革者』、一九七〇年三月）を狙ったものであった。

このほか、この段階における創価学会は、文化局を母体として、東洋学術研究所（現・東洋哲学研究所）、アジア文化研究所、アジア民族協会など、各種の文化団体を設立してイメージ・アップに努めた。こうした創価学会の一連の措置が、来るべき衆院進出に備えたものであったことは明白である。

（四）第四段階

この段階は、創価学会の政治進出第二期（本格的政治進出期）と同時にはじまるが、その期間はきわめて短い。

池田は、前段階まで戸田と同様、「創価学会は政党ではない。したがって衆議院にコマを進めるものではない。あくまでも、参議院、地方議会、政党色があってはならない分野に議員を送るものである」（『大白蓮華』一九六一年六月）と述べていたが、一九六四（昭和三九）年五月三日の第二七回本部総会では、前言を否定して公政連の政党化と衆院進出の方針を打ち出し、それを決定した。また、この総会では、同時に、正本堂の建立も決定された。

しかし、この段階における創価学会は、まだ国立戒壇論を維持していた。第二七回本部総会の席上、池田は「正本堂の建立は事実上本山に於ける広宣流布の体制としてはこれが最後なのであります。したがってあとは本門の戒壇だけを待つばかりになります。」(『聖教新聞』一九六四年五月五日)と述べているが、この「本門の戒壇」の内容は、いまだ国立戒壇であった[23]。

さて、創価学会が国立戒壇論を維持したまま、政党を結成して衆議院に進出することは、従来の戒壇論にさらに新しい要素を付加させることになった。つまり、この段階で従来の戒壇論は、政権獲得＝為政者化による戒壇の建立という新しい戒壇論に変化したといえよう。

しかし、創価学会は、このころから「国立戒壇」の用語を、「本門の戒壇」あるいは「民衆立の戒壇」と言い換える作業を開始した。

池田は、第二七回本部総会直後の六月三〇日に、学生部第七回総会で次のように述べた。

「〈御書〉には、『国立戒壇』ということばなどはどこにもありません。戸田先生も、ちょっと『国立戒壇』ということばをもらしたことはありますが、私も先生がおっしゃったから申し上げたことも一、二ありますけれども、御書にも日興上人のおことばにも、日寛上人のおことばにも『国立戒壇』ということばはないのです。『戒壇』といえば『本門の戒壇』となるのです。」(池田大作『会長講演集』第一一巻、一二七頁)

だが、池田は、続けて、「本門の戒壇」とは国立美術館、国立博物館、国立競技場のような公共的なものだと述べて、その内容が従来の国立戒壇と同様であることを示唆した。

要するに、創価学会は「政教一致」「国教化」を狙っているのではないかという当時の世論の批判を回避するために、刺激的な「国立戒壇」の用語の使用をやめたにすぎない。

池田は、前言にひき続いて、さらに次のように述べた。

「(戒壇建立ということは) 何も恐ろしいことでも、特別のことでも、なんでもないのです。……実質は全民衆が全大衆がしあわせになることであります。その結論として、そういう、ひとつの石碑みたいな、しるしとして置くのが戒壇建立にすぎません。したがって従の従の問題、形式の形式の問題と考えてさしつかえないわけでございます。……ですから、不勉強な、無認識な評論家等が誤解をして、戒壇論でなにやかや論じても、そんなことに紛動されないでいただきたい。」(同前)

ここで池田は、世論の批判を横目でにらみつつ、戒壇建立の意義を意識的に低くみせているが、たとえ戒壇が「石碑」でよいにせよ、当日の池田発言の脈絡からすれば、それは内容的に「国立」でなければならなかったのである。

そして、そのことは、青木亨の次の文章によっても確認されよう。

「笠原一男は『国立戒壇』ということばにたいへんこだわっている。このことばをみつけて、まるで鬼の首でもとったような騒ぎをしている。そのいい分は、創価学会員が政界に進出したり、公政連が衆議院に進出するのが、王仏冥合のためなら理解できる。しかし国立戒壇建立が入るとわからなくなる、というのである。これほど理解に苦しむ話はない。なぜなら学会の目的はただひとつであり、それは広宣流布といい、王仏冥合といい、国立戒壇建立といい、ぜんぶ同じことを指しているからである。……民主国家における民衆の総意は、同時に国家の意志であるから、それが国立戒壇と呼ばれても何ら不思議ではない。しかも、その内容をわかりやすく『民衆立』の意味であると教えているのであるから、問題にするほうがよほどどうかしている。」(『大白蓮華』一九六四年一一月)

これらの言葉を整理すれば、この段階における戒壇論は、本門の戒壇=民衆立の戒壇=国立戒壇というものであった。

そして、一九六四年一一月一七日、従来の公政連は公明党へと脱皮し、以後、創価学会と公明党は、来るべき衆院選に向けて着々と準備を進めていった。

だが、公明党の結党宣言及び綱領には、「国立戒壇建立」の用語はみあたらず、あるのはただ「王仏冥合の大理念」の用語のみであった。

（五）第五段階

この段階は、創価学会の政治進出第二期の大半と次の「政教分離」期の途中までにあたる。

そして、この段階にいたって、創価学会の戒壇論は、急速に、また、根本的に変化してくる。創価学会は、この段階で、たんに言葉のみならず内容的にも、国立戒壇論を放棄し、代わって第二七回本部総会で建立を決めた正本堂が本門の戒壇であると主張するにいたった。

その端緒となったのは、一九六五（昭和四〇）年二月一六日の第一回正本堂建設委員会（池田大作委員長）の席上での日蓮正宗第六六世法主細井日達の次のような説法であった。

「正本堂につきましては、いちばん大事な問題は、どの御本尊をそこに安置申し上げるかということであります。大聖人のおおせの根本である戒壇建立とは、広宣流布への偉大なる御相伝でございます。これについて、一般の見解では、本門寺の中に戒壇堂を設けることであるといっているが、これは間違いであります。堂宇の中の一つに、戒壇堂を設けるとか、あるいは、大きな寺院の中のひとつに、戒壇堂を設けるというのは、小乗教等の戒律です。小乗や迹門の戒壇ではそうではありましたが、末法の戒律は受持即持戒であり、御本尊のおわします本堂が、そのまま戒壇であります。したがって本門寺建立のときは、戒壇の御本尊は、特別な戒壇堂でなく、本堂に御安置申し上げるべきであります。」（宗門機関誌『大日蓮』一九六五年三月）

この説法は、「正本堂につきましては」とあるところから「正本堂＝本門の戒壇」と述べているようにもとれるし、また「本門寺建立のときは」とあるから正本堂とは区別された未来の本門の戒壇について述べているようにもとれる、きわめて曖昧なものであった。

当時、公明党を結成して衆院進出を果たそうとしていた創価学会は、世論の国立戒壇論批判に悩まされていたから、この説法を前者の意と解し、以後、「正本堂＝（事実上の）本門戒壇」の新説を展開しはじめた。

池田は、同年三月二六日付の『正本堂建立御供養趣意書』の中で、最速、この説法を引き、次のように述べた。

「戒壇の大御本尊様が、いよいよ泰安殿よりお出ましになって、正本堂に御安置されることを、正式におおせくだされたのであります。かねてより、正本堂建立は、実質的な戒壇建立であり、広宣流布の達成であるとうけたまわっていたことが、ここに明らかになったのであります。」

池田は、六年前の一九五九年一月一日に、「国立戒壇建立の際には、大御本尊様が泰安殿より正本堂へお出ましになることは必定と思う」（池田大作『会長講演集』第四巻、二七六頁）と述べているから、この筋書が池田の手になるものであることは想像に難くない。ただし、六年前には「国立」であった戒壇が、『趣意書』が出された段階では「民衆立」＝「宗門立」へと、根本的に変化している。

だが、いまだ広宣流布（一国民衆のほとんどが日蓮正宗に帰依すること）が達成されていない段階で本門の戒壇を建立しようとすれば、広宣流布の定義を変えなければできない。そこで池田は、一九六五年九月に「舎衛の三億」の便法を持ち出して、広宣流布を次のように規定しなおした。

「いま、われわれの化儀の広宣流布・王仏冥合の実践をば、その方程式にあてはめてみるならば、学会員が日本の総人口の三分の一となり、さらに信仰はしないが公明党の支持である人たちがつぎの三分の一となり、あとの三分の一は反対であったとしても事実上の広宣流布なのであります。王仏冥合はこの舎衛の三億を築けばよいのであります。」（『大白蓮華』一九六五年九月）

また、国立戒壇論を放棄したため、広宣流布の暁に天皇の勅使が通るとされていた大石寺の不開門（勅使門）は、池田の手によって開かれることになった（同前）。

こうして、「正本堂＝本門の戒壇」という新たな戒壇論を打ち出した創価学会は、一九六五年一〇月九日より一二日までの四日間、全国一万六〇〇〇余か所で、いっせいに供養金を受け付けた。その結果、当初の計画では三〇億円の予算で建立される予定であった正本堂のために、三五〇億円余の供養金が集まった。

以後、創価学会は、この新説に即して、国立戒壇論に言及していた従来の全出版物を改訂した。表2及び表3は、それらの出版物の中から、『折伏教典』（創価学会教学部編）と『日蓮正宗創価学会』（東京大学法華経研究会編）の二冊を選び、それぞれの新旧両戒壇論を比較対照したものである。

表2 『折伏教典』にみられる戒壇論の変遷

校訂三版（昭和三六・五・三発行）	改訂三十六版（昭和四三・一〇・二五発行）
①日蓮大聖人の仏法は三大秘法である。三大秘法とは、本門の題目・本尊・戒壇の三法である。しかして大聖人化導の順序を拝するのに、まず題目を流布せられ、次に本尊の御建立があり、次いで国立戒壇の建立を予言あそばされている。（一二〇頁）	①日蓮大聖人の仏法は三大秘法である。三大秘法とは、本門の本尊・本門の戒壇・本門の題目である。そして、大聖人化導の順序を拝するのに、まず題目を流布され、次に大御本尊のご建立があり、ついで本門戒壇の建立を予言あそばされている。（九九頁）
②戒壇とは広宣流布の暁に本門戒壇の大御本尊を正式に御安置申しあげる国立の戒壇、事の戒壇である。（一六三頁）	②戒壇とは、広宣流布の暁に本門戒壇の大御本尊を正式にご安置申し上げる本門の戒壇、これを事の戒壇という。（一一九頁）
③三大秘法とは南無妙法蓮華経の題目と、大聖人出世の本懐たる南無妙法蓮華経の本尊と、三大秘法抄の定義による国立の南無妙法蓮華経の戒壇である。（一三六頁）	③三大秘法とは、南無妙法蓮華経の題目と、日蓮大聖人出世の本懐たる南無妙法蓮華経の本尊と、三大秘法抄の定義による南無妙法蓮華経の本門の戒壇である。（一六二―一六三頁）

④戒壇については、すでに三大秘法を成就する本門の戒壇・正本堂が、昭和四十七年、完成の運びとなり、民衆立の名にふさわしく、八百万信徒の御供養が結集されたのである。（一〇〇頁） ⑤宗門にとって七百年来の念願であった本門戒壇は昭和四十七年に建立される。（一三三頁）	

表3　『日蓮正宗創価学会』にみられる戒壇論の変遷

初版（昭和三七・五・三発行）	改訂四版（昭和四二・一一・一七発行）
①創価学会の実践とは、以上の戒壇の条件を作り出していくための活動である。したがって、その条件は単に宗教だけで満足されるべき性質のものではなく、国民の総意に問うという政治問題に発展していくことになる。国会へ学会幹部を推薦し、その活動に期待している分野がここにある。（四七四―四七五頁） ②国立戒壇の建立が、全民衆のやむにやまれぬ要望として、声として、政界に反映され、政界もまたこれに賛同してごく自然の形で、ごく当然のこととして戒壇が建立されねばならない。……これは国立競技場、国立美術館、国立公園、国立劇場などが、すべて民衆の要望によって建立され、民衆のものとなっているのと同じであろう。（四七七頁）	①正本堂の建立により、日蓮大聖人の御遺命である本門戒壇は建立されることになる。一部に、本門戒壇の建立は、日蓮正宗の国教化を意味するなどと批判している者もあるがあまりに軽率すぎるというべきである。本門の戒壇は、あくまで民衆立である。広宣流布は、目前に迫っているといえよう。（一七四頁） ②日蓮大聖人は化儀の広宣流布・本門戒壇の建立はなされなかった。それは滅後の弟子へ付嘱されたのである。……日蓮正宗の歴史において、今日ほど広宣流布が進んだ時はない。まさしく順縁広布の時であるといえよう。そしてきたるべき昭和四十七年（一九七二年）には、事実上の本門の戒壇である正本堂が富士大石寺に完成する運びとなった。いよいよ化儀の広宣流布の時節が到来したといえる。（三二一―三二二頁）

（注）『折伏教典』は、一九五一年に初版が発行されたが、今日では発行されていない。今日では、それに代わって『創価学会入門』（一九七〇年初版発行）が発行されている。なお、『折伏教典』は、創価学会教学部編・創価学会発行、『創価学会入門』は、同教学部編・聖教新聞社発行。また、『日蓮正宗創価学会』も、今日では発行されておらず、代わって『創価学会の理念と実践』（一九七五年初版発行）が発行

されている。『日蓮正宗創価学会』は、東京大学法華経研究会編・山喜房仏書林発行、『創価学会の理念と実践』は、同研究会編・第三文明社発行。

改訂後の戒壇論（表の下欄）では、「国立戒壇」の用語がまったく姿を消し、代わって、「本門の戒壇」あるいは「民衆立（の戒壇）」の用語が出現し、しかも、正本堂が戒壇であると主張されていることに留意されたい。

だが、こうした大胆な戒壇論の修正は、やがて日蓮正宗の一部僧侶や講中の強い反対論を呼び起こすにいたる。一九七〇（昭和四五）年三月二五日には、まず妙信講[24]（当時の講員数は七五〇〇世帯、いまの冨士大石寺顕正会）が、『「正本堂」に就き宗務御当局に糺し訴う』という「諫訴状」を宗務院に提出し、続いて要行寺住職八木直道も同年六月一日に、やはり正本堂の意義に関して『御伺書』を宗務院に提出した。妙信講の『糺し訴う』の宛先は宗務院総監となっているが、内容的には戒壇論に関する創価学会の「法義歪曲」を責めたものであった。

しかし、一九六九年末から一九七〇年前半まで世間をにぎわした「言論出版妨害問題」に直面していた創価学会としては、たとえ宗門内に一部の反対があるとはいえ、いまさら批判の多い国立戒壇論の立場に戻れるはずもなかった。創価学会は、すでに同年一月一六日の『聖教新聞』論説で、「御書を逐条的・訓詁注釈的に読み、御教書を国会の議決とみるのは、まだ皮相的であり、国会の議決などの形式は不要」と断言していた。また、創価学会は、国立戒壇に関する政府の照会に対しても、同年四月二三日に、「正本堂＝本門の戒壇」の新説をもって答えた。

そして、池田は、同年五月三日の第三三回本部総会で、これまで「同体異名」、「一体不二の関係」（一九六五年七月一二日の青年部最高幹部会での池田発言『池田会長全集』I、論文編、二二五頁）にあった公明党との「政教分離」と国立戒壇論の放棄を正式に宣言した。

席上、池田は、「政治進出は、戒壇建立のための手段では絶対にない。あくまでも大衆福祉を目的とするものであって、宗門、学会の事業とは無関係である」（『聖教新聞』一九七〇年五月四日）と述べた。

また、同年六月二五日に開かれた公明党の第八回党大会は、この池田発言を踏まえて、旧綱領にあった「王仏冥合の大理念」を削除した新綱領を採択した。

こうして、半年にわたって世間をにぎわした創価学会＝公明党の「言論出版妨害問題」は、ようやく終幕を迎えたのであった。

だが、妙信講を中心とした宗門内の「御遺命（国立戒壇建立）守護」の動きは、その後さらに活発化し、日蓮正宗は、戒壇論をめぐって法主・創価学会・妙信講が三巴となった深刻な内紛を経験するのである。

（六）第六段階

この段階は、創価学会が「政教分離」を宣言してから、約二年半後にはじまる。

創価学会は、正本堂の落成を目前にした一九七二（昭和四七）年一〇月三日の『聖教新聞』紙上に、和泉理事長名で次のようなコメントを発表し、「正本堂＝本門の戒壇」の新説を再び修正した。

「全民衆を救おうとの大聖人の大精神に立つならば、現在は広宣流布の一歩にすぎない。したがって、正本堂は、なお未だ三大秘法抄・一期弘法抄の戒壇の完結ではない。ゆえに正本堂建立をもって、なにもかも完成したように思い、ご遺命は達成してしまったとか、広宣流布は達成されたなどということは誤りである。」

もちろん、このコメントは、創価学会が好んで発表したものではなかった。つまり、このコメントの背景には、戒壇論をめぐる宗門内の深刻な対立が隠されているのである。

妙信講は、『「正本堂」に就き宗務御当局に糺し訴う』に続いて、一九七一年一一月一五日に、今度は『「正本堂」に就き池田会長に糺し訴う』を創価学会宛に送付したが、その間、何回となく、法主あるいは宗務当局の立ち合いのもとで、創価学会側と対論している。

そして、その過程における法主の態度は、「定見なく、ある時は妙信講に、ある時は創価学会にと軍配を上げて（いた）」（松本日仁「上申書」『顕正新聞』一九七四年一二月一〇日）。

こうした法主の態度は、かえって妙信講と創価学会の対立を激化させ、宗門内の混乱を助長したが、見方によってはこの法主の態度こそ、「偉大な池田先生は、我が日蓮正宗の大外護者」（『大日蓮』一九七四年二月）と語る法主と、「人間革命が御書だ」[25]とか「誰れが本仏である」[26]とかいう風耳を憂慮し（『大日蓮』一九七四年八月）、「軒を貸して母屋を取られる様な事があるならば、大石寺の恥」[27]（大石寺内事部『蓮華』一九七四年六月）と語る、もう一人の法主を象徴しているともいえよう。

また、法主には、妙信講と創価学会の教義解釈をめぐる対立を好機に、前者に国立戒壇論を捨てさせ、後者に正本堂＝本門の戒壇の新説を放棄させて、宗門の教義解釈を確保する構想があったものと考えられる。

事実、法主は、一九七二年四月二八日に、双方の主張の一部をとり、一部を否定した次のような『訓諭』を発した。

「正本堂は、一期弘法付嘱書並びに三大秘法抄の意義を含む現時における事の戒壇なり。即ち正本堂は広宣流布の暁に本門寺の戒壇たるべき大殿堂なり。」（『大日蓮』一九七二年六月）

しかし、これには妙信講が納得せず、同日中に創価学会の池田会長に公場対決を申し込み、宗門の内紛は、さらに熾烈になった。そこで法主は、あらためて宗務院の立ち会いのもとで両者の対論を許した。対論は、同年九月一三日から二八日までの間に前後七回にわたり、結局、最終日に創価学会側が、「広布達成、御遺命達成の如何については創価学会機関紙上に、未来にわたることである旨を明記した論文を掲載する」（『大日蓮』一九七四年一二月）ことを約束し、双方はこれを文書にして法主に報告した。前記の『聖教新聞』紙上の和泉理事長のコメントは、その約束を履行したものであった。

こうして、戒壇論をめぐる日蓮正宗の内紛は一時おさまり、同年一〇月一二日には正本堂が落成した。

ところが、一九七四年四月三〇日、宗務院が、「国立戒壇を文書等で主張している間は妙信講の本山参詣を許さない」旨、妙信講に通達したため、妙信講は、これを創価学会の圧力によるものとして、再び創価学会と対立するにいたった。

その後、妙信講は、五月二四日と六月一三日の二回にわたり創価学会に公開討論を申し入れたが拒否されたため、七月二八日に明治公園で「立正安国野外大集会」を開き、「政治のために仏法を曲げるな」、「国立戒壇を捨てた公明党は解散せよ」などのプラカードを持ってJR四谷駅までデモ行進を行った。

その結果、同年八月一二日、妙信講は、「『国立戒壇の名称を使用しない』旨の宗門の公式決定に違反し」また「宗門の秩序と統制」を乱したとして、法主から講中解散を命ぜられ、続いて一〇月一五日、前述の八木直道が、解散処分を受けた妙信講の御会式（一〇月一三日執行）に出席したとして擯斥（僧籍剝奪）処分に付され、さらに妙信講の元指導教師松本日仁（当時、妙縁寺住職・能化）が、妙信講の指導を怠り、それに迎合したとして、一一月一八日に住職を罷免され、続いて一二月二五日、八木と同様に擯斥処分に付された(28)。

「……日本一国の広宣流布はいつか……今、深くこれを思うに、日本国全人口の三分の一以上の人が、本門の事の戒壇の御本尊に純真な、しかも確実な信心をもって本門の題目、南無妙法蓮華経を異口同音に唱えたてまつることができるとき、そのときこそ日本一国は広宣流布したと申し上げるべきことであると、思うのであります。この時には我が大石寺は、僧侶の指導者たち、信徒の指導者たち、相寄り相談のうえ、大聖人ご遺命の富士山本門寺と改称することもありうると、信ずるのであります。」（『大日蓮』一九七五年一月）

法主のこの主張は、かつて池田が唱えだした「舎衛の三億」の複写にほかならない。

こうして、当時の創価学会は、すでに完成している正本堂を本門の戒壇とすべく、再び「舎衛の三億」の便法による広宣流布達成に向けて、折伏活動に励むようになったが、二〇一六年の段階の今日の創価学会は、国立戒壇だけではなく、大石寺の板本尊（戒壇本尊）そのものも、放棄するにいたっている。

三　要約と結論

創価学会の各段階における戒壇論の特徴を要約すれば、次頁の表4のようになる。

これらのうち、第一段階は戒壇論の模索段階、第二段階から第四段階までは国立戒壇論の段階、そして第五段階以降は「民衆立（宗門立）の戒壇」論の段階として概括される。

また、段階間で最も変化の大きいのは、第四段階から第五段階にかけての変化である。

では、これらの戒壇論の変遷は、組織論的にあるいはチャーチ・セクト論的に、どのように説明されるであろうか。

いま、組織の一般的な課題として、①組織目標達成、②参与者欲求満足、③組織維持（拡大）の三つをあげるとすれば、運動の発展は、これらの相互間の無矛盾的関係、またはこれら相互間にある矛盾の解決によって保証されるといえよう[29]。

創価学会にとって、戒壇の建立は「日蓮大聖人の至上命令」（戸田「王仏冥合論」）であり、政治進出はその達成手段であるから、ここでは、前者を創価学会の最終目標、後者を手段的目標と規定しておこう。

さて、前述の論理に立脚すれば、組織目標（最終目標及び手段目標）の変化は、既存の目標と他の組織課題の達成との間の何らかの矛盾が前提となっていると想定される。

換言すれば、創価学会の戒壇論の変遷過程は、こうした矛盾の解決過程にほかならないということである。

では、以下、創価学会の戒壇論の変遷過程を、組織課題間の矛盾と関連させてみよう。

第一段階における創価学会の教説は、現世利益（功徳）を中心としたものであった。つまり、この段階の創価学会は、組織課題②に重点を置いたものであり、あえていえば、この②をストレートに組織目標として打ち出していたといえよう。だが、創価学会自身が認めているように、この段階の創価学会運動は停滞しており、組織課題②が、必ずしも③と調和しているとはいえなかった。[30]

そこで、創価学会は、第二段階になって国立戒壇の建立による理想社会（王仏冥合の社会）の実現＝現状打破を組織目標に掲げ、これを現世利益（組織課題①）と巧みに結びつけた。

以後、創価学会は、第四段階まで、国立戒壇建立という最終目標達成のために、組織課題③の達成度に応じて、順次その手段的目標（政治進出）を高次化させていった。すなわち、この期間は、最終目標の提示→欲求の組織化→組織の拡大[31]→手段的目標の高次化として特徴づけられるが、最終目標には根本的な変化がみられない。

しかし、この最終目標は、もともと、一般社会の価値基準から著しく乖離していたものであったし、その達成のための手段的目標（政治進出）も同様であった。つま

表４　段階ごとの戒壇論の特徴

段階区分	戒壇論の特徴
第１段階	模索段階 ・戒壇建立には言及なし
第２段階	民衆の折伏教化→広宣流布→国立戒壇の建立 ・天皇帰依による戒壇建立の否定 ・政治進出には言及なし
第３段階	折伏→広宣流布／政治進出→国会の議決 →国立戒壇の建立 ・限定つき政治進出（政党化と衆院進出の否定）
第４段階	折伏──→広宣流布／政治進出→（政権獲得）／→国会の議決 →国立戒壇の建立 ・「民衆立の戒壇」（内容的には国立戒壇）の強調 ・本格的政治進出（政党化と衆院進出）
第５段階	正本堂＝本門戒壇 ・国立戒壇論の放棄 ・「政教分離」（昭和四五・五・三以降）
第６段階	正本堂＝未来（「舎衛の三億」の定義による広宣流布の暁）の本門戒壇 ・「政教分離」

り、これらは、当初から社会統制を誘発しやすい性格をもっていたのである。

したがって、これらの達成をめざした創価学会の運動が、その規模と強さを増すにつれて、それらに加えられる社会統制の質量も高まり、これが組織課題間の矛盾、とりわけ①と③の矛盾を生起させ、その再調整を促すことになる。また、創価学会は、第四段階の最初に、公政連の政党化と衆院進出を打ち出したが、こうした手段的目標の高次化そのものが、社会統制を媒介として、最終目標（国立戒壇建立）と矛盾するようになり、それが後者の修正を促す要因となった。

そのため、第四段階における創価学会は、組織内で国立戒壇論を秘教的に維持しつつ、一般社会（外部）に対しては顕教的に「民衆立の戒壇」論を主張[32]して、社会統制の回避と高次化された手段的目標（衆院進出）の達成を同時に果たそうとした。

だが、創価学会の衆院進出宣言以後、社会統制は、以前よりもはるかに高い質量で加えられた。それらは、マスコミを基盤として形成された世論のかたちをとったが、創価学会は、これに逐一、反論を加えるという敏感さを示した[33]。創価学会のこうした姿勢は、のちの「言論出版妨害問題」に連続する要素を含んでいる[34]。

しかし、第五段階を迎えて、創価学会は逐に最終目標の大胆な修正を加えるにいたった。これは、高次化された手段的目標（衆院進出）の達成と引き換えに、これまでの最終目標（国立戒壇建立）を放棄して社会統制に服したことを意味している。

運動の一サイクルは、最終目標の提示にはじまり、その達成または放棄で終わるものであるから、創価学会の戒壇建立運動は第四段階までで一サイクルを終わり、第五段階以後にはまったく新しい運動が開始されたとみることができよう[35]。

次々頁の図2は、創価学会の戒壇論の変遷に関連がありそうな組織外からの「圧力」を示したものである。

左側の「圧力」は社会統制、右側の「圧力」は日蓮正宗内の他の組織等から加えられた「圧力」である。社会統制(36)①は、創価学会がまだ最終目標を提示した直後のものであり、②(37)は、まだ手段的目標が低次な段階のものである。また、この両者は、ともに「暴力的折伏」に対して加えられた統制であって、戒壇論に対して加えられたものではなかった。さらに、こうした統制にもかかわらず、創価学会は、以後も国立戒壇論を維持してきている。そこで、これらの統制は、戒壇論の変化と直接の関係がないとみることができよう。

だが、創価学会が本格的に政治進出を開始した直後に加えられた③(38)は、戒壇論の変化と時を同じくしており、しかも、この統制は、戒壇論そのもの、あるいはそれを含んだ創価学会＝公明党の「政教一致的体質」に対して加えられたものであるので、この③こそ、戒壇論を根本的に変化させた「圧力」ということができよう。また、これと同様の性格をもつ④(39)は、③よりもはるかに高い質量をもった「圧力」として創価学会の運動に加えられ、公明党との「政教分離」を帰結させた。

創価学会は、第六段階になって、再び戒壇論を修正したが、これを規定した「圧力」は社会統制ではなく、宗門内の他の組織等によるものであった。これは、社会統制による創価学会の戒壇論の修正に対する宗門内他組織からの反作用として位置づけられよう。

さて、第五段階以降の戒壇論の根本的な変化は、チャーチ・セクト論の立場から、どのように説明されるであろうか。

いま、第1表のインガー図式を部分的に修正し、確立したセクトとデノミネーションを分かつ基準として変数②のみを考慮（変数①③を近似的であるとみなす）するとすれば(40)、特定のセクトが確立したセクトとなっているか、それともデノミネーションとなっているかを測定する一つのスケールとして、セクト的な組織目標をどの程度まで維持しているか、あるいは修正しているか、という組織目標の修正程度を採用することが可能となる。

図2　戒壇論の変遷と組織外「圧力」

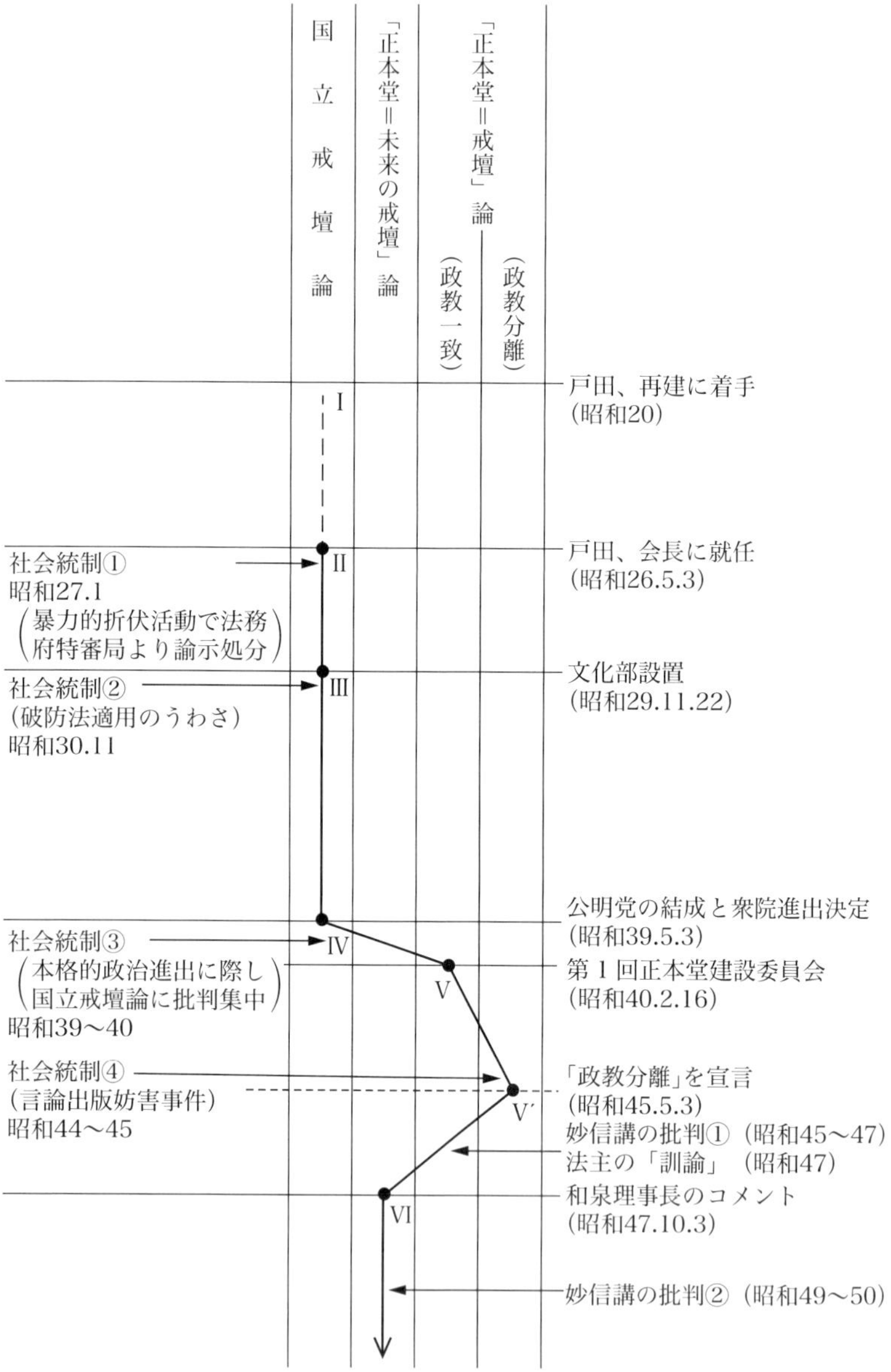
国立戒壇論
「正本堂＝未来の戒壇」論
「正本堂＝戒壇」論
（政教一致）
（政教分離）
I
II
III
IV
V
V′
VI
戸田、再建に着手
（昭和20）
社会統制①
昭和27.1
（暴力的折伏活動で法務府特審局より諭示処分）
戸田、会長に就任
（昭和26.5.3）
社会統制②
（破防法適用のうわさ）
昭和30.11
文化部設置
（昭和29.11.22）
公明党の結成と衆院進出決定
（昭和39.5.3）
社会統制③
（本格的政治進出に際し国立戒壇論に批判集中）
昭和39〜40
第1回正本堂建設委員会
（昭和40.2.16）
社会統制④
（言論出版妨害事件）
昭和44〜45
「政教分離」を宣言
（昭和45.5.3）
妙信講の批判①（昭和45〜47）
法主の「訓諭」（昭和47）
和泉理事長のコメント
（昭和47.10.3）
妙信講の批判②（昭和49〜50）

すなわち、その修正が、最終目標を放棄せず、手段的目標の修正のみにとどまれば、そのセクトは、確立したセクトと化したのであり、さらに修正が進んで、最終目標まで根本的に修正されるにいたれば、そのセクトは、デノミネーション化したというように。

そして、これに即して、創価学会の戒壇論の変遷をみるならば、創価学会は、第五段階以降（一九六五年以降）に、デノミネーション化した、と結論することができよう。

もちろん、こうしたことは、組織目標の修正程度のみを操作的にデノミネーション化のスケールとして採用して、はじめていえることであり、他のものをスケールに採用すれば、また別の結論も出るであろう。

したがって、これを安易に一般化して他の宗教集団に適用することは避けなければならないと考える。本章は、こうした一般化へのわずか一歩にすぎない。

なお、最後に、組織が社会統制によって最終目標を根本的に修正したり放棄したりすることが、組織の性格も根本的に変化させることに関して一言しておきたい。

セクト的な組織は、本来、最終目標に対して自らの組織を道具として位置づけるものであるが、デノミネーション化して、その目標が根本的に修正または放棄されても、なお維持・拡大される必要のある組織は、とりもなおさず自己維持的な組織ということになろう。

国立戒壇はおろか大石寺の板本尊（戒壇の本尊）をも放棄した今日の創価学会は、この観点からみて、どのように位置づけられるのであろうか。

（注）

（1）しかし、創価学会は、法的には日蓮正宗から独立した地方宗教法人（一九五二〈昭和二七〉年八月二七日東京都知事認証）である。

（２）この規定は、本章の課題に即した操作的な規定である。したがって、これは現実の創価学会が、同時に他の目標をめざしていたとしても、それを否定するものではない。

（３）日蓮正宗では、日蓮の主要遺文の一つである『開目抄』の「一念三千の法門は但法華経の本門・寿量品の文の底にしづめたり」（大石寺版『御書』、一八九頁）の句を根拠に、寿量品で久遠実成の本仏であることを明かした「釈迦」を釈迦と文上で読むのは誤りで、文底で日蓮と読むのが正しく、日蓮は「釈迦の主、師、親に当たるのであって」「日蓮大聖人が本因妙の御本仏であり、時代は廻って末法の教主であらせらるる」（山峰淳『日蓮大聖人とその教え』大日蓮編集室、一九五二年、一八一―一八二頁）と主張している。

（４）日蓮正宗では、日蓮が一二七九（弘安二）年一〇月一二日に、当時ひき起こされていた熱原の法難を機会として、出世の本懐である一閻浮提（世界）のための妙法曼荼羅本尊を図顕したといい、その根拠として、日蓮遺文の『聖人御難事』の「此の法門申しはじめて今に二七年・弘安二年［太歳己卯］なり、仏は四〇余年・天台宗大師は三〇余年・伝教大師は二〇余年に出世の本懐を遂げ給う、其中の大難申す計りなし先先に申すがごとし、余は二七年なり其の間の大難は各各かつしろしめせり」（大石寺版『御書』、一一八九頁）を引いている。そして、この本尊こそが、今日まで大石寺に安置されてきた縦一四四センチメートル、横六五センチメートル、厚さ六・六センチメートル強（大きな戸板大）の楠板の本尊であり、広宣流布の暁には本門戒壇（後述）に安置されるものであるという。そして、これには、「仏滅後二　千二百二十　余年之間　未曾有之　大曼荼羅也」「為現当二世　造立如件　本門戒壇願主　弥四郎国重　法華衆等敬白」「弘安二年　十月十二日」と記されており、本門戒壇の本尊であることは疑う余地はないと主張している。こうしたところから、江戸時代の大石寺は、この板本尊のある寺として知られ、その講中は板法華と呼ばれていた。しかし、この本尊には偽作の疑いもかけられている。村上重良『創価学会＝公明党』（青木書店、一九六七年）参照。

（５）日蓮正宗では、日蓮遺文（偽書説もある）の『三大秘法稟承事』の「霊山浄土に似たらん最勝の地」を富士山であるとし、そこに戒壇を建立することこそ、日蓮滅後の弟子の使命であるとしてきた。その典拠は、偽書説もある日蓮遺文の『身延相承書』の「富士山に本門寺の戒壇を建立せらるべきなり」及び日興の作とされる『富士一跡門徒存知の事』の「凡そ勝地を撰んで伽藍を建立するは仏法の通例なり、然れば駿河国・富士山は是れ日本第一の名山なり、最も此の砌に於て本門寺を建立すべき由。奏聞し華んぬ、仍つて広宣流布の時至り国主此の法門を用いらるるの時は必ず富士山に立てらるべきなり」（大石寺版『御書』、一六〇七頁）である。また、江戸時代中期の第二六世法主日寛は、「事の戒壇とは即ち富士山天生原に建立する戒壇堂なり」（報恩抄文段）といって、戒壇建立の場所をさらに限定した。「天生原」は、別に天生山、天母山、天母原とも呼ばれ、ともに大石寺や重須本門寺の東方にある丘陵を意味しているという。山峰・前掲書、堀米日淳『日蓮大聖人の教義』（大日蓮編集室、一九七三年）、日蓮正宗妙信講『「正本堂」に就き宗務御当局に糺し訴う』（一九七〇年）、日蓮正宗妙信講機関誌『富士』第一〇五号（一九七二年五月）などを参照。

（6）一切の教法を比較検討し、その深浅・高低・勝劣を決定する五つの公準である。この五つの公準はハイラーキカルな体系をなしており、底より頂へと公準を昇りつめることによって、一切の宗教の中から「唯一最高」である末法の文底下種仏法（日蓮仏法）が選別される構造になっている。五つの公準の内容は、①内外相対②大小相対③権実相対④本迹相対⑤種脱相対であり、これらは底→頂の順序に並んでいる。①によって因果の理法を説く仏教一般が、他の宗教（外道）よりも優れていることが明らかにされ、次に修行が簡単で一切衆生を等しく救済する大乗仏教が、戒律が繁雑で自己の救済のみを志向する小乗仏教よりも優れていることが②によって示される。また、③によって法華経の教説（実大乗仏教）が、爾前経の教説（権大乗仏教）よりも優れているとされ、さらに釈迦が久遠本仏の資格をもって説いた法華経本門が、始成正覚の仏（迹仏）の資格をもって説いた法華経迹門よりも優れていることが④によって論証される。そして最後に、⑤によって、法華経本門の教えの中では、寿量品文上の脱益仏法（釈迦仏法）よりも、その文底の下種仏法（日蓮仏法）の方が、はるかに優れていることが強調されるのである。下種とは、仏種を衆生の心に蒔き下すこと、脱とは、それを実らせ収穫することであるが、日蓮正宗では、釈迦が久遠五百塵点劫に成仏（脱）したのはこの下種仏法（日蓮仏法）によったとして、日蓮仏法を本因妙の仏法、釈迦仏法を本果妙の仏法と呼んでいる。山峰・前掲書、堀米・前掲書参照。

（7）堀日亨編大石寺版『日蓮大聖人御書全集』（創価学会、一九五二年）一〇二二頁。なお、『三大秘法抄』には真筆がなく室町時代の日親の写本を原典としているところから、偽作説もある。

（8）同前、一六〇〇頁。これにも真筆がない。この『身延相承書』と『池上相承書』（大石寺版『御書』、一六〇〇頁）は、第九世法主日有のころ（室町時代中期）、左京阿闍梨日教の『六人立義破立抄私記』（『富士宗学要集』第四巻、四四頁所収）にはじめて登場するが、そこでは、両相承書の日付や用語が互いにとり違っているという。こうしたところから、この両相承書にも偽作の疑いがかけられている。これに対して、創価学会は、「わざと偽書を作るくらいなら、内容がまちまちになるわけがない。……古写本に多少の入れ違いがあったのはむしろ当然」（創価学会教学部編『日蓮正宗創価学会批判を破す』、一九六二年）と反論している。金子弁浄編『創価学会批判』（日蓮宗宗務院、一九五五年）、国柱会教務部編『創価学会批判』（国柱会、一九七〇年）参照。

（9）日蓮正宗のこうした戒壇論は、室町時代以後に登場し、江戸時代中期に『六巻抄』を著した大石寺第二六世法主堅樹日寛によって体系立てられたものである。村上重良・前掲書参照。なお、戦後の日蓮正宗法主も、国立戒壇論を最近まで唱えていた。たとえば、第六五世堀米日淳は、「国家的に戒壇が建立せられるその戒壇を本門の戒壇と仰せられましたことは三大秘法抄によって明白」（堀米・前掲書、一二四頁）といい、第六六世法主細井日達も、「広宣流布を熱願とする日蓮正宗僧俗は、共々一致協力して、真の世界平和は国立戒壇の建設にありと確信して……」（『大日蓮』一九六〇年一月）と述べている。

（10）チャーチ・セクト論の古典的な、あるいは今日の主要な文献は、次の通りである。

Weber, M., *Gesammelte Aufsätze zur Soziologie und Sozialpolitik*, hrsg. von Marianne Weber, 1924; Troeltsch,E., *Die Soziallehren der christlichen Kirchen und Gruppen* (*Gesammelte Schriften*, Bd. I), 1912; Niebuhr, H. R., *The Social Sources of Denominationalism*, Holt, Reinhart & Willson, Inc., 1929; Wilson, B. R., *Religious Sects*, 1970; Johnson, B., "On Church and Sect.", *American Sociological Review*, 28-4. 1963; Yinger, J.M., *The Scientific Study of Religion*, 1970.

また、我が国の文献としては次のようなものがある。

井門富二夫『世俗社会の宗教』（日本基督教団出版会、一九七二年）、森岡清美『地方小都市におけるキリスト教会の形成』（日本基督教団宣教研究所、一九五九年）、山口素光「宗教集団の類型 その社会的特質」上下（『密教文化』七四、七六号、一九六六年）、坂井信生「キリスト教会の類型論的研究」（『梅花女子大学文学部紀要』V、一九六八年）、竹中常信「既成化すすむ新宗教教団」（別冊『あそか』陽春号、一九六八年）。

なお、Wilson, B. R., *Religious Sects*, 1970 の邦訳として、池田昭訳『セクト その宗教社会学』（平凡社、一九七二年）がある。

（11）表1は、インガーの複雑な図式を筆者が概略したものであり、厳密にいえばインガーのものと同一ではない。Yinger, J. M., *op. cit*, p.260 参照。なお、マーチン（Martin, D. A.）によれば、宗教集団の寛容度はセクトからチャーチへと直線に増大するわけではなく、その最も高いものはデノミネーションであるという。Martin, D. A.,"The Denomination.", *British Journal of Sociology*, 13, 1962, pp. 1-14 参照。

(12) Yinger, J. M., *op. cit*, p.267 p.276 参照。

(13) B・ジョンソンは、宗教組織の類型を分類する基準として一変数モデルを立て、インガーの変数②に相当する「社会的価値の受容と拒否の程度」をあげている。Johnson, B., *op. cit*., pp. 539-549 参照。

(14) 戸田は、この段階に限らず現世利益（功徳）を強調したが、のちに柏原ヤスは戸田の功徳論について次のようにいっている。「牧口先生が罰論を表にされたのに対して、戸田先生は、あくまでも功徳論に重点を置かれた。……戸田先生は、御本尊様は功徳聚である。御本尊を信じ、自行化他の題目に励むことによって、病人は健康体に、貧乏人は金持ちに、バカは利口になると教えられたのである」（『大白蓮華』一九六四年一月）。また、戸田自身、一九五六年に「生まれ落ちると、女中さんが三〇人もくっついて、婆やが五人もいて、年頃になれば、優秀なる大学の卒業生としてお嫁さんは向こうから飛びついてきちゃって良い子供を生んで立派な暮しをして、そして死んでゆかなきゃならない」（『大白蓮華』一九五六年九月）といっている。

(15) 日隈威徳『創価学会・戸田城聖』（新人物往来社、一九七一年）一七八頁より重引。日隈によれば、この発言は当日の模様を詳しく報じた『聖教新聞』第三号のどこにも記されていないという。

(16) 戸田は、すでに会長就任直前の四月六日に、従来の座談会拠点中心の自然発生的な大小二〇数支部を、世帯数の大きさによってランクづけされた人物中心の一二新支部に改編していたが、一九五二年一月五日には、より本格的な組織の整備を行い、「支部―地区―班―組」という折伏系統によるタテ線の基本組織を確立した。また彼は、一九五一年七月に男女青年部を結成させたが、これらは会長直属の行動組織として、以後、「邪教」撲滅と民衆折伏の中心戦力となった。

(17) 戸田は、会長就任と同時に講義部を設け、教学指導者を「教授―助教授―講師―助師」に分けて彼らに教学講義をさせた。講義部は、同年九月一日に教学部と改称され、受講者も一級から五級までに分けられ、それに応じて教学の向上がはかられた。また、この段階で、創価学会は、『折伏教典』（一九五一年一月）及び大石寺版の『御書』（一九五二年四月）を発行したが、これらの作業過程でも創価学会の教学力は著しく向上した。

(18) 創価学会は、宗門の財務援助を受けずに『御書』を発行することによって、宗門に対する主導権確立に大きく近づいた。そして、一九五二年四月二八日は、日蓮正宗立宗七〇〇年記念登山を行い、四〇〇〇名の会員を大石寺に参拝させたが、その前夜に日蓮正宗の老僧小笠原慈聞を、「戦時中、宗門の責任ある地位にありながら身延への合同をはかり、時流に迎合して神本仏迹の邪義をかまえて、創価教育学会の弾圧の糸口をつくった」という理由でつるしあげた（狸祭り事件）。これは、創価学会が宗門にたいする主導権をとるために計画的に行ったデモンストレーションであった。さらに創価学会は、一九五三年一一月、全国的な会員増に伴って会員の寺籍を最寄の地方寺院に移した。こうして、すでに総本山で確立されていた創価学会の主導権が、全国各地の末寺にまで及ぶようになった。しかし、一九五五年には反創価学会派の大阪の蓮華寺が創価学会と対立（蓮華寺事件）し、その結果、同寺は、一九六四年に「総本山は創価学会の傀儡になった」として日蓮正宗から離脱した。また、高知の大乗寺も同様に一九六四年、日蓮正宗を離脱した。

(19) 戸田は、「私は選挙運動が毎年あったらいいと思っているのですよ。ないから残念です。……ふだんやらんことをやるから、支部がピーンとしまってくる。選挙は、支部や学会の信心をしめるために使える。まことに、これは、けっこうなことではないですか」（一九五六年三月三一日、本部幹部会、戸田城聖『講演集 下』、二〇二頁）といっている。

(20) 戸田は、一九五七年に「参議院にははいっておかんと、政治的妨害が出た場合に、ふせぎようがない。あれは攻撃陣じゃなくて、防御陣」（『週刊朝日』一九五七年七月七日）といっている。

(21) 央忠邦『日本の潮流』（有紀書房、一九六八年）一二〇頁参照。

(22) 一九五二年より本格的に開始（三都市・二〇人）され、五三年（五都市・六一人）、五四年（二〇都市・二六八人）、五五年（四五都市・六三二人）と、次第に規模が大きくなった。その結果、一九五六年八月二六日には、全国新支部結成大会が開かれている。『創価学会四十年史』（創価学会、一九七〇年）二二一頁参照。

(23) 辻武寿同会副理事長は、当日の池田発言を受けて、「会員の御供養はこれが最後です。つぎは国立戒壇でこれは国家予算ですから」（日本共産党中央委員会理論政治誌『前衛』一九七〇年三月、一七頁、及び日蓮正宗妙信講機関誌『富士』一九七四年一〇月、二四頁より重引）といっているという。しかし、第二七回本部総会の模様を詳しく報じた『聖教新聞』第九四四号（一九六四年五月五日）のどこにも、この辻発言は記されていない。

(24) 日蓮正宗妙信講（現在の冨士大石寺顕正会）は、一九四二年四月六日に結成されたが、その後、所属寺院（法道院）単位の信徒組織が結成され、浅井昭衛の父の甚兵衛がその長として推されたため、一時解散していたが、一九五八年一月一五日に、あらためて法華講支部妙信講として再建されたもので、「教義を極めて厳格に守る点で開祖日興の伝統を色濃く残す信者グループ」（木内宏『公明党と創価学会』合同出版、一九七四年、一八二頁）といわれている。『顕正新聞』一九七四年一一月一〇日、及び『大日蓮』一九七四年一二月所収の「元妙信講の処分の経過について」参照。現在の組織名は冨士大石寺顕正会、その本部はさいたま市大宮区、会長は浅井昭衛、会員は二〇一六年四月時点で一八〇万人。

(25) 池田大作の長編小説（現在でも継続執筆中）のこと。これは、「熱心な信者によって一章、一章、それこそ暗唱するまで読まれる」（木内、前掲書、一一頁）という。

(26) 池田大作をさしていることは、前後の文脈から明白である。

(27) 細井日達が富士宮市の未信者から聞いた話として紹介したものだが、これによって彼が何を言いたいかは明白である。

(28) 妙信講等の一連の処分の経過については、日蓮正宗宗務院「元妙信講等処分の経過について」（『大日蓮』一九七四年一二月所収）及び『顕正新聞』一九七四年八月二五日、同年一〇月二五日、同年一一月二五日を参照せよ。なお、こうした件について創価学会は、「教義上の問題なら宗門と話し合うべき」（一九七四年一〇月五日付の朝日・読売・サンケイ、及び一九七四年一〇月二〇日付の朝日の各誌）として沈黙を守っている。

(29) 塩原勉は、「I組織目標達成　II参与者要求満足（参加の満足、目標達成への貢献に対する報償、達成による満足）。これらは有効な組織過程の二つの柱である。両者を同時に極大にせよという要請は組織の定言命令といえるであろう」（『思想』一九五九年六月、二二頁）、「しかし、運動目標と運動内外の全要求が同時に最大値をもって実現されることはありえない。それゆえ、目標変容と要求変容、その結果ないし条件としての組織変動、すなわち発展・転化・分裂・解体が生ずるのである」（辻村明ほか共著『変動期における社会心理』培風館、一九六七年、一二二頁）といっている。本章は、これに示唆されつつ、さらに塩原があえて取り上げなかった組織維持（拡大）をも組織課題の一つに加え、主要には、これと組織目標との間の矛盾の解決過程として戒壇論の変遷をとらえようとするものである。組織維持（拡大）の課題は、理念的に言えば、他の二つの課題に従属し、それらの達成の同時極大化に奉仕すべきものであろう。だが、実際の運動過程においては、しばしば、この課題が他の課題から自立し、その優位性が確立されるにいたる。そのために、国立戒壇も大石寺の板本尊も放棄した今日の創価学会が参考になろう。

(30) 東京大学法華経研究会編『創価学会の理念と実践』（第三文明社、一九七五年）七三頁参照。同書は、当時の創価学会運動の停滞（伸び悩み）の原因を組織の脆弱性に求めているが、その他の原因として、当時の創価学会が現世利益一点ばりで、明確な組織目標を提示していなかったことがあげられよう。

(31) 組織の拡大に伴って、一九六五（昭和四〇）年ころから会員の階層構成、入信動機の変化が指摘されはじめたが、これを欲求の多元化とみれば、こうしたことも目標の修正を促す一要因と考えられる。なおこれは、組織の拡大↓欲求の多元化↓目標の修正として示すことができよう。『あそか』編集部「戦後二〇年・新興宗教の発展とその社会的条件」（『あそか』一九六五年九月）、『朝日ジャーナル』編集部「公明党の体質と機能」（『朝日ジャーナル』一九六七年三月五日）、村上重良・前掲書、二二〇頁、真継伸彦「公明党の頽廃」（『別冊あそか』陽春号、一九六八年四月）、堀幸雄「第二ラウンドの創価学会」（『自由』一九六八年一月）、村上重良「都議選にみる公明党と共産党」（『中央公論』一九六九年九月）参照。

(32) 運動主体が、社会的適応のために内部では秘教的に、外部に向かっては顕教的にというように、目標を二重に提示することについては、Almond, G., *The Appeals of Communism*, 1954, ch. 3を参照のこと。なお、これについては、塩原勉「社会変動における運動過程」（辻村明ほか共著『変動期における社会心理』培風館、一九六七年）が言及している。

(33) 公明党結成（一九六四年一一月一七日）前後の『聖教新聞』及び『大白蓮華』を参照のこと。

(34) 創価学会は、自己に不都合な批判に反論するだけではなく、不都合な出版物の広告宣伝または出版そのものを阻止しようとした。たとえば、『これが創価学会だ』（あゆみ出版社　一九七〇年）の著者植村左内は、同書を一九六七年に「しなの出版」から出版する予定であったが、同年一〇月一七日に当時の創価学会静岡本部長丸山勇より、同書の広告差し止めを次のような論理で要求されたという。「めいわくなものに反対するのは、当然ですよ。言論・出版の自由が認められているように、創価学会にとって不都合な内容のものを、これをやめて貰うのは、創価学会の自由です。」（同書、一九七〇年、二八〇頁）。

(35) 第四段階までの創価学会と第五段階以後の創価学会とでは、他宗教に対する態度も大きく変わっている。たとえば、一九六四年三月二一日付『聖教新聞』紙上で、当時の学生部長渡部一郎は、『日興遺誡置文』の「謗法と同座す可からず」（大石寺版『御書』、一六一八頁）を引いて、「全日本仏教会とか全国宗教会議であるとか、邪宗の坊主といっしょになって、『宗教は一つであるべきだ』とか『宗教は平和の点において団結せよ』とか、そういうバカなことをいって宗教の本質を見失ってしまって世の中の人を間違いの道に引き入れるようなことがあってはならないとの意味であります」と講義しているが、それから二年後の一九六六年二月に、創価学会は、その「邪宗」の連合組織である日本宗教センター（「宗教協力、国民皆信仰」が目標。当時、古田重二良理事長）に加盟の意思表示をして断わられている。村上・前掲書、二一一―二一二頁、福島泰照『創価学会・公明党の解明』（展望社、一九六九年）一二五頁参照。また、一九七二年一一月二日の第三五回本部総会で、池田は、「機会があるならば、恒久平和の実現のために現にこの地球上で行なわれている戦争の終えんのために、キリスト教や、イスラム教や、仏教などと、世界の宗教界の人々と、心から話し合う用意があることを、この席で強く申し上げておきたい」（『聖教新聞』一九七二年一一月三日）と述べている。こうして、今日の創価学会は、神社の祭礼にも「友好活動」と称して組織で参加（『顕正新聞』一九七四年八月二五日）するまでになり、このため日蓮正宗宗務院から全国末寺住職に次のような文書が送付されたという。「学会においては、従来とかく友好活動において謗法に緩なる傾向が見られたが、このたび『今後は、きびしく謗法に類する傾向は自誡していく』旨の確認を得たので、僧侶各位はこれを了解せられ、この問題については今後追求することのないよう願います。」（『顕正新聞』一九七四年一〇月一〇日）

(36) 法務府特審局（当時）は、創価学会が軍隊組織による暴力的折伏を行っているとして、一九五二年一月二六日、戸田に「今後、折伏においては、暴力及び脅迫等の不法行為を一切禁止し、これを全会員に徹底させる」旨の始末書を書かせ、諭示処分に付した。駒澤大学曹洞宗宗教教化学研修所『教化研修』第二号（一九五七年一二月）一二二頁、村上・前掲書、一三六頁、日隈・前掲書、二〇八頁参照。

(37) 一九五五（昭和三〇）年一一月二六日付『毎日新聞』が、「最近創価学会などの新興宗教が軍隊化した組織を利用、なかば暴力的に信者獲得運動を行っている。まだ事情を調査する程度だが、影響ある場合破防法を適用するつもりである」と公安調査庁長官が話したという記事を載せたのに端を発し、これに対して創価学会が、長官談話は事実無根であると、『毎日新聞』に抗議し、結局、この記事は取り消された。戸田城聖『講演集下』一五六―一五八頁、村上・前掲書、一五一頁、日隈・前掲書、二二八頁、東京大学法華経研究会『創価学会の理念と実践』、九九頁参照。

(38) これは、①②の統制と違って、統制エージェントが分散的であった。また、これは、マスコミ・評論家・学者等による社会統制である。一九六四年中に出された創価学会に関する単行本、雑誌論文は、高瀬広居等のものを除けば、ほとんど一様に創価学会の戒壇論や「政教一致」的体質に言及し、これを批判的にみていた。

(39) 藤原弘達『創価学会を斬る』（日新報道、一九六九年）に対する創価学会＝公明党の出版妨害事件を発端とし、以後、一九六〇年代後半までマスコミがこぞって創価学会＝公明党の「政教一致」的体質を取り上げたもの。

(40) B・ジョンソンの一変数モデルをみよ。本章の注(13)を参照のこと。

第一〇章　正当化の危機と教学革新——「正本堂」完成以後の石山教学の場合

一　はじめに

教学（神学）とは社会学的にいえば、個人と社会とに究極的な意味を与える象徴体系（個人と社会の一次的な正当化図式としての宗教）の正当化を保証するために、ある程度の洗練された知識をもって論理的に組み立てられた二次的な正当化図式のことである。宗教の世界における、この二次的な正当化図式は、その論理的な説得性によって、ある場合には割り引きなしに一次的な正当化図式それ自体の正当化をはかり、また、ある場合には図式の担い手の置かれている流動的な状況と固定的な一次的正当化図式との間の調節をはかる。根本主義者は前者を愛し、自由主義者は後者を好む。よって、単純にみれば、教学革新（意識的な教学変容）は、自由主義者には期待できても根本主義者にはほとんど期待できないということになる。しかし、すべての正当化図式が「世界を維持する為の概念機構」[1]であるとすれば、そしてまた、「〈観念〉とそれを支えている社会過程との間の関係は、常に弁証法的なものである」[2]とすれば、両者は機能的に等しく、根本主義者も自由主義者も社会的な状況次第で相互に入れ替わることが可能であるといえる。こうして、根本主義者にも教学革新への道が開かれてくる。

さて、一次的な正当化図式と自己を取り巻く状況とを無矛盾的に調節して図式本来の機能を保とうとする教学革新の営みは、人類社会や全体社会への宗教者の壮大な知的応答としても成り立つが、同時に一宗団内のささいな社会過程への多少とも利害がらみの知的応答としても生起しうる。ここで取り上げる教学革新も後者の類いに属するものである。たとえば、宗内のある人々が何らかの契機で、それまで自己の存在と行為とを正当化してきた在来教学によってかえって否定的に規定されるにいたり、自己の正当化が著しく困難になるような状況に陥った場合、彼らは急いで自己を正当化する必要に迫られ、それを契機に教学革新をはかるであろうことは容易に考えられよう。そこで、ここでは、何らかの契機で自己の正当化が著しく困難になる状況を「正当化の危機」といい、そうした状況と教学革新との関係について考究する。なお、事例としては、一九七二（昭和四七）年一〇月の「正本堂」[3]完成以後、当初、保持していた根本主義的な教学傾向を変えるにいたった石山教学（大石寺門流教学）のいくつかの潮流を取り上げる。

二　石山教学の特殊的性格

創価学会とその所属宗団たる大石寺門流（以後、門流ないし宗門と略称する）がきわめて排他性の強い教団であることは、よく知られている。こうした排他性は彼らの根強い唯一正当意識に由来しているが、その唯一正当意識はまた石山教学という彼ら独特の教学に由来している。石山教学は、室町時代以降に次第に整備され、江戸時代中期に『六巻抄』を著した大石寺門流の第二六世法主・堅樹日寛（一六六五〈寛文五〉年～一七二六〈享保一一〉年）によって大成されたものである。では、石山教学を決定的に特徴づけているものは何か。門外の社会学徒の深入りすべき問題ではないが、それは、一言でいえば、日蓮本仏論であるということができる。日蓮本仏論とは、竜の口の頸の座で「発迹顕本」した後の日蓮の凡夫身に即して本仏をみる考え方である。すなわち、大石寺門流では、他の日蓮諸門流のいう「久遠実成の教主釈尊」より一重立ち入ったところに、その本地身たる「久遠元初の自受用報身」を立て、前者は後者が衆生の化導のために仮に三二相八〇種好の荘厳身を示したに過ぎず、本地身そのものは相好不具・内証成道の凡夫身の姿をとって末法の辺土に日蓮として再誕したとするのである。

だが、石山教学における日蓮本仏論は、たんなる抽象的な教学理論にとどまってはいない。すなわち、石山教学では、「自受用報身」の応化した日蓮を仏宝、「事の一念三千」の妙法題目を法宝、そして大石寺開山日興を僧宝と立て、前二者の一箇したもの（人法一箇）が、一二七九（弘安二）年一〇月一二日に日蓮が「出世の本懐」として顕したとされている大石寺安置の板本尊であり、さらに日興のみが「二箇相承」によって日蓮から法を付属された「唯授一人の血脈付法の師」であるとしている。「本仏日蓮」と「事の一念三千」の妙法とが一箇している「事物としての板本尊」が大石寺にしか存在しないということは、当然のこととして、大石寺門流の唯一正当意識と他宗他門流への排他意識とを高めることとなる。また、日興のみが本仏日蓮から法を付属され、それを大石寺の代々の法主が嫡々相承して今日にいたっているとする「唯授一人血脈相承」観も、それと同様に作用することはいうまでもない。否、歴史的にみると、大石寺門流に限らず、どの門流も自らの唯一正当性を保証するために、これと大同小異の教学を発展させてきたということができる。しかし、大石寺のように「事物としての板本尊」と「歴史的事実としての血脈相承」とを正当性（→正統性）の絶対的な根拠としている宗団は希である。そこで、成住壊空に耐えられない「事物としての板本尊」を本尊とする本尊観は、宗外から、たとえば「トーテム信仰」のような冷評を招くことにもなる。日興・日目そして当代の法主へと歴史的に相承されきたったとされている血脈観も同様で、たとえば二箇相承書の偽書説や歴代法主間の血脈断絶の疑義という歴史的事実をめぐる批判に絶えずさらされざるをえなくなる。

石山教学の特殊性の、もう一つは、その戒壇論にある。同教学でいう「戒壇」（事の戒壇）とは、広宣流布の暁に「勅宣並御教書」すなわち国家的な意志によって建てられる板本尊安置の戒壇堂のことである。そして、この板本尊は、将来、この「事の戒壇」に掲げられる本尊であるという義から「戒壇の本尊」と呼ばれ、その戒壇論は、国家意志によって建立されることがうたわれていることから「国立戒壇論」ともいわれる。なお、この戒壇論は、戦後における創価学会の政治進出の教学的根拠ともなった。しかし、一九六九（昭和四四）年末から翌年前半まで世間を賑わした「言論出版妨害事件」に直面して、創価学会と宗門が正式に国立戒壇論を放棄し、一九七二年には、法主が同年一〇月に大石寺に建立された「正本堂」を「現時における事の戒壇」、「広宣流布の暁に本門寺の戒壇たるべき大殿堂[7]」であると規定したため、石山教学における従来の戒壇論は決定的にその内容を変えるにいたった。

石山教学の特殊的性格は、おおかた、以上のようであるが、ここで注目しておかなければならないことは、石山教学においては「本仏日蓮」のカリスマが、一方では「事物としての板本尊」に、また他方では法主から法主へと相承される血脈の中へと転封されているために、宗門内の権威が両者を擁する大石寺の法主に集中しているということである。たとえば、大石寺門流においては、本尊の写授権や法門の正邪の裁定権を法主のみにしか認めないだけではなく、法主が同時に宗門行政の最高責任者たる管長職と総本山大石寺の住職とを兼ね、全宗門僧俗の生殺与奪権を握っている。そこで、宗内における教学論争の決着も、いきおい、その論理的な当否によってではなく、「どちらが玉（法主）を取るか」によってなされるようになる。

このように、石山教学の構造は、大石寺門流の正当性（正統性）を保証するためにはまことに好都合にできてはいても、その正当性の根拠を事物や歴史的事実性に置いているために、それを否定する側の説得力のある批判に直面しても冷静な論理的論争を行えず、ただ信仰の次元から、彼らを「邪宗教」とか「謗法不信の輩」と一方的に断ずることしかできなくなってしまうという問題を宿命的に抱え込むことになる。その意味で、伝統的な石山教学は、板本尊と血脈とを楯にとった権威主義的な「印籠教学」であるということもできよう。なお、こうした問題を抱えつつも、大石寺門流が、依然として上記のような教学の特殊性を維持してきた背景には、同門流が、第二次世界大戦後の創価学会の急速な発展以前においては、取るに足りない微弱な宗団（一九四七年当時で、寺院一〇〇余、僧侶二〇〇余、信者およそ八万）[8]であったために、他の大宗団が明治以降に体験した自発的な教学の近代化・普遍化運動を経験しないまま、従来の伝統的な教学の枠組みに依存してきたという事情が認められる。しかし、創価学会の発展による門流勢力の膨張、及び、それに伴う外社会との接触面の拡大ないし内部矛盾の発生等に促されて、早晩、その革新が要請されてくることは必然であったように思われる。

二　在家主義教学の模索

創価学会と宗門が「言論出版妨害問題」を契機として国立戒壇論を放棄したことに対して、根本主義の立場をとる宗内の一部僧俗、とりわけ妙信講（現在は冨士大石寺顕正会、さいたま市大宮区に本部、二〇一六〈平成二八〉年四月現在の公称会員数は約一八〇万）から、鋭い批判の声があった。しかし、「政教一致」を非難する厳しい世論を前にして再び国立戒壇論の立場に戻れるわけもなく、ここに両者は、妙信講問題という難題を抱えることになった。そして、これが、やがて創価学会をして、後述するような「昭和五二年路線」といわれる在家主義色の濃厚な教団自立化路線へと向かわしめる契機となった。妙信講問題とは、妙信講を中心とした宗内の根本主義者が、国立戒壇論の正当性をなお主張して、それを放棄した創価学会及び宗門と激しく対立した問題をさす。しかし、創価学会をして、「昭和五二年路線」へと向かわしめたものは、戒壇論をめぐる妙信講との対立そのものではなく、むしろ、教学上の正邪の裁定権を握っていた法主の、同問題への対応ぶりであった。すなわち、第六六世法主の細井日達は、それまでは創価学会とともに国立戒壇論を否定し、また、「正本堂」の建立が実質的な「事の戒壇」の建立であるとする「正本堂御供養趣意書」等における創価学会の主張を黙認してきたにもかかわらず、いざ妙信講問題が起こると、今度は立場を変えて、創価学会と妙信講との間の教学論争を第三者的に裁こうとした。しかも、その裁定は、「定見なく、あるときは妙信講に、ある時は創価学会にと軍配を上げ(る)」[9]ようなものであった。

こうして、創価学会は、国立戒壇論の是非と「正本堂」の教学上の意義をめぐって、一九七〇(昭和四五)年から一九七二(昭和四七)年の間に、法主の面前での対論も含め、一〇数回にわたって妙信講と対論させられ、その結果、一九七二年の一〇月三日には「正本堂」の完成が直ちに「事の戒壇」の建立を意味しない旨の理事長のコメントを同会の機関紙『聖教新聞』紙上に掲載せざるをえなくなるなど、同会の存在と行為の正当化が著しく困難になる事態に直面した。上記のような法主のボナパルティックな対応は、戒壇論の変更に対する妙信講の異議申し立てを好機に、また、自らの教学上の裁定権を武器に、宗門の権威を同会に認識させ、同会を政治的に牽制しようとする意図によるものであったと思われる。しかし、こうした法主の態度は、妙信講と創価学会の双方に、法主に対する抜き難い不信感を与え、やがて妙信講の解散処分(一九七四年八月)と創価学会の「昭和五二年路線」とを招来することになる。

妙信講問題は、創価学会に、しょせん、同会が最終的な教学上の裁定権をもたない大石寺門流所属の一在家講に過ぎないことを痛切に自覚させた。しかし、同会には、「すい亡の一途をたどっておった宗門も、世界的な宗門にした」[10]という自負がある。しかし、そうした同会の力をもってしても、「どうしょうもないのがご本尊であり相伝にもとずく法主の権威である」[11]ことを思い知らされた時、同会は、あらためて宗門の伝統的な教学の僧侶本位で権威主義的な性格に疑問の目を向け、その在家主義的な方向への革新に踏み出した。このあたりの事情について、同会の元教学部長であった原島嵩は、「(昭和五二年路線を中心とした)これまでの一連の御宗門との問題も、その根源をつけば(池田大作)先生自身の宗門に対する被害者意識の反映に過ぎません」[12]と語っている。しかし、こうした「被害者意識」は、必ずしも会長一人の気ままな感情であったのではなく同会が既成宗団内の在家講の形態を取るかぎり必然的に内包せざるをえない構造的な矛盾に根差していたものであったであろう。

もちろん、創価学会を「昭和五二年路線」へと促した要因は、ほかにも存在する。その代表的なものは、同会の制度化の急速な進行であろう。すなわちこのころの同会は、集会施設（会館）の整備と、そこへの専従者の配備、それに世代交替に伴う先代逝去者のための墓地の開設等の課題に迫られていた。[13] しかし、いかに会館が整備され、専従者が配備され、墓地が開設されたとしても、一在家講に過ぎない同会は、法主と僧侶とに依存せずには、しょせん、会館の本尊の書写も入仏式も、会員の授戒式も戒名の授与も、そして冠婚葬祭の執行も、何一つできない状態であった。したがって、同会が法的に独立した宗教法人としての実をあげようとすれば、自ずと宗門や僧侶の既得権に抵触し、彼らから「法義逸脱」とか「謗法」という負のラベルを貼られかねなかった。そして、こうしたことも、また、同会をして在家主義色の濃い新教学の樹立（すなわち在家主義的な教学革新と、その路線化としての「昭和五二年路線」）へと向かわしめる要因であったであろう。もっとも、何故、同会が、こうした深刻な問題に直面せざるをえないかといえば、基本的には、同会が「教団のなかの教団」すなわち内棲型の新興教団[14]であったからであるといえる。

では、次に、「昭和五二年路線」にみられる同会の教学革新の内容を同路線が打ち出された経過とともに検討してみよう。

妙信講問題を契機に、法主への不信感と警戒心を強めた創価学会は、制度化に伴う自教団の態勢整備との兼合いもあって、宗門への経済的な外護を控えはじめた。また、大石寺や末寺への会員の参詣を抑制し、代わって会館への参詣を奨励しはじめた。こうした宗門への同会の姿勢変更に対し、法主は「正本堂」の落成した一九七二年ころから、しばしば、僧侶を前にした説法で、それとわかる形で暗に非難するようになった。こうして、創価学会と法主との関係は、以後日増しに険悪になっていったが、一九七四年から一九七六年ころまでの間は、両者が共同で対処しなければならない妙信講問題が再燃し、解散処分後の妙信講との裁判を含む深刻な抗争が始まったため、対立はいまだ頂点には達しなかった。しかし、妙信講裁判が終了する一九七七（昭和五二）年になると、創価学会側が、一挙に「昭和五二年路線」を打ち出し、両者の対立関係は頂点に達する。

創価学会の「昭和五二年路線」は、「用意周到」か否かは別として、あらかじめ「計画された路線[15]」であったことは確かである。それは、まず、一九七六年の一二月中旬以降、本部代表者会議や県長会、本部幹部会等の、幹部を対象とした諸会議で「根回し」され、次いで、翌年元旦には、全国各地の会館の元旦勤行会で、会長挨拶（テープ）という形で、広く一般会員に知らされた。さらに、一月一五日には、関西戸田記念講堂で開催された同会の第九回教学部大会における「仏教史観を語る」という会長記念講演で、その在家主義的な教学革新の特徴が、より明確にされた。

同路線で明らかになった教学的特徴の主な内容は、(一) 大石寺の「戒壇の本尊」も、創価学会の会館の本尊も、会員の自宅の本尊も、その本質においては同等の価値をもつこと、(二) 血脈とは「信心の血脈」をいうのであって、法主の血脈相承だけをいうのではないこと、(三) 創価学会は「日蓮大聖人の仏法」に直結した信心の血脈をもっていること、(四) 創価学会は在家・出家の両方に通ずる役割を果たしていること、(五) 創価学会の会館こそ「近代における寺院」であり、宗門寺院はたんなる授戒式・葬式・結婚式等の儀式の場に過ぎないこと、(六) 在家の身であっても布施供養が受けられること、などであった。

そして、同会は、前年末から、こうした路線の具体化をはかり、会館に山号を付け、実質的に僧役割を担う在家の「教師」を新たに任命していたが、一月からは、宗門のものとは別の、同会の初代二代会長への報恩謝徳の観念文を入れた独自の勤行要典を作成して使用しはじめ、さらに、春の彼岸会からは、従来の、宗門寺院でしていた会員の先祖回向を創価学会の会館でするようにさえなった。

だが、同会の、こうした教学革新の試みと新路線の実施は、直ちに法主や若手僧侶たちの批判の対象となった。

四　伝統擁護運動の急展開

創価学会の「昭和五二年路線」の大胆な推進に危機意識を感じて、門流の伝統擁護に立ち上がった人々は、皮肉にも創価学会出身の若手僧侶たちであった。大石寺門流では所化小僧（非教師僧侶）最後の修行として一年間の総本山勤務が課せられているが、運動の火種となった僧侶たちは「梁山泊」を自称する総本山在勤時代の気の合った同期生で、教師となって各地に散った後にも機会があれば集まって創価学会の実質的な宗門支配を憂え、あるべき宗門の未来を語り合う間柄でもあった。(16)また彼らには、すでに一九七四年ころから、毎月一三日に開催される末寺の「御講」等で、創価学会批判をはじめていた。彼らのことを、当初は活動家僧侶といい、後にはその同調者とともに正信会僧侶といい、その運動を「正信覚醒運動」という。

彼らの運動が短時日のうちに宗内の大きな流れになっていった背景には、多くの僧侶たちの中に、門流の伝統を無視して在家主義的な教学革新を進める創価学会への義憤があったこと、さらには、彼らの中に、「昭和五二年路線」による寺院と僧侶の既得権（たとえば法要・儀礼等の執行権）の侵害に対する危機意識と反発の感情とがあったこと、などの要因があったと思われる。また、血脈によって、その官職カリスマ性を保証されている法主自身が、基本的に彼らと共通の認識をもっていて、いちはやく彼らの運動の正当性を保証したことも、「正信覚醒運動」の発展に大きな影響を与えた。このように、彼らの運動は、多少とも僧侶による既得権の防衛運動的色彩をもったものではあったが、基本的には、門流の伝統擁護（すなわち伝統化した一次的及び二次的正当化図式の擁護）を旗印に掲げ、それからの創価学会の「法義的逸脱」を非難する根本主義的な伝統擁護運動であったということができる。

「仏教史観を語る」の後半部分が『聖教新聞』に掲載された一九七七年一月一七日、法主は、京都の平安寺で、非公式ながらさっそくこれに言及し、「困ったことである。……将来、学会と訣別する事になるかも知れぬ。[17]」と語り、さらに、その翌々日の一九日には、大石寺に法主を訪ねた活動家僧侶数名に対し、「(創価学会を退会して宗門寺院につきたい人々を)法華講として組織したらよい」旨の発言をした。[18]こうして、以後、活動家僧侶の自坊を中心とした末寺における「昭和五二年路線」批判と檀徒づくり(法華講づくり)がはじまったが、この檀徒づくりは、創価学会の「法義逸脱」を糾す規範的な行為が即座に寺院経営の基礎を固めることになるという、寺院にとっては一石二鳥の、そして、結果として創価学会の組織を確実に脅かすことになる、有効な「昭和五二年路線」対策でもあった。そして、同年の五月三〇日になると、これまでは個別に創価学会批判をしていたに過ぎなかった中心的な活動家僧侶五人が、はじめて千葉県佐原の涌化寺に集まり、以後、共同して創価学会の「昭和五二年路線」と厳しく対決していくことを確認した。こうして、彼らの「正信覚醒運動」が正式に発足することにいたった。

以上のような宗門側の動きに対して、創価学会側は、一月二〇日から八月三日までの間に、宗門の学林誌や末寺の集会等で同会を中傷したとして、周辺的な立場にいる若手の活動家僧侶九名を詰問し、彼らから詫び状を取って、「昭和五二年路線」に対する若手僧侶たちの批判的言動を封じようとした。このことは、当時、同会が、たとえ一部の若手僧侶たちの厳しい批判があっても、新路線を貫き通す覚悟をもっており、また、従来からの実質的な宗門支配の実績から、それが可能であると判断していたことを意味している。事実、同会は、この年の九月初旬までは、新路線をさらに徹底させる作業を進めていた。

たとえば、同会の池田会長は、二月一六日に開催された同会の「御聖誕報恩記念勤行会」の席上で、「(法主等の)途中の人師、論師が根本ではな(く)」、「御本尊と御書が我らの根本」であり、したがって創価学会は、「御本仏に直結した信行学」に励むものであると語り、[19]さらに、四月一八日以降の機関紙に、「生死一大事血脈抄講義」を連載し(のちに『大白蓮華』に転載され、さらにパンフレット化されて百数十万部が会員に配付された)、その中で、血脈相承とは高僧から高僧への神秘的な儀式などをいうのではなく、「ただ、唱題という方程式によって、大御本尊の生命を我が生命に移す」ことをいい、それ故、血脈は、「我が己心の厳粛な信心のなかにこそある[20]」と述べて、石山教学でいう法主から法主への外相的な血脈観の革新をはかった。「昭和五二年路線」にみられる新たな血脈観は、門流の外相的な従来の血脈観を普遍化・己心化したものとして興味深いが、反面、組織論的観点からいえば、こうした抽象的で中心のない血脈観をもってしては、同会のような巨大な新興教団の統合は困難であろう。事実、同会は、すでに前年の三月ころから、宗門の歴代法主の血脈に擬した牧口―戸田―池田と続く歴代会長の「師弟血脈[21]」を強調しはじめていたが、さらに一九七七年八月四日の副会長会議では、「創価学会は永遠に創価学会師を原点とする[22]」と決めて、会長の絶対化をはかっている。

また、『聖教新聞』は、すでに一九七四年の五月に、「『僧宝』と言っても僧侶を意味するのではなく、社会の中で実践し『法』を正しく伝持する人々のこと」で、「今日における『僧宝』つまり仏法実践者の組織としては創価学会がある[23]」と記して、伝統的な僧宝論(僧伽論)の現代化・普遍化を試みているが、「昭和五二年路線」においては、僧宝論(僧伽論)と並んで、寺院観の現代化・普遍化も試みられ、以後、これをめぐって宗門側と論争がなされるにいたった。すなわち、前述した「仏教史観を語る」の中に示されている、「末法の御本仏日蓮大聖人も一生涯、既成仏教のような寺院は持たれなかった。お亡くなりになるまで草庵であります[24]。」という寺院観を、一活動家僧侶が大石寺内事部発行の『蓮華』六月号誌上で批判すると、今度は、同会が、ある教学部教授の名前で幹部指導誌『前進』八月号に再批判の論文を掲載して、「大聖人が寺を建てよといわれた御書が一つでもあろうか」と応酬するといった具合であった。

だが、この『前進』誌の論文は、意外な波紋をよぶことになった。それは、同年八月三〇日に行われた総本山での第二六回教師講習会の開講式で、この論文に対して、法主自ら厳しい反論を加えたからである。これは、「昭和五二年路線」に対して、法主に代表される宗門側が、はじめて公式に、しかも真正面から、批判を加えたものであっただけに、創価学会側も、強いショックを受け、その対応にとまどいをみせた。そこで、同会は、『前進』九月号に釈明文を載せたり、同誌そのものをも九月号で廃刊にするなど、問題の鎮静化に細心の注意を払うようになった。しかし、同会が宗門の動向に神経質になりはじめた背景には、この法主の『前進』論文批判によって勇気づけられた活動家僧侶たちが、以前にも増して「昭和五二年路線」批判を展開して、檀徒になる会員が増加しだしたことや、秋口から、週刊誌や月刊誌等のマスコミが宗門と同会との対立問題をいっせいに取り上げるにいたって、内部にも路線の強行に対する慎重論が出たこと、さらには、これまでに同会が会館や研修所の建設のために入手した莫大な不動産について国会で質問がなされるといった情報が流れるなど、同会の首脳が「言論出版妨害問題」の時の再来を憂慮しはじめたという要因が潜んでいた。

こうして、創価学会は、以後、宗門に対する従来の強硬路線を修正せざるをえなくなったが、反面、こうした創価学会側の姿勢をみてとった法主は、妙信講問題の時と同様に、一方では活動家僧侶たちを激励して、檀徒づくりを奨励しつつ、他方では創価学会側の一定の反省と譲歩、さらには日蓮七〇〇遠忌の記念事業への応分の援助を引き出して、「昭和五二年路線」をめぐる同会との対立関係を一挙に清算する時期を模索していたように思える。このような両者の思惑の重なりは、一一月九日に創価学会本部で行われた同会の「創立四七周年慶祝法要」における、同会々長と法主との親しげな並座と、巷間で云われている両者不仲説に対する、打ち合わせたかのような二人の否定談話となって現われた。なお、この法要は、創価学会が以前に模刻して礼拝していた本部の板本尊の事後承認的な意味をもっていたともいわれている(25)。いずれにせよ、以後、創価学会と宗門は、「僧俗一致」という名の政治的な和解をめざして、和解案づくりの作業に入るが、そうした過程で、創価学会側が一一月一八日に示した「僧俗一致の五原則七項目」なる和解案の内容が「創価学会の宗教法人上の自立性」を前提にしたものであった(26)ことから、活動家僧侶のみならず、多くの宗門僧侶の反発を呼び、宗内世論をますます反創価学会的なものにした。また、それは、当初、和解をめざしていた法主をも、再び、対創価学会強硬論の立場へと逆戻りさせてしまった。

宗内世論の変化を察知した同会の会長は、まず、一二月四日に、宮崎県の定善寺での法要の席で、法主と宗門僧侶に対し、従来の「わがまま」の「御寛恕」を乞い[27]、一二日には、総本山に法主を訪ねて同様の意思を伝えたが、法主からは、「若い連中が学会と手を切れと言っているが、私がおさえている[28]」という言葉が帰ってきたのみであった。だが、法主は、翌一九七八年の一月二日に、一九八一（昭和五六）年一一月に迎える日蓮七〇〇遠忌についての「訓論」を発し、その中で、「僧俗和合」を強調するとともに、創価学会会長の「池田大作を慶讃委員長に任じ」と述べているので、上記の「手を切る」云々の言葉は、活動家僧侶たちの運動を操りつつ、創価学会に恩を売り、また、遠忌に協力をさせながら同会を牽制しようとする、法主一流の政治的発言であると考えられる。

しかし活動家僧侶たちをはじめ、このころの反創価学会的な宗内世論の高まりは、もはや法主一人のボナパルティズムを許さないところまで来ていた。そして、まもなく、こうした動きを加速するかのように、当時、宗門の依頼によって、妙信講対策とその裁判に携わっていた、創価学会の山崎正友顧問弁護士の書いたものとされている「ある信者からの手紙」が、法主の手で活動家僧侶たちに公開された。この「手紙」は、「昭和五二年路線」を中心とした創価学会の、「用意周到に計画された」教団自立化戦略と、それに関連する宗門対策の手の内を詳細に暴露し、かつ、丁寧にも、それに対する宗門側の有効な対策手段をも教示したものであった[29]。このころ山崎は、妙信講対策等のことで、しばしば大石寺の東京出張所（文京区西片）に法主を訪ねていたので[30]、法主との距離はかなり近かったものと思われる。こうしたことから、彼は、当時より、創価学会の幹部のままで、法主の創価学会対策の参謀的な存在になっていたことが予想される。そして、この「大物内通者」からの創価学会情報は、法主の創価学会観をより厳しいものにしただけではなく、一月一九日に大石寺に集まった一四七名の活動家僧侶の前で、法主の命により、「手紙」

が読み上げられたことを通して、列席した多くの活動家僧侶たちに強烈なショックを与えた。また、その席上、法主は、「(諸君は)いざという時は創価学会と手を切る覚悟で、檀徒名簿を作っておきなさい(取意)」[31]と発言して、活動家僧侶たちを激励した。こうして、彼らの運動は、以後しばらくの間、法主の全面的な支援を得て、その勢いを増していくことになる。その後、二月九日には、大石寺で、法主はもちろん、宗務院の役僧や宗会議員らを含む合計二〇〇名ほどの僧侶が参加して、創価学会問題についての時事懇談会が開かれた。懇談会の結論は、創価学会から示された「僧俗一致の五原則七項目」の和解案は問題外なので同会に返上し、同会との今後の関係をどうするかについては、あらためて宗内の全教師の意見を聞いた上で決める、というものであった。なお、この時事懇談会の開催は、「昭和五二年路線」の撤回を求める運動が、はじめて宗門総体で取り組むべき運動として認知されたことを意味している。

このような宗門側の新たな動きに対して、創価学会の池田会長は、二月一二日と一四日の二回にわたって大石寺に法主を訪ね、宗門に対する学会の従来の非礼を詫び、以後、問題点は改めるので、宗門が学会と「手を切る」ことだけは思いとどまるようにと懇願した。[32]これは、見方によっては、宗門に対する創価学会の「全面屈伏」[33]であり、以後の経過からみると、「昭和五二年路線」の実質的な撤回宣言でもあった。他方、全宗門的な問題となった創価学会問題への、その後の宗門側の動きを追うと、二月二二日の再度の時事懇談会と三月一四日の全国教師指導会の席上、法主が、活動家僧侶たちの不満を押さえて、池田会長に創価学会幹部の反省と謝罪を評価し、今後は、破門ではなく同会との協調策を考えてほしい旨の挨拶を行った。しかし、活動家僧侶たちの数の増大と運動の高まりは、その後もとどまらず、この年の六月ころまでは、宗門教師六三六名中の一四九名(無任所教師を除く)までを運動参加者として獲得するにいたった。

ところで、「全面屈伏」以後の創価学会は、その後、幹部への指導の機会をとらえては「反省」の姿勢をみせ、三月九日には、全国県長会で「昭和五二年路線」の軌道修正を示唆し、五月一二日には、創価学会版の『勤行要典』の作成中止を決め、さらには、宗務院が宗門僧侶の総意としてまとめて六月一九日に提出した、創価学会への三四か条の質問書（実質的には詰問状）に対しても、「昭和五二年路線」をほぼ全面的に放棄した内容の回答を六月末に示し、続いて六月三〇日付の『聖教新聞』紙上にも、同会の近時の教学上の「誤り」を訂正した記事を載せて、宗門への恭順の意を示した。宗門からの三四か条の質問に対する創価学会の回答内容[34]は、その表現に若干の苦心の跡がみられるものの、基本的には、法主の血脈をはじめ、僧侶・寺院の存在等に関する伝統的な教学上の命題の正当性を認めるものであり、かつて、「昭和五二年路線」において革新を試みた、己心化ないし在家主義化された血脈観や、普遍的で近代的な僧伽観・寺院観等を自ら否定したものであった。六月二九日、法主は、大石寺で開催された全国教師指導会の開会式で、創価学会の回答を公表し、「まだ満足しない人があるだろうけれども」、「最近の問題はこの辺で収めて貰いたい[35]」と語り、活動家僧侶たちの説得をはかった。そして、これは、創価学会の「昭和五二年路線」をめぐる問題の第一次の決着を意味していた。こうして、大胆な在家主義化をはかった創価学会の教学革新の試みは、少なくとも、この時点においては完全に失敗したということができるが、同時に、宗門側もまた、創価学会の「五二年路線」を阻止しえたものの、それによって、伝統的な教学に自ら疑いの目を向けて、それを革新する可能性からは逆に疎外され、あいかわらず、「訓詁的な世界」に取り残されることにもなった。教学革新という観点からみて、両者が、こうした「不毛」な結果を招来した理由は、創価学会も法主も、理念上の問題（教学）を純粋にそれとして取り扱うことをせず、常に運動論的課題や教団運営上の要請という組織利害の問題とからめ、それに従属させて取り扱ったところに求められるが、逆に、そうであればこそ、教学上の問題が社会学の問題たりえるわけでもある。

三四か条の質問書に対する回答で、すでに、創価学会が在家主義的な教学革新の試みを基本的に放棄してしまっている以上、本章としては、同会と宗門側の間に展開されたその後の諸過程を、克明に追う必要はない。そこで、ここでは、重要事項のみを特記するにとどめる。

創価学会側の新路線の放棄にかかわらず、また、法主の収束宣言にもかかわらず、ひとたび昂揚した反創価学会の運動は、それ自身の動力をもって、さらに発展していった。その要因は、宗門の内部というよりも、むしろ、より多くの創価学会の内部矛盾（もはや膨張しなくなった組織における会員の上昇移動不可能性等）に求められるかもしれない。いずれにせよ、この時期には創価学会をやめて檀徒になる人々が激増し、この年の八月二六日に大石寺で開かれた第一回全国檀徒大会には、六二〇〇名の参加をみた（僧侶の参加は一八〇名）。一方、活動家僧侶たちも、こうした檀徒の激増傾向に支えられて、以後も、反省が不十分だとして創価学会の批判を続けた。そして、九月になると、過去における創価学会の本尊模刻が明らかになって、[36]創価学会は、再び窮地に陥った。そこで、同会では、会長以下、二〇〇〇名の幹部が一一月七日に大石寺に登り、法主と多くの僧侶に対して、これまでの同会の姿勢を詫び、また、本尊模刻についても謝罪し、法主もこれを了とした。これが、「昭和五二年路線」問題の第二次の決着である。

しかし、翌一九七九年三月六日には、今度は、創価学会の福島源次郎副会長が、福岡県にある同会の大牟田会館での会員指導で、放棄したはずの「昭和五二年路線」を正当化し、法主や僧侶を著しく侮辱する発言を行った。[37]これは、宗門側からの批判を、故なき不合理なものと考えていた多くの同会幹部の偽らざる心情を正直に代弁したものであったが、同時に、時節柄、創価学会の新路線の放棄や反省が擬装されたものであるとする活動家僧侶たちの主張の妥当性を裏付ける発言として、宗内で問題にされるに十分なものであった。事実、これに対しては、さっそく、大石寺内事部から抗議及び質問が発せられ、続いて、三月末には、これまでは表面に出なかった法華講連合会（墨田区吾妻橋に本部、古くからの寺院単位の檀徒組織の連合体）が緊急理事会を開いて、法華講総講頭の地位からの池田創価学会々長の引責辞任を勧告する決議を行った。そして、これを契機として、四月二四日の池田創価学会々長の辞任（総講頭辞任は二六日）がなされるにいたった。

四月二八日、法主は、これを受けて、教師代表者会議の席上で、創価学会問題の解決を宣言し、五月一日には、以後、（一）御講等での御書による教義以外の説法は固く禁ずる、（二）創価学会員に対しては、自発的に檀徒になることを希望する者は受け入れてさしつかえないが、それ以外はいっさいの働きかけを固く禁止する、（三）今日以後これに違背する者は処分も辞さない、との院達[38]を発して、活動家僧侶たちの活動を実質的に封じようとした。また、その翌々日（三日）に、彼は、創価学会の第一四回本部総会に出席して、最終的な和解の挨拶をした。これが、創価学会問題の第三次の決着である。

だが、活動家僧侶たちは、今回も、この和解に不満であった。しかし、以後も反創価学会運動を続ければ、院達によって処分される恐れが十分にあった。こうして、活動家僧侶達の運動は、「玉」を捨て「異端」の汚名を受けてでも運動を続けるか、それとも「玉」の意を受けてひとまず鉾を収め、あいかわらず「正統」の立場を守るか、の岐路に立たされることになった。

五　己心主義教学への道

結果的に、活動家僧侶たちは、「玉」に逆らっても運動を続ける道を選んだ。そして、この道が、またかつて創価学会が試みた在家主義的な教学革新とは異なる、新たな教学革新への道に通じていようとは、このころの活動家僧侶たち自身も気付いてはいなかった。教学革新の観点からいえば、「玉」を後ろ盾とし、伝統的で権威主義的な「印籠教学」を武器として創価学会に対していたころの彼らの教学にはさして興味深いものはなく、かえって「玉」の喪失と「異端」化（すなわち正統化の危機）の後の彼らの教学の中にこそ、伝統を根底から問い直す鋭い教学革新の傾向がみられる。だが、それは、同時に、「玉」を背にして創価学会の「昭和五二年路線」を厳しく非難していたころの、彼らの教学的立場の自己否定でもあった。

さて、活動家僧侶たちは、六月二六日の宗会議員の補欠選挙（定員一名）で、自派からの当選者を出して、宗内世論の味方していることを確認した後に、七月一三日の「御講」から、自坊で創価学会批判を再開した。だが、同月二二日には法主が突然に死去し、代わって阿部信雄（日顕）が第六七世法主に就任したため、彼らに対する法主の措置は、六七世の手に持ち越された。就任直後の新法主は、彼らに対して慎重に振舞い、八月二五日に大石寺で開催された第三回全国檀徒大会（出席檀徒三〇〇〇名）にも出席して無難な挨拶を行った。しかし、一〇月八日には、一方で創価学会に従来の法義逸脱の訂正と反省の徹底化を求めるとともに、他方では活動家僧侶たちにも前法主の最後の院達を踏まえて創価学会への批判を禁止するという新たな院達[39]を出して、態度を鮮明にした。だが、活動家僧侶たちが、これを無視して運動を続けたため、翌年（一九八〇年）の一月二六日に大石寺で開かれた第四回全国檀徒大会（出席檀徒三〇〇〇名）に出席した新法主は、「（宗務院の方針に）従わないならば、それは法主・管長としての私を否定することであり、本宗の正しい信心の在り方から完全に逸脱するものといわなくてはならない。それは、私の統率する宗団の外へ出てからやってもらいたい[40]」と述べて、活動家僧侶たちを厳しく非難した。

こうして、活動家僧侶たちは、以前の「追う」立場から「追われる」立場へとところを変えつつも、同年六月四日に実施された宗会選挙では、自派から一〇名（定数一六）の当選者、全体の六四・四パーセントの得票率を獲得して、いまだ宗内多数の支持を得ていることを法主に誇示し、大石寺で全国教師指導会が開かれた七月四日には、法主派の宗内僧侶宗団である「憂宗護法会」（同年三月二四日結成、常泉寺での初会合に三〇名出席、以後、次回に九〇名へと出席者が急増）に対抗して正式に「正信会」（二〇〇名前後が参加）を発足させ、さらには八月二四日に、武道館で一万人規模の反創価学会の大集会（第五回全国檀徒大会）を開くことを決めた。これに対して、法主は、先の教師指導会で、「総本山の指導・指南に反抗する姿を示すことは謗法である[41]」と決めつけるとともに、七月三〇日と八月一九日に院達を出して、武道館での反創価学会の大集会の開催と、それへの全僧侶の参加を禁止した。しかし、集会は、予定通り一万名規模で、八月二四日に開かれ、創価学会の幹部で元教学部長の原島嵩が出席して、正信会側の運動に加わることを宣言するなど、かなりの盛り上がりをみせた。こうして、正信会僧侶と法主の対立関係は決定的なものとなり、一か月後の九月二四日には、院達を無視して集会に出席したとして、二〇一名の僧侶が、一挙に、住職罷免から降級・停権・譴責までの処分を受け、さらに一〇月三日には、運動の中心にいた五名の僧侶が擯責処分を受けて、彼らの運動は、完全に「異端」の立場に追いやられることになった。なお、法主に反抗して運動を続ける正信会僧侶の動きに対して、創価学会の北条新会長は、一〇月二三日に開かれた同会本部幹部会で、「今日において、歴代の御法主上人を日蓮大聖人と仰ぐのが、日蓮正宗の信心であり、学会の伝統である。御法主上人を『軽しむ』ようなことがあれば、御書に照らしても堕地獄は疑いない。[42]」と非難した。このような非難は、かつて自らが活動家僧侶たちから受けていたものであったが、立場が逆転した今となっては、皮肉にも、こうした「印籠教学」がかえって自己正当化に役立った。

さて、正信会の運動を取り巻く状況が日に日に厳しくなっていく中で、この運動に参加している無任所教師（教師になりたての、自坊を持たない若手僧侶のことで在勤教師ともいう）約五〇名が、在勤教師会を結成した。同会は、一九七四・七五年ころに総本山で在勤時代を過ごした同期生が中心となり、「宗門の将来の展望を具体的に論じ、行動できる会[43]」として、また、彼ら特有の問題の解決のために、結成したものである。彼ら特有の問題とは、宗門が創価学会の急膨張に対応して一挙に多くの僧侶を養成したために、彼らが総本山に在勤しているころから僧侶が過剰となって、一九七五年ころから在勤者を住職として送り込む寺院がなくなり、その結果、五年程度の無任所生活（本山在勤か末寺の執事等）を余儀なくさせられていた問題をいう。同会のリーダーたちは、彼らの先輩にあたる正信会のリーダーたちと同様に、そのほとんどが創価学会出身者であったが、後者が運動家肌であるとすれば、前者はむしろ理論を好む人々であった。こうした傾向と、無任所生活を無為に過ごさないためにとの自戒から、彼らは、すでに、同会結成のかなり前の一九七六年ころから、月に一度の教学の勉強会を各地で開きつつ一九七七年以後は反創価学会運動に参加してきた。そうしてこうした彼らの教学研鑽は、やがて正信会側の教学革新に大きく貢献することになる。同会結成の直接の契機は、一九八〇（昭和五五）年の七月二九日に大石寺で開かれた無任所教師指導会の席上で住職になれない在勤教師の苦悩を逆手に取って、新法主が、「運動をやめればウルトラ方式で寺へ入れてやることも考えている」[44]旨の発言をしたことにある。そこで、在勤教師たちは、連名で、法主に教学上の問題を含む近時の諸問題に関する「御伺い書」（一二月二五日と一月一〇日に、二回に分けて提出）を提出するということになり、そのために在勤教師会が結成された。住職任免権をも運動切り崩しの手段にする、こうした法主の発言は、教師になりたての在勤教師たちにさえ軽蔑の感情をもって迎えられた。また、こうした法主の発言と前記の檀徒大会参加僧侶に対する未曾有の大量処分の断行は、宗内に「阿部信雄に法主の資格なし」の評判を高めた。

こうした法主に対する悪評と自己の置かれた「正当化の危機」の状況に促されて、正信会僧侶たちは、大石寺門流における法主から法主への伝統的な血脈観にはじめて疑問を表明するにいたった。こうして、またもや皮肉なことに、「玉」を後ろ盾として創価学会に対していた時には明白な「邪義」であったに違いなかった新しい血脈観が、彼らの中から生まれるにいたる。すなわち、正信会では、まず、一二月一三日の法主への「質問状」で前法主から新法主への血脈相承の事実を疑い、次いで翌一九八一年一月一一日の「通告文」で相承の事実を否認し、続いて一月二一日には有志一四〇名の連名で「相承を詐称した新法主」の地位不存在確認と職務執行停止を求める訴訟を静岡地裁富士支部に起こした。これらの一連の動きは、「血脈相承」を歴史的な事実性において争っている限り、いまだ宗門と同一次元の伝統的な血脈観に立脚しているといえる。だが、新法主への「相承の事実」を否定することは、直ちに、「血脈相承」とは何かという深刻な教学上の問いを生むにいたる。総じて、「正当化の危機」は、新たな正当化図式を示すことによってのみ克服することが可能であり、新たな血脈観の提示なしには、予想される宗門側の異流義批判に耐えることができないからである。

こうして、正信会では、一月一日発行の『正信会報』第六号誌上に、久保川法章の「世界宗教への脱皮（2）」なる論文を掲載して、彼らの新しい血脈観を示した。それは、（一）法主から法主へと伝えられたという唯授一人金口嫡々血脈相承観はまったく史実に反するし、内容としてもそうした神秘的なものは存在しないこと、（二）そうした血脈相承観は天孫降臨神話が政治的目的で作られたがごとく信徒教導の方便にすぎないこと、（三）事実の上でも新法主は相承を受けていなかったこと、（四）法主に邪義がみられる時、大衆は法主を糾すことができること、（五）万一、法主の邪義により法主の血脈の管が故障したときは、法水は正義を保つ大衆の管へと流れること、（六）したがって、新法主に「相承の事実」がなくても、また邪義によって法主に法水が流れなくとも、大石寺門流の「血脈相承」の真義は微動だにしないこと、等を骨子とするものであった。なお、久保川は、これ以前の昨年一二月一日発行の大阪蓮華寺々誌『仏生』第一八号誌上に「究極の御本尊」なる論文を載せ、その中で、（一）大石寺門流の「究極の御本尊」は「久遠元初の自受用報身如来」であるから、修行の対境である形象化された本尊を「久遠元初の自受用報身」として拝むことが大切であること、（二）形あるものは必ず滅するの法則通り楠板の「戒壇の本尊」も何万年か何億年かの後には姿を消すのであるから、たとえ「戒壇の本尊」といえども即「久遠元初の自受用報身如来」の当体と断ずることはできないこと、をすでに主張していた。

これらの久保川の新しい血脈観と本尊観は、大石寺門流の伝統的な教学的命題を根底から覆すもので、幕末の黒船の到来のごとく、「それ迄太平を貪っていた宗門を驚愕させたことも事実[45]」であるが、反面、運動を展開して行く上で、はたして法主・宗門側と対等に正邪を争っていけるかどうかには不安があった。何故ならば、「戒壇の本尊」と「法主の血脈相承」は、大石寺門流の二大根本義であるため、その大胆な解釈の変更を檀徒たちが素直に受け入れるかどうかに疑問があったからである。そして、こうした予想は意外とはやく現実となった。すなわち、宗門側は、二月九日に「戒壇の本尊」と「法主の血脈相承」について異説を唱えたとして久保川をいちはやく擯斥に処し、続いて同月一六日には宗務院より『久保川論文の妄説を破す』という小冊子を発行して宗内に広く配布し、また、二一日には訴訟等により法主の血脈相承を否定したとして正信会僧侶一七〇名と彼らの自坊の七〇か寺所属の檀徒に対し、三月以降の大石寺への登山ならびに「戒壇の本尊」の開扉を禁止したが、こうした宗門側の敏速で厳しい対抗措置と、本尊と血脈に対する異説の主張内容及びその否定、という処分理由は、全国の檀徒に予想外に大きな動揺を与えた。そこで、正信会は、これらに関して、檀徒向けの機関紙である『継命』の三月一日号に、あらためて、(一)「戒壇の本尊」を否定するものではない、(二)正義を保つ法主に対しては信伏随順する、(三)創価学会の池田名誉会長の謗法行為は見逃せないし、それを容認・弁護する法主と宗務当局のあり方は誤っている、という三項目の「統一見解」を発表して檀徒の動揺を静めようとしたが、一定部分の檀徒の離脱現象を招来したことは否めない(46)。

正信会に「統一見解」を出さざるをえなくさせた要因の一つである久保川論文には、正当化の危機に陥った運動の状況的要請に応えるのに急なあまり、(一)総じて体系としての教学の完成度の低さと、(二)ややもすると、物体(形象)としての「戒壇の本尊」と形式(外相)としての「法主の血脈相承」を全面的に否定しているかのような印象を与えかねない表現の稚拙さと論理の組み立ての甘さとがみられた。そして、宗門側は、巧みに、そうした久保川論文の弱点を突き、正信会の運動に打撃を与えることに、一定程度、それに成功したかのように思える。事実、その後、正信会の運動から脱落していく僧侶が増えていった。

こうして、彼らの運動の内部で、十分に宗門側と対抗できるだけの体系的な教学革新への期待が高まっていった。そして、まもなく、在勤教師会の僧侶たちがこれに応えるようになる。彼らは、すでに、法主への「お伺い書」の中で、在勤教師の処遇問題のみならず、血脈の問題についても取り上げている。彼らは、そこで、日蓮という凡夫身に即して本仏をみる大石寺門流においては、日蓮—日興ないし法主—自余の大衆という「共に未断惑の凡夫が信という同じ立場にたち」、その「師弟子が相寄って初めて（己心に）妙法が成就するのであり」、したがって、「日興遺戒置文」にあるごとく、「弟子がひずめば師が導き、師が過てば弟子がただすことは当然」で、この観点から見れば外部から種々その断絶が論難されてきた「血脈相承に関する宗門の歴史はかえって師弟子の法門が如実に顕われていた歴史」であるから、いたずらに「貫主一人から貫主一人へという論理」にこだわらずに、血脈法水は法主を含む「弟子全体に流れている」ものと解するべきではないかと問題提起している。[47]この「師弟子の法門」は、「三毒強盛・未断惑の凡夫」に即して本仏をみる日蓮本仏論にまで遡及し、師弟相寄って一箇したところに門流の血脈の真義をさぐろうとするもので、久保川論文よりも一歩立ち入った奥行きの深さをもっているといえる。

また、彼らは、正信会の運動が宗門側の厳しい処分に遭って混迷しはじめた三月初旬に、より体系的な教学小冊子『事の法門について』を発行し、以後、宗門側からなされた久保川論文や正信会運動に対する教学的な反論を一手に引き受けた形で、次々と反論を出していった。[48]また、彼らは、在勤教師の無任所問題の解決と布教のために、正信会僧侶の支援を受けて、五月ころから正信会系寺院の少ない地域に布教所を開設していった。このあたりの事情は、当初は正信会と在勤教師会との間に「なんとなく亀裂があるように感ぜられた時もありました。ところが……久保川論文が宗務院において破折されるや、この（在勤教師会の）若手僧侶の力を必要とするようにな（った）[49]」という宗門の教学部長の分析によっても確認される。こうして、正信会と在勤教師会との連帯が進み、後者はさながら前者の教学部の観を呈するようになり、一部にその教学的「行き過ぎ」を恐れる向き[50]があったものの、全体として正信会運動の「正当化の危機」の克服に大きく貢献するにいたった。彼らの教学への執念は、「全体、僧侶は勉強不足だ」という自己認識や、「いまの時点で（処分撤回や法主の退位等の）行政的問題を論じても厳しいものがある」ので、「（いまは）考えて考えて考えぬいていくことが、将来の宗門建設にとって、一番重要（だ）」とする状況認識に由来していた[51]が、より根本的には、創価学会の「幸福製造機」的な本尊観[52]や本尊模刻等の問題も、詮ずるところ門流の「法門が外相（物質）中心の教学に陥ったときから、出るべくして出た行為であった」[53]との深刻な教学上の反省に根差していた。だが、彼らの教学は、正信会の運動が「玉」を失って「正当化の危機」に陥った後に形成されたものではない。そうした「正当化の危機」は、たしかに、彼らの教学を「世に出す」大きな契機とはなったが、彼らの教学の基本的命題は、創価学会の「昭和五二年路線」の打ち出される以前にすべて形成されていた。すなわち、在勤教師会のリーダーたちは、その中の数名が国立市の大宣寺の所化小僧であったことから、すでに、総本山勤務以前の一九七〇年代前半に、同寺の関係者で『日蓮正宗富士年表』（一九六四年発行）の作製委員会参与を務めたことのある川澄勲（臥竜山房）[54]から、古文書の読み方とともに石山教学への新視点を学び、その基礎の上に、彼らの教学を形成しつつあった。

では、以下に、彼らの教学革新ぶりを紹介してみよう。彼らの教学は、端的にいえば、「己心教学」と呼ぶべきもので、それは「信の世界」のあり方を、凡眼には映らない独一法界としての「宗旨分」（還滅門ないし内証己心ともいう）と、その化導のための善功方便、すなわち、外相上の形式や物質的対象の世界としての「宗教分」（流転門ないし外相ともいう）とに立て分け、「宗旨分を確認した上で、宗教分はあるべきだ」[55]として、前者の重要性を強調する教学のことである。そして、彼らは、この立場から、「宗旨分がすっかり忘れられて、宗教分だけが独り歩きをしている」[56]昨今の大石寺門流の教学的現状を批判し、今や、その克服が急務であると主張する。こうして、彼らは、この「己心教学」こそ石山教学本来の姿であるとして、本尊も戒壇も題目も、そして血脈も本仏も、その悉くをひとまず内証己心に還元して理解するにいたる。すなわち、彼らは、「本尊といえば板曼荼羅の外相、戒壇といえば建築物としての戒壇堂、題目といえば口唱の題目だけしか[57]」考えなかった、従来の外相中心の教学に対して、元来、本尊も戒壇も題目も、師（仏界日蓮）弟（九界弟子檀那）一箇して、「信の一字」をもって、凡夫の己心中に建立されるべきものであって、それが外相に押し出されて、はじめて、板本尊や戒壇堂や口唱の題目となると主張する。また、彼らは、師弟一箇して己心に成ずるところの本尊の法体付属を宗旨分の血脈といい、そうした意味で「信心無二に仏道修行の者はすべて唯授一人である」[58]と述べ、さらには、「鎌倉時代に生まれた生身の日蓮」そのものが本仏なのではなく、宗旨分からいえば、彼の「内証己心中の魂魄」、すなわち、「久遠元初の自受用報身」を本仏と考えるべきである[59]とも主張する。こうして、彼らは、宗教分（流転門・外相）を否定せずに、門流の伝統教学の体系的普遍化（内証己心化）、ないし、パラダイム革新をはかり、いちおうの成功をみたように思える。おそらく、こうした体系的普遍化の営みは、創価学会の「昭和五二年路線」や「玉の喪失」直後の正信会の久保川論文の場合にみられたような、「正当化の危機」という運動論的要請への直接的で急場凌ぎの応答からは、容易に生ずることはなかったであろう。

正信会の運動は、一九八二（昭和五七）年末までにほとんどの正信会僧侶たちが擯斥を受けるなど、宗政上においては引き続き防戦を強いられていたが、教学論争の上からいえば、在勤教師会の貢献によって、正信会側が攻勢に立つようになった。すなわち、彼らの挑んだ教学論争に対して、宗門側は、一九八二年四月に、教学部長を中心とした時局法義研鑽委員会（反論委員会）を開設して組織的に対処したが、在勤教師会の教学革新の試みが、「昭和五二年路線」や久保川論文の場合と違って、「正当化の危機」への直接的な応答や急場凌ぎに形成されたものではないだけに、在来の「印籠教学」では容易に太刀打ちできず、かえって在勤教師会の僧侶たちから、「三つ葉葵の印籠を出し、権威権力をもって『この紋所が――』と叫んでみても、乱用したのでは九官鳥が『オタケサン』と叫ぶより虚しい」[60]とか「所詮は真剣相手に竹刀で臨むもので全く迫力がない」[61]と批判され、また、「一刻も早く、教学的批判にたえうるような厳正な論文を望む」[62]と論理的な反論を嘱望されたりする結末に終わった。こうした事態に、法主は、一九八三年八月の第三二回全国教師講習会の席上で、在勤教師会の「己心教学」を「内証己心だけの教学」にみたてて批判し、さらに、彼らの教学がすべて川澄勲の教学の受け売りであると決めつけつつも、他方では在勤教師会の教学攻勢に正面切って対応できない現在の宗門の人材の払底ぶりを慨嘆して、「現在の時代に本当に適した、その時代のあらゆる思想等を網羅して、しかもその破邪顕正の一切をきちっとなさるような」「日寛上人の再来の如き器の人は必ず出られると信じます」と語り、そのような人に「なれるなれないはともかくとして、とにかく必死になって勉強だけは一生続けて」いく気持ちが大切であると、[63]出席した僧侶たちに訴えた。

在勤教師会と宗門の時局法義研鑽委員会との間の教学論争は、最近まで続いたが、前者が「興風談所」（所在地は岡山市）の名の下に、一九八一年の一〇月から一九八四年末までの間に、教学専門誌の『興風紀要』（A５判一五〇頁程度）と教学資料研究誌の『興風』（A５判八〇頁程度）を各数冊ずつ出版し、かつ、正信会僧侶たちとともに、『正信会報』や檀徒新聞の『継命』にも精力的に執筆したのに対して、後者はせいぜい一年に一度の全国教師講習会の時の口頭報告か、毎月の宗門機関誌の『大日蓮』にわずか二頁の「委員会ノート」を連載（一九八五年九月号まで）したのみであり、在勤教師会側が質量ともに宗門側を圧倒したかのように思える。しかし、宗門との法的な係争においては、一九八三（昭和五八）年の一月三〇日に、正信会が静岡地裁に提訴していた法主の地位不存在確認と職務執行停止の仮処分が却下（東京高裁段階でも一九八五年一一月二一日に却下）され、また、一九八三年六月二三日には、東京目黒の妙心寺を自坊とする、そして最も早い時期に宗門から擯斥された山口法興住職が、東京地裁に起こしていた住職地位保全の訴訟（同様の他の擯斥された正信会住職の訴訟の先駆）に全面敗訴の判決が下るなど、ますます敗色の濃いものとなった。他方、一九八四年の一月二日、創価学会の池田名誉会長が、再び、法主から、宗門の法華講総講頭に任ぜられた。[64]このことは、創価学会が、その宗内的地位を完全に復活させたことを意味している。だが、宗内での創価学会の復権は、今後の同会の在家主義的な教学革新の試みを、ますます困難にさせることになるであろう。本書の第四章で言及したように、教学革新には周辺的な地位のほうが似合っているのである。

反面、当時の在勤教師会の僧侶たちは、その自坊のない不安定な周辺地位にもかかわらず（あるいは、それ故に）、教学を「あらゆる艱難辛苦を乗り越えるための杖」[65]として、その研鑽を進めようとしていた。そして、こうした在勤教師会の地道な教学研鑽の営みは、長期的にみれば、宗門や創価学会との、多少とも利害がらみの法的・政治的な抗争の勝敗などより、はるかに重要で大きな影響を大石寺門流に与えることになるかもしれない。
その意味で、教学革新は、周辺（逆境）体験と親しく、中心（順境）体験に疎いということがいえそうである。

六　結語

前述したように、従来の石山教学は、「本仏日蓮」のカリスマを一枚の板本尊と「唯授一人の血脈」の法主の位座へと転封せしめているので、それらをもたない他門流に対する大石寺門流の、あるいは宗内の反法主派に対する法主派の、唯一正統性（正当性）を意味するには、たいへん都合よくできている「印籠教学」であった。しかし、正統性の根拠を物質の独占や位座の歴史的継承性という「印籠」に置くとすれば、そうした「印籠」の通用しない「論理（道理）の世界」における他門他派との教学論争は、しょせん無理となる。こうして、石山教学は、これまで他門流には通用しない特殊的で独善的な「印籠教学」として、外部からみられてきた。しかし、近時にいたって、本章で取り上げたようないくつかの教学革新の試みがなされ、それらのうち、少なくとも在勤教師会の試みだけは、挫折せずに続けられ、従来の外相中心の「印籠教学」の己心主義的な方向への突破ないし革新に成功しつつある、といえそうである。もちろん、運動論的要請から中途で挫折した創価学会の「昭和五二年路線」にしても、その試みが成功していたとすれば、これもまた「印籠教学」から在家主義的な方向への、一つの大胆な脱皮であったであろう。事実、同会は、一九九一年の破門以後、この路線を完全に復活させている。

では、創価学会の「昭和五二年路線」における教学革新と在勤教師会の教学革新との間には、どのような異同がみられるのであろうか。まず、両者の試みに共通していえることは、（一）「正当化の危機」という運動論的要請に促されて表面に浮上してきたということ、（二）それ故、教学革新の方向ないし教学内容が自らの運動の「正当化の危機」

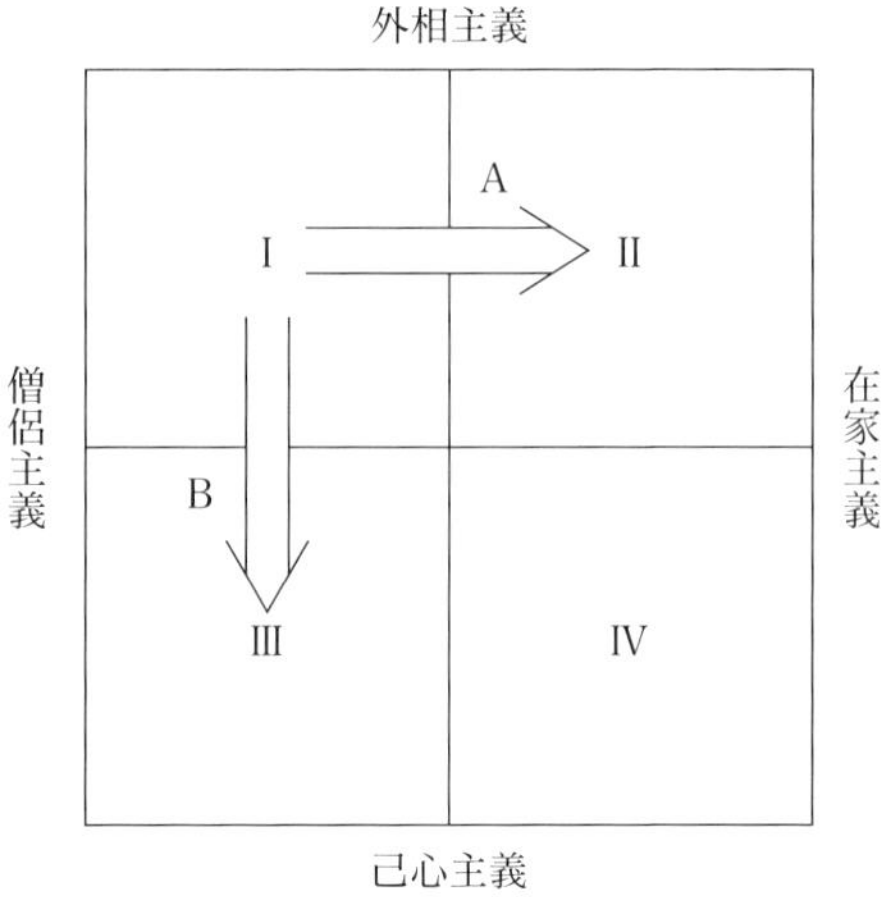

の克服に適合するようなものになっていること、（三）しかし、革新の方向ないし内容は、従来の「印籠教学」と比較して、総じて、より普遍的なものになっていて、外部の人々に対する理解可能性と説得性の度合いを増していること、などの諸点であろう。そして、その反対に、両者の間で異なっているといえることは、（一）創価学会の試みのほうが「正当化の危機」の克服という要請の所産的側面が強く、在勤教師会のそれは「正当化の危機」という要請を契機とはしたが、その所産的側面は弱かったこと、（二）それ故、創価学会の試みのほうが状況の変化ないし社会過程の影響によって左右されやすく、在勤教師会のそれのほうが、そうした変化の影響を受けにくかったこと、（三）その結果、前者の試みは挫折し、後者の試みは成功しつつあること、（四）創価学会の場合よりも在勤教師会の場合のほうが、体系的な教学革新の程度が高かったこと、（五）革新の方向ないし教学内容では、創価学会の場合が主に「在家主義への革新」（図のAの方向）を志向したのに対して、在勤教師会の場合は主に「己心主義への革新」（図のBの方向）をはかったこと、（六）また、創価学会が、たとえば法主の血脈に対して師弟血脈を、「戒壇の本尊」に対しては模刻した板本尊を、僧侶に対しては在家を、そして寺院に対しては会館を、それぞれ対置した外相中心の「逆対応の論理」で宗門に対抗したのに対して、在勤教師会は、そうした外相主義的な対応を廃してすべてを一度「内証己心」に還元して把捉する立場に立って法主側と対抗したこと、などの諸点であろう。しかし、上図をみると、このほかにⅣへの教学革新の道が残されていることがわかる。Ⅳへの道とは、「印籠教学」（図のⅠ）の在家主義的及び己心主義的な革新のことであるが、この革新を行うためには、創価学会は、その外相主義的

な「逆対応の論理」を、より己心化しなければならず、在勤教師会もまた、その外相主義的な「僧侶主義」（得度式と袈裟衣と剃髪、及び儀礼執行権の独占など）の、より在家主義的な己心化をはからなければならない[66]。

その後、創価学会は、一九八五（昭和六〇）年の初頭から「昭和五二年路線」の復活を思わせる言動を再開して宗門と対立し、一九九一（平成三）年一一月には、宗門から「破門」された。「破門」後の創価学会の教学革新の方向は基本的にはⅣへの方向であるが、いまだ外相主義的な「逆対応の論理」を残しているところもある。なお、同会が宗門から「破門」されるまでの経緯については、次章を参考せられたい。

以上、「正当化の危機」と教学革新の試みの関係について考究してきたが、これらのことから、（一）「正当化の危機」と教学革新との間には予想以上に密接な関係があること、（二）しかし、後者は前者の単純な所産と考えるべきではなく、むしろ前者は革新のための重要な契機と考えるべきであること、（三）にもかかわらず、場合によっては革新の試みが「正当化の危機」の所産的性格を強く帯びていることもあり、そうした場合には、状況の変化によって大きく規定され、挫折を遂げやすいこと、（四）そして、革新が「正当の危機」を重要な契機とはしても、その所産とは考えられないような場合（たとえば、「求道心」の発露や、教学それ自体の論理的要請など）には、革新に成功する比率が高くなること、などがわかった。

なお、本章の取り扱った問題をより広い脈絡の中に位置づければ、それは理念と利害状況との間の、あるいは観念と社会過程との間の、相互規定と相互浸透の問題ということになろう。

（注）

（1）Berger, P. L. and Luckman, Th., *The Social Construction of Reality*（London, Penguin University Books,1971）, p.22 参照。

（2）*Ibid.*, p.145 参照。

（3）創価学会が、一九六四年五月三日の第二七回本部総会の席上で、大石寺への建立寄進を決めたもので、そのため、同年一〇月九日より一二日までの四日間に、三五〇億円余の供養金を集めて、世間を驚かした。また、当時の「御供養趣意書」によれば、「(正本堂が) 実質的な戒壇建立である」と教学的に位置付けられている。なお、教学上の位置付けをめぐって、以後、宗内が紛糾したが、建物は一九七二年一〇月一七日に無事落成した。

（4）縦一四四センチメートル、横六五センチメートル、厚さ六・六センチメートル強（大きな戸板大）の楠板の妙法曼荼羅本尊で、当時は正本堂（いまは奉安殿）に安置して、信者のみに「御開扉」（内拝）を許している。偽作説もある。

（5）「身延相承書」（総付嘱書）と「池上相承書」（別付嘱書）の二箇の日蓮遺文によって、日蓮が、彼の「一期の弘法」と「釈尊五〇年の説法」とを、大石寺開山の日興に付嘱したという相承観。両遺文とも偽書説がある。

（6）立正佼成会が創価学会の本尊観を批判したもの。村上重良『創価学会＝公明党』（青木書店、一九六七年）七三頁参照。

（7）日蓮正宗宗務院『元妙信講等処分の経過について』（一九七四年）四頁。

（8）村上重良、前掲書、一二四頁参照。

（9）松本日仁「上申書」『顕正新聞』（妙信講＝現在の冨士大石寺顕正会機関紙）一九七四年一二月一〇日号。

（10）一九七七年一月二〇日に和歌山県白浜の創価学会関西研修道場で開かれた「広布会」（同会が寺院総代を集めて結成した会）における池田大作会長の発言。段勲『創価学会・公明党の研究』（晩声社、一九八〇年）一一三頁。

（11）山崎正友（推定）「ある信者からの手紙」（奥野史郎『謀略僧団悪行の巣——山崎正友と「正信会」』現代史研究会、一九八一年）二〇八頁。

（12）原島嵩『池田大作先生への手紙』（晩声社、一九八〇年）三五頁。

（13）同会は、すでに、一九七〇年前後から、大規模な研修所や会館の建設計画を練っていた。「会館寺院建設要項（建設局）」（段勲、前掲書、一三六—一四九頁）及び『継命』編集部編著『社長会全記録』（継命新聞社、一九八一年）等を参照。しかし、その動きは、一九七五（昭和五〇）年前後から急速に現実化していった。こうして、「(昭和) 四九年からの四年間だけでも、一四〇を越す施設、総合研究所をはじめとして、文化会館や婦人会館、記念館、センター、クラブ、学校、図書館、資料館、さらには公園、庭園、墓苑が、矢つぎ早に新設され、増築され、改修されている」（内藤国夫『創価学会の野望』日新報道、一九七八年、一〇〇頁）。

(14)内棲型新興教団（内棲宗教）とは、特定の既成教団に所属しつつも、なお、思想的・実践的・組織的に、それとは相対的に区別された独自の新興教団としてのアイデンティティをもっているような「教団内の教団」のことで、具体的にはウェスレー（Wesley, J.）在世中の英国のメソティズム、我が国のかつての本門佛立講や創価学会などがこれにあたる。詳しくは、西山茂『内棲型新興教団の教団組織論的研究』（東洋大学社会学部　西山研究室、一九八三年）、同「法華系在家教団の成立と変容――本門仏立講の場合」（池田英俊・大浜徹也・圭室文雄編著『日本人の宗教の歩み』大学教育社、一九八一年）、及び同「一少数派講中の分派過程――日蓮正宗妙信講の事例」（宗教社会学研究会編『現代宗教への視角』雄山閣出版、一九七八年、本書の第一二章）等を参照のこと。

(15)山崎正友（推定）「ある信者からの手紙」（奥野史郎、前掲書）二〇九頁。

(16)高橋公純『覚醒運動の興亡――「激動の日蓮正宗」』（鶏声社、一九八一年）一四―二〇頁参照。

(17)日蓮正宗僧侶有志『宗務院・学会記録文書』（一九八一年一月一〇日発行）五八頁。『正信覚醒運動の歩み』出版委員会編『正信覚醒運動の歩み』（継命新聞社、一九八一年、以下、『歩み』と略称）八八頁より重引。

(18)同前、五九頁。『歩み』八九頁を参照。

(19)『聖教新聞』一九七七年二月一七日号。

(20)『大白蓮華』一九七七年六月号。法華講衆有志編『蓮華八七号（二九―五四頁）の正しい読み方資料』（大村一生、一九七八年、以後、『読み方』と略称）八五頁より重引。

(21)『聖教新聞』一九七六年三月一六日号「社説」。原島嵩、前掲書、一三八頁より重引。

(22)『歩み』一二一頁。なお、当日の副会長会議の出席者に当日の会議の模様を質した同会関係者の話によれば、少なくとも当日の会議においては「創価学会師」という用語は聞かれなかったという。

(23)『聖教新聞』一九七四年五月二七日号「名字の言」欄。

(24)『大白蓮華』一九六七年三月号。『読み方』一八〇頁より重引。

(25)経悟空『甦るか創価学会』（鶏声社、一九八〇年）一九六頁参照。

(26)すなわち、第一項に、「創価学会は、日蓮正宗の信徒団体として宗門を外護し、宗門は創価学会の宗教法人上の自立性を十分尊重する」とあり、また、第四項には、「宗門は、創価学会が宗教法人法上の必要性から行う一定の儀式、法要については認める。また、学会は寺院での儀式にも参加する」と書かれている。『歩み』、一三四―一三五頁参照。

(27)『聖教新聞』一九七七年一二月五日号。
(28)『歩み』、一四四頁。
(29)山崎正友(推定)「ある信者からの手紙」(奥野史郎、前掲書)二〇五―二一五頁。
(30)山崎正友「〝52年路線〟の舞台裏(2)」(『継命』〈正信会僧侶とともに「正信覚醒運動」に従事する檀徒の新聞〉一九八三年五月一日号)。
(31)『歩み』、一四六頁。
(32)同前、一六〇―一六一頁参照。
(33)『富士』(妙信講=現在の冨士大石寺顕正会機関誌、今日では廃刊)一九八三年七月号、一八頁。
(34)『大日蓮』(日蓮正宗機関誌)一九八三年八月号、三四―四二頁。回答は、五項目に分けられているが、たとえば、血脈が法主に流れているといわずに、法主の「御内証に流れている」のごとく回答しているところに、表現上の若干の苦心の跡がみられる。
(35)同前、四五頁。
(36)『聖教新聞』一九八三年九月三日号。宗門に無断で模刻された板本尊は八体とされているが、そのうち、一体は本部常住のものとして認められ、他の七体は九月二八日に大石寺に収納された。しかし、まだほかにもあるという説もある。
(37)たとえば、「会長が本山へ行ったりすると、〝先生、先生〟とみんなが慕って行くのに反して、猊下を誰もお慕いして近寄ろうとしない(猊下が通っても、どこのおじいさんだという感覚しかない)ところから、僧侶がやっかんで会長本仏などと邪推したのである」とか、「本山の宿坊は旅館と同じで、宿泊費をとられるが、(創価学会の)霧島研修所は無料である」などというもの。『歩み』、二一五頁。
(38)院第三〇一八号。『大日蓮』一九七九年六月号、四頁。
(39)院第一八号。『大日蓮』一九七九年一一月号、三―五頁。
(40)『大日蓮』一九八〇年三月号、四七頁。
(41)同前、一九八〇年八月号、九頁。
(42)『歩み』、三八四頁。
(43)在勤教師会リーダーの新春座談会「正信覚醒運動とわれらの課題」『継命』一九八一年一月一日号。

(44) 在勤教師会「御伺い書」『継命』一九八一年一月二二日号。
(45) 興風談所『興風紀要』第二号、一四〇頁。
(46) 高橋公純、前掲書、二三九頁参照。なお、久保川論文と、それに対する宗門側の反論については、『継命』一九八一年二月一日号に再録された久保川法章「世界宗教への脱皮」と、一九八一年二月一六日に日蓮正宗宗務院が発行した『久保川論文の妄説を破す』を参照せられたい。
(47) 在勤教師会「御伺い書」及び「御伺い書（2）」参照。『継命』一九八一年一月二二日号。
(48) 『事の法門について』以後の、彼らの主な反論書は、『山内有志の御用教学に答う』（一九八一年三月発行）、『水島・尾林論文の稚拙を破す』（同年四月より一一月までの間に七回にわたって、前記の久保川が住職をしている大阪の蓮華寺の寺誌『仏生』に連載）、『法体の広宣流布・化義の広宣流布』（同年秋、発行月は不明）、『不審条々』（『継命』同年一一月一日号及び一一月一五日号に連載）、などである。これらは、すべて、彼らの発行している『興風紀要』の第一号（一九八一年一〇月発行）及び第二号（一九八三年六月発行）に再録されているが、『紀要』には、このほかに多くの個人論文が載っている。なお、これらに対する宗門側の反論は、これらと同時期以降の『大日蓮』誌に掲載されているが、いずれも小論で数が多いので紹介を省く。
(49) 『大日蓮』一九八二年五月号、八四頁。
(50) たとえば、児玉大光・佐々木秀明・渡辺泰量などの正信会のリーダーたち。児玉大光「正信覚醒運動の原点を考えよう」『継命』一九八二年一〇月一日号。
(51) 在勤教師会リーダーの新春座談会「正信覚醒運動とわれらの課題」『継命』一九七一年一月一日号。
(52) 佐木秋夫・少口偉一『創価学会』（青木書店、一九五七年、口絵写真解説）。
(53) 山上弘道ほか在勤教師会有志『事の法門について』三頁。『興風紀要』創刊号（再録）、五頁。
(54) 大橋慈譲は、「阡陌渉記の法門的欠陥を語る」の中で、彼のことを、「臥竜山房なるお方は、川澄勲氏、国立の某寺に永年寄宿し、古文書を同寺の在勤者に教えられた方で、正信会のうち、在勤教師会の面々の教義面の師匠株に当たっている人で、旧は神官であった方」と語っている。『大日蓮』一九八二年一〇月号、五五頁。また、宗門の大村寿顕教学部長は、彼がいまだ日蓮正宗の「御授戒」を受けていない（つまり信者でない）ことから、彼を「かつて宗門にも関係した、全く信仰のない川澄勲」（『大日蓮』一九八二年五月号、八四頁）とか、「一片の信心すら無い川澄勲」（『大日蓮』

一九八三年一〇月号、九七頁）といっている。だが、これまでの宗門が、古文書学の知識をはじめとする彼の学識を高く買っていたことは事実で、彼自身の言によれば、「（宗門で用いている）昭和新定御書三巻・大石寺版法華経・学林版六巻抄、今も（戒壇の）本尊の前に安置しておる折本の法華経二八品等、何れも筆者の作ったもので、折本の法華経及び要品は筆者の書写に関するものである」（臥竜山房『阡陌渉記』巻七、一九八二年、七頁）ということになる。教学に関する従来の川澄の断片的な著作は、一九八四―一九八五年になって、北九州市在住の木下晴夫及び升田繁雄の二名によって、以下のようなまとまった著作として集成・発行されるにいたった。川澄勲『阡陌渉記』（一九八四年一〇月）、同『大石寺法門と日蓮正宗伝統法義（1）～（3）』（一九八五年二月―六月）。なお、宗門としては、彼が正信会・在勤教師会側に与同したことが大きな痛手であったと思われる。

(55)『興風紀要』第二号、九〇頁。

(56)『事の法門について』一八頁。『興風紀要』創刊号（再録）、二〇頁。

(57)『興風』第二号、九九―一〇〇頁。

(58)『事の法門について』一五頁。

(59)『興風紀要』第二号、二七頁。

(60) 同前、一四一頁。

(61) 同前、一四四頁。

(62) 同前、八六頁。

(63)『大日蓮』一九八三年一〇月号、四四―四八頁。

(64)『継命』一九八四年二月一日号。

(65)『興風紀要』第二号、五〇頁。

(66) しかし、この方向への革新を彼らに期待するのは、いささか無理といわなければなるまい。なぜならば、彼らは、自身が僧侶である上に、長い間、在家集団としての創価学会の宗門支配に耐え、近時の「正信覚醒運動」によって、はじめて、僧侶らしい指導性を檀徒たちに対して発揮できるようになったからである。だが、そもそも、現代における「僧」とは何か。筆者は、今日の「僧」は専業優婆塞に過ぎず、兼業優婆塞たる在家と基本的に違わないと考えるが、このように考える者としては、創価学会員である吉村元佑とともに「なぜ僧は在家より自明に偉いのか」（『池田大作――思想と行動』三天書房、一九八〇年、二一一頁）と彼らに問いたくもなる。石山教学の「内証己心化」に成功しつつある彼らが、あいかわらず宗門との大同小異の「僧侶じるしの印籠」を在家に対して振り回すことは、彼らにふさわしくない。もっとも、在勤教師会の僧侶に限っていえば、彼らは、「いままで強烈であった僧俗間の溝をぬぐい去ることが、非常に重要」で、今後は、僧俗関係の「上下関係から左右の関係への転換」が急務であると考えているようである。『継命』一九七一年一月一日号参照。しかし、宗教研究者を集めて「改めて問う〝現代の僧宝〟論」の特集記事を組んだ『中外日報』（一九七九年一月一日、三日、六日、二〇日、二三日の各号）に対して、宗門と創価学会の関係のあり方に関して不穏当な発言があったと抗議文を送った正信会僧侶有志たちの場合は、いまだに「僧侶じるしの印籠」にこだわり続けているようである。

第一二章　内棲宗教の自立化と宗教様式の革新――「正本堂」完成以後の創価学会の場合

一　分析視角と対象の特定

かつて、私は、森岡清美の教団ライフサイクル論の限界を指摘し、それを乗り超える一つの方法として教団ライフコース論を提唱したことがあった。それは、ライフコースの主体を教団にとり、自然史的な教団発達の効果と歴史的な出来事の効果の縒り糸として、教団の展開過程をとらえようとしたものであった。[1]

こうした試みの背後には、教団発達に即した宗教変容の問題を、自然史的な発達のたんなる帰結としてだけとらえるのではなく、教団が歴史的な出来事や外部環境の変化に対処して主体的に自己をいかに再組織化するか（しないか）という教団の意志決定（路線選択）の問題としてもとらえてみたい、という問題意識があった。なお、この問題意識は、本章においても継承されている。

本章は、宗教変容の一つとしての「宗教様式の革新」を問題にする。ここでいう宗教様式とは、教団を特徴づけている信念と実践と組織のパターンの総体のことである。[2] また、その「革新」とは、教団が、その発達段階に即した自然史的な課題（一般的発達課題）と、折々に直面する歴史的・突発的な課題（特殊的状況課題）に、順機能的に対応できるようにその宗教様式を意識的に変化させていくことである。

ところで、教団発達に伴う自然史的な宗教様式の変化の段階を私なりに区分すると、(一)基本的な宗教様式の樹立と確立の段階、(二)宗教様式の急速な普及の段階、(三)宗教様式の定着と制度化の段階、の三つになる。そして、これらの段階の宗教様式をめぐる課題が達成されるか否かは、さまざまな特殊的状況課題と生得的条件、及び、それらに対応する教団の主体的な意志決定(路線選択)の能力によって決まる。

前述したように、特殊的状況課題とは、折々に直面する歴史的・突発的な課題であり、本章の研究対象である創価学会についていえば、戦時下での「法難」、言論出版妨害事件、日蓮正宗やその関連団体との対立葛藤などが、これにあたる。

また、生得的条件とは、教団の主体的選択に先行して与えられている限定性のことである。たとえば、その教団が神道系か仏教系か、内棲宗教[3]かそうでないかといった教団の与件性を意味している。この点からいえば、創価学会は、仏教系の内棲宗教にあたる。ちなみに、内棲宗教とは、既成教団のなかに存在し、そこから宗教様式の中核部分を継承しつつも、全体として既成教団とは区別された独自の宗教様式をもつ「教団のなかの教団」のことであるが、この場合の生得的条件には、内棲宗教の母教団としての既成宗教の性向(排他的か寛容的かなど)も含まれる。

さらに、教団の主体的な意志決定とは、創価学会の場合であれば、僧俗一体主義をとるのか純粋在家主義をとるのか、あるいは、内棲宗教のままでいくのか自立化路線をとるのか、といった事柄を意味している。なお、本章でいう「内棲宗教の自立化」とは、内棲宗教が自ら宗教様式の独自性を強め、全体として母教団に距離を置く(最終的には独立する)ようになる過程をさしている。

では、「宗教様式の革新」と「内棲宗教の自立化」の関係は、どのようなものであろうか。前者はすべての教団に関係する一般的な課題であるが、後者は内棲宗教だけの特殊的な課題である。したがって、前者の一般性を後者の個別性が限定するという関係になる。

さて、本章は、具体的な研究対象として、大石寺正本堂が完成した一九七二（昭和四七）年以後の創価学会を取り上げる。

創価学会は、一九七〇（昭和四五）年までに教勢を七五〇万世帯（公称）にまで伸ばしている。今日の創価学会の教勢は八二七万世帯（同）であるから、一九七〇年の段階の創価学会は、「宗教様式の急速な普及の段階」（急膨張期）の終わりから「宗教様式の定着と制度化の段階」の入り口近くにまで到達していた、とみることができる。

「正本堂」完成以後の創価学会は、国内の教勢を安定させるとともに、海外布教にも有効に対処できる「多国籍型宗教」（中牧弘允の概念）として、自己を再組織化する段階に到達していた。換言すれば、この段階の創価学会は、海外布教に適合したかたち（普遍化の方向）に宗教様式を革新し、それを国内に逆輸入しつつ、全体としての「宗教様式の定着・制度化」を進めなければならない段階にさしかかっていたといえる。

本章の目的は、こうした段階にあった創価学会が、宗門を含む外部環境と交渉しつつ、どのように自立化を進め、その過程でいかなる宗教様式の革新（自己再組織化）を試みたかについて追究し、そこから宗教運動論的な新知見を得ようとするところにある。

なお、本章で取り扱うデータの多くは創価学会や宗門その他の公式刊行物であるが、それ以外の非公式データは、意味的に一貫した既存のデータ時系列のなかに位置づけ、それらとの整合性が認められたものに限って、信頼しうるデータとして採用される。

二　海外布教の進展と近代教学の模索

創価学会は、創価教育学会として一九三〇（昭和五）年に創設され、戦後の一九四六（昭和二一）年に創価学会として再建された日蓮正宗系の新宗教（一九五二年に宗教法人格を取得）である。

再建後の創価学会は、組織的・財政的に宗門の外護に大きな力を注いできた。総本山大石寺への組織的な登山（一九五二年以降一九九一年三月までに延べ七〇〇〇万人）、大石寺境内地の寄進（現境内地一一七万坪の約九割）、大客殿・正本堂など大石寺の主要な建造物と末寺の建立寄進（一九六〇年以降九〇年までに三五六か寺）等々、日蓮正宗への同会の貢献には顕著なものがみられた。

一方、創価学会は、同宗の教えを社会文化領域（世俗）に応用・展開することにも力を注いできた。創価学会の選挙活動はつとに有名であるが、そのほかの広義の「文化活動」にも注目すべきものがみられる。ちなみに、創価学会は、一九七〇年五月の本部総会で、広宣流布を「妙法の大地の上に展開する大文化運動」と規定している。

さて、本論に入る前に、戦後の創価学会の運動を第一義的に特徴づけていた「本門の戒壇の建立」について触れておこう。日蓮正宗の教義によれば、「本門の戒壇」とは、広宣流布の暁（おおかたの日本国民が日蓮正宗の信者となった時）に建立される本門の本尊（一二七九〈弘安二〉年一〇月一二日に日蓮が出世の本懐として顕したとされている板曼荼羅）を安置する場所のことである。日蓮正宗と創価学会は、「本門戒壇の建立」を、日蓮が滅後の弟子に残した遺命、つまり彼らの唯一最大の目的であると位置づけていた。

戦後の創価学会は、一九五一（昭和二六）年に戸田城聖が第二代会長に就任して折伏大行進を開始すると同時に、同会の最終目標が国立の本門戒壇（国立戒壇）の建立にあることをはじめて明らかにし、一九五五（昭和三〇）年からは、そのための政治進出を開始した。この路線は、一九六〇（昭和三五）年に池田大作が第三代会長に就任してからも継承された。

だが同会は、一九六四（昭和三九）年に公明党の結成と衆議院への進出、正本堂の建立を決めたころから、国立戒壇の用語の使用を避けるようになり、一九六五（昭和四〇）年に第一回正本堂建設委員会が開かれた後には、同委員会での日蓮正宗第六六世法主細井日達の正本堂に関する曖昧な説法を踏まえて、「正本堂が実質的に本門の戒壇である」と主張しはじめた。さらに、同会は、言論出版妨害事件で世論の袋叩きにあった直後の一九七〇年の五月には、国立戒壇論を正式に放棄し、公明党との政教分離を宣言した。

こうした創価学会の国立戒壇論の放棄は、宗内の妙信講（現在の冨士大石寺顕正会）の強硬な反対論を惹起した。そのため、宗門は一九七二年に「正本堂は広宣流布の暁に本門寺の戒壇たるべき大殿堂」であり、同時に「現時における事の戒壇」でもあるとする正本堂に関する折衷的な日達法主の訓諭を出さざるをえなかった。

しかし、正本堂の落慶法要は同年一〇月に無事に行われ、創価学会は、これをもって戦後第一期の運動に終止符を打つことができた。戦後の創価学会の詳しい教団過程については、別の拙稿に譲る。[4]やがて創価学会を離脱することになる原島嵩総務（当時）の述懐によれば、同年の一〇月一二日、大石寺での正本堂落慶法要を終えて下山バスに乗り込む創価学会の会員たちに、池田会長は、「本日、七百年前の日蓮大聖人の御遺命が達成されました。ありがとう」[5]というメッセージを、幹部を介して伝えたとされている。

だが、正本堂に関する日達法主の訓諭は「（未来において）戒壇たるべき大殿堂」というものであったので、正本堂即戒壇論の立場を貫きたい創価学会には不満が残った。ある時、池田会長は、「正本堂だってはじめはね、ご供養の時は『事実上の事の戒壇だ』といったから、全力をあげたのに、こんどは違うというんだもの。それでやっと（訓諭で）『現時点』にすると」[6]と不満を述べている。

短時日に三五〇億円の正本堂の供養金を集めて宗門に寄進した創価学会としては、この時はじめて、教義を自由に解釈できない内棲宗教の限界を痛感し、宗教様式の独自性を強める必要性を強く自覚した。

もっとも、内棲宗教である以上、創価学会は当初から宗門の宗教様式とは異なる独自性をもっていた。価値論や生命論、座談会や大衆集会のノウハウなどが、それにあたる。反面、善くも悪しくも、同会が内棲宗教であるが故に日蓮正宗から引き継いだ宗教様式もある。弘安二年一〇月一二日付の板曼荼羅を至高のものとする本尊論（二〇一四年一一月の会則変更で今日の創価学会はこれを放棄）、日蓮本仏論、唯授一人の法主血脈論（宗門から「破門」された一九九一年一一月の直前に創価学会はこれを正式に否定）、大石寺への登山、僧侶による末寺での授戒や冠婚葬祭、戒名・塔婆等の慣習（創価学会は「破門」直前にやめる）、会員宅での日蓮正宗式の勤行様式などが、それにあたる。

しかし、正本堂建立以後の戦後第二期の創価学会では、当時、急速に進展した海外布教への対応とあいまって、日蓮正宗から引き継いだ前記のような宗教様式の総点検がはじまり、革新が必要な宗教様式についてはたとえ宗門と争ってでも革新していく傾向がみられるようになる。

こうして、創価学会の宗教様式の革新が必然的に同会の自立化を促すにいたるが、こうした流れはまた、国立戒壇論を正本堂戒壇論に切り換えた際と同じように、宗内に強い反作用を惹起することになる。

ところで、正本堂が完成する前年（一九七二）の一二月の時点で、創価学会が海外にもつ寺院と会館は併せて三五か所に達していた。急速に進む海外布教が創価学会の寺院観や僧俗観に与えた影響には、予想以上に大きなものがあった。当時の池田会長は、寺院が「法的には、アメリカ創価学会の寺院であって、本山のものではなく、ご僧侶も一応雇用契約になる」(7)ことに、早くも注目している。

また、池田会長は、正本堂が完成する一九七二年六月に、「（会衆派のキリスト）教会では、信者で構成されている評議員が絶対の権限をもっている。牧師はその決定に従う、――うちの坊さんは違うね。信者の云う事なんか聞かないね」とも述べている。[8]こうした発言からは、在家教団が契約的に僧侶を雇う新しい僧俗観が看取される。

続けて、池田会長は、「来年の一月から教学をやる。――若手教学陣の近代教学を展開する。――近代教学をやらないと遅れてしまう」[9]と述べている。この脈絡からは、このころから創価学会が在家主義的な新しい僧俗観にふさわしい「近代教学」の確立を試みていたことが窺える。

しかし、池田会長が狙っていたものは、新しい僧俗観や「近代教学」の確立にとどまってはいなかった。彼は、一九七二年一一月の本部総会で、日蓮正宗の全世界の信徒のための「国際センター」をロサンゼルスに設置する構想を発表している。これは、創価学会が主体となる在家主義的な国際組織の中に日蓮正宗を取り込もうとしたものであったが、宗門側の理解を得ることはできなかった。

一九七四(昭和四九)年になると、日達法主は、「国際センター」構想は日蓮正宗抜きで検討したらよいと創価学会を突き放し、創価学会もまた、「(法主は)広宣流布など全く考えていない」[10]として法主の非協力を非難するようになった。また、このことに関連して、同年六月、創価学会の北条浩副会長が、宗門とは「長期的に見れば、うまくわかれる以外にないと思う」[11]と同会の報告書に書くまでになった。

このように、海外布教の考え方や対処策の違いに端を発した創価学会と宗門の意見対立は、いっこうに解消しないままに一九七五年を迎え、同年一月には、創価学会だけでＳＧＩ(創価学会インターナショナル)をグアムで発足させ、その会長に創価学会の池田会長が就任した。

そして創価学会は、このころから徐々に宗門のものとは大きく異なる宗教様式を模索しはじめた。具体的には、一九七五年中に、宗門の法主血脈に対抗する「学会血脈」(のちに師弟血脈)を語りはじめ、また、宗門に無断で(創価学会側では日達法主が知っていたとされている)、同会にあった紙幅の本尊を板本尊化(七体とされている)した。

三　新路線の提示と失敗

創価学会は、一九七七（昭和五二）年の初頭以降、在家主義的な新路線（「昭和五二年路線」）を大胆に打ち出して宗門と全面的に対立するにいたる。いわゆる「第一次宗創戦争」のはじまりである。その詳しい経緯についてはすでに前章で触れたので[12]、以下、要点を記すにとどめる。

「昭和五二年路線」は、一九七七年の年頭に、全国各地の元旦勤行会における池田会長の挨拶（テープ）ではじめて会員に知らされた。また、一月一五日には、池田会長が、同会の第九回教学部大会（関西戸田記念講堂）における記念講演（仏教史観を語る）の中で、「昭和五二年路線」の在家主義的な特徴をより明確にした。「昭和五二年路線」の内容は、一九七二年以来、池田会長が同会の若手教学陣に促していた「近代教学」研究の成果を反映したものでもあった。

「仏教史観を語る」の主な内容は、（一）もともと大乗仏教は民衆のものであり、出家である法師も民衆の指導者を意味していた、（二）現代において創価学会は在家・出家の両者に通ずる役割を果たしている、（三）真に仏法流布に挺身し、民衆救済に励む者には在家であっても供養を受ける資格がある、（四）創価学会の会館や研修所は「近代における寺院」というべきものである、というものであった。

しかし、「昭和五二年路線」のなかには、このほかに、（五）宗門寺院の本尊も創価学会の会館の本尊も本質においては同価値である、（六）宗門寺院は葬式・結婚式・授戒式などの儀式の場である、（七）血脈には法主血脈のほかに創価学会の「師弟血脈」もあり、その根本は「信心の血脈」である、（八）創価学会は「大聖人直結」「御書直結」の仏勅を受けた団体である、などの主張が含まれていた。

創価学会は、すでに前年末から、こうした路線の具体化をはかり、会館に山号をつけ、在家「教師」を任命していたが、一九七七年の二月からは創価学会の初代二代会長への報恩謝徳の文を「御観念文」に入れた同会独自の『勤行要典』を使用しはじめ、また、春の彼岸会からは、従来、宗門寺院でしていた精霊回向を同会の会館でするようになった。

だが、創価学会の、こうした宗教様式の大胆な変更は、直ちに宗内で批判の対象となった。批判の急先鋒は、皮肉にも創価学会出身の若手僧侶たち（のちの正信会僧侶）であったが、彼らは「仏教史観を語る」が公表された直後に日達法主と接触し、以後、法主を後ろ盾として短時日のうちに宗内の多数派形成に成功し、「昭和五二年路線」と厳しく対決する「正信覚醒運動」を宗門ぐるみで展開しはじめた。

この運動は、創価学会の組織を切り崩して寺院の檀徒づくりを進める作戦を取ったため、組織を重視する創価学会にとっては厳しい運動であった。また、創価学会側には、日達法主が同会と「手を切る」（当時の法主発言）のではないかという恐れもあった。ちなみに、当時の創価学会には、いまだ、宗門と決別する覚悟ができていなかった。加えて、当時、宗門と創価学会のパイプ役をしていた同会の山崎正友弁護士が宗門に内通し、創価学会の宗門対策の裏側を暴露していたことも創価学会に不利に作用した。このほか、創価学会をめぐる国会やマスコミの動向も、同会としては気になっていた。

結局、創価学会の「昭和五二年路線」は、公表後わずか一年前後で完全に頓挫した。そのため、創価学会は、一九七八（昭和五三）年の六月に「昭和五二年路線」の放棄を明確にした「教学上の基本問題について」を『聖教新聞』（以下、括弧内の出典の引用の際は『聖教』と省略する）に発表し（六・三〇という）、また、同年一一月には同会の代表幹部が大石寺に「お詫び登山」を行った（一一・七という）。

しかし、一九七九（昭和五四）年三月になると、同会の福島源次郎副会長が、放棄したはずの「昭和五二年路線」

を正当化し、その上、日達法主を侮辱する発言をしたため、同年四月二四日、池田会長は、「昭和五二年路線」の責任をとって宗門の法華講総講頭と創価学会の会長を辞任し、同会の名誉会長となった。創価学会の次代会長（第四代）には、北條浩が就任した。また、これを受けて、日達法主は、同年四月末に、今回の創価学会問題の最終的な解決を宣言したが、同年七月に急逝した。宗門の次代法主（第六七世）には阿部信雄（日顕）が就任した。

一九八〇（昭和五五）年になると、日顕法主は、前法主が最終的な解決を宣言したにもかかわらず創価学会の非難をやめなかった正信会（同年結成）の僧侶二〇〇名余を住職罷免等の処分にし、一九八二（昭和五七）年までに彼らのすべてを宗門から追放した。その間、正信会は日顕法主の血脈相承はなかったとして宗門に対抗したが、この時の創価学会は、法主血脈の否定は大謗法にあたるとして、全面的に日顕法主を支持した。

こうして、「第一次宗創戦争」が終わり、創価学会は「ついに我らは勝ち、新しい歴史が始まった」（『聖教』一九八一年四月二七日）という勝利宣言を行った。だが、それは皮肉にも、創価学会が日蓮正宗の伝統的な宗教様式へと後戻りすることを意味していた。

四　全面撤退

創価学会による「昭和五二年路線」からの撤退は、一九七八年の同会独自の『勤行要典』の作成中止にはじまり、翌一九七九年以降に本格化した。すなわち、一九七九年中に実施された撤退作業だけでも、新「御観念文」を含めた独自の『勤行要典』の使用中止、会館における彼岸の精霊回向の中止、日蓮正宗の信徒団体の性格を明確化した同会新会則の制定、自らの教学上の誤りを認めた「六・三〇」と「一一・七」の周知徹底をはかる新教学テキストの作成と特別学習会の開催、などがあった。

こうした新路線からの創価学会の全面撤退は、(一) 処分後の正信会僧侶があいかわらず創価学会攻撃を続けていたこと、(二) 一九八〇年の六月に創価学会の原島嵩総務が正信会側の陣営についたこと、(三) 正信会僧侶を処分した新法主に対して創価学会の側に負い目ができたこと、(四) 池田会長が辞任して創価学会側の指導力が落ちたこと、などの複合要因によって促されたものである。

一九八一 (昭和五六) 年七月一八日、創価学会の北條新会長が急逝して、秋谷栄之助が第五代会長に就任した。このため、一時的に影をひそめていた池田名誉会長が、再び、創価学会の「すべてを守り支えていかなければならない」(『聖教』一九八二年二月九日) 立場に復権した。池田名誉会長の復権は、一九八四 (昭和五九) 年一月に、彼が法主から再び日蓮正宗の法華講総講頭に任命されたことで明白になった。

しかし、この時期の創価学会は、「昭和五二年路線」への反省を示すために宗門に従順な姿勢を取り続けた。いくつかの事例をあげると、一九八〇年には大石寺登山の際の「御開扉」(「戒壇の本尊」との対面的な礼拝) と本尊下付の際の「御授戒」(入信式) の費用改定があったが、同会はこれに反対しなかった。また、一九八一年の春以降には、毎年、盆彼岸の寺参詣と塔婆回向を奨励する記事を『聖教新聞』に載せるようになった。さらに、池田名誉会長は、一九八四年三月に、一九九〇年の大石寺開創七〇〇年を記念して、宗門に新寺院二〇〇か寺を建立寄進することを発願した。

この発願は、法華講総講頭に復任させてもらった池田名誉会長の宗門への返礼の意味もあったが、それ以上に、以後、創価学会側に多少のことがあっても宗門が苦情をいえない雰囲気づくりに役立った。そして、この直後から、宗門に対する創価学会の態度に変化が現れる。

五　再度の挑戦

一九八五（昭和六〇）年の初頭から、創価学会には、「昭和五二年路線」の復活を思わせる言動が目立ちはじめる。以後、同会の暗黙裡の宗門批判は次第に強まり、やがて宗門との対立が公然化する一九九〇（平成二）年（大石寺開創七〇〇年記念の年）を迎える。そして、翌一九九一（平成三）年一一月、自説を曲げない創価学会は宗門から「破門」される。だが、宗門と創価学会は、当初から「破門」または離脱を前提にしていたわけでもなかった。

再度の挑戦から「破門」にいたる創価学会の宗門への対応過程は、次の四段階に整理することができる。すなわち、（一）「昭和五二年路線」の用語復活期（一九八五、一九八六年）、（二）黙示的な権威権力批判期（一九八七、一九八八年）、（三）対決準備期（一九八九年一月から一九九〇年六月まで）、そして（四）明示的な宗門批判期（一九九〇年七月から一九九一年一一月まで）、の四つの段階である。以下、その軌跡を追ってみよう。

（一）「昭和五二年路線」の用語復活期

創価学会創立五五周年を迎えた一九八五年の本部新年勤行会（一月二日）の席上、秋谷会長は、これから創立六〇周年（大石寺開創七〇〇年記念の年にあたる一九九〇年）までの五年間が、同会にとって「未曾有の広布の歴史を刻んでいくことになることは間違いない」（『聖教』一月四日）と語り、同会が一九七七年に試みて果たせなかった在家主義的な宗教様式の革新を、この五年間で必ず成し遂げるという覚悟を黙示的なかたちで会員に示した。

また、創価学会は、池田名誉会長が「昭和五二年路線」の責任を取って法華講総講頭と会長を辞任した直後に「万感を託し」て書いたとされる揮毫「われ一人正義の旗持つ也」を、同会創立五五周年の特別記念展（同年一月末から東京会館で開催）に展示し、その意義を『聖教新聞』（三月二九日）の社説で解説した。

さらに、同会の『聖教新聞』は、一九八一年の春以降、盆彼岸の際に必ず触れてきた会員に対する寺参詣と塔婆回向の勧めを一九八六年七月から中止し、代わって、日常信行がすなわち常盆常彼岸であることを強調するようになった。

しかし、この段階で最も特筆すべきことは、これまでタブー視されてきた「昭和五二年路線」に特徴的な用語が、公然と使われはじめたことである。すなわち、「貴族仏教」に対する「民衆仏法」の語、「信心の血脈」、財務は「御供養」という表現など、以前であれば宗門によって必ず問題視されたに違いない用語が、この段階から、堂々と語られ、『聖教新聞』に公表されるにいたった。

（二）黙示的な権威権力批判期

再挑戦の第三年目にあたる一九八七（昭和六二）年の一月四日、池田名誉会長は同会本部で、「私は、この二日で、五九歳となった。完全に学会の宿命を転換したと確信している」（『聖教』一月五日）と語った。ここで、名誉会長は、創価学会が内棲宗教であるが故に背負わなければならなかった既成宗教（貴族仏教）がらみの「宿命」を、昨年までに完全に「転換」した、といいたかったのであろう。

この段階の創価学会は、以前にもまして、「昭和五二年路線」に特徴的な用語の復活を進めた。三代にわたる創価学会々長の「師弟の道」は学会の永遠の原点である、創価学会も「和合僧」の団体である、などがその代表的な事例である。また、この段階では、宗教色のない地域の祭りや民俗芸能的なイベントへの会員の参加は謗法行為ではないのでさしつかえないとか、葬儀の祭壇は豪華である必要はない、という具体的な実践場面での細かい宗教様式の変更が試みられた。

だが、この段階を最も特徴づけているものは、池田名誉会長が権威権力一般（政治家・聖職者・創価学会幹部など）や正信会僧侶の批判を通して、黙示的に今日の宗門の法主・僧侶の批判を行ったことである。たとえば、名誉会長は、この段階で、しばしば、時代を超えた権威権力一般の特徴（方程式）を語った後で、「この中から何かを感じとっていただけたら幸いである」（『聖教』一九七七年五月一四日）と語っている。

創価学会では、今回の再挑戦をはじめた一九八五年ころから、衛星放送を通して全国各地の会館に名誉会長のスピーチを配信（非公開）しているが、視聴者である会員にとって、手振りや表情を含む名誉会長の黙示が何を意味しているかは、もはや自明のことであった。池田名誉会長は、こうした衛星放送を通して、「民衆を見下す」「既成の権威や勢力」に対して、「民衆自身が、ゆるぎない力を持ち、団結していかなければならない」、「その民衆自身の大変革運動こそ広宣流布の運動である」（『聖教』一九八八年五月二五日）などと語って、法主・宗門に対する会員の再挑戦を促した。

(三) 対決準備期

この段階になると、宗門の「権威主義」に対する創価学会の批判がより直接的になっただけでなく、信徒から徴収する諸経費の値上げ等によって蓄財をはかる宗門経済のあり方に対する同会の不満も、次第に高まっていった。しかし、この段階の最大の特徴は、予想される「第二次宗創戦争」に備えた準備態勢の確立であった。

宗門への直接的な批判は、一九八九年二月に開催された本部幹部会での池田名誉会長の講演によく示されている。以下の引用部分は『聖教新聞』には報道されなかったが、当日、彼は、「これまで宗門に対し一生懸命に貢献してきたけれど、結局は利用されただけだった。坊主や寺院に騙されてはならない」（雑誌『諸君』一九八九年五月号）と語ったという。

また、名誉会長は、この段階で、しばしば、「法衣を笠に着ての権威悪」（『聖教』一九八九年一〇月二七日）を厳しく批判し、「敵を見抜く鋭い目を持たねばならない」（同、一九九〇年八月一九日）と、「敵」として宗門僧侶への警戒を会員に呼びかけている。

さらに、一九九〇年の春になると、宗門は、創価学会の大石寺登山の方針変更（日帰り登山の励行）によって宿泊者が減り、それが「丑寅勤行」への参加者の減少と大石寺フードセンターの閉鎖（三月）を招いたとして、創価学会への不満を強めた。また、創価学会側も、宗門が同年四月に塔婆供養料や冥加料を一方的に倍額値上げしたことや末寺僧侶の風紀が紊乱しているとして、宗門への不満を強めた。そして、このような宗門との経済的利害等をめぐる対立が、創価学会の自立化を促した背景に根強く存在していたと考えられる。

しかし、この段階において、「第二次宗創戦争」に向けた同会の準備態勢の確立に最も役立ったものは、「魂の自由を守れ！」の旗印のもとに「絶対に負けてはならない。断じて勝て」（『聖教』一九八九年五月八日）とか、「いかなる圧力に対しても、絶対に屈してはならない。負けてはならない」（同、一九九〇年三月一一日）という、再挑戦についての会員に対する池田名誉会長の檄であった。

（四）明示的な宗門批判期

一九九〇年の七月、創価学会は、内棲宗教としての自立化の最終段階を迎えた。創価学会は、これまでに、宗門への寺院の建立寄進とともに、自らのインフラ整備をも進めていた。もちろん、度々の諸経費の値上げや二〇〇か寺寄進計画の進捗等で、宗門側の蓄財とインフラ整備も大幅に進んでいた。「第二次宗創戦争」は、まさに、そうした双方の経済基盤の整備の上で開始されようとしていた。

この段階の口火は、七月一七日に東京・常泉寺で開かれた宗務院・創価学会連絡会議の席上で、創価学会側から切られた。宗門側の資料によれば、席上、秋谷会長以下数名の副会長が、突然「本日は宗門に対して、日ごろ思っていることを言わせていただく(13)」として、激しい宗門批判をはじめたとされているが、創価学会側では、もっと穏やかなかたちで宗門批判を行ったとされている。いわゆる「第二次宗創戦争」のはじまりである。

同会は、その半月前の七月三日（戸田城聖の出獄記念日）の『聖教新聞』の社説で、「『民主の時代へ』、歴史的な大潮流の中で迎えた七月三日。民衆の団結が勝つのか、それとも権力の策謀が勝つのか」と記しているから、このころからすでに明示的な宗門批判に踏み切る覚悟を決めていたと思われる。

この連絡会議では、創価学会側が、以前、池田名誉会長が大石寺に法主を訪ねた際、日顕法主が、都内の寄進寺院の建立が遅れているとか、創価学会員の「丑寅勤行」への参加者が少ないとかの、連絡会議で諮ればすむような実務的な問題を持ち出したことや、末寺や僧侶に多くの問題点があること、などを取り上げて宗門を批判した。

これに対し、日顕法主は、七月二一日に大石寺を訪ねた同会の池田名誉会長と秋谷会長に対して、先日の連絡会議で創価学会側が法主の発言を封じようとしたことは「驕慢謗法」にあたる、また、最近、創価学会の幹部は「あまり寺に行くな」と指導しているという報告があるがよくない、と創価学会を批判した。さらに、日顕法主は、一九九〇年八月末に開かれた全国教師講習会で、最近の創価学会との「不協和音」について報告するとともに、創価学会に対抗していく上からも僧侶の綱紀自粛が必要であることを参加者に訴えた。

以後、「第二次宗創戦争」は、互いの組織の中で半ば公然化するが、九〇年秋には、大石寺開創七〇〇年慶祝記念文化祭（九月）や同慶讃大法要（一〇月）があったので、いったん小休止となった。

ただ、創価学会の池田名誉会長は、慶讃大法要の本会（一〇月一三日）の祝辞の中で、「多くのいわゆる伽藍仏教が、自宗の権威と権力におぼれて、信徒を小バカにし、民衆を見くだしてきたが故に、その活力も発展もなくなっていったことは周知の歴史的事実であります」（『聖教』一〇月一四日）と語り、間接的ではあるが誰にもわかるかたちで、公然と宗門批判を行った。

なお、開創七〇〇年を期して大石寺を「本門寺」と改称する（広宣流布の達成を意味する）のではないかという顕正会や正信会の予想は、まったくの杞憂に終わった。

宗門と創価学会の応酬は、一連の大石寺開創七〇〇年記念行事が終わった一一月になって再開された。まず、同月一四日に開催された宗務院・創価学会連絡会議では、宗門が創価学会側に、都内の寄進寺院の建立が遅れている理由を詰問した。次いで、創価学会の池田名誉会長は、同月一六日の本部幹部会（東京戸田記念講堂）で、「第一次宗創戦争」当時の苦労話を語ったあと、「教条的な画一的な、時代にも反した、そんなんで、今日のね、大宗教の発展があるわけがない。その苦労がわからないんです[14]」と、宗門のあり方を鋭く批判した。

さらに、一一月二〇日に大石寺を訪ねた池田名誉会長ら五人の創価学会幹部に対して、日顕法主は、「正信会が血脈を否定してまで法主を批判した原因は学会にある」とか「最近の学会は、柔軟になった。折伏、破折をしなくなった[15]」と述べて創価学会を批判し、次いで、同月二八日の富士学林研究科閉講式では、「（創価学会の広宣流布観は）我々僧侶の面から見たときに、果たしてこれでいいのかということもまた考えなければならない」（『大日蓮』五三九号）と学生たちに話した。

一二月になると、創価学会の池田名誉会長が一一月一六日の本部幹部会で話した講演のテープの内容が宗門で問題化し、同月一三日、宗務院は、これについての「お尋ね」文書を創価学会に送付した。それによれば、当日の池田発言には「昭和五二年路線」についての反省がまったくなく、また、法主を誣告し、僧侶を軽視し、宗門のあり方を不当に批判した箇所が多々あったという。

そして、以後、これをめぐって、宗門と創価学会は翌一九九一年一月一二日までに合計八通の往復文書を交わして論争したが、結局、双方とも譲らず、この論争は自説の言い合いに終わった。なお、この過程で、宗門は一九九〇年一二月二九日に、創価学会が建立寄進を決めていた二〇〇か寺のうち未了分八九か寺の寄進を辞退した。

この間、宗門側は、一九九〇年の一二月二七日に臨時宗会を開いて宗規を変更し、新たに法華講の講頭職に任期制を導入して、池田総講頭と秋谷大講頭を実質的に解任した。また、これまではなかった管長を批判した場合の信徒の処分規定を新設した。そして、これが、その後の宗門と創価学会の分離を決定的なものにする契機となった。

翌一九九一年一月六日の全国教師指導会の説法で、宗門の日顕法主は、「ある一人の信徒」(池田名誉会長)が正本堂着工大法要の際に正本堂を即戒壇であると断定したことが今回の創価学会問題の「一番根本になっている」(『大日蓮』五四〇号)と説法して、正本堂即戒壇論を明確に否定した。なお、これに関しては、その後、創価学会と宗門との間に、数度の論争があった(16)。

また、同年一月一〇日の説法において、法主は、「はっきり言えば、『法主は本尊書写係、法要係の長』ぐらいのところで、一切が創価学会の傘下に入るような形で、創価学会の顔色を見なければ何も言えないというような形になったら、私は本当に大聖人様や御先師に申しわけがないと思うのです」(『大日蓮』五四〇号)と、宗門の伝統的な宗教様式を擁護する決意を明確にした。さらに、二月二六日に開かれた宗門の全国宗務支院長会議は、創価学会の池田名誉会長に対して、以後、全教師の連署をもって法主への謝罪文の提出を要求していくことを決めた。

なお、同年になると、宗門は、創価学会からの自発的な脱会者を寺院直属の信徒として積極的に受け入れていくことを決め(一月)、創価学会の月例登山の中止と海外信徒のSGIからの切り離しを行い(三月)、寺院の添書を必要とする添書登山を開始し(七月)、さらには、創価学会員を再折伏して寺院の檀徒を増やす方針を打ち出す(七月)など、矢継ぎ早に創価学会対策を実行に移していった。

これに対して、創価学会側は、青木副会長が、一九九一年元旦の本部における新年勤行会で、「二一世紀をリードする世界宗教として、真の民主性を備え、権威主義を排していくことの重要性」(『聖教』一月四日)を強調し、以後、宗門側の檀徒づくりに対処するとともに、宗門に依存しなくてもすむ方策を推進していった。

とりわけ、これまで僧侶を必要としていた葬祭をめぐる日本の民俗慣行については、たとえば、葬式は戒名・僧侶抜きの「学会葬」「友人葬」でやる（四月以降）、盆彼岸の精霊回向等は塔婆を立てずに会館で行う（七月）、などの大胆な革新を試み、その革新の程度は一挙に「第一次宗創戦争」当時の水準を超えるにいたった。

こうして、創価学会青年部は、一九九一年の三月ころには「今、私たちが直面している宗門問題は、一宗の問題にとどまるものではなく、聖職者の在り方や日本の卑屈な精神風土をただす現代の宗教革命ともいうべき大きな意義をもつ」（『創価新報』一九九一年三月二〇日）と、今回の再挑戦を位置づけることができるようになった。

その後の宗門と創価学会は、互いに他方を「魔」（七月二八日の日顕法主の発言）「天魔」（一〇月八日の秋谷会長の発言）と呼びつつ、非難の応酬を繰り返して対立の度を深めていったが、一〇月になると、宗門は、重役会（一五日）と全国教師代表者会議（一七日）を開いて、創価学会を解散処分に付する方針を固めた。

こうして、宗門は、創価学会に対して、一九九一年の一〇月二一日に、「僧侶を不要とし、戒名・位牌等を愚弄する学会葬は、あきらかに本宗の血脈師弟義に背いた大謗法」であり、すみやかに「本宗本来の化儀」に改めるようにと創価学会に通告したが聞き入れられなかったため、同年一一月七日には「創価学会解散勧告書」を、次いで、一一月二八日には「創価学会破門通告書」を、それぞれ、創価学会に送付した。これには、今や創価学会は「大謗法団体」と化したので、「以後、日蓮正宗とは無関係の団体」にすると書かれていた。

その後、一九九二（平成四）年四月には、宗門側の意を受けた竜年光元公明党都議会議員らが、東京都が裁判所に宗教法人創価学会の解散を請求するように求めた要望書を、二二万五〇〇〇名の署名とともに東京都に提出した。また、日蓮正宗の東京第二布教区は、同年八月一一日に、創価学会の池田名誉会長を日蓮正宗の信徒から除名処分にした旨の通告を本人に行った。

「破門通告」によって、創価学会は宗門から本尊下付を止められる事態になったが、同会は、「破門通告」を何の根拠もない時代錯誤の無効なものと断じ、その一か月後の一九九一年一二月末に、一六〇〇万名の署名を添えた法主退座要求書を宗門管長宛に送付した。また、以後、同会は、本尊下付を必要としない会友制度を発足させた。

創価学会は、宗門の「破門通告」を、長かった忍従の時代（内棲宗教時代）にピリオドを打ち、新しい「民衆仏法の時代」「創価学会ルネサンス」の到来を告げるものとして受けとめた。また、一九九一年一一月三〇日の『聖教新聞』は、「黒い鉄鎖切れて我らは自由に」という喜びの見出しを掲げた。さらに、池田名誉会長は、同日に開かれた「創価ルネサンス大勝利記念幹部会」のスピーチで、「破門通告」のあった一一月二八日を「魂の〝独立記念日〟」として位置づけた（『聖教』一二月二日）。

以後、創価学会は、今回の宗門への再挑戦を「平成の宗教改革」、同会の立場を「御書根本」「御本尊根本」「大聖人直結」、日蓮正宗を「日顕宗」と呼び、やがて、同会は、「稚児貫主」[17]に触れた一九九二年八月二七日の日顕法主の説法を引いて、宗門の法主歴代の血脈断絶の疑義をも指摘するようになった[18]。また、創価学会は、一九九二年七月の参議院選挙で公明党を支援し、比例区の得票数で六四〇万票、議席数で一四議席（改選議席数より四増）を獲得して、破門後の組織の健在ぶりを宗門の側に示した。

一方、その後の日蓮正宗は、創価学会問題に結束して取り組むことを宗門僧侶に訴えたが、それに反して、同会の「破門」に反発した僧侶の宗門離脱が相次ぎ、一九九二年二月には「日蓮正宗改革派」の七名が、翌三月には「日蓮正宗青年僧侶改革同盟」の一〇名が、そして、このほかに一九九二年中に単独で一五名もの僧侶が、宗門を離脱している。

このような宗門側の混乱と比べて、破門された側の創価学会が、かえって、「魂の〝独立〟」（自立化）を喜び、組織の健在ぶりを誇示しつつ、在家主義的な宗教様式の革新という所期の目的の達成に成功できたことの理由は、どのようなものであったのであろうか。

その理由としては、(一) 創価学会が宗門から「手を切られる」ことを覚悟して周到な計画のもとに再挑戦に臨んだこと、(二) 宗門側が今回もまた法主の権威によって創価学会を屈服させることができると誤断したこと、(三) 衛星放送によって池田名誉会長の指導が直接末端会員にまで徹底できたこと、(四) 前回と違って会内に宗門に内通したり名誉会長に反逆したりした有力幹部がいなかったこと、(五) 宗内に正信会のような反骨の僧侶集団が存在しなかったこと、そして、(六) 宗内における日顕法主の人望が前法主ほどではなかったこと、などがあげられよう。

六　破門後の宗教様式の革新

一九九一年暮の宗規変更から破門までの創価学会の宗教様式の革新は、友人葬や戒名・塔婆無用論のような民俗仏教的な葬祭慣行にまつわるものが多かった。しかし、破門後のそれは、日蓮正宗の教義の根幹に関わる一般的ないし具体的な宗教様式の革新が多くなった。

たとえば、池田名誉会長の、「大事なのは『自分』である。自分の『生命』なのである。外にある御本尊様も我が〝内なる〟御本尊を顕わすためにこそ大聖人が建立してくださったのである」(一月一五日の全国青年幹部会スピーチ、『聖教』一月一七日) という言葉とか、「宇宙も、我々も、ともに妙法の当体である」(三月一五日の三・一六記念代表者会議スピーチ、『聖教』三月一六日) という表現とか、「仏とは日蓮大聖人であり、大聖人直結の『民衆』自身である。仏とは『民衆』なのである」(五月一二日の全国代表者幹部会スピーチ、『聖教』五月一四日) といういい方は、本尊や本仏を戸田城聖の生命論の立場で読み切ろうとする「近代教学」の核心にほかならなかった。

また、「(創価学会は) 大聖人の仏法の血脈を相承した唯一の存在」である (森田理事長の寄稿、『大白蓮華』一九九二年一月号）とか、「（創価学会の）会館は、現代の時代性にかなった寺院」である（一一月の中央会議での秋谷会長挨拶、『聖教』一九九二年一月二五日）といういい回しは、「第一次宗創戦争」の際に一度撤回したものであり、「昭和五二年路線」の完全な復活といえるものであった。

だが、その革新の具体相を知るためには、破門後の創価学会が新たに決めた「制定」の内容を検討しなければならないであろう。

創価学会の最初の「制定」は、一九九二年一月八日の「御観念文」を含む同会の『勤行要典』に関するものであった。その『要典』の内容は、三座のなかに日蓮、日興、日目の三師名がなければ日蓮正宗系のものとはわからないほど、創価学会の独自性を強調したものであった。

ちなみに、『要典』の主な変更点は、表紙の標題から「日蓮正宗」の文字を削って創価学会の八葉マークをつけたことを別にすれば、（一）二座（本尊供養）の中の「本門戒壇の大御本尊」を「三大秘法の大御本尊」に変えたこと、（二）三座（三師供養）から日道・日行以下の「御歴代の御正師」（現法主を含む歴代法主）を削ったこと、（三）四座（広宣流布祈念）から「日蓮正宗」の広宣流布を抜いて「創価学会万代の興隆」を入れたこと、そして、（四）五座（報恩謝徳）の中に同会の初代二代会長の名を再度入れたこと、などの諸点であった。

続いて、創価学会は、一九九二年中に、恩師記念室に関する制定（八月二二日）、創価学会功労者表彰に関する制定（九月一六日）、創価学会諸精霊追善勤行法要に関する制定（九月二八日）を行った。

また、一九九三年になると、創価学会は、九月七日に、「御本尊授与に関する制定」を行い、「破門」後、宗門から下付されなくなっていた妙法曼荼羅本尊に代わって、日蓮正宗第二六世堅樹日寛（江戸中期に出て日蓮正宗教学を確立した大石寺中興の祖）の書写した妙法曼荼羅本尊（栃木県小山市の淨圓寺蔵）を同会が複写した新本尊を、一〇月から会員に下付することに決めた。なお、この新本尊の下付に際しては、開眼や授戒式は不要とされた。

また、創価学会自身の宗教様式の革新と関連して、一九九二年と一九九四年に出版された東洋哲学研究所欧州研究部長・松戸行雄（哲学・社会学専攻、現在は創価学会から離れる）の一連の著作（本尊と日蓮本仏に関する考察）と、一九九四年に執筆された東洋哲学研究所研究員・小林正博（日本宗教史専攻）の論文（法主血脈に関する考察）も、教学上の大胆な解釈革新をしたものとして、無視できない。

まず、松戸は、『人間主義の「日蓮本仏論」を求めて』（みくに書房、一九九二年三月）の中で、モノとしての妙法曼荼羅本尊を絶対化している今日の宗門の本尊観（神話としての本尊実態論）を批判し、礼拝対象としての本尊も、末法の法華経の行者の生命に内在する「衆生本有の理」（凡夫即仏身の仏界＝観心の本尊）を映し出す「自浮自影の鏡」（象徴）であることを強調している。

次に、彼は、『日蓮思想の革新』（論創社、一九九四年三月）において、宗門の従来の本果的本仏論（日蓮＝久遠元初の自受用報身如来＝衆生の救済者としての本仏）を批判し、末法の修行（唱題行）によってはじめて「衆生に内在する法としての南無妙法蓮華経が日蓮という具体的な人間に顕れた」（一三八頁）当処（「衆生本有の理」の自己実現）をもって「本仏」と表現したのであり、それは、日蓮に対してだけでなく末法において妙法を受持するすべての凡夫についていえる普遍的な即身成仏のあり方であると、本因的な「凡夫本仏論」を主張している。

他方、小林は、『東洋学術研究』の第三三巻二号（東洋哲学研究所、一九九四年一〇月一五日）に「法主絶対論の形成とその批判」を執筆し、創価学会攻撃に使われている「法主絶対論」が当初からのものではなく、宗史の途中から（日蓮正宗第一二世日鎮の時代の左京日教のころから）登場してきたことを実証史学の立場から示し、また、その形成に日蓮本仏論が深く関わっていた、と主張した。

以上のような松戸・小林の著作は、個人の学術論文であり、いまだ創価学会の公式見解になっているわけではないが、それでも創価学会の人間主義的（生命論的）な本尊・本仏観や血脈観（法主血脈観に対する信心の血脈観）を踏まえ、それを学問的に正当化する著作としての意義は、同会にとって大きかったといえる。なお、宗門は、日蓮正宗法義研鑽委員会の名で、これらに対する批判書を一九九七年三月に出版しているが[19]、成住壊空に耐えられないモノ本尊観と歴史的実証を否む法主血脈神話に固執する宗門の外相的な「印籠教学」[20]だけでは、松戸・小林の新説を覆すことは難しそうである。

最後に、今後の創価学会のゆくえについて、予見しておこう。私見では、創価学会が従来のような内棲宗教として日蓮正宗に復帰することは、まず、ありえない。創価学会が日蓮正宗から「心身ともに」独立するには、大石寺にある弘安二年一〇月一二日付の板曼荼羅（モノ本尊）への信仰と決別しなければならないが、これを完全に否定できないところに創価学会の究極の悩みがある。その意味で、創価学会の宗教様式の自立化はいまだ未完であるということもできるが、二〇一四年一一月の会則変更で同会がこの板本尊を今後「受持の対象にはいたしません」（『聖教新聞』一一月八日）と決めたので、同会は完全自立化に向けて一歩近づいたともいえよう。

七　結語

最後に、本章の冒頭（第一節）で示した分析視角から『正本堂』完成以後の創価学会」の展開過程を総括すると、宗教運動論的にどのようなことがいえるかについて検討してみよう。

第二節において、私は、「『正本堂』完成以後の創価学会」が「宗教様式の急速な普及の段階」を終えて「宗挙様式の定着と制度化の段階」へと移行しつつある段階にあると位置づけた。また、私は、第一節において、こうした段階の宗教様式をめぐる課題が達成されるか否かは、教団の生得的条件と特殊的状況課題、及び、それらに対応する教団の主体的な意志決定（路線選択）の能力によって決まるのではないか、とも述べた。

こうした視角から「『正本堂』完成以後の創価学会」の軌跡を整理すると、その運動は、同会が日蓮正宗の内棲宗教であったために不可避的に背負わざるをえなかった諸種の生得的な宗教様式の特徴を、折々に直面した歴史的・突発的な課題と取り組む中で、在家主義と普遍主義の方向に止揚しようとした運動であったといえる。

もっとも、その過程においては、創価学会側に多くの紆余曲折や自語相違が見られ、ときには妙信講（今の冨士大石寺顕正会）や正信会以上に日蓮正宗の伝統的な宗教様式（法主血脈等）を擁護したこともあった。しかし、これは宗門や正信会にも見られた一時的な危機対応策とみるべきであり、より在家主義的・普遍主義的な方向に宗教様式を革新しようという創価学会の長期的な戦略には変化がなかったと考えられる。

なお、こうした創価学会にみられる内棲宗教性の止揚の過程は、とりもなおさず創価学会が宗門から全体として自立化していく過程であったが、それは同時に、すでに「宗教様式の定着と制度化」の段階に到達していた創価学会の「宗教様式の革新」が、「内棲宗教の自立化」（内棲宗教性の止揚）の過程に沿って発現したと言い換えることもできる。

さて、上記の考察を通して判明した宗教運動論上の本論の新知見は、どのようなものであろうか。

それらは、（一）教団発達に即した「宗教様式の革新」の問題には歴史的・突発的な状況要因や課題が大きく介在していること、また、（二）そうした要因や課題に教団がいかに有効に対処し自己を再組織化（路線選択）できるかどうかということが「宗教様式の革新」の鍵であること、したがって、（三）こうした問題の解明には自然史的な教団発達の過程を「攪乱する」歴史的・突発的な状況要因をも射程に入れた教団ライフコース論が有効であること、などとして整理できよう。

国立戒壇も大石寺の板本尊も法主血脈も放棄するにいたった今日の創価学会の動向を、社会学的な宗教運動論でどのようにとらえたらいいのであろうか。このことがいまの著者の最大の課題である。

（注）

（1）森岡の教団ライフサイクル論については、森岡清美『新宗教運動の展開過程』（創文社、一九八九年）を参照せられたい。また、教団ライフコースに関する西山の試論については、井上順孝ほか『新宗教事典』（弘文堂、一九九〇年）の中の拙稿「運動展開のパターン」（五五―六二頁）を参照せられたい。なお、家族社会学に出自するライフコースの概念が集団にではなく、個人に適用されるものであることは、筆者も承知している。

（2）宗教様式の概念とそれによる新宗教の定義については、東洋大学白山社会学会編『日本社会論の再検討』（未来社、一九九五年）の中の拙稿「新宗教の特徴と類型」（一四七―一六八頁）を参照せられたい。

（3）内棲宗教については多くの拙稿があるが、参照しやすいもので内棲宗教の概念と内棲宗教の自立化の問題を論じているものとしては、本門佛立宗開導百遠諱記念論文集編纂委員会編『佛立開導長松日扇とその教団 上』（平楽寺書店、一九九一年）の中の拙稿「佛立講の成立と展開」（二〇五―二四六頁）がある。なお、この稿は、本書の第五章になっている。

（4）中尾暁編著『日蓮宗の諸問題』（雄山閣出版、一九七五年）の中の拙稿「日蓮正宗創価学会における『本門戒壇』論の変遷」（二四一―二七五頁）。なお、この稿は、本書の第九章になっている。

（5）原島嵩『池田大作先生への手紙』（晩聲社、一九八〇年）二四頁。

（6）聖教新聞社資料「広布会速記録」の一九七六年一月一二日（白浜研修所）の項。浅井昭衛『「学会・宗門」抗争の根本原因』（国書刊行会、一九九一年）二〇六―二〇七頁より重引。

（7）「継命」編集部編『社長会全記録』（継命新聞社、一九八三年）二五二頁。

（8）同前、二八四頁。

（9）同前、二八七頁。

（10）創価学会内部資料「北條報告書」の一九七四年五月一〇日の項。継命新聞社編『年表 正信覚醒運動の歩み』（継命新聞社、一九九五年）一三九頁より重引。

（11）同前資料、一九七四年六月一八日の項。同前書、一四〇頁より重引。

（12）本書の第一〇章のオリジナルは、森岡清美編著『近現代における「家」の変質と宗教』（新地書房、一九八六年）の中の拙稿「正当化の危機と教学革新」（二六三―二九九頁）。

（13）『大日蓮』（号外）『創価学会問題について（二）』（日蓮正宗宗務院、一九九一年三月）一六頁。

（14）『大日蓮』（号外）『現時点における学会問題の経過と往復文書』（日蓮正宗宗務院、一九九一年一月）二九頁。
（15）同前、四一―四二頁。
（16）正本堂をめぐる宗門と創価学会の論争についての創価学会側の発行した資料集（宗門側の資料も収載）に、『「正本堂問題」の真実』（創価学会青年部、一九九一年）がある。
（17）稚児貫主とは、血脈相承が困難であったと思われる一〇歳未満や一〇歳代の日蓮正宗の法主（九世日有、一二世日鎮、一三世日院、一四世日主など）のこと。
（18）正木正明青年部長の「血脈相承に関し、日顕法主の見解を糾す」（『聖教新聞』一九九二年一〇月二日）。
（19）松戸行雄の凡夫本仏論の批判書としては日蓮正宗法義研鑽委員会編『創価学会の新理論とその本質』（法華講連合会、一九九七年）が、そして小林正博の法主絶対論宗史途中形成論の批判書としては『創価学会の宗史観を糾す』（大石寺内事部、一九九七年）が、同時期に出版されている。
（20）正統性（正当性）の根拠を物質（板本尊）の独占や位座の権威（法主血脈）において他者を威圧する教学のこと。本章の注（12）で触れた拙稿「正当化の危機と教学革新」（本書の第一〇章）を参照せられたい。

（追記）

この論文を脱稿後に、B・ウィルソンとK・ドベラーレの共著の邦訳版『タイム トゥ チャント――イギリス創価学会の社会学的考察』（紀伊國屋書店、一九九七年、中野毅訳、原本は一九九四年発行）が出た。これには、付論として「日蓮正宗と創価学会の分裂　一九九〇（平成二）年―一九九一（平成三）年」（三四六―三六五頁）が収載されているが、日蓮正宗＝保守的・権威主義的、創価学会＝先進的・平等主義的という一方的な視点によって書かれていたり、詳しい経過と背景の説明なしに「第二次宗創戦争」の最終局面での相互非難をいきなり紹介されているなど、不十分な点が多くみられる。

第一二章　冨士大石寺顕正会の誕生——一少数派講中の分派過程

一　問題の所在

本章の目的は、セクト的性格[1]をもつ少数派信徒組織[2]が、どのような過程を経て、また、いかなる要因連関によって所属教団から離脱または排除され、意図すると否とにかかわらず、結果的に一つの分派を形成せざるをえなくなるかといった、分派生成の過程と、それを余儀なくさせる要因連関の構造を、日蓮正宗妙信講（今の冨士大石寺顕正会、以下、妙信講という）の事例を通して、社会学的に解明しようとするところにある。

妙信講は、教義解釈をめぐる日蓮正宗の内紛（後述）にからんで一九七四（昭和四九）年八月一二日に同宗の細井日達管長から「講中解散」の処分を受けるまでは、創価学会と同様、同宗の一講中（信徒組織）であった宗教集団である。

同講は、一九四二（昭和一七）年四月六日に、当時、品川の日蓮正宗妙光寺の信徒であった浅井甚兵衛（一九〇四年五月九日に愛知県で生まれ、創立時から解散処分時まで同講々頭を務める）によって、同寺所属の講中として創立（一五講員世帯で出発）され、その後、池袋（雑司ヶ谷）の法道院（一九四八〈昭和二三〉年）、本所吾妻橋の妙縁寺（一九五八〈昭和三三〉年）と、所属寺院を変え、その間に、寺院（法道院）単位の講中が結成されて甚兵衛がその講頭に推された（一九五六〈昭和三一〉年六月一〇日）ため、一時解散していたが、一九五七（昭和三二）年八月三日には、はやくも再建総会を開き、四五〇講員世帯で再出発（翌一九五八年一月一五日に当時の堀米日淳管長より認証される）したもので、一九七七（昭和五二）年末の講頭は甚兵衛の長男の浅井昭衛（一九三一年一一月三〇日に東京都文京区で生まれ、妙信講再建時より同講の実質的な最高指導者の役割を担い、解散処分後の一九七五年八月二六日に同講々頭に就任し、現在は冨士大石寺顕正会の会長）、一九七七年末の公称講員世帯数は二万（二〇一六年四月の公称会員数は一八〇万）である。

再建妙信講は、同門の創価学会とは比較にならないほど小さな講中（解散処分時で妙信講は一万二〇〇〇講員世帯、これに対して創価学会は七六〇万会員世帯、いずれも公称世帯数、以下同様）であったが、創価学会を除いた同門の講中、つまり「法華講の中に於ては最大の講中」（一九六四年八月一日の同講再建七周年記念班長会での浅井昭衛発言。ちなみに当時の講員世帯数は三〇〇〇。妙信講教学誌『冨士』一九六四年九月）であった。

しかし、再建妙信講の活動様式、組織形態は、法華講（日蓮正宗の信仰を累代の「家の宗教」として継承してきたいわゆる「旧信徒」または「墓檀家」と称される人びとを中心とした講中で、自覚的な信心と活動力に欠ける）よりも、はるかに創価学会と近似している。

妙信講は、「生一本な信心、強盛な折伏」（妙信講機関誌『講報』創刊号、一九五八年八月五日）を旗印として再建された「折伏の講中」であり、また、「教条主義との非難甘んじて受く」（『冨士』一九七一年一月、六頁）と自負する「根本主義者の講中」でもあり、さらには、再建妙信講の認証時の堀米管長の「妙信講は戦う法華講になりなさい」（『冨士』一九七〇年二月、二一頁）との言葉を実践しようとする「闘う講中」でもある。なお、妙信講は、一九五七年に、寺院経営や講中のあるべき姿をめぐって法道院の早瀬道応住職（一九六七年に宗務院総監に就任）と鋭く意見が対立し、それが再建妙信講の認証の大きな障害となったこともあって、「権勢にへつらうな、おもねるな、曲げて安易に住するな」（『講報』創刊号）、「再建の日に不和雷同の批判を加えた輩は今いずこ。猛省せよ」（妙信講機関誌『顕正新聞』一九六一年六月一日）のような宗内反妙信講勢力に対する強い義噴と遺恨の感情と攻撃性を底に秘めている。

また、再建妙信講は、創価学会と同様、日蓮正宗に属しつつも、それとは相対的に区別され、かつ自治的に運営される組織（たとえば本部―支部―班―組の基本組織と青年部婦人部等の部組織及び教学部・財務部等）と活動様式とをもっている。本章では、特定の教団に所属しつつも、イデオロギー的・実践的・組織的に、それとは相対的に区別された独自の宗教集団としてのアイデンティティを保持していて、かつセクト的な性格を有する妙信講や創価学会のような宗教集団を、発生論的観点から内棲セクト（筆者の内棲宗教概念の原型）と規定する。しかし、内棲セクトの獲得しうるイデオロギー的アイデンティティは、所属教団そのもののイデオロギー的アイデンティティによって大きく制約されており、もし、内棲セクトが、その枠を破ってまでイデオロギー的アイデンティティを模索するとすれば、所属教団との間に深刻な葛藤を生み、多くの場合、分派セクトとして教団外に排除されるか、自らの意志で離脱せざるをえなくなる。

分派セクトは、内棲セクトと違い、組織的に母教団の外にあり、かつ、イデオロギー的に母教団の主流とは相互排他の関係にある。なお、ここでは、たとえ妙信講が日蓮正宗を自称し、同宗の正統教義の唯一の継承者を自負していたとしても、同講を、一つの分派セクトして取り扱う。妙信講は、内棲セクトが分派セクト化した事例である。では、以下、内棲セクトとしての妙信講の分派セクト化の過程と要因の考察に移ろう。

二　分派過程

妙信講の創立より今日にいたるまでの軌跡は、①創立期（一九四二―一九五六年）、②再建期（一九五七―一九六二年）、③忍従期（一九六二—一九六九年）、④反転攻勢期（一九六九—一九七四年）、⑤組織分離期（一九七四年—）の五段階に分けられる。このうち、妙信講は、②において内棲セクトとしての体制を整えたが、③の段階では、内棲セクトとしてのアイデンティティ危機に遭遇して、その防衛をはかり、そして、④の段階では、イデオロギー的なアイデンティティを強く押し出して宗内他勢力と対決し、結果的に、分派セクトとして所属教団からの分離を招来して⑤にいたった。その意味で、妙信講の分派セクト化の歩みは、④の段階から開始されたとみることができるが、妙信講が④の段階でイデオロギー的アイデンティティを強く押し出して宗内他勢力との対決に出た背景には、③の段階における内棲セクトとしてのアイデンティティの危機と防衛の問題が横たわっていたと考えられる。

そこで、ここでは、③の段階を含めて、同講の分派過程をみていくことにする。なお、①と②の段階については、前節で触れた程度にとどめておく。

さて、③の段階における内棲セクトとしての妙信講のアイデンティティ危機とは何か、また、それは、なぜ、どのようにして招来されたのか。この問題は戦後における創価学会の急膨張とそれによる宗門（日蓮正宗）統制の問題と深くかかわっているが、詳しくは本書の第九章を参照されたい。

戦後の創価学会（一九四六年三月に再建される）は、戸田城聖の会長就任（一九五一年五月三日。当時の会員世帯数は五〇〇〇）と同時に急膨張を開始し、一一年後の一九六二（昭和三七）年には、はやくも三〇〇万会員世帯を擁するにいたり、実質的に日蓮正宗＝創価学会の体制（創価学会信徒が九五パーセント以上）を確立するとともに、日蓮正宗とは相対的に区別された内棲セクトとしての基盤をも固めた。日蓮正宗から独立するまでの創価学会は、妙信講と比べて、より徹底した内棲セクトとしてのアイデンティティをもっていた。たとえば、創価学会は、日蓮正宗の反対を押し切って一九五一年一二月一三日に東京都に地方宗教法人の届け出をし、翌年八月二七日に認証されている。

しかし、内棲セクトとしての創価学会は、そのイデオロギー的正統性（正当性）の源泉を日蓮正宗に求めざるをえない。だが、宗門の中には、内棲セクトとしての創価学会の活動様式や組織形態に批判的な勢力も多かった。そこで、創価学会は、こうした勢力を統制し、宗門との関係を安定的なものにする必要があった。

同会は、一九五一（昭和二六）年から、はやくも宗内他勢力（とりわけ反創価学会勢力）の統制に着手したが、その統制過程は、統制エージェントと被統制者との組み合わせによって三段階に区分される。いま、創価学会をA、僧侶をB、法華講をC、妙信講をDとすると、統制段階は、①A→Bと表現される第一段階（一九五一―一九五五年）、②A・B→Cと表現される第二段階（一九六〇―一九六三年）、③A・B・C→Dと表現される第三段階（一九六二―一九六九年）とに分けられる。これらのうち、③の段階は、妙信講の「忍従期」と合致しており、同講は、この段階で内棲セクトとしてのアイデンティティ危機に遭遇したわけである。

では、以下、③の段階に重点を置きつつ、①～③の統制過程を素描してみる。

第一段階の統制は、総本山や末寺の僧侶を対象としたものである。

この段階において、創価学会は、一方で「狸祭り事件」[3]や「蓮華寺事件」[4]に示されるような実力闘争によって、他方で総本山に対する建物の建立寄進（一九五五年落成の奉安殿等）や月例登山会（一九五二年一〇月四日より開始）時の「御開扉料」（本尊拝謁料）の納付のような経済的貢献によって、そしてさらには、全国的な創価学会員の増加に伴う最寄地方寺院への寺籍の移行と、そこにおける代表役員権の獲得のような手続きによって、総本山や末寺の僧侶を統制し、また、彼らを統制することを通して、宗門そのものを統制下に置くことに成功した。その成功は、たとえば「蓮華寺事件」において、宗門があたかも創価学会の利益代表のようにふるまったことに端的に示されている。こうしたこともあって、蓮華寺は、一九六四（昭和三九）年、「総本山は創価学会の傀儡になった」として、日蓮正宗から離脱した。

第二段階の統制は、第一段階の統制の成功を前提として、一九六〇（昭和三五）年ころから法華講を対象に開始されたものである。この期間は約三年（一九六三年まで）と短いが、それは、法華講が末寺単位に組織されている弱小講中のたんなる寄せ集めにすぎず、統制に抵抗する力量がほとんどなかったことによる。

法華講に対する統制は、具体的には、全国末寺の法華講の連合組織である法華講全国連合会の結成としてあらわれる。同連合会の結成は、従来の末寺単位ごとに自治権をもつ法華講の中央集権的一元化を企図したものである。

池田大作が創価学会の第三代会長に就任した一九六〇年八月七日、総本山では、細井管長の招集で、創価学会幹部と法華講々頭の懇親会がはじめて開かれ、「広宣流布」に向けて相互の協力を約しあった。

また、創価学会は、翌年の七月二七日に、細井管長の叔父にあたる平沢益吉を同会顧問に迎え、彼に法華講のとりまとめを依頼した。こうして、法華講一本化の歩みが開始され、この年の九月には、第一回の法華講全国連合登山会が行われ、統合気運の盛り上げがなされた。

そして、翌一九六二（昭和三七）年の三月にも同種の登山会が開かれ、ついに同年の七月三一日、平沢益吉を会長とする法華講全国連合会（以下、連合会と略称。一九六七年一〇月四日に「法華講連合会」と改称）の結成大会（五二〇〇名が参加）が総本山で開かれ、同年八月二〇日には、その機関誌『大白法』が創刊された。

連合会は、翌一九六三（昭和三八）年の五月二二日に組織認証がなされ、また、同年の七月一五日には、法華講員に対する細井管長の訓諭が出され、その中で管長は、連合会の発足を期し、創価学会と歩を一にして仏国土建設に前進すべきこと（『日蓮正宗法華講百年史年表』日蓮正宗法華講連合会、一九七三年、二三四頁参照）と「創価学会を誹謗する者は罪を無間に開く」（『富士』一九七五年五月、二七頁）ことを強調し、創価学会への追従ぶりをはっきりと示した。

なお、創価学会の池田大作は、一九六二年の三月三日に法華講大講頭に、そして、その二年後の一九六四年四月一日に法華講総講頭（日蓮正宗全壇信徒の統率者）に、それぞれ就任している。

第三段階の統制は、第二段階の統制の成功を前提として、一九六二年ころから妙信講を対象に開始されたが、その統制には連合会があたった。

連合会は、妙信講をも自組織に組み入れようとしたが、妙信講は、それを内棲セクトの自主性を奪うものとして、当初から、それに警戒的であった。

しかし、連合会の平沢益吉は、一九六二年九月三日以降、機会あるごとに何度となく（一九六三年一〇月二〇日、一九六四年三月下旬、同五月三日、同七月二二日、同月二七日、同月三〇日等）、妙信講の浅井甚兵衛・昭衛（時には指導教師の松本日仁も一緒）に対して、連合会の傘下に入り、その統制に服すべきことを強く要請した。これに対して妙信講側は、連合会は「未熟である単一講中を引張ってゆくべきもので妙信講とは違う」（宗門サイドの妙縁寺機関誌『破邪新聞』一九七五年二月一四日掲載の「平沢メモ」として、連合会傘下に入ろうとはしなかったが、その間、連合会側は、教学試験や機関誌の発行は連合会として行うとの理由で、妙信講に対し、教学部の名称不使用（一九六二年一一月）と機関誌『顕正新聞』の廃刊（一九六三年一一月）を求め、それを実行させている。

一九六四年七月三〇日、連合会側は、妙縁寺で緊急理事会を開いて妙信講問題を協議し、同講が「今後無条件で東京地区〔法華講〕連合会の組織信心活動に従わなければ登山等の問題は受け合う事は出来ない」（『破邪新聞』同前）旨の決議を行い、妙信講の総本山への単独登山を実質的に不可能にした。

しかし、それでもなお、妙信講は屈服せず学習会で「法華行者逢難事」（日蓮遺文）を取り上げて、この「法難」に耐え続ける姿勢をみせたので、同年九月二四日、ついに連合会側は、「妙信講は浅井父子のもとに連合会に参加せざる団体であり、連合会は浅井父子の率いる妙信講を含まざる全国法華講支部を網羅した法華講衆の大集団である事」（『破邪新聞』同前）を確認して、妙信講問題にいちおうの決着をつけた。

その結果、妙信講は、同年八月一九日に行われた連合会の大客殿落成慶祝登山会に代表参加（一〇〇〇名）したのを最後に、以後五年間（一九六九年一月七日まで）、一度も総本山に詣でることができなくなった。

のみならず、同講はこの段階で、入信者に対する本尊下付をさしとめられそうになったり、一九六五（昭和四〇）年一〇月に同講が講員から募金した正本堂建立供養金の受け取りを総本山内事部から三年五か月（一九六九年三月八日まで）にわたって拒否されるなど、多くの圧迫を受けたが、やはり、連合会の傘下に入ろうとはせず、結局、この段階における妙信講に対する統制は、さまざまなサンクションの発動にもかかわらず、成功しなかった。一方、妙信講は、この段階において多大の犠牲を払いつつも、内棲セクトとしてのコア・アイデンティティの防衛に、かろうじて成功したといえる。

この間、妙信講は黙々と折伏を進め、一九六三年九月に三〇〇〇、一九六六（昭和四一）年一〇月に五〇〇〇、一九六八（昭和四三）年三月には六〇〇〇の講員世帯を獲得して地力をつけつつ、この難局打開のための戦略を練っていた。

一九六八年の一二月一二日、妙信講は、突然、連合会より登山認可通知を受け、翌年一月七日、五年ぶりに連合会の初登山に七〇〇名の代表を参加させた。このとき、妙信講員は、三門から総本山に入ることを許されず、裏道を通って大講堂に案内され、そこで連合会傘下の登山者とともに、平沢から「いよいよ事の戒壇である正本堂が建立される」旨の講話を聞かせられた。

「事の戒壇」とは、日蓮正宗の伝統教学によれば、広宣流布の暁（一国民衆のほとんどが日蓮正宗に帰依すること）に、国家によって富士山に建立される、総本山大石寺の「大御本尊」（板本尊）を安置する建物（国立戒壇）のことで、その建立は、日蓮の「御遺命」、「日蓮門下の唯一最大の目的」、「宗門七百年の悲願」とされ、創価学会もまた、これをスローガンにして、政治に進出したのである。しかし、池田の会長就任以後、同会の政治進出が本格化するにつれて、世論への気がねとシンパづくりの必要から、国立戒壇への言及頻度が減っていき、次に「国立戒壇」の用語を否定（一九六四年段階）し、さらに一九六五年になると、二月一六日の第一回正本堂建設委員会での細井管長の「正本堂＝事の戒壇」ともとれる曖昧な説法を根拠に、内容的にも「国立戒壇論」を放棄して「正本堂＝事の戒壇」の新説を唱え出し、その後、いわゆる「言論出版妨害事件」を経た一九七〇（昭和四五）年五月三日（創価学会第三三回本部総会）には、「国立戒壇」の放棄と「政教分離」が対社会的に宣言された。なお、その間、日蓮正宗の管長と宗務役僧も、基本的に創価学会と同一歩調をとった。当日の平沢発言は、こうした脈絡でとらえられるべきものである。

前述の平沢発言の後、妙信講の浅井昭衛は、同講の登山者を別室に集め、平沢の「正本堂＝事の戒壇」説は誤りであること、宗門の伝統教学によれば、今日はいまだ広宣流布ではないので事の戒壇は建たないこと、したがって正本堂は事の戒壇ではないことなどを話した。妙信講の幹部は、以前から、近年、宗門内に流布している「正本堂＝事の戒壇」説を誤りであると思っていたが、この問題を正面きって一般講員にまで知らせたのは、これが最初であった。

ところが、これを伝え聞いた平沢は、下山後、二月一日に行われた連合会と宗務院との連絡会議（法道院）に妙信講の指導教師松本日仁を呼び出して、前記の昭衛の発言を問題視し、妙信講は①管長を即大聖人と仰がない、②「正本堂＝事の戒壇」説を否定している、③公明党に対する理解と協力に欠ける、④登山の際に妙信講の使用した総本山の建物の本尊が紛失したが知っているか、という四か条の詰問を発し、妙信講に対する松本の日ごろの指導ぶりを責め、場合によっては妙信講の解散もありうると威嚇したという。

しかし、これは、逆に妙信講の態度を硬化させ、同講に反転攻勢に出る決意を固めさせた。一九六九（昭和四四）年四月二七日、浅井昭衛は、同講の第一三回総会で、「若し客観状勢がその必要を迫るのなら、それこそ日蓮大聖人の御命令なりとして、妙信講の命運を賭しても、いつでも法の為、宗門の為に敢然と立ち上らん」（『冨士』一九六九年五月、一九頁）と、反転攻勢への決意のほどを示した。

これは、今までつねに宗内少数派講中として統制の対象にされてきた同講の、追いつめられた末の最後の「中央突破」の戦略であったかもしれない。

では、以下、妙信講の反転攻勢から解散処分にいたるまでの経過をみることにするが、これに関して筆者はすでに本書の第九章に詳しく論じているので、ここでは必要最小限の言及にとどめる。

「言論出版妨害事件」の発生により、創価学会と日蓮正宗の「国立戒壇論」が世論の激しい批判にさらされつつあった一九六九年一二月、妙信講は、正本堂の戒壇論上の意義に関してはじめて宗務院と接触し、さらに翌年の一月二三日には『冨士』二月号に浅井昭衛の「御在世の信心に還れ」と題した巻頭言を載せ、その中で「民主時代・大衆時代として、信心も分らぬ大衆に受ける為に法を曲げてはならぬ」と述べ、世論に妥協的になっていた創価学会と宗務院にクギをさした。また、同講は、この雑誌を宗務役僧や創価学会幹部に送って、戒壇論をめぐる近時の宗門の解釈変更に反省を促した。

これまで、宗内には、創価学会とそれに追従するだけの宗務院の態度に疑惑と反感をもっている僧侶信徒はあっても、圧力を恐れて、誰もこうした行動をとる者がなかったから、これは宗内に多大の反響を呼び、これに対して、ひそかな声援をおくる者も少なくなかった。

これに驚いた宗務院は、三月に入って使者を妙縁寺に送り、松本日仁を介して妙信講に、連合会が昨年二月に突きつけた四か条の詰問を取り消すことを条件に、以後、こうした行動を慎むよう申し入れたが、同講は、これをはねつけた。

さらに、妙信講は、三月二五日に、正本堂の戒壇論上の意義を「国立戒壇論」の観点から宗務院に問い糾した『正本堂』に就き宗務御当局に糺し訴う」という文書を宗務院に提出するとともに、これを宗務役僧や学会幹部に送附した。なお、妙信講は翌一九七一年一一月五日にも、同趣旨の文書を創価学会の池田会長宛に草し、各方面に送っている。

こうして、日蓮正宗は、一九七〇年から一九七四（昭和四九）年八月一二日の妙信講の解散処分までの間、戒壇論の解釈をめぐって、管長・妙信講・創価学会が三巴となった深刻な内紛を経験することになるのである。

その間、妙信講は、あるときは管長や宗務院と接触し、またあるときは管長の面前や宗務役僧の立ち合いのもとで、創価学会と何度となく対論（少なくとも一九七〇年に五回、七二年に七回）を重ねたが、教義問題の最終的な裁定者である管長自身が「定見なく、ある時は妙信講に、ある時は創価学会にと軍配を上げて（いる）」（松本日仁「上申書」『顕正新聞』一九七四年一二月一〇日）ような状態であった。こうした管長の態度は、かえって妙信講と創価学会の対立を激化させ、宗門内の混乱を助長したが、これは伝統教義の護持と社会的適応に板ばさみとなった管長の正直な苦悩のあらわれであるとともに、他方では「偉大な池田先生は、我が日蓮正宗の大外護者」（日蓮正宗機関誌『大日蓮』一九七四年二月）と語る管長と、「軒を貸して母屋を取られる様な事があるならば、大石寺の恥」（大石寺内事部『蓮華』一九七四年六月）と創価学会への反発を示す管長の別の側面を象徴しているともいえる。後者の問題は、内部に肥大化した内棲セクトを抱えた教団の宿命ともいえる問題であろう。

さて、管長は一九七二年四月二八日に、創価学会と妙信講の主張の一部をとり、一部を否定した次のような「訓論」を発した。

「正本堂は、一期弘法付嘱書並びに三大秘法抄の意義を含む現時における事の戒壇なり。即ち正本堂は広宣流布の暁に本門寺の戒壇たるべき大殿堂なり。」（『大日蓮』一九七二年六月）

しかし、これには妙信講が納得せず、同日中に創価学会の池田会長に公場対決を申し込み、宗門の内紛はさらに熾烈になった。そこで管長は妙信講に対して、一九七二年中に七回にわたる創価学会との対論を許し、結局、創価学会側が、「広布達成、御遺命達成の如何については創価学会機関誌上に、未来にわたることである旨を明記した論文を掲載する」（『大日蓮』一九七四年一二月）ことを約束し、双方がこれを合意書にして管長に渡した。なお、この約束は、創価学会が一〇月三日付の『聖教新聞』紙上に、和泉理事長のコメントを発表したことで果たされた。

こうして、妙信講の反転攻勢は成功し、同講はもはや宗内少数派講中としての地位を脱するかにみえた。浅井昭衛は一九七二年一〇月一一日、『冨士』一一月号の巻頭言に「御遺命ついに曲らず」と記した。そして、この年の一一月、妙信講の講員世帯数は、ついに宿願の一万世帯を超えた。

ところが、翌年の五月一一日に、妙信講が宗務院に登山を願い出たところ、宗務院は「国立戒壇を文書等で主張し、宗内の公式決定に背いている間は、おことわりする」(『大日蓮』一九七四年一二月)として、これを拒んだ。

この宗務院の態度は、戒壇問題はいちおうの決着ずみと考えていた妙信講をいたずらに刺激するようなものであったが、当時、同講は一九六三年以来、連合会の要求で廃刊にさせられていた機関誌『顕正新聞』を七月一六日に復刊したり、新たに「本部会館」(板橋区常盤台、一二月二二日落成)を建設したりで繁忙をきわめていたため、宗務院のこの措置に対する同講の本格的な反撃は、翌一九七四年にもち越された。

翌年の四月八日、妙信講は、前年に提出してあった登山願に関して、あらためて宗務院の回答を求めたが、同月三〇日に同講が得た回答は前回と変わらなかった。こうして、宗門は再び戒壇問題をめぐって葛藤を呈するにいたった。

浅井昭衛は、五月一九日に開かれた同講第一六回総会で、「御遺命守護の御奉公未だおわらず」と述べ、講員に「追撃戦」を訴えた。妙信講は、今回の宗務院の措置の背後に創価学会の圧力があると考え、創価学会と接触したが埒があかず、五月二四日、創価学会に対して戒壇問題に関する公開討論を申し入れた。これに対して創価学会は、六月三日、信徒間の公開討論は管長から禁止されているとして、拒否回答をしてきた。

そこで妙信講は、創価学会に対して、もはや「平和的解決の道」も閉ざされた旨の念告を六月一日に行い、同月二五日には、「御遺命守護特集」の『顕正新聞』を発行して、宗門の内外に百万部配布する運動を起こした。また、同講は、七月二八日に、明治公園に三〇〇〇名の講員を集めて「立正安国野外大集会」を開き、「政治のために仏法を曲げるな」、「国立戒壇を捨てた公明党は解散せよ」などのプラカードを持ってＪＲ四谷駅までデモ行進を行った。

その結果、同年八月一二日、妙信講は、「『国立戒壇の名称を使用しない』旨の宗門の公式決定に違反し」また「宗門の秩序と統制」を乱した（『大日蓮』一九七四年一二月）として、管長から講中解散を命ぜられ、続いて一〇月一五日、富士宮の要行寺元住職の八木直道が、解散処分を受けた妙信講の御会式（一〇月一三日執行）に出席したとして擯斥（僧籍剝奪）処分に付され、さらに一一月八日、妙信講幹部三三名が日蓮正宗から除名され、一一月一八日には、松本日仁が住職罷免となり、そして一二月二五日には、松本が八木と同様に擯斥処分となった。

しかし、妙信講は、八月二〇日に臨時幹部会を開き、「妙信講は断じて解散せず」と宣言して、解散処分に対抗した。

こうして、内棲セクトとしての妙信講は、分派セクトとして再出発することになったが、以後、一九六二年以来、連合会の指示で使えなかった「教学部」の名称を復活（一九七四年一一月二六日）したり、宗門の認証権とは無関係に浅井昭衛が講頭に就任（一九七五年八月二六日）している。こうした出来事は、機関誌の復刊や本部会館の建設と併せて、内棲セクト時代に同講が部分的に失なっていたアイデンティティの奪回であるとともに、また新たな分派セクトとしてのアイデンティティの獲得でもあった。

しかし、同講のこうしたアイデンティティの奪回・獲得にもまして、より強く同講を分派セクトとして特徴づけるものは、「時の貫主たりといえども仏法に相違して己義を構えば之を用うべからざること」（日興遺誡置文）を引いて、「たとえそれが宗門の公式決定といおうとも、猊下〔管長のこと〕の御指南というとも、大聖人の御金言に背き、勝手にネジ曲げた『仏法違背の己義』を誰が信じられましょうか」（『顕正新聞』一九七四年一二月一〇日）と、恩寵アンシュタルトとしてのキルヘ(5)＝母教団の権威を明確に否定している姿勢である。

同講は、もはや、処分が解かれない限り、彼らの究極の信仰の対象である総本山の「大御本尊」の「御開扉」を受けられないばかりではなく、入信者のための本尊下付もなされない。にもかかわらず、同講は、今のところ、「国立戒壇論」を捨ててまで日蓮正宗に復帰しようとはせず、一九七八年の三月六日には、大石寺を総本山とする宗教法人日蓮正宗とは何ら法的な結びつきのない、「日蓮正宗護法山顕正寺」（今の冨士大石寺顕正会典礼院）を、埼玉県和光市下新倉に建立し、その落慶入仏式を行った。なお妙信講は、解散処分後、以前にもまして教勢を伸長させ、一九七六（昭和五一）年二月に一万五〇〇〇、一九七七年末に二万の講員世帯を獲得している。日蓮正宗は、解散処分によって、妙信講の息の根をとめることが、ついにできなかったことになる。むしろ同宗は、妙信講解散処分後においても、内棲セクトとしての創価学会との間の葛藤が絶えず、ついに一九九一年の一一月には創価学会を「破門」するにいたった。

三　結び

これまでの議論を整理すれば、次のようになろう。

まず、一九五七年に内棲セクトとして出発した再建妙信講は、より強力な内棲セクトである創価学会の急膨張と、その宗門統制の結果、一九六三年以降、法華講連合会の統制によって、内棲セクトとしてのアイデンティティ危機にみまわれ、その防衛に腐心した。

そして、その過程で、同講は、①強烈な義憤と遺恨の感情をいだき、攻撃的な性向を身につけ、②自らが置かれた危機的状況の教学的意味づけ（苦難の神義論）を行って選民意識を強め、(6)また、③折伏を急ぎ、教学力を強めて、現状打開に備えた態勢整備と戦略模索とをなしつつ、「時」をまった。

そして、一九六九年を迎えて、「四か条の詰問」を契機に反転攻勢の覚悟を決め、以後、いわゆる「御遺命守護闘争」を展開し、一時、管長をも、この運動の支持者としつつも、結局一九七四年には解散処分を受け、同講は分派セクトとして宗外に排除された。

この運動は、「御遺命守護」が達成されず、同講が分派を余儀なくされたという点では失敗であったかもしれない。しかし、妙信講が解散処分を覚悟の上で反転攻勢に転じたこと、運動の過程で一時的とはいえ同講の主張した教義解釈が正統と認められたこと、さらに、解散処分を受けてもほとんど打撃を受けず、かえって以前よりまして、講中の結束が強まり、その結果、教勢も伸長している（二〇一六年四月時点での冨士大石寺顕正会の公称会員数は一八〇万）ことを考えると、この運動はかなりの成果をおさめたとみることもできる。

反転攻勢期の一時期において妙信講の戒壇論の解釈が管長の支持するところとなった理由としては、①同講の主張が宗門の伝統教学の立場に立った「正統（正当）」なものであったこともさることながら、②戒壇論が宗門の根本教義に関わる事柄であるにもかかわらず、世論の攻撃のような「外圧」に屈するようなかたちで、しかも突如として変えられたこと、③管長をはじめとする僧侶の多くが創価学会の「宗門支配」の実情に強く反発していたこと、④宗門や創価学会が「言論出版妨害事件」（一九七〇年）に遭遇して宗内統制力を著しく低下させていたり、何としても妙信講の妨害を避けたかった「正本堂落慶式」（一九七二年）を控えていたりしていた状況にあったこと、などがあげられる。

にもかかわらず、結果的には妙信講が解散処分を受けて宗外に排除され、この時点で、創価学会がいぜんとして宗内にとどまっていたのは、いかなる理由で説明できようか。

そもそも内棲セクトは、特定の教団に所属しつつも、それとは相対的に区別された独自のアイデンティティを保持している関係上、所属集団との間に構造的なストレーンを潜在させている。にもかかわらず、これまで、両者がストレーンを顕在化させないで共存してきたのは、両者の間にある種の生態学的な共棲関係が存在していたからであろう。たとえば、宗門は創価学会に対してイデオロギー的な「正統性（正当性）」を保証し、創価学会は宗門に対して経済的な保護を与えるといったように、自らにないものを相互に与えあって生存していく関係がそれである。

当時、宗門は創価学会の経済的保護なしでは生存していくことが困難なほどであった。しかし、妙信講がなくても、宗門は経済的に何ら痛痒を感じなかった。つまり、妙信講には、創価学会がもっていたような、宗門への提供物が乏しく、したがって宗門にとっての共棲相手として同講は力不足であったのである。

こうしたところに、当時、ともに内棲セクトでありながら、創価学会はいぜんとしてその立場にとどまり、妙信講が分派セクトとして宗外に排除された要因を見出せるのではなかろうか。そこに、少数派講中としての妙信講の限界があったのである。

最後に、妙信講が解散処分を受けても崩壊せず、かえって、それを跳躍台として教勢を伸長させている理由としては、①同講が、もともと恩寵アンシュタルト＝所属教団の権威よりも日蓮遺文に対する根本主義的な忠誠を優先させる講風をもっていたので、管長による「講中解散」のサンクションの効力が「妙信講こそ日蓮正宗における正統教義の唯一の継承者」という自負によって無効化されたこと、②同講が長い「忍従期」に耐えぬき、その過程で総本山への登山が許されなくても、本尊下付が妨害されても、なお「信心活動」を続けていける態勢を整えていたこと、③その意味で同講は解散処分を受ける以前から実質的にそれに等しい状態に置かれていたので、解散処分によって新たに失ったものはあまりなく、かえってそれによって講員が強い危機意識と激しい義憤の感情を抱き、それが以後の教勢伸長のエネルギーに転化していったこと、などがあげられる。

分派を余儀なくされた妙信講＝冨士大石寺顕正会が、今後、再び日蓮正宗に組織復帰するようになるか、それとも、よりいっそう分派セクトとしてのアイデンティティの確立に向かうかは、よくわからない。しかし、今のところ冨士大石寺顕正会は、自らのイデオロギー的アイデンティティ（国立戒壇論）を放棄してまで組織復帰をはかろうとはしていないし、宗門と創価学会の側にも、再び「国立戒壇論」を採用する意志がないようなので、結局のところ、妙信講＝顕正会は、望むと否とにかかわらず、当面、分派セクトとしての態勢を整えていかざるをえないように思われる。

なお、妙信講を排除した後の宗門と創価学会との葛藤は、内棲セクトとしてのアイデンティティを限界にまで強めようとした創価学会の行為を契機に発生した両者間の共棲関係の解体の危機としてとらえられよう。本書の第一〇章と第一一章は、この問題を、創価学会の「正当化の危機と内棲教団の自立化」という視点からみたものである。

（注）

（1）セクト的性格の規定は、研究者により実にさまざまだが、羅列主義の弊を避けて決め手となるもののみを示すとすれば、それは、認識と実践の双方のレベルにおける自教団の価値への徹底したコミットメントと世俗社会及び他教団の価値の拒否として集約的に表現される。紙幅の関係でセクト文献の紹介は省略する。

（2）所属集団の内部において、たんに数量的に少数者（minority）であるというだけでなく、権力配分の観点からみてドミナントな多数者（majority）による差別の結果、特権の少ない少数者（underprivileged minority）とされた信徒組織のこと。

（3）日蓮正宗立宗七〇〇年記念慶祝大法会（一九五二年四月二八日）の前夜、創価学会の戸田城聖が多数の青年部員とともに、同宗の老僧小笠原慈聞を、「戦時中、宗門の責任ある地位にありながら身延への合同をはかり、時流に迎合して神本仏迹の邪義をかまえて、創価教育学会の弾圧の糸口をつくった」として、つるしあげた事件。

（4）一九五五年一月二三日に大阪で行われた創価学会の西日本三支部連合総会に、関西随一の同宗の名刹・蓮華寺（大阪）の崎尾住職が出席しなかったことに激怒した戸田城聖が、青年部員に命じて翌日から同寺前にピケをはらせ、「この寺は邪宗・謗法の寺」と決めつけて創価学会員の参拝を禁止したことに端を発した事件。

（5）マックス・ウエーバーが宗教上の有資格者の団体としてのゼクテ（Sekte）の対概念として提示した恩寵の独占機関を意味する用語で、そのモットーは「教会（Kirche）の外に救いなし」である。マックス・ウエーバー／中村貞二訳「プロテスタンティズムの教派と資本主義の精神」（『ウエーバー宗教・社会論集』世界の大思想Ⅱ―7、河出書房、一九六八年）参照。

（6）妙信講の浅井昭衛は、同講の第九回総会（一九六三年五月二六日）で、「三大秘法広宣流布にお役に立つ講中ならば温床の花の様な組織でどうして物の役に立とうか」(『題正新聞』一九六三年六月一〇日)と述べているし、一九六四年九月の学習会では日蓮遺文の「法華行者逢難事」を教材に取り上げ、「仏様が何故難を受けるのか、強敵を招いて自らの三徳を顕す」(『富士』一九六四年一〇月)と指導している。こうした自己理解は、やがて「日本は日蓮正宗の諫暁を待っており、日蓮正宗はこの妙信講の成長を待っているのだ」(『富士』一九六九年二月)という使命感・選民意識へと結晶化していく。

V　日蓮仏教と法華系新宗教の特徴

第一三章　法華系新宗教への日蓮仏教の影響

一　さまざまな新宗教

新宗教は、日本だけの現象ではなく、世界的な現象である。私見によれば、新宗教とは、既存の宗教様式とは相対的に区別された新たな宗教様式の樹立と普及によって、急激な社会変動（とりわけ近代化）下の人間と社会の矛盾を解決または補償しようとする、一九世紀半ば以降の世界各地で台頭してきた民衆主体の非制度的な成立宗教のことである。このうち、日本の新宗教という場合には、幕末維新期以降に勃興してきた日本の新しい宗教潮流をさしていることが多い。

日本の新宗教史を通覧すると、ドミナントな時代思潮を反映して、総じて、幕末から敗戦までの時期には天理教・金光教等の教派神道が興隆し、敗戦から高度経済成長までの時期には霊友会や立正佼成会・創価学会等の法華系新宗教が台頭し、高度経済成長後の「豊かな社会」になると真如苑や阿含宗・真光等の霊術系新宗教が伸張した。

では、法華系新宗教とは何か。法華系新宗教とは、日本の新宗教のうち、法華経を所依の教典としている伝統教団（天台法華宗と日蓮法華宗）とは相対的に区別された信念と実践と組織によって、主に現世での救済をめざす在家中心の教団のことである。

法華系新宗教には、日蓮法華宗の流れから出て今は天台法華宗に属している孝道教団のような事例もあれば、本門佛立講（八品派）や創価学会（富士派）のように日蓮法華宗の内棲宗教（教団のなかの教団）として生まれてやがて独立したものもある。また、法華経による独自の在家先祖供養法に立脚した霊友会や、そこから別れて法華経と根本仏教を教義の中心に据えた立正佼成会のような法華系新宗教もある。

法華系新宗教は、日本の新宗教の中で最大の信者数を持つ新宗教である。国学者の平田篤胤は親鸞浄土教と日蓮法華宗のことを神敵二宗と呼んだが、両宗はその一神教的な一徹さと草の根的な民衆性のために、彼には脅威と感じられたのかもしれない。だが、近現代になると、現生正定聚を強調する（その意味では現世的な）親鸞会を例外として、親鸞浄土教は新宗教を生み出さなくなる。親鸞浄土教の来世志向性が現世での幸福を積極的に追求する近現代の時代思潮とうまく噛み合わなくなったからなのかもしれない。

二　日蓮仏教の影響

以下、日本の法華系新宗教に与えた日蓮仏教の影響について考えてみる。

その第一のものは、日蓮仏教が親鸞浄土教と同様の末法下根の衆生観に立って、万法を南無妙法蓮華経の題目（一大秘法）に収斂させたことであろう。また、日蓮仏教の唱題（三大秘法の一つ）は親鸞浄土教の称名に似て、民衆が唱えやすい末法の易行道なのである。

法華系新宗教への第二の影響は、他宗への日蓮仏教の排他的性格である。日蓮仏教には、「法華経独り成仏の法なり」とか法華経だけが「実乗の一善」であるとかいう他宗排他的な特徴がある。本門佛立講や創価学会が謗法行為の禁止を現世利益獲得の大前提にしていることは、日蓮仏教のこうした排他性の影響である。しかし、すべての法華系新宗教が排他的であるわけではない。立正佼成会その他の霊友会系諸教団などは、他宗に対して寛容的である。なお、習俗俗信に対しては、親鸞浄土教もかなり排他的である。

法華系新宗教への第三の影響は、日蓮仏教の現世的性格である。この点で、日蓮仏教は来世志向的な親鸞浄土教と異なっている。むしろ、日蓮仏教は現世での即身成仏をいう点では真言密教に近い。いずれにしても、この性格は、現世での幸福を積極的に追求する近現代の時代思潮とうまく嚙み合っていたといえる。

法華系新宗教への第四の影響は、日蓮仏教の社会的性格である。前言した日蓮仏教の現世主義には、個人的な現世主義と社会的な現世主義の二つがある。現世利益は個人的な現世主義であるが、立正安国の暁に到来するはずの不毀の浄土への希求は社会的現世主義に属する。このうち、個人的な現世主義（現世利益）は真言密教にもあるが、立正安国等の社会的な現世主義は日蓮仏教の真骨頂であろう。

法華系新宗教への第五の影響は、日蓮仏教の「ぜんたい主義」的性格である。宮沢賢治は「世界がぜんたい幸福にならないうちは個人の幸福はあり得ない」（農民芸術概論綱要）といったが、ここでいう「ぜんたい主義」とは、この脈絡でのことである。このように、日蓮仏教においては個人の救済と全体の救済が分けられない構造になっているので、多くの法華系新宗教が社会全体の救済ための菩薩道の実践の中に自己（個人）の救済があるといっている。

ところで、賢治が指摘したこの性格の源泉は、日蓮に求めることができる。彼は、『諫暁八幡抄』（真筆、一二八〇〈弘安三〉年）のなかで、次のように言っている。

「涅槃経に云く『一切衆生異の苦を受くるは悉く是如来一人の苦なり』等云云。日蓮云く一切衆生の同一苦は悉く是日蓮一人の苦と申すべし。」

ここで日蓮がいっている「同一苦」とは災害や内乱・戦争などのような共業に由来する苦難のことである。日蓮は、鎌倉期の日本に生を享けたが故に被らざるをえなかった一切衆生の「同一苦」を一身に背負い、その根を宗教的に掘り切ろうとした。ここで、日蓮は、鎌倉期の日本の一切衆生の共業を一人で担転する覚悟を披瀝している。そして、日蓮仏教と法華系新宗教の信者たちは、こうした日蓮の振舞いのなかに、何としても彼らを救済しようとして苦闘する大乗菩薩の雛形をみるのである。

なお、宗学者の茂田井教亨は、かつて、公害のことを現代の「同一苦」であるといった(『現代宗教研究』第六号の誌上座談会、一九七八年三月)が、今日の日本でいえば、さしずめ、オキナワとフクシマの問題がこの「同一苦」にあたるのであろう。

法華系新宗教への第六の影響は、日蓮仏教の使命付与的性格である。日蓮の理解によれば、法華経は釈尊在世の弟子のためというよりもむしろ末法濁世の「ぜんたい」を救済するために説かれたものなのであり、本仏釈尊は本化の地涌菩薩を末法の世に遣わして、最終的には一切衆生を救うために世界全体を不毀の浄土にするのだというのである。

法華系新宗教では信者はみな地涌菩薩の使命をもっているのだと説いているが、その源泉は日蓮仏教にある。このように、末法濁世の「ぜんたい」を救済する使命をもった地涌菩薩という日蓮仏教のシンボルは、法華系新宗教に大きな影響を与えたのである。

法華系新宗教への第七の影響は、日蓮仏教の民衆主体的性格である。この点に関しては、最初に非僧非俗を唱えた親鸞浄土教のほうが先輩である。しかし、近現代を迎えると、日蓮仏教は民衆の強固な在家組織をもつ法華系新宗教を生み出して、この点でも親鸞浄土教を凌駕するようになった。また、法華系新宗教においては、不毀の浄土をつくる主体はあくまで民衆である在家なのである。

法華系新宗教への第八の影響としてあげなければならないものは、波乱に満ちた日蓮その人の生涯である。総じて、日本近代の知識人は日蓮よりも親鸞を好んだ。彼らの多くは『歎異抄』に示されている親鸞の実存的個人主義に魅了されたが、民衆はいつでも観念的な実存よりも生活の足しになるものを求めるものである。このような民衆が法華系新宗教の信者になったのであるが、多くの場合、その中心にはいつも日蓮がいた。

日蓮仏教や法華系新宗教にとって、日蓮は崇敬の対象であるとともに現世利益を与えてくれる存在でもあった。著名な宗学者たちの一仏二名論や日蓮本仏論から善男善女の素朴な祖師信仰にいたるまで、日蓮に対する日蓮仏教の崇敬の思いには並々ならないものがあった。そして、このような思いは、間違いなく法華系新宗教にも伝わったのである。

たとえば、妙智會の会主の宮本ミツは、若いころ麻布の光隆寺（本門佛立講東京第三支部）で聞いた日蓮の一代記にいたく感激したという。また、法音寺教団ではしばしば日蓮劇が演ぜられるが、これは信者の間で高い人気があるという。法華系新宗教の信者が生活上の悩みごとに遭遇して生きる勇気を削がれたような時に、彼らは波乱に満ちた日蓮の生涯に触れて慰められ、発奮させられるのであろう。

三　今日的課題

最後に、日蓮仏教と法華系新宗教の今日的な課題について触れておきたい。それは、中世以来、日蓮仏教が踏襲してきた政教一致的な枠組み（本門戒壇論に顕著）と、ともすれば民衆を現世利益のまどろみのなかに放置しかねない呪的な授益儀礼（祈禱等に顕著）の今日的な見直しという課題である。すべての宗教は歴史に制約されるものであり、呪的な方便は宗教的な真実（日蓮仏教の場合でいえば身口意にわたる三大秘法の受持）と結びつかなければ方便でもなくなる。問題山積の現代社会にあって、従来の日蓮仏教と早くも既成化しつつある法華系新宗教の「再歴史化」（今日的な蘇生）がまたれるところである。

第一四章　日蓮仏教と法華系新宗教の現証起信論

本章の目的は、日蓮仏教と新宗教（とりわけ法華系新宗教）における現証利益または現世利益の起信（発信）作用について考察し、さらに、宗教学的な一つの立場から、宗教における現世（証）利益のもつ本質的な意味にも迫ろうとするものである。

一　現証利益の系譜

日蓮宗八品派の派祖・慶林坊日隆（一三八五—一四六四）が名づけた日蓮仏教の一二宗名の中には入っていないが、かつて、本門佛立講（いまの本門佛立宗）の伊達清徹が「當宗は現證利益宗なり」[1]といったことがあった。また、三重県鈴鹿市西条には、一九五二（昭和二七）年に認証された「現証宗日蓮主義佛立講」という地方宗教法人がある。この宗教法人が現証利益を重視していることは、いうまでもない。

ところで、鎌倉期の日蓮（一二二二—一二八二）は、「少（わかき）より今世の祈りなし。只、佛にならんとをもふ計也」（四條金吾殿御返事、別名・告誡書）とか、「利根と通力とにはよるべからず」（唱法華題目抄）といっていながら、一方では、檀越の病気平癒を熱心に祈って「……日は西より出づるとも、法華経の行者の祈りのかなわぬ事はあるべからず」（祈禱抄）といい、さらには、極楽寺良観（忍性、一二一七―一三〇三）に祈雨の勝負を挑んでこれに勝ち、彼について「易き雨をだにふらし給はず、況やかた（難）き往生成佛をや」（頼基陳状）ともいっている。

また、日蓮は、もはや筆をとれないほどに弱っていた没年（一二八二年）の二月に、死の淵にあった強信の若き檀越・南条時光（この時には恢復、一二五九―一三三二）に日興を通して手紙（日朗が代筆）を送り、そのなかで、「明日寅卯辰の刻にしゃうじがは（精進川）の水とりよせさせ給ひ候て、このきょうもん（法華経薬王菩薩本事品第二十三にある「此経即為 閻浮提人 病之良薬 若人有病 得聞是経 病即消滅 不老不死」の二八文字）をはい（灰）にやきて、水一合に入れまいらせ候てまいらせさせ給ふべく候」（伯耆公御房御消息）といっている。

日蓮はこれと同じことを彼の母親（乳母）にもしているが、この手紙からは、立正安国に獅子吼する日蓮にはみられない檀越への日蓮の深い慈愛が伝わってくるとともに、日蓮には他宗の病気治しの祈禱法と紙一重の祈禱法があったこともわかる。

もちろん、利根や通力等の他宗の現世利益と日蓮仏教のいう現証利益がまったく別物であると日蓮は認識していた。しかし、日本の新宗教研究では、現証利益も含めて現世利益ということが多いので、ここでは、両者を含めて現世（証）利益とか現世利益と表記することもある。

このように、日蓮には現証利益を積極的に認めるところがあったが、それはあくまで正法としての法華経への正信の証（現証）でなければならなかった。それは、「日蓮佛法をこころみるに、道理と證文にはすぎず。又道理證文よりも現證にはすぎず」（三三蔵祈雨事）という日蓮遺文にもあきらかである。彼によれば、理証・文証も大切であるが、日蓮仏教の正当性は、まず、現証によって証明されるべきものなのであった。

また、八品派教学の創始者として著名な室町期の慶林坊日隆は、同時に、少なからぬ檀越を教化して多数の寺院を建てた現証布教の名手でもあったことはあまり知られていない。たとえば、男子の出生を願った尼崎の領主に対して

「変成男子の祈願」を加えて、今の大本山本興寺を建立したことは、そのよい例であろう。(2)

しかし、現証利益の旗を最も高く掲げて、廃仏の嵐の吹き荒れた幕末維新期に在家本意の本門佛立講を起ち上げてその教勢を伸張させたのは、長松清風（一八一七―一八九〇）であった。清風は、入信後間もなく、教化親の本能寺長遠院院主・随宏院日雄から「末法の愚人、初手から後世を願ふ者は稀なり、名利のみ。現世の願は後世祈りの仲人と云ふ事を習ふべし(3)」と教えられて、現証布教をはじめた。また、本門佛立講の最初の道場である大津法華堂（現・大津佛立寺）ができる発端となった造り酒屋の当主・小野山勘兵衛の入信も、出入りの植木職人・高橋義三郎（佛立講員）による小野山への胃痛退治の「お助行」（病者本人の唱題を周囲の法友が唱題で助ける助題目）であった。(4)

清風は、現証利益に関して、含蓄のある多くの教歌を残している。そのうちのいくつかを紹介すれば、次のようになる。

a．めに見えた事でなければ今時の　我等凡夫に信は起らず(5)

b．現証の利益で信を起こさせて　未来を救ふ祖師の御本意(6)

c．現証の御利益あればおのづから　人の信ずる妙法の五字(7)

d．御利益のあまりふしぎのうれしさに　うそではないかとうたがはれけり(8)

e．物しりて法ひろめんとおもふなよ　御利益見ねば人は信ぜず(9)

このうち、aとbは明示的に起信（発信）について詠んでいるが、考えようによってはaからeまでのすべてが起信について詠んでいる教歌であるともいえるものである。しかし、これらを個別にみれば、aは可視的な現証利益の凡夫への有効性を詠み、bは未来成仏が信仰の目的であって現証利益は起信のために役に立つことを詠み、cはその効果の著しさについて詠み、dはその効果の不思議な鮮やかさについて詠み、そして、eは布教には理屈を説くよりも現証を見せることのほうが大切であることを詠んでいるともいえる。

さらに、今日の在家日蓮宗浄風会（本門佛立講系）をつくった秋尾真禄（一八七六―一九四三）もまた、現証布教の人であった。浄風会は、一九三一（昭和六）年の淀橋道場の完成を機に本門佛立宗本法会を本門八品浄風教会と改称し当年をもって創立年としているが、この前後の時期と「東京市内百組」を達成した一九四一（昭和一六）年前後に、大きく教勢を伸ばした。

機関誌の『事観』は本法会時代の一九二七（昭和二）年の創刊であるが、各号とも鮮やかな現証談で満ちている。秋尾は創刊号の一面で、「一向に現証をもって経力を顕して、弘通広宣を」と信者に呼びかけているが[10]、このような現証重視の秋尾の姿勢は一貫して続いた。秋尾は、一九三九（昭和一四）年五月の『事観』第一〇一号誌上で長松清風の前掲dの教歌を紹介しながら、「当宗の現証御利益」について語っている[11]。

なお、この年の八月には、「お供水」（題目の妙力のこもった水）と「お助行」による現証布教と「お折伏」（正法違反の振舞いをたしなめる行為）をした群馬県松井田町の浄風教会の会員が警察の取締りを受けるという事件（松井田事件[12]）が起きている。

今日の在家日蓮宗浄風会は教学に強い在家教団で知られているが、現証利益の強調という点では戦前期には遠く及ばない。

以上、八品門流を中心にして日蓮仏教の現証利益観をみてきたが、その結果、日蓮も日隆も清風も、そして秋尾真禄も、総じて現証利益を重視してきたことがわかった。なお、日蓮没後の門流各派には独自に発展・確立した各種の授益儀礼（たとえば各門流にみられる線香の灰・蠟燭の蠟、供え水等の塗付・服用や日蓮宗の祈禱修法や九識霊断など）があるが、これらは他宗の利根や通力と正法・正信の証としての日蓮仏教の現証利益の中間的な存在であるといえよう。だが、両者の境界は曖昧である。

二　発展期における法華系新宗教の現証利益

法華系の新宗教を含めて、日本の新宗教の場合も、現世（証）利益を説かない教団はほとんどない。以下、ここでは創価学会と立正佼成会という法華系新宗教の両横綱の教団発展期における現世（証）利益の強調ぶりを紹介しておく。

新宗教のうち、最もストレートに現証利益を強調してみせたのは、太平洋戦争後に創価教育学会を創価学会として再建させた同会第二代会長の戸田城聖（一九〇〇―一九五八）である。次のものは、晩年の戸田の現世利益談として有名である。

「生れ落ちると、女中さんが三十人もくっついて、婆やが五人もいて、年頃になれば、優秀なる大学の卒業生としてお嫁さんは向こうから飛びついてきちゃって良い子供を生んで立派な暮らしをして、そして死んでゆかなきゃならない。(13)」

「御本尊様は功徳聚である。御本尊を信じ、自行化他の題目に励むことによって、病人は健康体に、貧乏人は金持ちに、バカは利口になる。(14)」

こうした戸田の功徳論に代表される創価学会の現証利益重視の姿勢は、同会の海外組織であるＳＧＩ（Soka Gakkai Internatinonal）の今日の会員にも引き継がれている。戸田の時代よりも年代が新しくなるが、以下、イギリスとアメリカのＳＧＩ会員の現証利益談の事例をみてみよう。

〈イギリスＳＧＩ会員の場合〉

「お金や仕事、昇進や住居の獲得や個人的な人間関係の改善などは（功徳として）しばしば語られた。(15)」

〈アメリカＳＧＩ会員の場合〉
「目に見える（唱題の）目標としては、金銭、新車、家などの物質的な報酬（reward）があげられた」（が、一方、）「目には見えにくい……功徳としては、心理的健康や身体的健康、職業上の成功などがあげられた」。「もっとも見えにくい目標としては、世界平和、宗教的な悟りや信念、よりよい業といったものがあった」（が、）「ここで注目されるのは、（これらが）わずかしかあげられていないことである。[16]」

教団発展期の現証利益の重視が創価学会だけの現象ではないことは、立正佼成会の開祖である庭野日敬（一九〇六―一九九九）の次の証言でもあきらかである。

「かつての（立正佼成会）会員は、深刻な問題が自分の身や家族などに起こって、『さあ、たいへんだ』というので――[17]。」

このように、創価学会や立正佼成会のような法華系の新宗教においては、昔も今も、そして国内でも海外でも、現証利益（功徳）が強調されてきたことがわかる。法華系の新宗教はもちろん、日本の新宗教一般にとっても、現世（証）利益は欠かすことのできない教説の一部だったのであり、また、かなりの程度、今でもそうであり続けているのである。

三　時代社会の変化と脱呪術的合理化

ところが、太平洋戦争の敗戦直後に法華系新宗教を含む日本の新宗教が台頭し、その後の高度経済成長期に大きく発展したり、また、規模は大きくならなくても、時間の経過につれて、次第に極端な現世（証）利益をいわなくなる傾向がみられた。もちろん、法華系の冨士大石寺顕正会[18]のように依然として現証利益を強調している教団もあり、このことから、教団の打ち出す布教路線によっても大きな違いが出てくることがわかる。なお、極端な現世（証）利益をいわなくなる傾向のことを、ここでは脱呪術的合理化[19]といっておこう。

日本の高度経済成長は第一次石油危機で終焉するが、この成長を支えたものはテクノロジー（外面的な合理主義）と克己勉励的なガンバリズム（内面的な合理主義）であったから、この期に及んでも大胆に現世（証）利益を強調し続ける新宗教に対して、マスコミは「合理化」（スマート化）への圧力を強めた。また、この時期になると人々の暮らし向きも次第に落ち着き、それを反映して人々が宗教に求めるものも、漸次、物質的・実利的なものから精神的・生き甲斐模索的なものへと変化しつつあったから、新宗教もこうした変化に主体的に対応して教えと実践の力点を移行させ、さらに教勢を伸ばした。

この時期には、敗戦直後に「雨後の筍」のように乱立した新宗教に一種の自然淘汰がなされ、それらは消滅するものと停滞するもの、及び、さらに発展するものとに分かれた。そうした中で法華系の立正佼成会と創価学会の教勢が爆発的に伸張し、まもなく新宗教界の両横綱となるにいたった。

とはいえ、この時期における両教団の歩みは、必ずしも順風満帆とはいえなかった。たとえば、立正佼成会は、一九五六（昭和三一）年の一月から四月末までに四〇回以上にわたって、『読売新聞』から、呪術色の濃厚な「邪教」などと激しく攻撃された。立正佼成会ではこれを「読売事件」と呼んでいるが、以後、同会の開祖の庭野日敬は、これを契機に、同会の脱呪術的合理化を決意し、一九五八（昭和三三）年には、ついに「真実顕現[20]」を宣言するにいたった。

一方、創価学会は、一九六〇（昭和三五）年に池田大作（一九二八—）第三代会長（現・名誉会長）が就任してから次第に呪術色（大石寺の板本尊を幸福製造機と呼ぶなど）と根本主義色（国立戒壇の建立を主張するなど）を薄め、さらに、「言論出版妨害事件[21]」に直面して、一九七〇（昭和四五）年五月にはついに「政教分離」を宣言し、一挙に脱呪術的合理化と脱根本主義化の流れを加速した。

立正佼成会と創価学会のような巨大教団が、ある意味では主体的に、そして他方では外圧に直面して、呪術色などを薄めて次第に「スマート」になる過程は、規模の拡大と時間の推移にともなう新宗教の対社会的な適応過程ともいえるが、他面では新宗教特有の原初的なエネルギーの喪失（放棄）過程でもあり、その意味では新宗教の既成化過程であるということもできる。

そして、これが原初的なエネルギー（神秘や呪術）に満ちた新しい新宗教に発展の道を譲るドラマを準備したといえる。事実、日本が高度経済成長を経て「豊かな社会」を迎えると、立正佼成会や創価学会の教勢は低迷し、代わって神秘や呪術を売りものにした新新宗教（ＧＬＡや阿含宗、真光系諸教団など）の教勢が伸びるにいたった。[22]

そして、このこと自体が、新宗教はもちろん宗教一般にとっても、神秘や現世（証）利益が非常に重要なものであることを意味しているといえよう。また、神秘や現世（証）利益を強調しなくなる（あるいは現世利益が出せなくなる）という現象が、たんなる合理的な時代思潮の変化を反映しただけの結果ではなく、本来、宗教（中でも新宗教）がもつ本質的で根源的なエネルギーを喪失した結果でもあるのではなかろうか。

四　聖なるものの自己顕現か起信のためのただの手段か

このようなことを考察するためには、日本人の宗教的な原質の検討が参考になろう。日本人の「カミとの出会い」方の伝統的な特徴は、以下のようなものである。「新宗教の信者にかぎらず、日本人は、昔から、自分で体験した鮮やかな現世利益のなかにカミの顕現をみてきた[23]」のであった。

そもそも、原始神道のムスビ（産霊）のカミへの信仰は、自然の生成化育力や生命の生殖・豊饒力への畏敬に由来している。日本人は、こうした不思議な霊力の顕現をみて驚嘆し、そこに「聖なるもの」の自己顕現を感じたのである。

R・オットー（Rudolf Otto 一八六九―一九三七）の「聖なるもの」（Das Helige 宗教の本質）の概念を引き継いだルーマニア出身の宗教学者M・エリアーデ（Mirucea Eliade 一九〇七―一九八六）は、この「聖なるもの」の特徴を自己顕現せずにはいられないものとしてとらえ、それを「ヒエロファニー」（hierophanie 聖なるものの自己顕現）[24]と名づけた。

日本の神道に詳しいエルンスト・ベンツ（Erunst Benz）は、この点を押さえて、次のように述べている。

「神道の本質は……普遍的な創造力に対する献身であるという。この答えは、疑いもなく、最も重要な点に触れている。……大事なことは、力としてのその個々の形態や表現の中に、超越者が自己実現しているのに遭遇するということである。[25]」

現世（証）利益も、このようなカミ（聖なるもの）の力の顕現＝ヒエロファニーとして理解される必要があるのではないだろうか。

にもかかわらず、日蓮仏教や法華系新宗教を含む日本の新宗教は、現世（証）利益の提供や享受を最終目的とはしていない。それらの宗教においては、たとえば、それが「皆帰妙法」による「仏国土実現」に向けた信仰の深化や利他への自己超越を促す限りにおいて、高く評価されるのである。

前述した伊達清徹は、次のようにいっている。

「手段的現證たる病気平癒のみに滞留して遂に目的現證たる現前せる證果、折伏修行、死身弘法の即身成佛に到らなかったならば……罰を無限に開かねばなりません。[26]」

つまり、ここで、伊達は現証利益を「手段的現證」と「目的現證」の二つに分け、病気平癒等の前者の現証はあくまで後者の現証の手段なのであって、それ自体の意味をもたないものとして位置づけている。しかし、それがエリアーデのいうヒエロファニーやベンツのいう超越者の自己実現を意味しているとするならば、現世（証）利益は、それ自体として、じゅうぶん、重要な意味をもつことになる。

伊達のいうように、現世（証）利益が「病気平癒のみに滞留して」、なかなか菩薩行にまで進まないことも弘通や広宣流布をめざす教団にとっては由々しい問題なのであろうが、現世（証）利益がヒエロファニーなのか、たんなる起信の手段なのかという問題もまた、現世（証）利益の本質的な意味を考える際には重要な問題になるのではなかろうか。

とはいえ、初信者のなかには、宗教に現世（証）利益だけを求めて複数の教団を遍歴（ハシゴ）したり、現世（証）利益の部分だけに異常にこだわったり、その「食い逃げ」をしたりする者もいるから、早晩、「自利利他連結転換」の機能[27]を果たすことの重要性が教団に認識されてくるのである。

五　自利利他連結転換装置としての教団・僧伽

日本の新宗教が高度経済成長後の「豊かな社会」の到来とともに、総じて脱呪術的合理化によって極端な現世（証）利益を説かなくなったということは、すでに述べた。しかし、いつの時代でも、どのような社会にも、また、時代によって種類は違っても、人間の悩みや苦しみは存在するものである。そして、多くの人々が、それらの現世（証）利益的な解決を求めて、新宗教等に集まってくることは事実である。

貧病争や八方塞がり・生き甲斐喪失等の悩み・苦しみは、昔から人々が日本の新宗教に入信する代表的なキッカケ要因であり動機であった。多くの場合、現世（証）利益は、これらの悩みの解決を意味していた。したがって、新宗教は、人々がなぜこのような悩みに遭遇しなければならないのかについての説明原理（苦難の神義論）をもつ必要に迫られることになる。

仏教系新宗教の場合、現在の運命は前世や現世で積んだ身口意三業の結果として解釈されることが一般的だが、他の新宗教では先祖や自分の今までの「いんねん」（因縁）が今日の運命を決めていると理解されることが多い。しかし、法華系の新宗教を含む日本の新宗教は、それを転換不能なものとしては考えず、信仰活動や徳積み等の利他行によって良い運命に転換可能であると考える。

日本の新宗教の利他行への促しは、これにとどまらない。これに加えて、日本の新宗教は、悩み・苦しみとの遭遇を、信者を深信に導くための超越者からのメッセージであるととらえる。天理教の「神の道教え（みちおせ）」や立正佼成会の「おさとし」、創価学会の「罰」（懈怠・謗法の罪障）などが、それである。

さらに、日本の法華系の新宗教は、苦しみの多い現世に生まれてきたのは、衆生を救済するために前世で志願したからである（立正佼成会の「願生」）とか、自己の苦しみは同じ業性の人々を救おうとして自ら願って現世に生まれた結果である（創価学会の「願兼於業」）という、「前世」的な説明をも生み出す。

以下、立正佼成会の「願生」と創価学会の「願兼於業」の概念について、両教団の説明を聞いてみよう。

〈立正佼成会の「願生」〉

「自ら願ってこの世に生まれた願生の自分であることがわかると、いま自分が生活しているその場所で、自分の仕事をとおして、人びとのために精いっぱいに働くことが心からの喜びになってくるのです。それが菩薩道にほかなりません。(28)」

〈創価学会の「願兼於業」〉

「（願兼於業の姿とは、）本来大菩薩として偉大な福運を積んだ人が、苦しむ衆生を救いたいとの願いによって、悪世に出現して妙法を弘通する姿（です）。……私たちは、現実の人生にあっては、いろいろな宿命を背負い、またさまざまな人間関係の中にあって生活していますが、そのような自身の境遇も、いったん妙法流布への使命を自覚し、戦いを起こしたときには、そのありのままの生活や人生が、願兼於業によって願って生じた場であることが明らかになってくるのです。……この確信のもと、今置かれた境遇の中で、この場こそが自身の願って生まれた使命の場ととらえて……。[29]」

立正佼成会の「願生」が他者への「利他」的な徳目実践に比重を置いているのに対して、創価学会の「願兼於業」は教団内での高い宗教実践（弘教や選挙など）にウエイトを置いているという違いはあるが、両教団とも、苦しんでいる衆生を救うためにあえて現世に願って生まれた存在（菩薩）として信者を位置づけている点では、同じである。この立場からすれば、自利の起点ともいうべき悩み・苦しみは、もはや、厭うべき負の電荷から解放され、それ自体が現世における自己の使命達成のために不可欠なスプリング・ボードとして、積極的な価値をもつようになる。

ここまでの境地にいたる新宗教の信者が、客観的にみて、どの程度、存在するかという疑問はあるが、「自利利他連結転換」が実際にここまでの認識に進むとすれば、自利は利他の意味宇宙のなかに取り込まれ、もはや自利の「毒性」（利己性）は抜き取られ、ひたすら利他的実践に貢献する貴重な存在へと変化する。

この場合の両者は、自利があってこそ利他の地平が得られ、また、利他は実践に必要な自利をも約束するような調和的な関係になる。このように、利他の地平に立っても自利の要素を捨てないのが、法華系の新宗教を含む日本の新宗教の大きな特徴の一つなのである。こうして、自利と利他が矛盾なく統合された世界が到来するのである。

しかし、新宗教に入信したばかりの初信者をいきなりこうした高い地平に誘うことは至難の業である。そこで、法華系新宗教を含む日本の新宗教では、まず、現世（証）利益（自利）を説いて初信者を魅きつけて起信させ、次いで、彼らの信仰の深まりに応じて「自利利他連結転換」をはかっているのである。

日本の新宗教には、自利の凡夫を利他の菩薩に変えるさまざまな装置が内装されている。否、新宗教の教義と実践、徳目と組織のすべてが、そうした転換のためにこそある、といっても過言ではないであろう。要するに、法華系の新宗教を含む日本の新宗教教団（あるいはその僧伽）は、それ自体が「自利利他連結転換」の装置なのである。

では、新宗教では、現世（証）利益ばかりを求める利己的な初信者を、どのようにして、自利を超える方向に変えようとしているのであろうか。次の事例をみてみよう。

〈アメリカＳＧＩの場合〉

「目標が何であれ、問題ではありません。たとえば、何かの目標に対して唱題を始めます。すると、唱題することによって根底にある生命状態が向上し、生命が浄化されます。そして（最初は）いうでしょう。『そうだ、私はこの車が欲しいんだ』と。でも、（やがて）車は本当の目的ではありません（目的ではないことに気づきます）。（彼にとって）本当の目的は、成仏であり、幸福なんです。[30]」

〈立正佼成会の場合〉

「苦しみから救われるのではなく、苦しみが、あなたを救ってくれるのです。苦しみのおかげで自分が生まれ変われるのですから。[31]」

「（現証利益の）結果に一喜一憂するのではなく、それを生みだすもとの善き心をもてるようになったことをこそ喜ばなくてはなりません。[32]」

アメリカＳＧＩの事例は、マイカーがほしくて唱題をはじめたが、その唱題によって生命状態が次第に向上・浄化するに従って、マイカーはどうでもよくなり、やがて信仰の真の目的（成仏）に目覚めるようになるというストーリーであるが、これは、入信がどのような動機であれ、とにかく初信者には唱題させることが肝要であって、後は唱題それ自身が彼らの「自利利他連結転換」を可能にさせるであろうというＳＧＩ独特の初信者教導法を反映したものである。

一方、立正佼成会の事例は、苦しみによって「自利利他連結転換」を遂げ、「それ（現証利益）を生みだすもとの善き心」を得た者は、あれこれの現世利益の結果に振り回されることなく、利他の地平に出られた（「本質的な救われ方」に目覚めた）こと自体を喜びなさい、という立正佼成会の基本的なメッセージを表している。

六　基本信行と社会活動にみる自利利他連結転換装置の実際

最後に、創価学会と立正佼成会の事例によって、法華系新宗教の日常的な基本信行と対外的な社会活動にみられる「自利利他連結転換装置」の実際をみてみよう。

日本の新宗教の日常的な「自利利他連結転換装置」には、朝夕の「おつとめ」（唱題勤行、供養など）や布教（折伏弘教、導きなど）等の基本信行のほかに、知的変化を促す教学講習会や態度変容を促すサークル活動（座談会・法座など）等があるが、ほかにも、教団外の他者への献身を直接的に促す各種の社会活動や平和運動などがある。社会活動や平和活動については後で触れるとして、ここでは、日常的な基本信行における「自利利他連結転換装置」を中心に紹介しよう。

まず、創価学会の日常的な「連結転換装置」からみてみよう。同会の信行の基本は唱題勤行と折伏弘教である。[33]アメリカＳＧＩのところで紹介したように、同会における唱題勤行は、信者の生命状態を向上・浄化し、彼らを「利他」的実践（菩薩行）へと内面から促すと考えられている。

次に、創価学会員は、座談会その他の集会に出席し、「御書講義」を受け、『聖教新聞』の拡張（聖教啓蒙）と選挙活動に励み、民音（民主音楽協会）のコンサートに出席することが期待されている。そして、同会においては、これらの活動のすべてが広宣流布、立正安国、世界平和等の抽象的な理念と有機的に結合されて、同会のカリスマ的な存在である「池田先生のため」という名目のもとに、信者を実践へと強く促すのである。

立正佼成会の場合の基本信行は、「ご供養」（読経）、「お導き」（布教）、手取り（育成）、法座参加、それに「ご法の学習」（教学研修）である。[34] この基本信行の実践が手堅く守られている信者は、比較的、「自利利他連結転換」が容易である。立正佼成会には、そのほかにも多様な社会活動が用意されているが、同会のすべての活動は「会員綱領」の理念と有機的に結びつけられている。ただし、同会には創価学会の池田大作名誉会長のようなカリスマ的な指導者のために信者を実践へと強く促す教団風土は存在していない。

このような日常的な「自利利他連結転換装置」の基本は他の新宗教でも大同小異だが、総じて、日本の新宗教においては、初信者に対して現世（証）利益を強調し、その後の信仰の深化段階に即して、次第に「自利利他連結転換」させ、最終的には利他的な献身へと転換させようとしている。

次に、対外的な社会活動における「自利利他連結転換装置」の実際について、みてみよう。日本の新宗教は、創価学会や立正佼成会のように大規模化した教団だけでなく、新宗連（新日本宗教団体連合会）傘下の中小規模の教団であっても、信者を国内外の各種の社会活動に参加させて、信者の「利他」的実践のトレーニングを行っている。

創価学会は一九五五年から地方選挙に、その翌年から国政選挙に取り組み、一九六四（昭和三九）年には公明党を結成し、以後、選挙戦を「現代の立正安国」、「時に適った信心」と位置づけ、これを同会の利他的実践の中核に据えてきた。また、青年部や婦人部を中心に反核平和運動にも取り組んできた。なお、SGIは、かなり前から、現世（証）利益を強調した当初の路線を社会活動や文化運動を中心とした路線へと舵を切っている。

「すでに、アメリカ合衆国をはじめとする世界各国の創価学会は、活動の重点を……社会変革をめざす活動を含むものへと移しつつあるように思われる。[35]」

また、立正佼成会も、やや遅れて、一九七〇年前後に「明るい社会づくり運動」(明社運動)や「世界宗教者平和会議」(WCRP)を発足させている。

「(私たちの尽力で)国際的には(一九七〇年に)世界宗教者平和会議(WCRP)が成立し、国内的には(一九六九年に)『明るい社会づくり運動』が誕生しました。[36]」

このほかに、立正佼成会は、宗教協力や選挙、アフリカに毛布を送る運動、夢ポッケ運動などの多様な社会活動のプログラムを用意して、会員に参加を促している。

社会活動や平和運動には、どの教団の場合も、信者の利他的実践の場という意味以外に教団の対外的な宣伝の意味もあるであろうが、他方で、それは世界救済という宗教的な理念や究極的な使命とも関連づけられている。

しかし、立正佼成会は、こうした社会活動に注力したころから、皮肉にも教勢が停滞するようになった。法華系の新宗教を含む日本の新宗教は、社会活動や平和運動に傾注しすぎて、悩み・苦しみに応える布教現場の現世(証)利益的な機能を減退させた時には、必ず教勢が衰えるものである。こうした時には、布教現場の「自利利他連結転換装置」が有効に機能しているかどうかを見直す必要がある。[37]

社会活動や平和運動と宗教的な理念・使命の関係について、創価学会は、「(立正安国を掲げた)日蓮大聖人の仏法は、……社会全体の平和を目指す宗教です[38]」と述べている。同会においては、選挙活動も平和運動も、「社会全体の平和」のための利他的実践として使命化されている。そして、そうした実践の中に、個人の罪障消滅や宿命転換という現証利益もあると考えられている。

では、立正佼成会の社会活動は、どのように理念づけられ、使命化されているであろうか。立正佼成会員が唱和する「会員綱領」には、「立正佼成会員は……家庭・社会・国家・世界の平和境(常寂光土)建設のため、菩薩行に挺身することを期す[39]」と書かれている。そして、この立場から、「立正佼成会は社会と共に救われ、世界と共に救われようという、普門の精神を持つ教団[40]」であるという自己規定がなされている。

七　おわりに

このように、日本の新宗教の基本信行や社会活動等の諸活動は、ややもすれば自利志向に傾きやすい初信者を信仰の深まりに応じて、次第に利他の方向へと変容させる装置として機能していることがわかった。基本信行や社会活動は教団の骨肉ともいえるものであるから、教団とその僧伽はそれ自体が「自利利他連結転換装置」であるということもできよう。

否、新宗教でなくても、日蓮仏教も含めて、利他の菩薩行を強調する大乗仏教教団は、総じて、自利の凡夫を利他の菩薩に変え、一切衆生をして菩薩行の実践の中に自己の成仏があることの自覚にいたらしめる働きをすべきなのではなかろうか。また、そのためにこそ、今、現世（証）利益のもっている意味の見直しが必要となるのではないだろうか。

また、長松清風のいうように、現世（証）利益で凡夫は起（発）信するのは確かなことであるにしても、だからといって伊達清徹のように、それをたんなる起信の手段であるといってよいのであろうか。伊達の「手段」という言い方は、たんなる言葉の弾みであったかもしれない。

しかしながら、エリアーデのいうヒエロファニー（聖なるものの自己顕現）は、起信の手段以上の重要な意味をもっている。この問題は、今後のわれわれに残された大きな課題ではないだろうか。

（注）

（1）伊達清徹『現證論據』（本門佛立講東京第貳支部、一九二七年）二頁。

（2）同前、一五一頁参照。

（3）佛立聖典編纂委員会編『佛立聖典』（本門佛立宗宗務本庁、一九五五年）六〇三頁。

（4）仏立開講百年史編纂委員会編『佛立開講百年史』（本門佛立宗宗務本庁、一九七一年、奥付の表現）五二一—五三三頁参照。

（5）伊達、前掲書、三頁。

（6）『日晨上人 御教歌百首大意研究』編纂委員会編『日晨上人 御教歌百首大意研究』（乗泉寺教務部、一九九〇年）二六九頁。

（7）本門佛立宗宗務本庁教育院編『定本 佛立教歌集』（本門佛立宗宗務本庁教育院、一九七三年）一一五頁。

（8）同前、一二九頁。

（9）同前、三八〇頁。

（10）在家日蓮宗浄風会会史編纂委員会編『清き流れを 在家日蓮宗浄風会史 戦前編』（在家日蓮宗浄風会、二〇〇五年）六六頁参照。

（11）大谷栄一・小島伸之「戦前期における本法会 浄風会運動の展開と変容」（東洋大学大学院西山ゼミ浄風会調査プロジェクト編『純粋在家主義運動の展開と変容』第一部第一章、東洋大学社会学部西山研究室、二〇〇五年、一—四三頁）二四頁。

（12）在家日蓮宗浄風会会史編纂委員会、前掲書、一七八—一八二頁参照。

（13）創価学会機関誌『大百蓮華』一九五六年九月号。

（14）同誌、一九六四年一月号。

（15）Wilson, B. and Dobbelaere, K., *A TIME TO CHANT : The Soka Gakkai Buddhists in Britain*, Clarendon press, Oxford,1994.／（邦訳）中野毅訳『タイム トゥ チャント』（紀伊國屋書店、一九九七年）二八八頁。

（16）Hammond, P. and Machacek, D., *SOKA GAKKAI IN AMERICA : Accommodation and Conversion*, Oxford University Press, New York, 1998.／（邦訳）栗原淑江訳『アメリカの創価学会』（紀伊国屋書店、二〇〇〇年）九五—九七頁。

(17) 庭野日敬『写瓶無遺』（佼成出版社、一九九三年）一八六頁。
(18) 冨士大石寺顕正会は、一九四二（昭和一七）年に日蓮正宗妙信講として生まれたが、その後、国立戒壇の是非をめぐって日蓮正宗や創価学会と教義論争を続け、強硬に国立戒壇義を主張して譲らなかったため、一九七四（昭和四九）年に宗門から「講中解散」の処分を受けた。その後、一九九六（平成八）年に冨士大石寺顕正会と改称して、現在にいたる。会長は浅井昭衛（一九三一―）。本部はさいたま市大宮区。公称信者数は二〇一六年四月段階で一八〇万。
(19) 極端な現世（証）利益（呪術）や不思議（神秘）を説かなくなることによって、近・現代社会でドミナントな科学的・合理的潮流に適応していこうという新宗教の志向性のこと。
(20) 立正佼成会の庭野日敬開祖が一九五八（昭和三三）年に社会に向けて発した宣言。内容的には、同会のこれまでの歩み（長沼妙佼脇祖の神示や霊能を中心とした現世利益路線）を「方便の時代」のものとし、これからは久成釈尊を本尊とし法華経と根本仏教を教えの標準とする「真実の時代」に入ると位置付けた同会の脱呪術的合理化の契機となった宣言。
(21) 藤原弘達（一九二一―一九九九）の『創価学会を斬る』（日新報道、一九六九年）やその他の出版物の内容が創価学会を激しく批判していることを事前に察知した創価学会と公明党が、一九六九年に自民党の田中角栄（一九一八―一九九三）の助けを借りるなどして出版を差し止めようと画策したとされた事件。創価学会と公明党へのマスコミ等の批判は一九六九年暮から翌一九七〇年春まで続いたが、一九七〇年五月に創価学会の池田大作第三代会長が同会の「国立戒壇論の放棄」と公明党との「政教分離」を内外に宣言したので、事件はようやく沈静化した。
(22) これについての詳論は、拙稿「現世利益から超常体験へ」（庭野平和財団平和研究会編集委員会編『平和と宗教』第一四号、庭野平和財団、一九九五年、七八―八九頁）を参照されたい。
(23) 拙稿「現世利益から超常体験へ」、同前、八一頁。このもとになった発想については、拙稿「宗教の原点と未来を問う（上）」（『月刊住職』一九九五年四月号、五八―六五頁）を参照されたい。
(24) エリアーデのヒエロファニーの概念については、たとえば、エリアーデの代表作である *Das Helige und das profane*, Reinebeck : Rowohlt Taschenbuch, 1967.／（邦訳：風間敏夫訳、『聖と俗：宗教的なるものの本質について』、叢書ウニベルシタス、新装版、法政大学出版局、二〇一四年）を参照されたい。
(25) Benz, Erunst.,"On Understanding Non-Chritian Religions", in Eliade, M. and Kitagawa, J.M. (ed.), *The History of Religions : Essays in Methodology*, The University Of Chicago Press, 1959.／（邦訳）小野泰博訳「非キリス

ト教的宗教の理解について」（M・エリアーデ、J・M・キタガワ編『宗教学入門』東大出版会、一九六二年、一五五―一七四頁）一六五頁。

(26) 伊達、前掲書、五三頁。

(27) 法華系新宗教を含む日本の新宗教のもっている「自利利他連結転換」機能とは、現世（証）利益を求めて教団に集まってくる求道者や初信者に対してはまず現世（証）利益を強調した姿勢で対応するが、信者のその後の信仰の深まりに応じて、自利に属する現世（証）利益の世界とそれを超えた「聖なるもの」への献身と他者に仕える利他の世界とを結びつけ、最終的には前者から後者へと転換させる機能のこと。詳しくは、拙稿「日本の新宗教における自利利他連結転換装置」（『東洋学研究』第四九号、横組逆頁、東洋大学東洋学研究所、二〇一二年、四九―五九頁）を参照されたい。

(28) 庭野日敬、前掲書、四七頁。

(29) 創価学会教学部編『教学の基礎』（聖教新聞社、二〇〇二年）三一一―三一四頁。

(30) Hammond, P. and Machacek, D., *SOKA GAKKAI IN AMERICA*, 1998.／（邦訳）前掲書、一〇〇―一〇一頁。

(31) 庭野日敬、前掲書、四八頁。

(32) 庭野日敬、前掲書、三一三頁。

(33) 創価学会では、「『勤行』は、日々の生活のリズムであり、幸福の源泉です」、「たくさん願い事がある人は、その分、真剣に題目をあげればよいのです」（聖教新聞社企画部編『新会員の友のために①』聖教新聞社、二〇〇二年、五頁及び三二頁）と、初信者に教えている。

(34) 立正佼成会の基本信行については、雑誌『躍進』（佼成出版社）の二〇〇八年四・五・六月号が、「基本信行」（一・二・三）を特集（同会教務部監修）して、詳しく解説している。また、同会は、二〇〇三年の一月から、「基本信行に重点を置いた布教伝道を推進します」（同会教務局教務グループ編「布教態勢の新生」、同会教務局『今日を大事に生きる』佼成出版社、二〇〇三年、六四頁）と宣言している。

(35) Hammond, P. and Machacek, D., *SOKA GAKKAI IN AMERICA*, 1998.／（邦訳）前掲書、二三二頁。

(36) 庭野日敬、前掲書、四四〇頁。

(37) 多様で大量の社会活動プログラムによって、支部長・主任クラスの中堅信者の基本信行のための時間が圧迫されると、彼らは社会活動をノルマと受けとめ、それを無難に「こなす」ようになる。これでは、十分な「利他」的実践にはなるまい。立正佼成会では、このような「こなし」を避けて、「活動したことが喜びとな（る）」工夫をするように会内に呼びかけている。これについては、前掲の立正佼成会教務局教務グループ編「布教態勢の新生」、立正佼成会教務局『今日を大事に生きる』の六六頁を参照のこと。

（38）創価学会教学部編、前掲書、二〇八頁。

（39）立正佼成会教典翻訳委員会編『立正佼成会』（宗教法人立正佼成会、一九六五年）二一五—二一六頁。

（40）庭野日敬、『庭野日敬法話選集6』（佼成出版社、一九七九年）四四〇頁。

あとがき

本書は、私の初めての単著である。これまでは大学の講義や職務にかまけて単著を出版することができなかったが、退職して講義や雑務から解放された今では、単著を出さない言い訳がなくなってしまった。

これまでに私のしてきた仕事には、①地域社会における宗教の受容・浸透・定着及び変容に関する研究、②新々宗教を含む新宗教の研究、③日蓮主義と法華系在家教団の研究の三分野があるが、本書は、このうちの③にあたる私の旧稿の集大成である。③についての拙論はほかにもあるが、主なものは本書に収められている。

本書の刊行は、関連する旧稿を一著にまとめてほしいという学友の要望に応えたものであるが、その直接の契機となったものは私が『シリーズ日蓮』全五巻（春秋社、二〇一四・一五年）の共同編集者（末木文美士氏ら五人）に加わったことにある。

本書には、近代日蓮主義の諸潮流をはじめ、本門佛立講（宗）・日蓮宗法音寺・立正佼成会・創価学会・冨士大石寺顕正会（旧・妙信講）など、多岐にわたる法華系の在家教団についての旧稿が収められている。

本書に収載された私の旧稿の初出（旧題と出所）は、以下のごとくである。

（第一章）近代天皇制と日蓮主義の構造連関——国体論をめぐる「顕密」変動（西山茂編著『シリーズ日蓮』第四巻、一—四〇頁、春秋社、二〇一四年）

（第二章）近代の日蓮主義——「賢王」信仰の系譜（日本仏教研究会編『日本の仏教』第四号「近世・近代と仏教」、二二八—二四〇頁、法蔵館、一九九五年）

（第三章）　上行のアドヴェンティスト・石原莞爾（玉井禮一郎編『石原莞爾選集』第八巻「日蓮聖人伝覚え書／国防論」、解説、三二一―三三七頁、たまいらぼ、一九八六年）
（第四章）　周辺体験と思想形成――仏立開導長松清風の場合（宗教社会学研究会編『宗教・その日常性と非日常性』、一四一―一六〇頁、雄山閣出版、一九八二年）
（第五章）　佛立講の成立と展開（本門佛立宗開導百遠諱記念論文集編纂委員会編『佛立開導長松日扇とその教団（上）』、二〇五―二四六頁、平楽寺書店、一九九一年）
（第六章）　杉山辰子とその教団――法華系新宗教研究史の「失われた環」の発見（西山茂／小野文珖／清水海隆共著『大乗山法音寺の信仰と福祉』、九―五三頁、仏教タイムス社、二〇一一年）
（第七章）　鈴木修学とその教団――内棲型「実行の宗教」の軌跡（西山茂＋秦安雄＋宇治谷義雄共著『福祉を築く――鈴木修学の信仰と福祉』、五―五六頁、中央法規出版、二〇〇五年）
（第八章）　敗戦後の「立正安国」運動――在家教団の二つの戦略（西山茂編『シリーズ日蓮』第四巻、四一―五六頁、春秋社、二〇一四年）
（第九章）　日蓮正宗創価学会における「本門戒壇」論の変遷――政治的宗教運動と社会統制（中尾尭編『日蓮宗の諸問題』、二四一―二七五頁、雄山閣出版、一九七五年）
（第一〇章）　正当化の危機と教学革新――「正本堂」完成以後の石山教学の場合（森岡清美編『近現代における「家」の変質と宗教』、二六三―二九九頁、新地書房、一九八六年）
（第一一章）　内棲宗教の自立化と宗教様式の革新――戦後第二期の創価学会の場合（沼義昭博士古稀記念論文集編纂委員会編『宗教と社会生活の諸相』、一一三―一四一頁、隆文館、一九九八年）
（第一二章）　一少数派講中の分派過程――日蓮正宗妙信講の事例（宗教社会学研究会編『現代宗教への視角』、一一二

一二八頁、雄山閣出版、一九七八年）
（第一三章）法華系新宗教への日蓮仏教の影響（『春秋』二〇一五年六月号、一〇―一三頁、春秋社、二〇一五年）
（第一四章）日蓮仏教と法華系新宗教の現証起信論（『本化仏教紀要』第四号、一二一―一四九頁、本化仏教研究所、二〇一六年）

すでに述べたように、『シリーズ日蓮』の編集が本書を上梓する契機となった。だが、より以前にキッカケになったものは、私が一〇年以上にもわたって主宰してきた門流を超えた日蓮仏教の「本化ネットワーク研究会」（東洋大学における一〇〇回目の月例会をもって二〇一五年に閉会）での多彩な教学研究者との出会いであった。

この研究会は日蓮仏教を現代に「再歴史化」しようとする実践性をもったもので客観的な認知の学としての社会学的な実証性を超えていた。

私の専門は実証的な宗教社会学であるが、そもそも、その根底には、青年期からの「生き方としての宗教」への熱い関心があった。いかなる研究者であろうとも、一人の丸ごとの人間に戻ったとき、その根底に価値がらみの世界観を何ももたないということは、まずありえない。それが研究者の根底にあればこそ、マックス・ウェーバーは、「価値自由」ということをいったのではあるまいか。

ところで、「生き方としての宗教」に私（当時は高校生）の目をはじめて向けさせてくれた人は、無教会主義の提唱者の内村鑑三であった。ちなみに、欧米の教派や聖職制度に疑問を抱いて二つのJ（イエスと日本）をこよなく愛した内村の思想は、在家主義と社会志向性（日蓮と日本という二つの日を愛する日蓮仏教）を特徴とする「近現代日本の法華運動」（本書のタイトル）にも通ずるものがある。

高校時代の私は内村に傾倒しつつも最寄りの聖公会の教会に通うという、一見、矛盾した行動をとって、ついには神学生になってもっと神学を学びたいと一時は考えるようにさえなった。その後の私は、大学紛争や七〇年安保（反対運動）の影響もあって、最終的には教会やキリスト教そのものから離れたが、それでも、宗教は万人に開かれた「生き方」であって、それには聖職者も制度もいらないという思いは強く残った。

大学時代の後半に、私は無教会派の研究集会で大塚久雄先生（経済史の大家、無教会派の信者、故人）にお目にかかり、その講義の中でマックス・ウェーバーの宗教社会学と出会った。そして、これを契機として、以後の私は、宗教を信仰としてではなく、学問の対象として俎上に載せるようになった。

東洋大学の卒業論文のテーマ（ウェーバー宗教社会学における社会層と宗教意識の相関）にはウェーバーの宗教社会学を取り上げた。これは、大塚先生を介して私がウェーバーの宗教社会学と出会ったことのもつ意味の大きさを示している。

以後の私にとって、最初は村落のキリスト教会が、次いで日蓮仏教と法華系新宗教が、実証研究の一つの素材となった。

しかし、「本化ネットワーク研究会」の存在が、やがて、「生き方としての宗教」としての日蓮仏教へと私を接近させることになった。今からみれば、それは、門流や会派を超えたひとりの法華系の無教会主義者の誕生を意味していたのであり、また、それは、「生き方としての宗教」への私の回帰でもあった。

もちろん、この研究会への私のスタンスは、どの門流や会派に対しても公平なものであったが、より重要なことは、実証的な宗教社会学者としての私が、自らの宗教的立場性と研究の客観性を混同するという心配がまったくなかったということである。

「あとがき」を閉じるにあたり、まず、私に最初にウェーバー宗教社会学を紹介してくださった大塚久雄先生に感謝の言葉を捧げたい。同時に、東京教育大学の大学院への進学を熱心に勧めてくださった奥田道大先生（故人）と、同大学院で私に実証的な宗教社会学の手ほどきをしてくださった森岡清美先生に対して、その学恩にお礼を申し上げたい。

実際のところ、この両先生からの学恩なくして、研究者としての私の存在も本書の出版もありえなかったであろう。一方、「生き方としての宗教」という点で私が青年期に影響を受けた聖公会関係者の名をあげるとすれば、当時の志木学生センターの高野晃一司祭と、川越基督教会のマイナー・グループ（独立愚連隊と自らを笑称）に属していた山本喜一・吉崎秀一・伊勢国望の各氏であった。彼らから受けた非制度的な宗教観の影響は、その後の私の研究を規定した。

また、この際、貧しい中でも私の大学と大学院への進学を許容してくれた今は亡き父母に対して感謝するとともに、研究にかまけてあまり顧みなかった妻と子供たちに対しても、お詫びと感謝の気持を表しておきたい。

最後に、本書の発行を財政面で支援してくださった本多日生記念財団（西條義昌常務理事）と日蓮宗法音寺（鈴木正修山首）、および法華コモンズ仏教学林（澁澤光紀事務局担当理事）に対して感謝の意を表するとともに、本書の編集に尽力された春秋社の佐藤清靖編集長と豊嶋悠吾氏の両氏に対して労いの言葉をお贈りして擱筆する。

二〇一六年六月二〇日

西山　茂

索　引

1．この索引は、注を除く本文のみを対象にして作成されたものである。
2．上記の項目は、各章のテーマや分析視角との関連で重要だと思われるものに限って選ばれたものである。

さ

は

ま

や

ら

【著者略歴】

西山　茂（にしやま・しげる）

1942年、埼玉県生まれ。東京教育大学大学院文学研究科社会学専攻博士課程単位取得満期退学。東洋大学社会学部教授を経て、現在、東洋大学名誉教授、法華コモンズ仏教学林理事長。専門は宗教社会学。本書（単著）と単編著の『シリーズ日蓮』第４巻・近現代の法華運動と在家教団（春秋社、2014年）のほかに、共編著として、『新宗教事典』(弘文堂、1990年)、『現代人の宗教』(有斐閣、1988年)、『リーディングス日本の社会学』第19巻・宗教（東京大学出版会、1986年）などがある。

近現代日本の法華運動

二〇一六年七月二〇日　第一刷発行

著　者　西山　茂

発行者　澤畑吉和

発行所　株式会社 春秋社

〒一〇一―〇〇二一東京都千代田区外神田二―一八―六

電話　〇三―三二五五―九六一一

振替　〇〇一八〇―六―二四八六一

印刷所　信毎書籍印刷株式会社

製本所　黒柳製本株式会社

装　幀　伊藤滋章

ISBN 978-4-393-17375-6

定価はカバーに表示してあります